JN417306

비주얼 컬처 시대의 이해

아날로그/디지털 이미지의 역할과 기능

Understanding of Visual Culture

비주얼 컬쳐 시대의 이해

아날로그/디지털 이미지의 역할과 기능

박치완·김성수 지음

HUiNE

머리말

오늘날 이미지는 우리네 삶의 전 영역을 지배하고 있다. 온 세상이 아날로그적 이미지, 디지털 이미지로 뒤덮여 있으니 가히 이미지가 중심이 된 세상이라고나 할까. 잘 알려진 바와 같이 이미지의 의미는 "정신활동의 특수한 현상으로 구체적인 현실도 추상적 개념도 아니며, 어떤 대상에 대한 의미를 규정한 것이 아니라 대상을 감각적으로 또는 정신적으로 재현한 것"이다. 이미지는 물질적으로 혹은 구체적으로 표현된 것만이 아니라는 뜻이다. 또한 이미지의 영역은 그러한 이미지를 낳게 한 의식, 무의식적 동인과도 깊은 연관이 있다. 따라서 기본적으로 이미지는 시각적 이미지나 영상 이미지만을 일컫는 것은 아니라는 것을 주지할 필요가 있다. 이미지의 활동 영역은 시각 외에도, 청각, 촉각, 후각, 미각 등 전신의 모든 감각으로 확대되며, 그 결과물 역시 회화뿐만 아니라 문학이나 음악 등 여러 예술 분야에서 고유한 방식으로 자리를 굳히고 있다.

이미지(image)의 어원적 뿌리는 주지하듯 라틴어 이마고(imago)이다. 하지만 이미지는 상상력(imagination)과 또한 깊은 관계가 있다는 점을 잊어선 안 된다. 상상력은 실제로 경험한 또는 경험하지 못한 사물이나 세계를 마음속으로 '그려 보는' 능력이다. 즉 인간이 창조한 다양한 이미지의 세계는 기본적으로 인간의 상상력에 기인하고 있다. 상상력이 인간의 감각 활동을 축으로 하여 여러 다양한 경험(experience) 요소들을 종합하고 조직해서 새로운 가치를 창조하는 능력이라고 정의되는 이유가 여기에 있다. 돌려 말해 인류는 이미지를 매개로 새로운 세상을 구상하기도 했고, 그렇게 구상된 이미지의 영향을 받으며 살아왔다고 말하는 게 억지스런 주장이라 할 수 없는 이유다. 이미지는 인간의 자기 창조의 기재인 동시에 인간을 스스로 인간이라고 규정할 수 있게 한 바로미터이기도 하다.

다양한 형태의 이미지 중에서도 본고에서 우리가 관심을 갖는 것은 요의 '비주얼 이미지(visual image)'이다. 비주얼 이미지는 상징이나 기호로서 혹은 영상 언어로서 어떤 특정의 의미를 직접 혹은 상징·은유적 방식으로 전달하는 장치로 보통 이해한다. 하지만 현대의 미디어를 온통 도배하고 있는 비주얼 이미지는 하나의 시각 혹은 그 시각의 결과물에 국한된 경향이 있다. 하지만 주지하듯 진화론의 관점에서 보더라도, 원시시대부터 인간은 비주얼 이미지를 동굴벽화로 그려 부족들끼리 세계를 공감하는 매개로 사용했다. 이미지는 인간의 지능이 발달하면서부터는 각종의 심상을 표현하면서 다양화된다. 이미지에 대한 이해가 인간의 문화를 이해하는 데 있어서 결정적인 역할을 한다고 보는 것도 이 때문이다. 비록 유아가 비주얼 이미지에 완전히 익숙해지기 이전에 먼저 말을 하기 때문에 문자나 기호가 인간의 본실이라고 정의하는 학사도 있지만, 문자는 표음문자든, 표의문자든 간에 기표로서의 이미지로 인식될 수 있으므로 결국 문자보다는 이미지가 먼저라고 해석될 수 있다(캘리그래피(calligraphy)의 발달이 좋은 예다). 말이나 글로 표현된 것보다 몸짓 이미지 혹은 회화적 이미지로 표현된 것이 보다 많은 해석을 가능하게 만드는 내용들을 함축하고 오랜 생명력을 갖는 경우가 많은 것도 같은 이유 때문이다.

이미지는 어느 사회이든 간에 그 시대 및 문화적 생산과 불가분의 관계에 있으며, 당대 인간의 삶과 행동 등을 나름의 방식으로 표현하는 데 사용되어 왔다. 그렇기에 이미지에 대한 미-추 문제, 인지 과정, 배경 이해나 해석, 제작-수용자의 관점 등에 대한 논의들이 다층적으로 제기되고 있으며, 이러한 논의들이 문화생산 및 문화 이해의 주요한 부분을 이해하는데 있어 중요한 역할을 한다고 볼 수 있다. 뿐만 아니라 이미지는 정치, 경제, 사회, 과학, 종교, 예술 등 인간의 거의 전 영역과 연결되어 있다. 카메라 옵스쿠라, 망원경, 현미경, 엑스레이 등과 같은 과학기술의 발달 역시 이미지의 위상을 공고히 하고 중요성을 인식시키는데 결정적 역할을 해왔다.

비주얼 이미지는 도처에 존재한다. 넓은 의미에서 인간이 시각을 통해 접하는 모든 대상물이 곧 비주얼 이미지라고 할 수 있다. 그러나 이러한 이미지들은 특정의 콘텐츠 형식을 띄고 보다 정교하게 발달하였다. 성화(聖畫), 풍경화, 인물화 등과 같은 회화나 건축, 조각, 디자인 등과 같은 이미지만이 아니다. 사진, 영화, 광고, 애니메이션, 장식은 물론이고 자동차 디자인, 쇼핑몰 디스플레이, 스마트폰 앱, TV 프로그램, 위성촬영사진, 컴퓨터 소프트웨어, 비디오 게임 등 인간의 일상생활 모두가 다 이미지로 구현되어 있다 해도 과언이 아니다. 현대인들은 자신의 취향, 경험, 지적 레벨 등을 바탕으로 이러한 이미지들과 다양한 방식으로 소통하고 있다. 현대인들의 이미지 경험은 점점 더 시각적이고, 시각화되어가고 있다. 스마트폰 등 미디어 기술의 비약적인 발달에 힘입어 시청각적인 요소들이 증폭되고 있으며, 이제는 비주얼 이미지 문화가 곧 현대 대중문화의 핵심이라 해도 지나친 과장이 아닐 것이다.

'비주얼컬쳐(visual culture) 시대'는 바로 이러한 전반적 상황을 통칭해 부르는 말이다. 비주얼 이미지에는 원래 인간 본연의 시각적 경이와 미감 또는 인간이 만들어 낸 미적 대상(이미지) 및 그러한 미적 대상의 감상이라는 3가지 요소가 작용한다. 그러나 21세기의 현시점에서 거의 모든 문명사회의 인간들은 다양한 방식으로 제각기 이미지에 중독되어 있는 까닭에, 이 요소의 구분이 거의 불가능하게 되어버렸다. 문자 텍스트와 비주얼 이미지조차 구분이 되지 않고 있는 상황이다. 스마트폰의 문자 메시지는 텍스트가 아닌 디지털 이미지라고도 볼 수 있다. 예전처럼 종이에 글을 쓰는 방식이 아닌 디지털 디스플레이에 그래픽으로 구현된 방식이기 때문이다. 디지털 기술의 발전에 따라 이제는 어디까지가 이미지인지도 구분하기 어려운 상황이다. 비디오 게임 중독, 동영상 중독 등만이 중독이겠는가. 이것들 모두는 폭넓게 보자면 이미지 중독의 한 부분이다. 결국 이미지 중독의 순기능과 역기능 구분조차 애매해졌다. 문자 그대로 '기의를 상실한 기표들의 난무'라 아니 할 수 없다.

본서에서는 우리가 이렇게 하나의 21세기적 현상으로 경험하고 있는 소위 '비주얼 컬처'를 대중문화와 연관시켜 "현대인에게 이미지는 대체 어떠한 역할과 기능을 하고 있는가"라는 물음을 해소해 보고자 했다. 특히 현대사회에서 이미지들은 수없이 많이, 또한 다양한 방식으로 인간에게 말을 건넨다는 것, 이미지텔링(imagetelling)을 하고 있다는 점에 착안하였다. 다시 말해, 이미지 개념 자체에 대한 반성과 성찰을 통해 이미지가 만들어 내는 여러 국면들에 대해 성찰하고, "이미지(image)가 주체가 되어 말을 걸고(telling) 의미를 생산한다는 이미지텔링"이란 개념이 이미지 관련 콘텐츠에서 각기 어떻게 적용될 수 있는가를 연구한 것이다.

"이미지텔링이란 무엇인가?"라는 물음을 해소하는 차원에서 책의 앞부분에 영화분석을 4편 배치해 독자에게 다가가려는 노력을 시도했다. 가네시로 카즈키의 소설 『Go』와 영화 ≪Go≫를 분석하면서 '타자' 개념을 새롭게 해석해보았으며, ≪아웃 오브 아프리카≫의 경우는 스피박의 '하위주체'라는 개념을 도입해 항간의 로맨스 영화라는 평가를 일신시켜 보았다. 인도 영화 ≪세 얼간이≫의 경우는 '사회적 정상성'이라는 개념을 통해 고찰해 보았고, SF 영화인 ≪블레이드 러너≫와 ≪마이너리티 리포트≫에서는 영화 속에 표현되어 있는 '알레고리'를 추적해보았다. 이어 애니메이션, 회화, 비디오 게임, 트랜스미디어 등 장르를 달리해 콘텐츠 분석을 시도해보았는데, ≪겨울왕국≫에서는 대중적 호소 메커니즘을 그리고 마그리트의 ≪폭포≫에서는 바슐라르의 창의적 상상력 개념을 도입해 이미지텔링의 구체적 분석 사례를 제시해보았다. 게임 ≪삼국지3≫에서는 전쟁문화콘텐츠 및 통치성의 문제를 집중적으로 다루어보았고, 트랜스미디어스토리텔링의 관점으로 접근한 ≪매트릭스≫에서는 문화혼종 이미지에 대해서 성찰하는 기회를 가져보았다.

제1장이 이 책의 서론에 해당한다면, 제10장은 결론에 해당한다. 추가적으로 이 책을 읽기 전에 미리 주지해야 할 부분이 있다면, 그것은 바로 '이미지텔링'에서 이미지는 인간 개인의 심리적 감성에 깊게 인지되는 인상(印象), 인간 심리·정신적 측면에서의 감성적인 이미지 이해인 심상(心像), 눈앞에 객관적 실재로 드러난 대상으로서의 영상(映像) 모두를 포함한다는 점이다. 이러한 맥락에서 활용된 이미지텔링이기에 각 장에서 약간의 의미차를 보일 수 있다는 점을 미리 밝힌다.

이미지가 인간에게 말을 걸어오는 시대. 아니 이미지가 인간의 일상을 좌지우지하며 위협하는 시대. 이것이 본고를 집필하면서 시종일관 고민했던 화두이다. 의지가 앞서 다소 거칠게 논의된 장도 있으리라 생각된다. 이미지, 이미지텔링에 관한 고민을 계속하면서 본서에서 다하지 못한 이야기들은 나중 기회로 미루어둘 수밖에 없다. 공동 집필에 기꺼이 동참해준 김성수 박사에게 무엇보다 감사드린다. 그의 기획과 노력 덕분에 본서가 출판되는 행운을 만날 수 있었다. 그리고 곁에서 늘 응원해주며 독려를 마다하지 않은 GCIC회원 모두에게도 고마움을 전하고 싶다.

2015년 한 해가 저무는 12월

대표저자 박치완

차례

Chapter 1

이미지의 이중성과 복합성: 이미지텔링, 그 이론적 토대 마련을 위한 시론

by 박치완

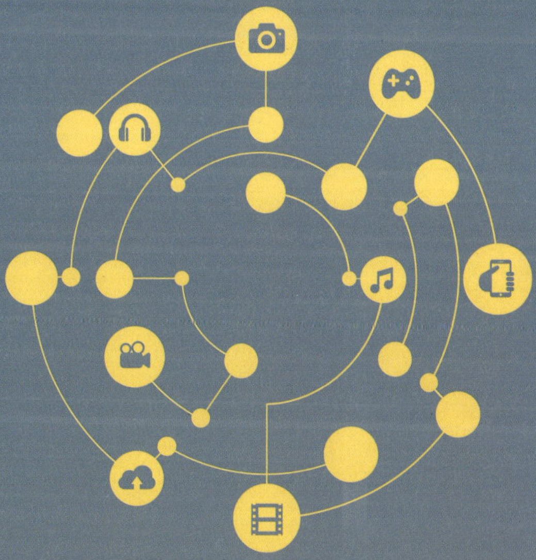

"만일 우리가 이미지를 없앤다면,
예수는 물론이고 모든 우주가 사라질 것이다."

- N. 미르조에프, 『비주얼 컬처의 모든 것』

1. 이미지 범람 시대의 '이미지'에 대한 물음

질베르 뒤랑은 현대를 일러 '이미지 범람 시대'라 했다.[1] 이를 부정할 사람은 아무도 없을 것이다. 그럼에도 불구하고 이미지라는 개념은 왕왕 부정적인 맥락에서 사용되는 것이 일반적이고, 학문적 논의의 장에서도 이미지 그 자체에 대한 고찰을 심도 있게 진행시키지 못하고 있는 듯하다. 우리는 최근 각종 디지털 매체들을 통해 다양한 이미지를 접하고, 디지털 도구들을 통해 이미지를 능숙하게 사용하고 있지만, 이와 같은 '능숙함' 혹은 '익숙함'이 오히려 '이미지'가 지니고 있는 고유한 본질 또는 발생적이고 다층적인 의

1) G. Durand, *Les structures anthropologiques de l'imaginaire*, Bordas, 1984, pp.473~474 참조.

미에 대한 반성의 기회를 갖지 못하게 하는 원인은 아닐까.

단적으로 말해, 디지털 세대인 현대인은 다양한 이미지들을 '손'으로는 잘 다루지만, '머리'로 깊이 생각하는 것은 꺼린다. 감각적으로 느끼고 즐길 뿐, 이를 반성하거나 성찰하지 않는다는 뜻이다. 특히 디지털화된 이미지들은 전통의 활자 매체처럼 "의미의 구속력"이 전혀 없고 오직 "파편처럼 단편적인 양상으로 〔우리에게〕 다가오기 때문"[2)]에 사실 그럴 기회도 없다. 결국 우리는 이미지가 이렇게 범람하고 있는 시대를 살아가고 있으면서도 정작 이미지 자체에 대한 물음을 망각하고 있는 것이다.

물론 영화, 드라마, 디자인, 광고, 게임, 만화, 유튜브, 인터넷, 웹사이트 등에 대해 연구하고 분석해 놓은 책들은 많다. 이렇듯 피상적으로만 보자면, 우리는 이미지에 대한 담론의 풍성함 속에서 살아가고 있는지도 모르겠다. 하지만 조금만 더 그 안을 자세히 들여다보면, 그 지경(知境)이 과연 제 역할을 하고 있는지 아니면 그 속에 빠져들기만을 유혹하는 것인지 의심이 든다. 이미지에 대한 일방적인 송사(頌辭)뿐 '경계하라'거나 '거리를 두라'는 글을 찾아보기는 쉽지 않기 때문이다.

일례로 최근 국내에서 활발하게 논의되고 있는 문화콘텐츠연구에서의 이미지(영상)에 대한 분석들도 마찬가지다. 대부분의 글들이 이미지와 관련된 콘텐츠 분석임에도 불구하고 이미지 자체에 대해서는 깊게 고민하지 않는 경향이다. 돌려 말해 '이미지'보다는 '스토리'에만 시선을 집중시킨다. 더 구체적으로 말하면, 디지털 매

2) 김희경, 「문화콘텐츠에서 상징적 이미지의 역할」, 『인문학연구』 제34권 3호, 충남대학교 인문과학연구소, 2007, 187쪽.

체의 등장과 함께 새롭게 우리 앞에 쏟아지고 있는 이미지 자체에 대한 언급이나 이의 생산과 소비 메커니즘에 대한 분석보다는 이미지를 통해 우리에게 전달되는 스토리(내러티브)와 그것의 구조만을 도식화하기에 급급하다. 이런 상황에서 '스토리텔링' 개념은 테마파크, 축제, 공연, 전시, 광고, 게임, 음식, 관광, 건축, 의학, 교육, 마케팅 분야 등에까지 적용되고 있으며, 그 끝이 어디인지를 알 수가 없다고 해도 과언이 아니다. 게다가 이러한 '적용'이 서로 유관한 맥락 속에서 사용되고 있지 않다는 점에 주목할 필요가 있다.[3)]

결국 이미지는, 많은 스토리텔링 관련 책들이 출판되어 있음에도 불구하고, 여전히 객처럼 취급되고 있다는데 우리의 문제의식이 발동한 것이다. 왜 만지고 보는 것은 이미지인데, 그것의 내용과 구조만을 추출하려 하는가? 하나의 역설 같지만, 이는 마치 '디지털 영상을 문자화하려는' 역진(逆進) 현상이 아닌가? 단순히 문예적 의미의 '이야기하기(story+telling)'에 그친 스토리텔링 개념은 이렇게 국내에서 문화콘텐츠연구와 더불어 "화려한 재등장"을 했음에도 불구하고 "신조어인 탓에 아직 정확한 개념 정의도 이루어지지 않은 채로 다른 개념들과 뒤섞여"[4)] 가닥을 잡기 어려운 실정이다. 스토리텔링은 국내의 몇몇 연구자에 의해 자의적으로 수립된 의사

---

3) 예를 들어 이인화는 자신의 『디지털 스토리텔링』(황금가지, 2003)에서 스토리텔링의 유형을 다음과 같이 구분하고 있기도 하다: i) 엔터테인먼트 스토리텔링(소설, 만화, 드라마, 영화, 게임, 공연, 캐릭터 등), ii) 인포메이션 스토리텔링(축제, 테마파크, 에듀테인먼트 등), iii) 기타 스토리텔링(광고, 디자인, 기업경영 등). 이러한 분류는 스토리텔링이 현장에서 활용되는 현상들에 대한 분류로서는 가치가 있을지 몰라도, 스토리텔링을 이론적, 방법론적으로 깊이 있게 천착한 것이라고 보기는 어렵다.

4) 김희경, *op. cit.*, 186쪽.

(pseudo)이론이건만 방향을 되돌려 놓기에는 이미 너무 멀리 와버린 것이다. 상황이 이러한 데도 스토리텔링은 어느새 문화콘텐츠연구의 중심부를 차지하고 있다. 스토리가 디지털화되면 영상-이미지로 변환된다는 기본적인 사실도 간과한 채 말이다.[5)] 하지만, 특히, 사이버공간에서 스토리(내러티브)의 구조를 구성하는 핵심요소가 '문자(스토리)'[6)]에서 '이미지'로, 담론에서 형상으로, 의미(찾기)에서 유희로 그 중심이 이동하고 있다는 것을 간파하는 자라면, 이미지(형상)에 대한 새로운 접근과 의미부여가 시급하다는 우리의 주장을 충분히 수용하리라 생각한다.

물론 스토리텔링 관련 연구들을 살펴보면 이미지(영화, 드라마, 게임 등)를 구체적 연구 대상으로 삼기도 한다. 하지만 그 경우도 이미

5) 이런 점에서 필자는 현재 문화콘텐츠연구 분야에서 자주 회자되고 있는 스토리텔링 개념은 구술-스토리텔링에 가깝기 때문에 디지털-스토리텔링으로 거듭날 필요가 있다고 생각한다. 그 때 비로소, 정창권이 강조한 대로, "이야기(내용)를 매체(기술)의 특성에 맞게 표현하는 것"이란 의미를 살릴 수 있을 것이며, "기획과 개발 과정에서 핵심적인 역할을 담당"할 수 있을 것이다 - 정창권, 『문화콘텐츠 스토리테링』, 북코리아, 2008, 37~38쪽.

6) 플루서는 1차원적 구조에 해당하는 문자에 앞서 3차원과 2차원의 이미지를 우리 인류가 앞서 다루었으며, 이러한 이미지들을 해체하고 이를 선형적 구조 안에 재구성하는 행위를 통해 문자가 도래했다고 보고 있다.(V. 플루서, 『피상성 예찬』, 김성재 옮김, 커뮤니케이션 북스, 2004 참조) 그리고 이러한 문자의 탄생과 함께 현실적인 시간이 아니라 인간만이 지니는 고유한 시간성인 '이야기'가 생겨나게 되었다. 물론 스토리(내러티브)와 문자가 완전하게 일치하는 것은 아니지만, 플루서의 견해를 받아들인다면 우리는 문자와 스토리(내러티브) 간의 긴밀한 역동적 상호 관계를 보다 손쉽게 이해할 수 있으리라 본다. 즉 새롭게 구성되는 시간성 안에서 이야기(스토리, 내러티브)를 전개시키려는 노력이 없었다면 문자가 생겨나지 않았을 것이다. 또한 역으로 문자 없이는 스토리 혹은 내러티브의 구성 자체가 애초에 불가능했을 것이다. 따라서 문자와 스토리(내러티브)는 완전하게 일치하는 것이 아니라 할지라도 그 시작에서부터 공동 운명체와 같은 것이라고 볼 수 있다.

지가 우리에게 전달하는 관념들의 체계인 시니피에(signifé)의 구조를 추스르기에 여념이 없지 그 시니피에가 표현되고 있는 물질성, 즉 디지털화된 시니피앙(signifiant)에 대해서는 침묵하는 경우가 허다하다.[7)] 여기서 우리는 '물질'과 '관념'의 대립이라는 고전적인 철학의 틀, 특히 인식론적 태도의 현대적 부활을 재삼 목격하게 된다.

문화콘텐츠학을 주도하고 있는 스토리텔링 역시, 『상징적 상상력』의 저자인 뒤랑도 강조하듯[8)], 서양사 특유의 이성중심주의에 입각하여, 아니 이성중심주의에 유폐되어 이미지를 평가절하해온 연장선상에 있는 것은 아닌지 의심이 드는 것도 이 때문이다.[9)] R. 커니도 정확히 지적한 바 있듯, "우리가 보는 것은 거의 대부분 다양하게 미리 짜인 이미지에 의해 형성"[10)]되어 있다. 결국 이 때문에 오늘날 우리는 이미지로부터 자유로울 수 없는 존재들인지 모른다.[11)] 그런데 그럼에도 불구하고 우리는 여전히 '이미지'의 영향

7) 이는 아마도 내러티브 분석에 대한 연구를 위해 소쉬르에서 옐름슬레우에까지 이르는 기호학에 영향을 받은 파리 기호학파의 문화기호학 이론에 기반한 '스토리텔링 분석 기법'이 문화콘텐츠에 대한 분석의 주요 방법으로 사용되었기 때문이라 할 수 있다. 이에 대해서는 백승국, 『문화기호학과 문화콘텐츠』, 다홀미디어, 2004, 17~22쪽 참조. 소쉬르가 기호학 연구를 위한 조건으로서 기호의 물질적 층위를 제거하고 있음에 대한 논의는 U. 에코, 『기호, 개념과 역사』, 김광현 옮김, 열린책들, 2002, 134~135쪽 참조. 또한 파리학파, 특히 옐름슬레우가 기호학에서 기호의 물질적 층위를 제외하고 있음에 대해서는 박인철, 『파리 학파의 기호학』, 민음사, 2003, 70~81쪽 참조.

8) 질베르 뒤랑, 『상징적 상상력』, 진형준 옮김, 문학과 지성사, 1983 참조.

9) 보다 구체적 언급은 박치완, 「질베르 뒤랑의 제3의 논리와 시니피에의 인식론」, 『철학연구』 제39집, 고려대학교 철학연구소, 2010 참조.

10) R. Kearney, *The Wake of Imagination*, Routledge, 1988, p.2.

11) V. 플루서, 『피상성 예찬』, 김성재 옮김, 커뮤니케이션북스, 2004, 31~44쪽 참조.

력을 애써 무시하는 경향이 짙다. 이는 달리 말하면, 우리 스스로 우리의 실존적 상황을 무시하는 것과 다르지 않다. 물론 이와 같은 이미지에 대한 모순적인 태도가 현대에 들어와서 갑작스럽게 생겨난 것은 아니다. 플라톤 이후 서양의 철학자들은 이미지를 허구적인 어떤 것으로 여기면서도, 이미지를 다루는 능력인 상상력을 진리 인식에 있어서 중요한 역할로 보는 이중적 태도를 견지해왔기 때문이다.[12)]

현대는 이름하여 '디지털 시대'다. 이에 견주어 볼 때 우리의 감성을 자극하는 것이 과연 스토리일까, 이미지일까? 아니면 '이미지화된 스토리'일까? 굳이 이에 대한 대답이 필요치 않아 보인다. 왜냐하면 스토리보다 앞서 우리에게 주어지는 것은 이미지이기 때문이다. 이미지가 없는 스토리를 어떻게 상상할 수 있겠는가? 게다가 기업들에서는 '문화'를 도구 삼아 브랜드 이미지를 계속 혁신시키고 있는가 하면 영국, 중국 등 최근 선진국들에서도 '컬처노믹스'에 국운을 걸고 있다. 왜 이렇게 사람들이 '문화'에 목을 매는 것이며, 이미지 갱신에 열을 올리고 있는 것일까?

그것은 당연 현대가 '문화를 소비하는 시대'이기 때문이다. 부언컨대, 시장경제는 문화를 제물로 삼아 새로운 부를 축적하고자 한다. 결국 '문화적인 것', '문화적 의미를 가진 것'이 상품화의 도정에 놓인 셈이며, 그렇게 상품화된 것들이 훨씬 부가가치가 높다는 것은 의심의 여지가 없다. 이렇게 현대는 문화적으로 '각색된' 세계 속에서 재화가 생성되고, 그 '소비재'를 향해 '개개의 소비자'가 움

12) J.-J. Wunenburger, *Philosophie des images*, PUF, coll. ≪Thémis-Philosophie≫, 1997 참조.

직이는 시대로 전환되었다.[13)]

현대의 소비사회는 이렇게 상품화된 문화를 축으로 회돌이하고 있다. 디지털 시대가 되면서 '더 팔기' 위한 경쟁은 심화되고 있으며, 그럴수록 스토리텔링은 진실보다 허구 쪽으로 기울고, 상품의 광고 이미지는 화려한 수사로 포장될 수밖에 없다. 드보르가 일찍이 경계했던 '스펙터클로서의 상품' 시대가 된 것이다.[14)] 뒤랑이 이미지 범람시대를 경계하면서 '호모 사피엔스의 위협'을 언급했던 것도 이 때문이다.[15)]

이런 이유 때문에 본고에서 우리는 이 시대의 화두(이미지란 '무엇'이며, '어떻게' 생산·소비되고 있는가?)를 궁구해보려고 하며, 이를 위해 제2장에서는 이미지가 철학사에서 어떻게 논의되었는지를 개략하고, 이미지의 존재론적 지위와 그 특성을 새롭게 살펴볼 것이다. 그리고 제3장에서는 문화현상연구에 있어서 이미지를 둘러싼 이론적 담론들의 조망을 통해 다음과 같은 두 가지를 제안해보고자 한다. i) 다양한 담론들의 관심으로부터 소외된 '이미지'라는 개념에 내재된 본래적 특징을 밝히는 것, ii) 그리고 그 특징을 학문적으로 재구성하여 현대의 문화현상을 적실하게 설명하는 새로운 담론을 '이미지텔링'을 통해 제시해보는 것.

---

13) 그랜트 매크래켄, 『문화와 소비』, 이상률 옮김, 문예출판사, 1996, 162~164쪽 참조. 이를 매크래켄은 '의미의 제조와 이동'이라고 분석하고 있다.

14) 기 드보르, 『스펙터클의 사회』, 이경숙 옮김, 현실과 문화연구, 1996 참조. 물론 보드리야르 같은 학자는 정반대편에 서서 우리 모두가 '소비의 신화'에 동참할 것을 권고하고 있다 - 장 보드리야르, 『소비의 사회』, 이상률 옮김, 문예출판사, 2002 참조.

15) G. Durand, *L'imaginaire. Essai sur les sciences et la philosophie de l'image*, Hatier, 1994 참조.

2. 이미지에 대한 전통적 견해와 새로운 해석: 그 이중성과 복합성

전통적인 철학사 안에서 '이미지'라는 개념은 언제나 '실재'라는 개념과 대조되는 위치에서 평가절하되어 왔다. 이와 같은 고찰은 하나의 선입견이 작동되고 있다고 볼 수 있는데, '실재'가 참된 것이라면, '이미지'는 허구적인 것이라는 암묵적 동의가 바로 그것이었다. 다시 말해 '이미지'란 진리의 담지자요 현현인 '실재'보다 열등한 '어떤 것'으로 여겨졌으며, 우리에게 진리를 알려준다기보다는 오히려 은폐하는 역할을 담당하는 것으로 치부되었다.

'이미지'와 '실재' 사이의 이와 같은 구분선은 '실재'란 무엇인가에 대한 철학적 견해들에 따라 그 위치를 달리해 왔다. 관념론자에게 '실재'는 외부의 경험적 대상들이 아니라 내적 관념이다. 이때 이미지는 관념을 불완전하게 재현함으로써 진리로부터 먼 거리에 위치한다. 반대로 경험론자에게 '실재'는 외부로부터 주어지는 감각적 경험 대상들이다. 이 경우 이미지는 인간의 정신적 작용에 의해 구성되는 어떤 흐릿한 재생물이나 조합물로 전락하게 된다.

이처럼 이미지에 대한 전통적 견해(플라톤 이래 근대까지도)는 언제나 진리로서의 실재와 대립되는 비진리로서 허상과 같은 것으로 여겨졌다. 따라서 전통적 견해에서 나타나고 있는 이미지에 대한 서로 상이한 의미부여는 '실재란 무엇인가'에 대한 철학적 입장이 다른 데서 그 원인을 찾을 수 있다. 하지만 이미지에 대한 이와 같은 서로 다른 태도에도 불구하고, 실재는 여전히 진리에 가까운 것이며, 이미지란 비진리에 가까운 것이라는 구분에 대해서는 거의

가 동의해왔다. 이를 보다 구체적으로 논의해보도록 하자.

1) 이미지에 대한 전통적 견해

플라톤은 이미지의 종류를 이미지-에이콘(l'image-eikôn)과 이미지-에이돌론(l'image-eidolon)으로 구분하면서 후자를 이미지 그 자체, 즉 시뮬라크르(simulacre)로 파악하여 반-형이상학적이라고 보았다.[16] 다시 말해 이미지-에이콘은 진리인 이데아와 현실 세계를 연결하는 것으로서 참된 인식의 근원인 반면, 이미지-에이돌론은 오히려 우리들을 이데아로부터 멀어지게 하는 오류의 근원이라는 것이다.[17]

플라톤의 이와 같은 구분은 근대에 들어오면서 진리의 근원이 되는 표상과 오류의 근원이 되는 이미지라는 구분법으로 공고화되었으며,[18] 이는 결국 '이미지'에 대한 가치의 평가절하의 전통을 더욱 강화시켰다. 하지만 이성중심주의가 수행했던 이미지에 대한 끊임없는 부정에도 불구하고 이미지는, 그것 자체가 지니는 강력한 힘 덕분에 어떤 식으로든 이성중심주의 내에서 하나 혹은 그 이상

16) L. Lavaud, *L'image*, Flammarion, 1999, pp.28~29 참조.

17) 박치완, 「플라톤의 실재관-실재(to on), 이데아의 부산물인가 시뮬라르크의 원인인가?」, 『철학과 문화』 제12집, 한국외국어대학교 철학연구소, 2006, 68~73쪽 참조.

18) M. 푸코는 『말과 사물』에서 16~17세기의 사유가 지니는 특징을 '표상의 진리성'이라고 보았다. 특히 그는 이 책에서 데카르트와 베이컨이 이전 르네상스 시대의 사유가 '유사성'으로부터 어떻게 벗어나고 있는지를 탁월하게 분석하고 있다 - M. Foucault, *Les mots et les choses*, Gallimard, 1966, pp.60~64 참조.

의 항으로서 자리 잡을 수밖에 없었으며, 결과적으로 주요 철학적 논의에서 완전히 사리지지는 않았다. 이는 역설적으로 이미지, 혹은 상상력이 우리들의 인식 안에서 얼마나 큰 역할을 하고 있는가를 반증한다.

다시 말해 이성중심주의가 강화되면 강화될수록, 이미지를 오류의 근원으로서 폄하하거나 죄악시하면서도, 이성 그 자체를 위한 하나의 원리로서 '이미지'가 차지하는 존재론적 지위나 '상상력'이 수행하는 인식론적 기능은 늘 강조되었다. 예를 들어 버클리가 자신의 관념론에서 주체에 대하여 '내재화된 이미지로서의 관념들'을 제시할 때도 그렇고[19] 흄이 인식의 근거로 삼은 '인상들의 연합'을 위한 원리로서 상상력의 중요성을 주장할 때도 그렇다.[20] 뿐만 아니라 칸트가 표상과 개념을 연결해주는 인간의 고유한 능력으로서의 도식과 그 도식을 산출하는 상상력을 거론할 때도 마찬가지다.[21]

여기서 우리는 서양의 이성중심주의가 결코 부인할 수 없었던 상상력의 능동적이며 긍정적인 역할을 재삼 확인할 수 있다.[22] 니체

19) G. Berkeley, *Œuvres I*, ed. G. Brykman, PUF, 1985, p.304 참조.

20) D. Hume, *A Treatise of Human Nature*, ed. L. A. Selby-Bigge, Oxford, 1978, p.92 참조.

21) I. 칸트, 『순수이성비판』, 최재희 옮김, 전영사, 2002, 169~171쪽 참조. 칸트의 상상력이 지니는 인식론적 역할에 대해서는 G. Deleuze, *Kant's Critical Philosophy*, tr. Hugh Tomlinson & Barbara Habberjam, University of Minnesota Press, 1985, pp.17~18 참조.

22) R. 커니에 따르면, 칸트 이전까지 상상력에 대한 논의는 절대적인 신에 대한 모방이거나(고대에서 중세까지) 경험에 대한 기억의 재현(르네상스에서 칸트 이전까지)에 집중되어 있다고 한다 - R. Kearney, *op. cit.*, pp.155~156 참조.

가 말한 것처럼, 마치 이성을 상징하는 아폴론의 영역을 디오니소스적인 도취가 끊임없는 야만성과 강한 매력으로 침범하였듯,[23) 이미지는 자신의 대립 지점이 이데아였든, 표상이었든, 개념이었든 간에 그 모든 이성적 원리들의 영역에 늘 개입하면서 나름의 주어진 역할을 과시했던 것이다.

물론 이와 같은 이미지의 능동성과 잠재력을 높게 평가했던 철학자가 없었던 것은 아니다. 대표적으로 우리는 들뢰즈를 들 수 있다. 그는 전통적인 플라톤주의의 존재론으로부터 벗어나 시뮬라크르에 입각한 존재론을 제시하였다. 단적으로 말해 '이미지'의 지위를 존재론의 중심에 놓고자 시도한 것이다.[24)] 더 구체적으로 말해, 들뢰즈는 이미지의 복사본인 시뮬라크르를 세계를 존재론적으로 설명할 수 있는 근본적인 개념으로 본 것이다.[25)] 그리고 그는 시뮬라크르의 세상을 배회하는 인간을 유목민으로 파악함으로써 '노마디즘'을 제창하기도 했다.[26)]

들뢰즈의 이와 같은 반플라톤주의는 이미지에 대한 폭넓은 관심을 불러일으켰다. 하지만 그의 이미지론은 오히려 현대 자본주의 사회가 이미지를 상품화하는 것에 의해 많은 부분 왜곡된 점 또한 간과해서는 안 된다.[27)] 일례로 이러한 측면을 극단까지 밀고

23) F. 니체, 『비극의 탄생』, 이진우 옮김, 책세상, 2005, 29쪽 참조.

24) 박치완, 「들뢰즈의 플라톤 비판과 시뮬라크르의 반란 또는 복수 - '플라톤과 시뮬라크르'를 중심으로」, 『철학연구』 제31집, 고려대학교 철학연구소, 2006 참조.

25) G. Deleuze, *Différence et répétition*, PUF, 1968 참조. 특히 pp.165~168.

26) G. Deleuze, *Mille plateaux; capitalisme et schizophrénie*, Minuit, 1980 참조, 특히 pp.471~481쪽 참조.

27) 특히 정철화, 『삼성 & 도요타 창조 경영』, 무한, 2007, 106~107쪽 참조. 여기

나간 일부 철학자들은 우리의 삶을 도처에서 지배하는 자가 증식적 '시뮬라크르'로 인해 야기될 허무주의적 관점에 매몰되게 함으로써[28] 오히려 이미지 자체에 대한 반감을 증폭시켰고, 그 결과 다시 '실재'의 중요성으로 회귀하고자 하는 반동의 흐름을 낳기도 했다.[29]

이와 같은 전체적 맥락을 고려해 볼 때, 이미지는 부정적인 의미에서든 긍정적인 의미에서든 끊임없이 철학적 논의와 함께 해왔음을 알 수 있다. 이미지가 이성의 주위를 배회하면서 인간 정신이 만들어낸 모든 헛된 망상들을 가리키는 게 일반적 견해지만, 때론 인간 지성의 참된 대상인 표상이나 관념 혹은 인상들을 가리키기도 하고 또 때론 온갖 성상(聖像)들을 지칭하기도 하며, 심지어 인간의 모든 상징들과 언어들 그리고 기호들의 물질적인 온갖 표현들과 그것들이 지니는 갖가지 의미들을 지시하는 개념으로 사용되기도 한다.

이처럼 이미지라 불리는 대상들이 너무나도 다양한 탓에, 우리는 이미지에 대한 다양한 분류표를 얼마든지 작성할 수 있다. 그리고 우리는 이 다양한 목록들의 맨 위에 큰 글씨로 '이미지들'이라는 목록의 이름을 붙일 수 있을 것이다. 하지만 만약에 우리가 이와 같은 명명 대신에 '실재가 아닌 것들'이라는 표현을 사용한다고 해서 변화된 것은 아무것도 없다. 그리고 이를 '인간의 정신 활동

서 저자는 삼성의 경영 원리로서 들뢰즈의 '노마디즘'을 언급하고 있다.

28) 박치완, 「스펙터클의 지배와 인간의 (자기) 소외: G. 드보르의 '스펙터클의 사회'를 중심으로」, 『철학연구』 제33집, 고려대학교 철학연구소, 2007 참조.

29) H. 포스터, 『실재의 귀환』, 이영욱 외 옮김, 경성대학교출판부, 2010 참조.

에 의해 생겨난 모든 것'이라는 정의를 한다고 해도 바뀔 것은 없다. 왜냐하면 이미지란 '실재가 아닌 것'이라는 맥락에서만 언제나 사용되어 왔기 때문이며, 전통적인 인식론적 관점에서 실재란 우리의 정신과 동떨어져 존재하는 어떤 것이라는 점을 우리가 암암리에 받아들이고 있기 때문이다.

하지만 오늘날 이러한 암묵적인 수용이 잘못된 것임을 지적하는 다양한 논의들이 제기되고 있다. 특히 현대 과학의 발전과 함께 '실재'라는 개념에 대한 반성이 제기되었으며, 우리의 신체적 조건들이 지니고 있는 인식론적 함축들에 대한 새로운 접근은 기존의 인식론이 설정하고 있었던 실재와 이미지 사이의 관계가 사실상 뒤바뀐 것임을 우리에게 통지하고 있다.

2) 이미지에 대한 현대적 해석

전통적인 인식론에서 주로 논의된 '실재'란 현대적 관점에서 보면 직접적인 경험적 대상이라기보다는 오히려 신체의 감각기관에 의해 구성된 것이라고 할 수 있다. 이는 실재가 우리의 의식에 간접적인 방식으로 현상함을 의미한다. 부언컨대 우리 경험의 직접적인 대상은 외부 세계에 존재하는 '실재'가 아니라, 우리의 신체에 의해 이런저런 방식으로 촉발되는 '물질에 관한 신체적 해석'이란 뜻이다. 결국 '실재'란 신체에 의해 해석된 하나의 대상일 뿐, 그것이 외부에 존재하기 때문에 우리의 정신에 직접적으로 영향을 끼치는 그런 대상은 아니란 뜻이다. 오히려 우리의 의식에 직접적으로 주어지는 세계는, 우리가 상식적으로 생각하는 것과 같은 견고한 실체 혹은 실재가 아니라, 신체를 통해 발생하는 이와 같은 일련의 물질적 효과들일 뿐이다. 그리고 우리는 이 신체가 없이는 외부 세계를 결코 알 수도 이해할 수도 없다. '실재'가 신체를 자극하여 경험을 낳는 것이 아니라, 오히려 신체의 경험이 '실재'를 낳는 근거가 된다고나 할까.[30)]

'실재'란 이처럼 신체적 효과의 산물이다. 그런 점에서 신체는 실재에 앞선다. 그리고 동일한 이유로 신체에 미치는 물질적 효과들이 실재에 앞서 존재하며, 이와 같은 앞섬이 없다면 실재는 자신의 설 자리를 그 어디에서도 찾지 못할 것이다. 메를로-퐁티가 지각에 대한 현상학적 분석을 통해 제시하고 있듯이 감각이란 우리들의 신체가 물질적인 장 안에서 겪는 공존의 현상이며,[31)] 따라서 우리가 우리의 신체적 감각 기관을 통해 지각하는 것은 실체로서의 실재라기보다는 오히려 우리의 신체를 포함하고 있는 물질계의 일련의 효과들이라 할 수 있다.

이와 같은 메를로-퐁티의 현상학적 고찰, 다시 말해 우리의 감각기관은 외부 세계의 '실재'를 직접적으로 지각하는 것이 아니라는 점은 다음과 같이 설명될 수 있다. 현상학적으로 '실재'에 대해 괄

30) 양자역학이 밝히는 바에 따르면 자연계의 '실재'들이란 사실 쿼크나 양자 혹은 그 이하의 단위들로 구성된다. 이 단위들은 질량과 에너지가 동일하게 다뤄지는 그런 층위로서 불확정성의 원리를 따른다. 그런데 우리의 감각기관은 이와 같은 양자역학적 단위들을 지각하지 못한다. 슈뢰딩거가 밝히고 있듯이 만약 우리의 감각기관이 이 양자역학적 물질 대상들을 직접적으로 지각한다면 오히려 우리는 생물로서의 삶을 유지할 수 없을지도 모른다 - E. Schrödinger, *What is Life?*, Canto, 1967, pp.17~18 참조.

31) M. Merleau-Ponty, *Phénoménologie de la perception*, Gallimard, 1945, pp.435~436 참조.

호치기를 하자마자 전통적인 인식론에서 중요시했던 '참으로서의 실재'는 지각 현상의 근거가 되기를 그친다. 그리고 동시에 '실재'가 (존재)가능하기 위해서 더 근본적인 신체적 지각의 소여들이 우선해야 한다는 점이 제기된다.

그렇다면 여기서 '더 근본적인 신체적 지각의 소여들'이란 과연 무엇인가? 베르그송은 자신의 저서 『물질과 기억』에서 뇌수가 절단되는 사유실험을 통해 이 소여들이 다름 아닌 '이미지'라는 점을 강조하고 있다.[32] 그리고 "우리는 '이미지'를 관념론자들이 재현이라 부르는 것보다는 더한 것으로, 하지만 실재론자들이 사물이라 부르는 것보다는 덜한 어떤 존재(existence)로 이해한다. 즉 '사물'과 '재현' 사이의 중간쯤에 위치한 존재로 [이미지를]이해한다."[33]

하지만 여기서 우리는 이미지가 '중간쯤에 위치한다'는 것이 무엇을 의미하는가가 궁금해진다. 우리는 이제 막 베르그송을 좇아 '이미지'란 현상적 발생에 있어서 '실재'보다 존재론적으로 우선하는 것으로 확인했다. 그러므로 이미지란 그것이 정신을 향해 추상의 방향을 향한다면 재현, 표상 혹은 관념이 되는 반면, 신체와 그 외부의 물질을 향해 구체의 방향에로 나간다면 사물이나 구체적 대상이 될 수 있는 어떤 것이라 할 수 있다. 때문에 우리는 '이미지'가 '중간쯤에 위치한다'는 것이 재현이나 표상 혹은 관념이라는 정신적 속성도, 사물 혹은 객관적 대상이라는 물질적 속성도 결하고 있는 상태라고 여겨서는 곤란하다. 이와는 반대로 오히려 '이미지'란 이 두 속성을 동시에 지니고 있는 것으로 파악해야 하기 때

32) H. Bergson, *Œuvres I*, PUF, 1970, pp.172~173 참조.

33) *Ibid.*, p.161.

문이다. 이는 기본적으로 무에서 유가 생겨날 수는 없다는 이치와 같다.

아마도 전통적인 인식론적 관점에서 보자면 여전히 '이미지'란 관념론자들이 이야기하는 것처럼 아직은 덜 관념적이거나, 실재론자들이 구분하는 것처럼 여전히 완전한 사물이 되기에는 미흡한 것으로 파악될 지도 모를 일이다. 그러나 '실재', 이것이 정신적인 것이든 혹은 물질적인 것이든 간에 우리들 인식의 직접적 대상이라 믿어왔던 '실재'의 존재론적 근거가 사실은 '이미지'라는 점이 밝혀진 이상, 우리는 '이미지'란 '실재'에 비해 어떤 성질이 결여된 것이라기보다는 오히려 이 두 가지 속성을 동시에 지니고 있는 것이라는 점을 받아들여야만 한다.

3) 이미지의 이중성과 복합성

이처럼 이미지는 정신적인 계열과 물질적인 계열이 교차하는 지점에서, 한 편으로는 추상적인 관념이 되기 위해서 그리고 다른 한 편으로는 구체적인 대상이 되기 위해서 아직 경계를 부여할 수 없는 무규정적인 것이기에 우리는 이를, 아래에서 다시 설명하겠지만, '복합적인 것'으로 받아들일 필요가 있다. 요인즉 '이미지'에 대한 분석이 정신적 계열이나 물질적 계열 중 한 가지만을 선택하여 파악하고 분석한다면, 우리는 이미지의 이러한 이중성(복합성)을 놓쳐버리게 될 것이라는 것이다. 때문에 우리는 이미지의 정신적 속성과 물질적 속성을 동시에 고려해야 하며, 이러한 관점에서 이미지의 특징들을 새롭게 정리해보도록 하자.

3-1) 이미지란 정신인 동시에 물질이다

이미지는 단순한 물질도, 그렇다고 순수한 관념도 아니다. 앞에서 살펴본 바와 같이, 이미지는 신체를 통한 지각인 동시에 구체적인 '실재'의 존재론적 근거이기도 하다. 결국 전통적 관점에서 볼 때 '이미지'가 '실재'와 비교되면서 순수하게 정신적인 것도 그렇다고 순전히 물질적인 것도 아닌, 애매모호한 대상으로 규정되었던 이유가 바로 여기에 있다. 그 결과 '이미지'는 정신과 물질의 경계 위에서 유령처럼 배회할 수밖에 없었다. 게다가 이러한 사유 습관에 물든 자들에게 '이미지'는 존재론적인 이중적 속성보다는 모호성만이 눈에 띄게 된다. 그런가 하면 이미지의 정신성 또는 물질성 중 하나만을 택해 그것이 이미지의 전부인 양 오해하는 경우도 많았다. 이미지를 단순하게 '기호'로 대체시키기 위해, 이미지의 질료적 부분을 제거하고 그것이 지닌 형식적 측면만을 부각시켰던 옐름슬레우의 경우도 결국 유사한 누를 범했다고 볼 수 있다.[34)]

이처럼 이미지의 두 속성 중 하나만을 고려하는 것은 학문적 방법론의 정립에 용이성이 있을지는 몰라도, 그 방법만을 고수하는 한 이미지 그 자체의 전모를 파악하기에는 역부족이다. 따라서 우리는 어떤 학문적 연구대상을 그 본성을 왜곡하지 않은 채로 파악하기 위해서는 이러한 용이성이나 실용성에 경도되어서는 곤란하다. 훗설이 역설한 바 있듯, 현상학적 판단중지를 통해 형용모순인 듯이 보이는 이미지의 두 본질적 속성을 동시에 파악해야 하는 것

34) 옐름슬레우의 언어학과 기호학이 지니는 형식중심주의에 대해서는 박인철, *op., cit.*, 94쪽 참조.

이 우리의 과제이기 때문이다.

3-2) 이미지는 추상인 것인 동시에 구체적인 것이다

만약 이미지가 정신적인 성질과 물질적인 성질을 동시에 지니고 있다면, 이와 동일한 관점에서 이미지란 추상적인 것이면서 동시에 구체적인 것이라 할 수 있다. 왜냐하면 추상적인 것이 정신적인 계열에 속하는 것이라면, 구체적인 것들은 물질적인 계열에 속하기 때문이다. 그런데 이미지란 물질적 속성을 지니고 있기에 우리의 신체 계열을 통해 생산해 낼 수 있지만, 이 생산의 과정은 단순한 물리-화학적 반응에 의한 법칙적인 작용-반작용이 아니라, 신체 계열을 움직이는 정신 계열의 생산 활동에 그 근원을 두고 있다. 따라서 어떤 이미지든 그것이 생산된다면, 그것은 이미 '추상화된 물질'이라 할 수 있다. 또한 이미지가 우리들의 신체에 대하여 감각과 자극을 통해 물질적인 영향을 줄 때, 이는 단순히 물질적인 영향을 넘어서서 우리의 정신에까지 영향을 미친다. 이 경우에는 이미지를 '물질화된 추상' 혹은 관념이라 할 수 있다.

이렇듯 이미지를 추상화된 구체물 혹은 구체화된 추상물로서 파악한다면, 이미지가 담고 있는 내용은 그저 물질에 코드화되어 있는 어떤 것이 아니라 물질에 근거하여 그 본질이 변화될 수밖에 없는 것이며, 또한 코드 풀기(decoding)의 과정에 있어서도 그것의 물질적 기반에 근거하여 그 해석이 다양해질 수밖에 없다.

어떠한 콘텐츠든 그것을 소비자에게 전달하기 위해서는 고유한 공간(가령 책, TV 화면, 영화 스크린 등등의 개별화된 고유한 구조물로서의 공간)이 필요하다. 따라서 기본적으로 콘텐츠는 자신의 고유한 공간에 독립해 있는 것이 아니라 늘 다른 공간과의 관계 속에서 변형되기 마련이다.[35] 그리고 이러한 전제로부터 우리는 '이미지' 그 자체가 지니는 물질적 역능을 분석의 한 요소로서 받아들일 수 있다. 이는 우리가 추상적인 어떤 것을 실어 나르고 전달하기 위해서는 반드시 구체적인 꼴을 지니고 있는 이미지를 필요로 한다는 사실을 의미한다. 우리는 음식 사진이 우리에게 직접적으로 맛을 전달하지 않는 것을 잘 안다. 그러나 그 사진은 우리의 시각을 자극하여 미각에 대한 환기를 조장한다.

종합적으로 말하자면, 이미지는 관념인 한에서 우리들에게 능동적으로 개입(전달, 설득)하며 동시에 물질인 한에서 수동적인 상태(조작)에 놓인다.

3-3) 이미지는 주체인 동시에 대상이다

만약 이미지가 관념과 물질의 통일체라면, 이미지가 관념인 한에 있어서 우리는 이미지에 대하여 능동적으로 개입(해석)하게 될 것이며 동시에 그것이 물질인 한에 있어서 우리는 수동적으로 그것을 수용(지각)하게 된다. 그리고 이미지가 추상적인 것과 구체적인 것의 통일체라면, 우리는 이미지가 전달하는 관념들에 영향을 받는 한편(전달-조작), 우리들이 추상적으로 지니고 있는 것들을 물질에 새겨 넣음으로써 이미지를 생산(생산-조작)한다는 말도 성립된다.

35) 백승국이 잘 보여주고 있듯, 우리의 미각이라는 화학적 물질의 상호 작용을 시각이나 청각과 같은 전혀 다른 물질적 원리들로 전달하고자 할 때, 그 원리는 전혀 다른 물질적 활동에 기반을 둘 수밖에 없다. 백승국은 이를 '공감각적 활동'이라고 표현하고 있다 - 백승국, *op., cit.*, 208~221쪽 참조.

이와 같은 상호작용의 복수성을 고려해본다면, 인간은 이미지에 대하여 주체인 동시에 그것의 대상인 것만큼이나, 이미지 또한 인간에 대하여 주체인 동시에 대상이라고 볼 수 있다. 결국 이미지는 신체-계열을 통해서 지각이나 감각을 통해 우리에게 영향을 미칠 뿐만 아니라, 정신-계열의 관계에 있어서도 영향을 미치는 주체인 것이다. 그런 점에서 이미지는 내용을 담고 있는 단순한 형식으로서의 그릇이 아니라 자신을 그 자체로 우리에게 드러내면서 말을 거는 일종의 주체라는 적극적 정의도 가능하다.

이런 이유 때문에 이미지란 그저 우리가 그 안에 있는 내용을 인식(해석)해야 하는 대상으로서 고정되고 수동적인 상태로 있는 것이 아니다. 오히려 이미지는 자신을 우리가 해석할 것을 요구하며, 자신이 지니고 있는 추상성을 어떤 방식으로든(그것이 신체적 만족이든 혹은 정신적 만족이든 간에) 파악하게끔 우리를 유혹한다. 만약에 인간이 정신과 신체의 이중적 속성을 지니고 있기에 스스로 주체가 되면서도 동시에 외적 대상이 된다면, 이미지 또한 이와 같은 이중적 속성을 지니고 있기 때문에 단순한 대상이 아니라 '하나의 주체'로서 작동 가능하다.[36)]

3-4) 이미지는 형상/질료(내용/형식)이다

이처럼 이미지는 정신화된 물질 혹은 물질화된 정신이면서, 추상화된 구체물 혹은 구체화된 추상물이다. 그런데 이보다 더 중요한

36) 바슐라르는 문학 이미지에 대해 분석하면서 '상상하다'라는 동사의 주어(주체)는 사람이 아니라 '이미지'임을 강조한 바 있다. - G. Bachelard, *L'air et les songes*, José Corti, 1943, p.22 참조.

사실은, 앞서도 설명했듯, 이미지가 인간과의 관계에 있어서도 주체이자 대상이라는 점이다. 이미지라는 '실존'은, 그러기에 이를 단순화시켜 파악할 때, 우리는 그 핵심을 놓칠 수 있다. 아마도 이를 최초로 인식했던 것은 아리스토텔레스가 아니었을까 싶다.

아리스토텔레스는 질료와 형상이 실제로는 구분되지 않는 것임에도 불구하고 학문적 고려를 할 때에는 이를 구분할 수밖에 없다고 밝히고 있다.[37] 그런데 아리스토텔레스의 개별자들에 대한 이러한 언급은 우리들이 하고자 하는 이미지 연구에도 적용될 수 있다. 아리스토텔레스에 따르자면, 이미지가 어떤 형상을 담을 수 있기 위해서는 반드시 물질적 기반으로서의 질료를 필요로 하고, 이 질료를 통해 구현되어야만 그 형상을 사람들에게 전달할 수 있다.

우리는 이 과정을 '코드화'로 보충·설명할 수 있다.[38] 그런데 코드화의 과정은 이미지를 기호로 바꾸는 역할 또한 수행한다. 그러므로 우리는 아리스토텔레스의 이와 같은 논의에, 이미지가 지니는 기호적인 성격 또한 포함시켜야 할 것이다. 즉 어떤 연속체로서 있던 질료는 형상을 얻게 되는 과정 안에서 기호로서의 의미를 지니게 되는 이중적 과정을 겪는다고 할 수 있다.[39] 코드화의 과정은

---

37) 아리스토텔레스, 『형이상학』, 김진성 옮김, 이제이북스, 2007, 206~208쪽(Δ 1014b~1015a) 참조.

38) '코드'에 대한 전반적인 논의는 바로 이 '과정'에 대한 고려에서부터 출발해야 한다. 돌려 말해 코드를, 아리스토텔레스의 형상/질료의 관계와 연관시켜, 관념의 물질화 과정인 동시에 물질의 관념화 과정으로 이해할 수 있다는 것이다. 이런 관점에서 '코드화 과정' 및 '코드'에 대한 이해는 이미지는 물론이고, 이를 기반으로 하는 문화콘텐츠연구에 있어서도 근간이 된다고 본다. 이에 대해서는 박치완·김평수 외, 『문화콘텐츠와 문화코드』, 한국외국어대학교 출판부, 2011, 5~9쪽 참조.

39) U. 에코, *op., cit.*, 136~139쪽 참조.

질료에 형상을 부여하는 과정인 동시에 어떤 형식을 통해서 내용을, 다시 말해 콘텐츠를 담아내는 과정이므로 이미지에 대한 연구는 이 모든 것을 동시에 고려하는 변증법적인 성질의 것이어야만 하는 셈이다. 하지만 이 변증법적 과정은 단순한 두 항 사이의 관계로 도식화될 수 있는 성질의 것은 이미 아니다. 왜냐하면 이미지는 형상과 질료를 가지고 있는 만큼이나, 그것의 내용과 형식을 지니고 있기 때문이다.

이미지에 대한 이상과 같은 우리의 새로운 해석은, 이미지란 전통적인 존재론과 인식론이 제시하고 있는 구분선들의 경계면에 위치함을 역설(力說)한다. 전통적인 철학들은, 일부 철학자들을 제외하고는 자신의 사유 대상들을 분류하기 위하여 확연히 구분되는 속성들을 지닌 대상만을 다루어왔다. 바로 그 때문에 그 경계면 위에 존재하고 있는 이미지를 제대로 다루지 못한 것이다. 하지만 재삼 강조하지만 이미지란 그 중심을 공분하며 춤추듯 어울리는 태극문양과도 같이 서로 상반되는 두 속성이 늘 구분되면서 또한 서로 늘 연결되어 있다. 우리가 이 상반되는 두 속성을 따로따로 고찰한다면, 이미지는 그 어느 쪽에도 속하지 않은 채 부유하고 떠도는 것으로서만 남게 될 것이다. 하지만 이제 우리는 이미지의 두 속성을 동시에 고려해야 한다. 그리고 이러한 새로운 관점에서 이미지에 대한 기존의 담론들의 전체적인 지형도를 새롭게 그려보고, 이를 통해 이미지텔링의 가능성을 스토리텔링과의 비교차원에서 살펴보고자 한다.

3. 이미지에 대한 담론들과 이미지텔링, 그 위상학과 연계성 모색

매체를 통해 전달되는 다양한 형태의 이미지가 문화콘텐츠의 중심을 차지하고 있다. 영화, 만화, 애니메이션, 게임 등 '비주얼 컬쳐'가 그 핵심 영역으로 평가받는 것도 우연이 아니다. 매체란 어떤 내용이나 정보를 전달하기 위해 소용되는 모든 매개물을 의미한다. 이때 매개물이 일차적으로 우리에게 전달하는 것은 이미지다. 그리고 이미지는, 앞장에서 살펴보았듯, 이중적이면서도 복합적인 속성을 지니고 있다. 따라서 문화콘텐츠의 본질에 육박하기 위해서는 이러한 이미지의 속성을 정확히 짚어내야 한다.

그런데 스토리텔링이나 주요 커뮤니케이션 이론 및 마케팅 기법과 같은 이전의 이론들은 이미지 자체를 고유하게 다룬다기보다는 오히려 이미지가 표현하고 있는 시니피앙의 측면만을 부각시킴으로써 이미지의 이중성이나 복합성을 축소시켰다. 하지만 이때 기호란 이미지의 한 측면일 뿐이다. 물론 발신자와 수신자 사이에 주고받는 것은 스토리나 정보와 같은 기호들일 수 있다. 하지만 이 역시 이미지의 관념적 속성만을 고려하는 데 그친다. 그런데 만일 우리가 이미지에서 이렇게 기호적인 차원만 고려하는 데 그친다면, 그것은 곧 기호화될 수 없는 것들을 간과하게 된다는 말이 된다. 이는 회를 놓고 살아 있는 생선을 연구하려는 것과 다르지 않다.

이 자리에서 우리는 이와 같은 태도가 틀렸다고 주장하는 것은 아니다. 다만 이미지의 이중성과 복합성을 제대로 활용하기 위해서는 좀 더 확장된 시각과 새로운 방법론이 필요하고, 이로부터 우리는 '이미지텔링'의 이론적 토대를 마련해보려는 것이다. 그렇다면 이미지의 이중성과 복합성을 포괄하고자 하는 '이미지텔링'은 이미지에 대한 기존의 담론들과 어떻게 연계될까? 우리는 우선적으로 앞장에서 파악했던 이미지의 이중성과 복합성을 바탕으로 해서 다음과 같이 하나의 도식을 제시해볼까 한다.

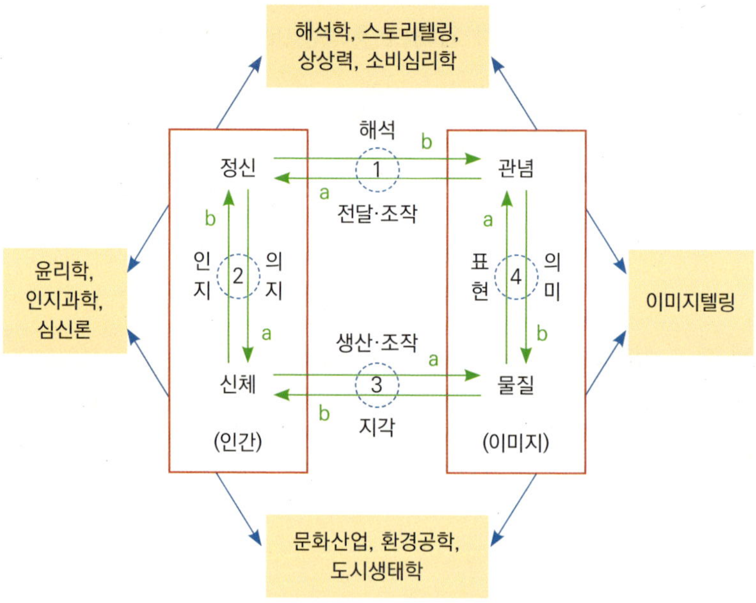

이 도식에서 가로축은 인간과 이미지 사이에서 일어나는 상호 작용을 의미하며, 세로축은 서로 다른 두 속성 사이의 상호 의존 관계를 보여준다. 여기서 중요한 것은 인간의 정신은 신체를 통해서 이미지를 받아들이지 결코 이미지의 관념적 속성과 직접적으로 관계를 맺는 것은 아니라는 점이다. 이는 신체와 물질 사이의 가로축에도 동일하게 적용된다. 반면 세로축의 관계들은 서로 다른 이중

적 속성이 어떻게 하나로 맺어지는지를 보여준다. 요약적으로 표현하자면, 가로축의 관계에서는 분리성을 특징으로 하며,[40] 세로축의 관계는 통일성이 그 특징이다.

이 관계들을 좀 더 세밀하게 살펴보자. 우선 ①의 경우는, <관념→정신>(a)의 방향과 <정신→관념>(b)의 방향이라는 두 방향이 있다. ①-(a)는 이미지-주체가 능동적 활동을 한다. 만약에 이 이미지가 언어에 해당된다면, 이는 바슐라르가 말한 시적 상상력이나 수사학의 영역에 속할 것이다. 그리고 언어를 포함한 각종 상징들을 염두에 둔다면, 종교적으로 이데올로기화된 작품들이 주요 분석 대상이 될 것이다. 뿐만 아니라 여러 예술 작품이나 문화적 콘텐츠들이 한 개인의 심리에 어떤 영향을 미치고 있는가에 대해서도 연구 가능하며, 그런 점에서 이는 소비(사회)심리학과도 관련이 깊다. 반면 ①-(b)는 기본적으로 어떤 대상에 대해서 해석을 가하는 인간-주체의 활동을 의미하며, 이와 같은 활동은 좁은 의미의 해석학 영역에 해당한다. 그리고 이 두 방향을 모두 고려하는 것이 요의 스토리텔링의 분석 기법이나 커뮤니케이션 이론 영역에서 잘 나타

40) 때문에 분리성을 특징으로 하는 가로축에서는 그 관계가 '간접적'이라고 할 수 있다. 이는 소위 '가상세계'와 '현실세계' 사이의 구분에 있어서도 잘 나타난다. 특히 가상공간과 현실공간에 대한 구분, 디지털화된 세계와 현실 세계 사이의 구분이 점점 더 상실되어 가는 이유를. 왜냐하면 가상이든 현실이든 모두 직접적이라기보다는 간접적으로 우리의 지각과 관련을 맺기 때문에, 가상과 현실 사이에는 정도의 차이만 있을 뿐 본질적인 차이는 없기 때문이다. 디지털 공간과 현실 공간 사이에 대한 최근의 과학적 고찰은 모기 겐이치로, 『뇌와 가상』, 손성애 옮김, 양문, 2007, 41~42쪽; A. 노에, 『뇌과학의 함정』, 김미선 옮김, 갤리온 2009, 134~135쪽을 참조. 또한 디지털 공간과 현실 공간이 유비적으로 일치한다고 보는 견해에 대해서는 P. 벤틀리, 『디지털 생물학』, 김한영 옮김, 김영사, 2003, 50~51쪽을 참조.

나고 있다.

②는 정신과 신체 사이의 관계를 포괄하는데, <정신→신체>(a)의 경우와 <신체→정신>(b)의 경우이다. ②-(a)는 윤리학 또는 행태주의적 관점에서의 인간에 대한 접근을 설명할 수있으며 ②-(b)는 인지과학의 분야에 해당한다. 그리고 이 둘을 동시에 고려할 때, 데카르트 이후 철학에서 주로 논의되고 있는 심신 관계에 대한 문제 및 인간학과 관련된 여러 논의들이 가능하다.

③에도 두 방향이 있다. 하나는 <신체→물질>(a)이며, 다른 하나는 <물질→신체>(b)의 방향이다. ③-(a)의 경우에는 일련의 콘텐츠에 대한 제작 과정의 분석과 관련된 것으로서, 문화콘텐츠의 제작을 위한 모든 공학적이며 기술산업적인 것들에 대한 분석이 이에 해당할 것이다. 한편 ③-(b)는 외부 대상에 대한 인간 신체의 반응과 관련된 학문들, 가령 환경공학이라든가 도시생태학과 같은 학문 영역을 비롯하여 각종 지각에 대한 이론이 그 연구 대상이 될 것이다. 또한 이미지와 실재 사이의 인지적인 차이에 대한 연구도 여기에 포함될 수 있다.[41)]

한편 본고의 핵심 논의와 직결된 ④는 이미지의 이중성과 복합성을 밝히는데 있어 요체가 되는 것으로, 스피노자와 쇼펜하우어, 그리고 바슐라르와 같은 일부 선구자들을 제외하고는 아직까지 구체적으로 탐구된 적이 없는 영역이다.[42)] 여기에도 두 가지의 방향

41) 최근 들어 이 영역과 관련하여 어떻게 예술이라는 가상의 존재가 인간의 감정을 움직일 수 있는가에 대한 연구가 시작되고 있다. 이에 대한 선구적인 연구로서는 N. Carroll, *A Philosophy of Mass Art*, Oxford University Press, 1998, pp.270~275 참조.

42) 아마도 스피노자는 철학사에서 실체의 본질적 속성에 정신과 물질이 함께

이 존재한다. 이미지의 물질적 차원이 관념을 하나의 구체적인 대상으로 표현하는 방향(a)과 관념이 물질에 부여되어 무규정적인 어떤 질료나 재료에 의미를 부여하는 방향(b)이 그것이다. 그리고 이미지텔링은 아직 탐구되지 않은 바로 이 영역에서의 역학 관계를 밝히는 작업이 될 것이다. 그러므로 이미지텔링의 주 연구 대상은 이미지가 지니는 역할인 관념과 물질 사이의 상호 관계 및 그 사이의 상호 제약적인 상관성을 밝혀주는데 초점이 있다.

결국 ④의 영역에 대한 탐구는 우선적으로 각기 서로 다른 장르들이 지니고 있는 물질성에 대한 연구에서부터 출발하여 그 물질성이 관념의 표현을 어떤 방식으로 드러내는 동시에 제한하는가를 고찰해야 한다. 이 영역은 관념이 실제로 물질화되어 드러날 때, 그

있을 수 있음을 역설한 최초의 근대 철학자라 할 수 있을 것이다. "우리가 자연을 연장이라는 속성 아래에서 인지하든 혹은 사유라는 속성 아래에서 인지하든 아니면 또 다른 어떤 속성 아래에서 인지하든, 우리는 하나이면서도 동일한 질서 또는 하나이면서도 동일한 원인들의 연결을 발견하게 된다." - B. Spinoza, *Ethics*, tr. E. Curley, Penguin Books, 1996, II, Dem. 7, Schol. 쇼펜하우어는 스피노자의 이와 같은 견해를 받아들이면서도 칸트적인 의미에서의 표상과 그 근원으로서의 물 자체는 사실상 의지와 같은 원리를 지니고 있는 것으로 파악하였다. "세계는 표상으로서 있는 것밖에는 단지 의지라는 것이 분명해졌다. 여기서 우리는 이 인식에 따라 표상으로서의 세계를 전체로든 부분적으로든 '의지의 객관성'이라 불렀다. 따라서 그것은 객관, 즉 표상으로 된 의지를 뜻한다." - A. 쇼펜하우어, 『의지와 표상으로서의 세계』, 곽복록 옮김, 을유문화사, 1995, 225쪽. 과학과 상상력에 대한 연구에 있어서 쇼펜하우어의 영향을 깊이 받은(J. Margolin, *Bachelard*, Seuil, 1983, pp.37~40 참조) 바슐라르는 문학 이미지들에 대해 깊은 통찰을 진행시키면서 문학 이미지의 물질적 재료인 음성이 지니는 정신적 가치를 다음과 같이 강조하고 있다. "표현을 다루고자하는 문학적 이미지의 의지 안에서 파악할 때, 문학적 이미지는 특별한 돌출을 지닌 물리적 실재이다. 더 정확하게 문학적 이미지는 심리적 돌출, 즉 다면적 정신 상태이다." - G. Bachelard, *op., cit.*, p.286.

것이 기반하고 있는 물질들에 근거하면서도 다른 한 편 그것이 근거하고 있는 물질에 의해 표현이 제약되기도 한다는 이중적인 관계를 함축한다.

도식을 통해서 이미 제시했듯, 각 영역에는 그에 맞는 고유한 학문의 영역이 존재한다. 그러나 불행히도 이미지 자체에 대한 연구는, 이미 제기한 바 있듯, 아직 그에 합당한 담론이 존재한다고 볼 수 없다. 이처럼 이미지 자체에 대한 구체적인 담론이 부재하는 상황에서 스토리텔링은 마치 이미지의 주인 행세를 해왔던 것이다. 요인즉 스토리텔링은 제2장과 본장에서 우리가 설명한 이미지의 이중성과 복합성, 독특성과 역동성을 온전히 살리지 못한 채 오직 고정된 기호들의 체계에 종속된, 제한된 해석에 그친 것이다.

동일한 스토리나 동일한 내러티브라고 해도 그것이 표현되는 장르에 따라 그 느낌은 전혀 달라질 수 있다. 그 이유는 바로 각각의 문화콘텐츠 혹은 고유한 스토리가 구현되는 '장소로서의 물질성'이 다르기 때문이다. 때문에 각 장르가 지니는 물질적 특성에 대한 연구가 긴요하다. 그리고 이 장르들 사이의 물질성이 지니는 공통점과 차이점에 대한 연구를 이미지텔링은 우선적으로 수행해야 한다. 그리고 이러한 물질성에 대한 연구는 스토리텔링에서처럼 단일 스토리의 추출에 목표가 있는 것이 아니라 일차적으로 이미지가 다양하게 분화되는 양상을 추적하는데 있으며, 그 분화 과정에서도 이미지는 늘 이중성과 복합성을 띠고 있다는 것을 놓쳐서는 안 된다. 그리고 이미지텔링에 있어 무엇보다 중요한 것은 분화되고 증식하면서 스스로를 드러내며 인간에게 말 걸어오는 '주체로서 이미지'의 의미를 이해하는데 있다.

주체로서 이미지란 이미지가 단순한 대상이 아니라 마치 인간처럼 스스로 말하는 존재란 뜻이다. 돌려 말해 이미지는 단지 주체를 위한 대상으로 존재하는데 그치지 않는다는 뜻이다. 이런 전제하에서 보면, 결국 이미지텔링에서 화자는 이미지라는 수장이 가능해진다. 바로 그러한 이미지의 정신/물질, 추상/구체, 주체/대상, 내용/형식 등, 그 모든 것들이 조성(造成)하는 독특성과 역동성을 통해 이미지가 말 걸어옴에 대해 인간은 화답해야 한다. 이런 점에서 이미지텔링의 핵심은 일차적으로 이미지가 주체요 화자라는데 있으며, 이로부터 이미지와 이미지를 마주하는 인간 사이의 새로운 대화 양식이 예비된다. 결국 이 두 전제로부터 우리는 전통의 주체와 대상 간의 관계가 역전되고 동시에 이미지(대상)와 인간(주체)이 분리될 수 없는 관계에 놓이게 된다.

우리가 이미지를 마주한다는 것은 결국 이미지를 맞이한다는 것이며, 이러한 '마주하고 맞이함'이라는 새로운 이미지론이 이미지텔링의 핵이다. 영화를 마주하는 사람과 게임을 마주하는 사람은 자신이 마주하고 있는 이미지가 서로 다르다는 사실을 '이미' 잘 알고 있다. 하지만 스토리텔링만으로는 이러한 이미지들 사이의 차이들을 드러내기에는 역부족이다. 아니 오히려 이미지에 대해서 우리들이 익숙하게 구분하고 있는 차이들은 그저 당연한 것이며 너무나 흔한 것이기에 학문적 대상이 될 수 없다고 단정해 버렸던 것일지도 모른다. 하지만 이러한 이미지들의 차이란 영화라는 이미지와 게임이라는 이미지가 우리들에게 말을 걸어오는 방식의 차이에 다름 아니다.[43] 영화와 게임만이 아니라, 애니메이션이나 드라마

43) 이는 향후 문화콘텐츠연구에 있어서도 핵심적인 과제가 될 것이라 생각한다.

혹은 카세트테이프와 레코드판 그리고 CD와 MP3 같은 음악 매체에도 이는 그대로 적용된다. 심지어 동일한 내용 혹은 스토리라 할지라도, 그 이미지들이 어떤 물질성에 근거하고 있는가에 따라서 다른 방식으로 우리에게 말을 걸어온다는 것이다.[44)]

4. 스토리텔링에서 이미지텔링으로

지금까지 우리는 문화콘텐츠연구 분야에서 아직 구체적으로 소개·논의된 바 없는 이미지(이중성 및 복합성)의 재해석을 통해 이미지텔링에 대한 밑그림을 제안해보았다.[45)] 이와 같은 이미지에 대한 재해석을 통해 우리는 결국 인간과 이미지 사이의 관계 또한 늘 이

44) 이에 대한 연구는 최근 문화콘텐츠 제작, 판매의 물질적 토대인 '플랫폼'을 중심으로 이루어지고 있기는 하다. 하지만 이러한 연구들은 물질성을 중심에 놓고 있다기보다는, 어떤 '문화콘텐츠'를 얼마나 다양한 물질적 양태들로 변화시켜 판매할 수 있는가에 그 초점이 맞추어져 있다고 하겠다. 그리하여 동일한 콘텐츠지만 그것이 어떤 플랫폼에 의해 실행되고 판매되는가에 따라 그 성공과 실패 여부가 결정되는지에 대해서는 그저 운에 맡길 수밖에 없거나, 혹은 운이 좋아도 그저 결과론적인 분석에 그칠 수밖에 없을 뿐이다. 만약에 우리가 이미지의 물질성에 다시 주목하여 그것의 특권적 영역을 제대로 파악할 수만 있다면 '플랫폼'에 대한 연구 또한 한 단계 더 진전될 수 있으리라.

45) 물론 '이미지텔링'이란 표현을 키워드 또는 논문제목 등으로 제시하는 논문이 2편(변민주, 「문화원형을 기반으로 한 캐릭터의 이미지텔링에 관한 연구」, 『기초조형학연구』 제9권 2호, 2008; 변민주, 「콘텐츠 제작을 위한 스토리텔링과 이미지텔링의 창작방법론」, 『디지털디자인학연구』 제9권 4호, 2009) 정도 검색이 되기는 한다. 하지만 이 논문들은 문화원형을 기반으로 한 캐릭터의 컨셉디자인과 관련된 것이지 본고에서 우리가 제시한 이미지텔링과는 직접적 연관성이 없다.

중적 방식으로 관계 맺고 있음을 밝혔고, 이미지 자체를 고유하게 담아낼 수 있는 새로운 '학문적 그릇'이 필요함을 역설해보았다.

본고에서 우리가 이미지텔링에 대한 이와 같은 제안을 하면서 독자와 함께 공유하고자 하는 것은 바로 다음 3가지이다.

i) 서론에서부터 누차 언급한 바와 같이, 그동안 국내의 스토리텔링에 관한 연구들 대부분은 이미지로부터 관념적 요소인 기호 또는 의미만을 취급하면서 이미지의 물질성과 역동성을 간과했다. 이와 같은 우리의 문제제기는 결국 작금의 문화콘텐츠연구에서 주로 논의되고 있는 스토리텔링에 일정 정도의 이론적 보완이나 방향전환이 필요하다는 것을 요구하며 동시에 축제, 전시기획, 테마파크 등 응용 영역을 넓혀가기보다 기본 논의들을 더욱 강화해야 할 때라는 것을 의미한다.

ii) 이와 같은 스토리텔링의 이론 내적인 변화 요구는 추가적으로 우리 시대가 디지털 시대, 영상문화의 시대라는 사실을 담보해야 한다는 주문과 직결되어 있다. 우리가 이미지텔링을 제안하게 된 결정적 동기가 바로 여기에 있다. 우리가 접하는 대부분의 문화콘텐츠상품들이 실제로는 '스토리'보다 '이미지'로 구현된다. 요인즉 '스토리'보다 '이미지'의 역할이 훨씬 중요하고, 읽기보다 보기가 더 중요한 인간의 활동이 되었으며, 이러한 체험을 문자의 텍스트성 분석에 치중하는 스토리텔링으로는 제대로 설명하기 어렵다.[46] 물론 디지털 시대가 되었다고 해서 아날로그적인 이미지들의 존재와 역할이 뒷전으로 물러난 것은 결코 아니다. 하지만 우리가 문화

46) 정형철, 「디지털 스토리텔링과 내러티브 이미지」, 『한국문학이론과 비평』 제36집, 한국문학이론과 비평학회, 2007, 26쪽 참조.

콘텐츠상품이라고 말하는 것들 대부분은 디지털화된 이미지들이고, 특히 디지털화된 이미지들은 우리에게 '말을 건다'는 특징을 가지고 있다. 가까운 예로, 다양한 전자게임이나 스마트폰에 내장된 앱(APP)이 대표적이라 할 수 있다. 주지하듯, 이것들은 상호작용(interactivity)에 기초하고 있는 움직이는 이미지들(moving images)로써, 스토리나 소리(음악)와도 비분리적이다. 이런 점에서 디지털화된 이미지, 디지털 기기에 탑재된 이미지들은 전통의 아날로그적 그림처럼 단순히 하나의 대상으로 바라보고 감상하는 수준 이상의 것이다.[47)]

iii) 우리가 이미지에 대해 가지고 있는 편협한 이해, 선입견을 버리고 이미지가, 비록 그것이 아날로그적인 것이든 디지털화된 것이든, 우리에게 '말을 하고', '말을 거는' 것이라는 새로운 전제를 받아들이게 되면, 제작 방식의 차이마저도 크게 문제가 되지 않는다는 점을 발견할 수 있다. 예술작품이 문자로만 표현되는 것을 지칭하지 않듯, 이미지도 주체가 바라보는 대상으로만 머물러 있는 것이 아니라 스스로를 이야기하고 표현하며 주체에게 다가서는 일종의 '새로운 주체'라 할 수도 있다. 알파벳 문화권에서와는 달리 한자문

47) 물론 아날그적 이미지들 중에서도 알타미라 동굴벽화를 비롯해 종교적 성화(聖畵)들에 이르기까지 '이미지가 말하는' 예는 많다. 콘스탄티노플 황제 니케포로스가 성상파괴주의자들을 상대로, "만일 우리가 이미지를 없앤다면, 예수는 물론이고 모든 우주가 사라질 것이다"라고 말한 것도 같은 맥락에서 이해할 필요가 있다 - 니콜라스 미르조에프, 『비주얼 컬처의 모든 것』, 임산 옮김, 홍시, 2009, 389쪽. 물론 이미지의 제작 방식이 아날로그적일 수도 있고 디지털적일 수도 있다. 하지만 이미지는 넓게 정의해 우리에게 '말을 하는' 것이 일반적이며, 게다가 대부분의 디지털 이미지들은 더 적극적으로 우리에게 '말을 걸며' 유혹한다.

화권에서는 특히 자연 사물에서 그 형상을 따온 상형문자라는 것이 있는데, 이것 또한 이미지적(형상적) 사유의 전형적 예라 할 수 있다. 어쩌면 우리가 인간 (주체)중심적 사고, 이성 중심의 추상적 사고를 해체했을 때, 우리는 말을 하고 말을 거는 이미지에 마침내 나가갈 수 있을 것이고, 그것이 문자보다 더 근원적이고 선행된 것이라는 점을 발견할 수 있을 것이다. 이는 몸짓으로 자신을 표현하는 무용이나 소리로 자신을 표현하는 음악에 있어서도 마찬가지다. 결국 모든 것이 문자화되고 기호화될 수 있다고 믿는 것은 편견이다.

바로 이상과 같은 3가지 이유 때문에 다양한 형식과 내용으로 제작되고 있는 작금의 문화콘텐츠상품들을 오직 '스토리'만으로 축약하려는 것은 당연 한계에 직면할 수밖에 없다.[48] 더더욱 스토리로 디지털시대, 현대 사회 전체가 '시각의 바다(flux visuel)'를 이루고 있는 현상들을 설명하고 담보하기에는 역부족이라는 것은 이론의 여지가 없을 것이다. 본고에서 우리가 감히 '스토리'를 넘어 '이미지'에 대한 연구가 다각화·심화되기를 제안한 이유가 여기에 있다. 그리고 그 결정적 이유는 여전히 <이야기+하기>라는 수준에 머물러 있는 스토리텔링 개념만으로는 설명할 수 없는 것들이 너무도 많기 때문이다.

'이야기하기'는 실제 그 지칭이 불투명할 뿐만 아니라 다분히 중성적인 개념이다. 물론 국내의 문화콘텐츠연구 현장에서도 이를

48) 문화콘텐츠에 대한 스토리텔링적 기법의 접근 방식은, 모든 구체적인 이미지를 추상적인 구조로 환원시키는 것에 기반하고 있다. 그리고 이러한 추상화 작업은 모든 이미지들을 하나의 '문자'로서, 즉 고정된 시니피앙을 지니고 있는 임의적 기호로서 이미지를 다루는 것과 같다. 그 결과 이미지가 지닌 고유한 물질성 모두 휘발될 수밖에 없다.

"어떻게든 분류를 하고 이름을 붙이지 않으면 안심이 안 되지?
하지만 나는 인정 못해. (…) 알아,
너희들이 우리를 재일(在日)이라고 부르는 〔이유를 하지만〕 (…)
이제는 더 이상 나를 〔그〕 좁은 곳에다 처박지 마. 나는 나야."

– 가네시로 카즈키, 『GO』

1. 타자는 타자다?

지구촌에는 많은 문화코드들이 존재한다. 모든 인간은 각기 자신에게 주어진 고유의 공간, 지역성(장소성)에 근거해 스스로를 정신·물리적으로 정위(定位)시켜가며 자신의 문화적 정체성을 형성하고, 또 그것이 집단적으로 표출되기도 한다는 것이 문화코드 개념의 본령이다. 그런데 이 문화코드 개념은 기본적으로 문화적 차이를 전제하고 있으며, 주지하듯 바로 이 문화적 차이가 서로 코드를 달리한 문화적 주체들 간의 불화와 반목이 끊이지 않는 원인 제공자이다.

이렇듯 문화코드는 한 사회나 국가 내에서 A집단과 B, C 집단이 서로 신념체계나 가치관 및 세계관이 달라 사회적 갈등의 요소를 낳는 근인(根因)이 되기도 하며, 국가와 국가 및 문화권과 문화권 간에도 교류의 필요성과 충돌의 불가피성이라는 이중적 요구를 하나로 아우르지 못한 채 소위 '타자'를 소통이나 공감의 동반자가 아니라 적대자로 여기는 사례를 속출시키고 있다. 현금의 ≪샤를리 에브도≫나 IS 사태와 같은 경우가 바로 문화코드의 차이가 빚은 이념 갈등의 대표적 사례라 할 수 있다.

이런 관점에서 보자면 그동안 서구의 근현대철학사에서 인간(개인 또는 주체)을 얼마나 비문화적·탈사회역사적 관점에서 추상적으로 논의해왔는지 새삼 되돌아보지 않을 수 없다. 부언컨대 서구유럽의 주체철학은 인간을 문화적 상대성과 지역성(cultural relativity and locality)을 십분 고려한 개별자로서가 아니라 '자아', '주체', '의식' 등 추상화된 개념으로 중성화시켜, 다시 말해 탈코드화, 탈문화화시켜 보편성과 세계성(non-cultural universality and globality)을 기준으로 계측해왔던 것이다.

물론 이러한 담론의 주요 생산자와 생산지는 다름 아닌 데카르트의 후손들에게 국한되고, 기어츠 같은 해석인류학자의 표현을 빌리자면, 결국 그동안 호모 사피엔스는 문화적 로컬리티를 초탈해 무국적적 철학의 무대 위에서 논의되는 과정에서 고유의 문화적 특질을 잃게 된 것이다.[1] 문화코드적 차이를 고려한, 고유 로컬리티에 천착된 인간에 관한 연구를 진행시키지 못한 탓에 데카르트 이후, 비록 개인-주체에 관한 수 백 년의 '논의사'를 유산으로 간직하고 있음에도 불구하고, 여전히 우리는 개인/공동체, 주체(의식)/타자의 관계에 대해 전지구시민을 이해시키고 설득시킬만한 담

1) C. Geertz, *The Interpretation of Cultures*, Basic Books, 1973 참조.

론을 아직 보유하고 있지 못한 것 아니겠는가. 가장 대표적인 현대 철학의 미결문제라 할 '타자와의 소통이나 공감' 문제만 하더라도 문화적 장벽에 직면해 치켜 올린 깃발을 내리지 않으면 안 되는 경우를 종종 목격하게 되는데, 그 이유는 응당 개인이나 집단의 문화적 코드를 심찰하지 못한데 그 직접적 원인이 있다고 할 수 있다.

이런 취지 하에 필자는 본고에서 "타자는 타자다"라는 다소 성긴 주장을 제의해볼까 한다. 이는 타자와의 상호적 공감(교감)을 전제로 '인간본성적 도덕론'을 전개해왔던 흄과 그의 이론적 계승자들과 정면으로 맞부딪히는 노선임 분명하다.[2)] 하지만 위험을 감수하고 필자가 이와 같은 이론적 모험까지 감행하게 된 배경은 아주 간단한데서 기인한다. 근 반세기가 넘도록 타자와의 소통이나 공감에 대한 담론은 가히 지구촌의 하늘을 뒤덮고 있다고 해고 과언이 아닐 정도로 양산되었다. 헌데 현실은 어떤가? 개인들 및 국가, 문화들 간의 갈등과 반목, 불의의 확산과 계급·계층 간의 불평등은 줄어들기는 커녕 오히려 증가하고 있다. 요인즉 타자와의 소통과 공감 담론의 백열화(白熱化)에도 불구하고 왜 한 사회나 국가의 중심에서 밀려나 소외받고, 고통받고 있는 자들의 수가 줄지 않고 있느냐는 것이다. 이들의 사회적·경제적 소외감의 확산, 지배 및 중심사회와의 심리·정신적 거리 증대, 주변인으로 스스로를 타자화시키는 일종의 자기파괴적 태도(self-destructive attitude), 이를 해결할 방법은 정녕 없는 것인가? 소통이나 공감에 관한 담론이 유행할수록 사회에서 내쳐진 '타자들'은 오히려 더 증가하고 있고, 사회나 국가

2) 이영재, 「데이비드 흄의 '공감' 개념에 관한 연구」, 『한국정치학회보』 제48집, 2014 참조.

의 주변부로 내쳐진 이들의 목숨까지도 위협하고 있는 실정이기에 제기하는 질문이다. 타자, 더 정확히 말하면 타인은 늘 이렇게 데카르트적 코기토나 훗설의 순수의식 안에 사유의 노리개로 치부되어 주체(의식) 중심 논리 아래 줄곧 재단되기만 했다. 타자는 한마디로 '주체'나 '의식'이라는 철학적 재판관에 의해 사물화된 대상, 피의자 신세를 면치 못했던 것이다. 이러한 주체(의식) 중심적 사유 습벽, 주체(의식)의 타자에 대한 일방적 관리감독은 소위 지구촌 시대, 탈경계의 시대, 노마드의 시대라는 21세기에 이르러서도 사회구조적으로 볼 때 크게 달라진 것이 없다. 그래서 역설적으로 타자는 늘 주체(의식)와 좁혀질 수 없는 거리를 운명으로 받아들여야 하는 것인지 모른다. 바로 이 거리 때문에 타자는 영영 타자로 남게 되며, 그리하여 "타자는 타자다"라는 주장을 감히 전개해본 것이다. 그리고 이에 준해보면 결국 타자는 주체(의식)와의 '상호성', '상호주관성'의 확보는 현실적으로건 이론적으로건 원천봉쇄되어 있는 것 아닌가 싶다.

이처럼 주체(의식)에 의해 철저히 배제의 논리의 피해자로 고착된 타자 앞에서 소통은 대체 뭘 의미하며, 공감은 또 무슨 심산(心算)을 감추고 있는 개념인가? 아가신스키가 그의 저서 『자아중심주의 비판』에서 서구철학의 타자에 대한 비배려적 사유 습벽을 전격적으로 비판하게 된 이유도 여기에 있으리라.[3] 어쩌면 이런 유래(由來)와 벽견(僻見)을 깨보고자 21세기에 이르러 역설적으로 더 많은 논객들이 입이 마르도록 타자와의 소통과 공감을 역설하며, 문

3) S. Agacinski, *Critique de l'égocentrisme. L'événement de l'autre*, Galilée, coll. ≪La philosophie en effet≫, 1996 참조.

화들 간의 교류와 코드화되어 있는 문화적 주체들 간의 화해 그리고 심지어는 학문들 간의 '융복합'을 외치고 있는 것 아닌가? 하지만 이렇게 표면화된 소통과 공감 담론의 속호(俗好)에도 불구하고, 그 이면을 심찰해보면 타자의 인정이나 배려가 담론 유포의 목표가 아니라 세계의 중심을 이미 점하고 있는 주체(의식)를 더 안전하게 보호하고, 주체(의식)에게 더 많은 재량권을 제공하기 위한 것임을 어렵지 않게 간파할 수 있다. 타자에 대한 다분히 자의적이고 비상호성에 근간한 타자에 대한 일종의 연정(戀情)을 소통과 공감이란 용어를 빌어 내뱉은 것일 뿐 타자와의 진정한 교감의 확대, 타자로부터의 메아리를 기대하는 것은 아니란 뜻이다.

"모든 사회는 희생을 조직한다"고 했던가![4] 기독교는 원죄를 조직했으며, 문명인은 야만인을 조직했으며, 이성과 철학의 아버지 플라톤은 감각을 조직했다. 이런 인류문명사적 관점에서 보더라도 희생의 대상은 지배와 정복, 제거의 대상이지 결코 공감 및 화해의 상대가 아니다. 데리다가 희생의 대상이 된 타자가 정치·경제적, 사법적으로 조직됨으로써 모든 사회가 영속되는 것이라고 지목한 이유가 여기에 있다. 결국 한 사회의 중심세력은 동서고금을 막론하고 타자를 제물로 삼아왔다는 뜻이다. 타자를 제물로 삼아 자신의 지배의 정당성을 확보한 것이 소위 주체(의식)철학의 과거사요 또한 지구촌의 현주소이다. 결국 타자는 오늘날에 이르러서도 여전히 물음과 문제의 주제일 뿐 소통과 공감의 상대, 즉 주체(의식)와 균

4) J. Derrida, *The Gift of Death*, trans. David Wills, The University of Chicago Press, 1995, p.86.

평한 관계를 유지하는 인간-대상은 아니라는 것이다.[5)]

이런 지배-중심의 철학사에 비춰볼 때 흄이 예측했던 타자와의 '상호작용', '상호교감'을 이론적 토대로 배려의 도덕과 공감의 윤리를 이야기한다는 것 자체가 이미 순환논증의 오류가 아니고 무엇이란 말인가.[6)] 이런 연유로 본고에서 우리는 i) "타자는 타자다"라는 주장에 이어, ii) "공감의 맞짝으로서 타자는 존재하지 않는다"는 제2의 주장을 개진해 볼까 한다. 주지하듯, 모든 인간은 각기 자기 자신으로 존재한다. 인간에게 있어 각자성은 가히 '절대적'이라 해도 과언이 아니다. 물론 이는 주체(의식) 중심적 사유 습벽의 폐단과도 맞물려 있다. 하지만 필자는 여기서 주체(의식)의 입장이 아닌 타자의 입장에서 이와 같은 주장을 펴는 것이다. 설령 '주체의 타자'라고 할지라도, 그런 타자로 지배사회 안에서 '조직'되고 그렇게 '호명'되어 보호받기를 원하는 인간은 존재하지 않을 것이다. 역설적으로 말해 모든 인간은 주체로 살기를 희망한다. 그럼에도 불구하고 주체는 공동체의 일원인 한 결코 타자와 독립적인 존재일 수 없다. 뿐만 아니라 타자 또한 주체와 독립적인 존재일 수 없다. 주체도 타자도 동일 세계를 공유한다. 타자 물음(문제)의 역설이 바로 여기에 숨어 있다. 그런데 문제는 늘 자신이 세계의 중심을 점유하고 있다고 착각하는 자들의 문화제국주의적 시선으로부터 시작된다. 데리다의 말대로 자신의 영구 존속을 위해 타자를 '조직'해야만 했

5) 데카르트 이후 레비나스에 이르는 타자(타인)에 관한 철학사적 논의는 F. Laupies, *Leçon philosophique sur autrui*, PUF, 1999 참조.

6) J. Farr, "Hume, Hermeneutics, and History: A *Sympathetic* Account", *History and Theory*, 17(3), 1978, p.290. 파는 특히 흄의 공감의 문제를 타자와의 상호작용에 초점을 두어 해석하고 있다.

던 이들이나 자국의 부와 자국민의 행복만을 위해 세계화를 외치는 작금의 글로벌행위자들이나 이런 관점에서 보면 매일반이라 할 수 있다. 문제는 바로 이들이 '소통'과 '공감'의 전도사 역할을 하고 있다는데 있다.

그러나 한 번 곰곰이 생각해보자. '타자들'로부터 아무런 반응, 호응도 불러일으키지 못하는 '말 소통', '말 공감'을 일러 우리는 '소통'이나 '공감'이라 하지 않는다. 화중지병(畫中之餠)이라 했던가! 이런 방식의 소통과 공감의 언어유희는 주체(의식)-타자 사이의 불통과 반감을 더욱 고착화시키고 악화시킬 뿐이다. 문제 해결의 본질인 <주체(의식) ↔ 타자>, 즉 주체(의식)와 타자의 상호성(상호작용, 상호주관성, 상호문화성 등)이 존중·발현되지 못하는 한 소통, 공감이란 '인권'이나 '세계평화', '민주주의'처럼 자칫 '개념의 유령'에 그칠 수 있다.

이런 견지에서 보자면 최근 들어 널리 회자되고 있는 소통과 공감 담론은 이 시대의 새로운 '이념적 폭력'이라고 볼 수도 있다. 서로 다른 문화코드와 다양한 문화적 주체들로 형성된 지구촌시민을 마치 자기 소유로 착각하고 있는 자들이 생산·전파하고 있는 소통, 공감 담론의 폭력에 맞서는 방법은 여러 가지가 있을 수 있다.[7] 하지만 우리는 이 자리에서 가네시로 카즈키(金城一紀)처럼 소설이

7) 앞서 인용한 아가신스키나 호네트, 레비나스 그리고 데리다와 같이 서구유럽의 주체 논의나 자아중심주의의 해체를 통해 타자를 철학의 무대 위에 새롭게 정위시켜보려는 노력을 대표적으로 꼽을 수 있을 것이다 - 악셀 호네트, 『정의의 타자』, 문성훈·이현재·장은주 옮김, 나남, 2009; E. Levinas, *L'Éthique comme philosophie première*, Rivages, coll. ≪Rivages poche≫, 1998; J. Derrida, *De l'hospitalité*, avec Anne Dufourmantelle, Calmann-Lévy, 1997 참조.

라는 문학적 기재를 통해 현대 철학의 화두인 타자 물음을 보다 많은 독자대중을 상대로 해서 그 관심을 확대시키는 것도 철학적 논의 이상으로 의미가 있는 작업이라 판단해 그의 첫 장편소설로 『GO』를 분석 대상으로 삼아 그의 '타자론'을 헤쳐 살펴보면서 우리가 앞서 제안한 타자에 대한 두 주장을 논증해볼까 한다.[8)]

2. 새로운 비평적 시각에서 본 『GO』와 타자의 문제

『GO』에서 타자로 호명될 수 있는 재일조선인, 재일한국인들은 지악(至惡)할 정도로 일본사회의 중심부 밖에서 배회하는 인물들로 그려져 있다. 그런즉 이 소설 속에 등장하는 인물들은 각기 제 얼굴, 제 목소리를 일본사회의 중심부를 향해 감히 내비칠 수 없다.[9)] 감히 소통과 공감이란 말을 꺼낼 수 없을 정도로 등장인물들은 각기 자신에게 운명적으로 정해진 길을 걸어갈 뿐이며, 이들에

8) 가네시로 카즈키는 이 소설(김난주 옮김, 북폴리오, 2000)로 2000년 3월 제 123회 나오키(直木)문학상을 수상한 바 있는 재일(在日) 신세대 작가이다. 아래에서는 괄호 안에 페이지를 표시하는 것으로 직접 인용을 대신할 것이며, 간접인용의 경우는 책 제목과 페이지를 표시할 것이다. 그리고 2001년에 유키사다 이사오 감독에 의해 만들어진 동명의 영화 ≪GO≫에서 주요 장면들을 본문에 삽입해 독자들의 이해를 도울까 한다. ≪GO≫> 역시 『GO』와 마찬가지로 일본에서 대중적으로 흥행했으며, 제25회 일본아카데미영화상에서 감독상, 남우주연상 등 8개 부문을 휩쓴 바 있다.

9) 타자(l'autre, the other) 개념은 '내가 아닌 남', 즉 타인을 비롯해 사물, 사회, 우주, 신 등을 총칭하는 일반명사다. 본고에서 우리는 이를 i) 주인공 스기하라에게 내외접한 인물을 통칭할 때, 그리고 ii) 스기하라를 포함한 재일조선인과 재일한국인에게 차별과 배제의 폭력을 행사하는 일본인 및 일본사회를 칭할 때, 그리고 특히 iii) 연인 상대인 사쿠라이를 칭할 때 사용하기로 한다.

게서 사회문화적 갈등이며 정치경제적 현안들에 대한 인지적 교감도 정서적 교감도 찾아보기 힘들다. 다시 말해 소설적 구성 내에서 볼 때 거의 대부분의 등장인물들은 공감이라는 주체-타자 상호성의 틀을 벗어나 있다. 사회문화적 관계망, 중심사회 밖으로만 이보(移步)하는 이들의 태도를 기존의 『GO』에 대한 주제적 연구(민족문제, 국적 문제 등)와 차별화하기 위해 본고에서 우리는 새로운 비평적 시각을, 앞서 제시한 두 주장에 이어, 제안코자 한다. '새로운 비평적 시각'이란 무슨 유별난 문학비평 방법은 아니다. 필자는 단지 『GO』에 대한 기존의 연구 관점과 달리 타자의 문제를 집중 분석해보겠다는 의도로 이를 취택한 것이다. 왜 하필 소설 『GO』를 분석함에 있어 타자의 문제인가? 그 이유를 설명하라면, 요의 '공감', 더 구체적으로 말하면 '타자와의 공감'이라는 이 시대의 화두를 『GO』를 분석대상으로 삼아 그 의미를 철학적으로 재고할 가치가 있다고 여겨서다. 두 번째 이유는 특히 다문화사회인 일본에서 마이너리티 중에 마이너리티에 해당한다고 볼 수 있는 재일조선인, 재일한국인이 지배집단인 일본인의 관점에서 볼 때 기본적으로 타자의 위치에 머물러 있을 수밖에 없는데, 이들 타자가 지배집단에 대해 어떻게 응대하고 또 어떻게 그곳(異國 日本)에서 그들을 그토록 괴롭혀온 문화적 정체성의 고민을 해결해 가는지를 밝히는 작업이 문학 비평적 차원에서도 가치가 있다고 판단해서다.

이러한 입론에 준해 『GO』를 독서했기에 '새로운 비평적 시각'이라는 필자 나름의 독법(讀法)을 제시하게 된 것이고, 소통과 공감 개념에 대해서도 일정 정도 성찰적 태도가 필요하다고 판단해 내친 김에 '비공감적 공감'이란 개념까지 추가해볼 생각이다. 필자가 이렇게 『GO』를 분석함에 있어 '비공감적 공감'까지 추가적으로 언급하게 된 것은 다음과 같은 두 가지 세부 목표 때문이다. 그 하나는, 공감이란 개념이, 서론에서도 언급했듯, 한 사회나 국가의 중심부를 독차지하고 있는 자들이 타자, 즉 주변부인, 외부인, 이민자, 소수자 등을 향해 대개는 연정적 수준에서 공언(空言)처럼 남발되고 있는데, 과연 이 '시니피앙'만으로 중심/주변, 지배/종속으로 이원화된 사회·국가적 갈등과 구성원들의 실존적이고 문화적인 정체성의 문제로부터 야기되는 고통을 해소시켜 줄 수 있느냐는 것이다. 그리고 두 번째로는 이들의 다분히 자기만족적이고 수사적인 외침이 공언에 그치지 않으려면, 다시 말해 공감의 과정과 결과를 예측할 수 있으려면 기본적으로 주변부인인 타자가 이들의 연정적 태도에 대해 반응을 보이거나 상호적 이해와 상호적 변화라는 쌍방향적 변화가 전제되어야 하는데, 『GO』 속에서 과연 이러한 내용들이 적극적으로 묘사되어 있느냐는 것이다. 이런 의도로 필자는 '공감'이란 개념 앞에 '비공감적'이란 꾸밈말을 추가해, 데리다의 차연 전략에서처럼[10], "공감이란 대체 무엇인가?"라는 근본 질문을 던져본다.

공감과 반감은 동전의 양면과도 같다. 그리고 여기서 중요한 것은 문화적으로 코드화된 집단이라면 동일 사건을 놓고서도 얼마든지 다른 집단과는 상반된 의견을 가질 수 있다는 점이다. ≪샤를리 에브도≫ 만평 사건에서도 증험되듯("Je suis Charlie." / "Je ne suis pas Charlie."), 한 쪽이 정당하기에 다른 쪽이 부당한 것이라고 평가할 수 없다. 옳고 그름의 문제로 사건이나 사태를 구분하게 되

10) J. Derrida, *L'écriture et la différence*, Ed. du Seuil, 1967, p.239 이하 참조.

면 결과적으로 서로 다른 문화적 주체들 간의 상호성이 확보되기 어렵고, 더더욱 첨예한 현안들에 대해 해결점을 찾지 못한 채 오히려 갈등만 키울 수 있다. 다시 말해 양쪽 모두 타자인 상대를 인정하지 않기 때문에 상호적 변화 없이 서로가 서로에게 적대적 타자가 되고 만다. 그렇다면 『GO』에서 주인공 스기하라는 과연 그의 타자(일본사회 및 연인 사쿠라이와 그에게 내외접한 인물들과의 관계)를 어떻게 인식하고 있는가? 타자에게 인정, 배려의 시선으로 다가가는가 아니면 반감, 혐오, 즉 비공감적 태도로 일관하며 적대시하는가? 본고에서 이렇게 새로운 비평적 시각, 비공감적 공감이란 비평 기준까지 동원해 『GO』를 분석해보려는 이유가 바로 여기에 있으며, 서론에서 제기한 '문제의 타자 물음'에 다가서기 위해 먼저 다음 두 물음부터 규명해볼까 한다: i) 뿌리 들린 부초들에게 타자는 공감의 상대인가 아니면 반감의 대상인가?; ii) 차별과 배제의 폭력에 맞대응하는 스기하라의 오토포이에시스(autopoiesis) 과연 자기 변화를 모색하며, 타자의 이해 단계로까지 진화하는가?

1) 뿌리 들린 부초들에게 타자는 공감의 상대인가 아니면 반감의 대상인가?

공감이란 개념 속에는 주지하듯 이미 '타자'가 전제돼 있다. 공감은 타자와의 정서적·인지적 상호 교감을 이론적 본의(本義)로 출발해[11], 누구나 인간은 자신의 존엄성을 타자 앞에서 인정·존중받기

11) J. Gribble & G. Oliver, "Empathy and Education", *Studies in Philosophy of Education*, n° 8, 1973 참조. '인지적 공감'이란 B가 x라고 느끼는 이유를

를 바란다는데 기초한 개념이다. 그런가 하면 공감은 인종·민족적 차이, 계급·계층적 차이, 사회문화적 차이 또한 극복하고 공동체를 형성해야 한다는 근대국가의 파토스를 대변하기도 하며[12], 현대와 같은 다원문화적 교류 시대에 타자, 타문화들과의 공존을 목표로 한 글로벌 정의의 원리를 정초짓는 토대적 감정이기도 하다.[13] 특히 최근처럼 문화적 뿌리가 상이한 주체들이 '국가'라는 단일 공간 내에서 공존해야만 하는 상황에서 무엇보다 중요한 것은 사회적으로 중심부에서 밀려난, 스스로 그런 피해의식을 가지고 살아가야만 하는 이들 타자를 배려하고 보호하는 정책을 어떻게 전개해 갈 것인지가 모든 국가의 위정자들의 최대 관심사라 할 수 있다.

그런데 여기서 우리가 유념해야 할 것이 하나 있다. 공감 개념은 기본적으로 주체보다는 주체가 타자라고 명명하는 자로부터 야기된 문제를 해결하는데 초점이 모아져야 한다는 점이 바로 그것이다. 주체에 의해 대상화된 타자와 문화세차적 차이가 좁혀지지 않으면 공감은 기본적으로 일어나지 않는다. 결국 문화적으로 서로 다른 코드를 가지고 있는 주체들 간의 상호-교감이 전제되어야만 야기된 갈등과 대립이 해소할 수 있는 방법을 모색할 수 있다는 뜻이다. 코드화된 주체들 간의 지속적인 교류가 필수적인 것도, 단계

A가 '알고' '이해'한다는 것이며, 정서적 공감이란 A와 B가 x를 동일한 방식으로 '느낀다'는 것을 의미한다 – 신경일, 「공감 개념의 탐색: 다학문적 접근」, 『硏究報』 제28집 1호, 1993, 108쪽 참조.

12) 박숙자, 「근대국가의 파토스, '공감'의 (불)가능성」, 『서강인문논총』 제32집, 2011 참조.

13) 이종형, 「호프만의 공감에 기초를 둔 정의에 관한 연구」, 『윤리교육연구』 제9집, 2006; 이선영, 「다문화 시민성의 구성요소로서 공감의 확장성」, 『글로벌교육연구』 제5집 2호, 2013 참조.

적이고 점진적 해결책이 모색되어야 하는 것도 이 때문이다. 그리고 문화세차적 차이로 인한 주체들 간의 갈등과 대립은 개인 간의 문제(1:1)로 범위가 축소될 수도 되겠지만, 사회문화집단과의 문제(1:多, 多:多)로 범위가 확대되기도 한다. 『GO』에서도 바로 이 두 관계가 씨줄과 날줄로 얽혀 있다. 주인공 스기하라와 각각의 등장인물과의 관계가 1:1관계로 전자에 속한다면, 스기하라와 재일조선인, 재일한국인 모두가 직면하고 있는 대사회적 관계, 즉 일본이라는 사회와의 관계는 후자에 속한다고 볼 수 있다. 재일조선인, 재일한국인과 같은 타자 집단, 사회적 소외집단은 일본이라는 국가 차원에서 보면 관리하고 통제해야 할 대상일지 모른다. 때문에 재일조선인, 재일한국인과 같은 타자 집단은 일본인이라는 지배집단과의 대면을 피할 수 없다. 이런 입장에서 보면 공감의 문제는, 특히 문화적 정체성의 문제는 1:1의 관계, 1:多의 관계보다 多:多의 관계가 문제의 본질이라 할 수 있다. 문화코드(culture codes)[14], 문화지능(cultural intelligence)[15], 문화체질(habitus de classe)[16] 등의 개념이 문제 해결의 실마리를 암시하고 있듯, 한 개인의 문화적 정체성은 기본적으로 그가 소속된 사회문화적 정체성, 즉 문화코드와 분리해서 논할 수 없다. 최근 상호비교문화연구에서 널리 회자되고 있

14) C. Rapaille, *Culture Codes*, Jean-Claude Lattès, 2008 참조.

15) 브룩스 피터슨, 『문화지능』, 청림출판사, 2006 참조. 피터슨은 문화지능을 설명하면서 다음과 같은 5가지 척도를 제시하고 있다: i) 수평적/위계적, ii) 직접적/간접적, iii) 개인 지향적/집단 지향적, iv) 업무 지향적/ 대인관계 지향적, v) 모험 수용적/ 안정 지향적.

16) P. Bourdieu, *Questions de sociologie*, Minuit, coll. ≪Documents≫, 1980 참조.

는 이 3개념은 기본적으로 개인의 문화적 능력을 그가 속한 사회문화집단과의 관계 또는 타문화의 이해 능력과 연관시키고 있다는 점이 특징이다. 그리고 이 3개념은 개인을 자문화건 타문화건 소속 사회문화집단의 지평 위에서 제고하려 한다는 점에서 공통적이다.

그렇다면 주인공 스기하라는 그에게 그 어떤 실존적 물음보다 선행해서 제기되는 "나는 (문화적 타자 또는 문화적 타자 집단 앞에서) 과연 누구인가?", 라는 물음에서 과연 "그의 '나'"에 대한 대답을 일본이라는 사회문화집단과의 관계망 안에서 찾을까 아니면 그 반대일까? 공감 개념과 연관해서 볼 때 그는 자신의 타자(그가 내외접하고 있는 인물들 또는 일본사회)를 대체 어떻게 '느끼고' '이해하며', 교류하는가? 스기하라는 이 두 유형의 타자를 공감의 기반 위에서 자신의 문화지능을 발휘해 그와 그의 동료인 '재일한인들'[17]을 차별하고 배제하는 일본이라는 지배사회의 폭력을 극복해보려는 노력을 하는가, 아니면 반대로 그런 타자를 적대시하며 자신만의 오토포이에시스 안에 스스로를 유폐시켜 제2, 제3의 벽을 두르며 반감을 표출하는데 그치는가? 다시 말해 그는 타자를 이해하고 받아들일 수 있는 공감 능력과 의지를 가지고 있는가 아니면 그 반대인가?

이상과 같은 물음을 해소하려면, 우리는 스기하라(杉原)와 사쿠라이(櫻井)의 연애스토리 상에 과연 어떤 인물들이 어떤 문화세차적 코드를 간직한 채 들고나는지를 살펴보아야 할 것이다. 다시 말해 중심부 의식을 가진 집단(사쿠라이와 그의 아버지가 중심이 된 일본사회)과 주변부 의식을 가진 집단(스기라하가 중심이 된 재일조선인/재

17) '재일한인'은 재일조선인과 재일한국인을 통칭하는 표현임.

일한국인 집단 – 물론 동족인 이 두 집단 간에도 이데올로기적 갈등은 여전한 것으로 묘사되고 있지만) 간에 이미 역사·문화적으로 내재된 갈등과 반목의 고리가 과연 화해의 모드로 진화될 수 있는지를 숙찰(熟察)해보아야 한다는 뜻이다. 결론부터 미리 말하자면, 『GO』의 스토리 전개상 타자와의 공감, 타문화와의 공감이란 표현은 거의 형용모순에 가깝다고 해도 과언이 아니다. 그 정도로 스기하라와 사쿠라이를 비롯해 거의 대부분의 등장인물들의 타자에 대한 시선과 행동은 본질적으로 비공감적이며, 多:多의 관계 역시 배타적으로 표상되고 있다. 『GO』는 그러니까 타자와 소통하고 공감하는가?, 라는 본고의 제일 화두를 정면으로 비켜서기라도 하듯, 각기 자신만의 방식대로 삶에 천착하며, 자신만의 성을 쌓아 그 안에서 칩거하고 있는 형국이라 해도 과언이 아니다. 그리고 이들의 태도에서 공감과 연대의식 등을 상상할 수 없기 때문에 결국 '타자'는, 중심부 의식을 가진 경우든 주변부 의식을 가진 경우든 서로가 서

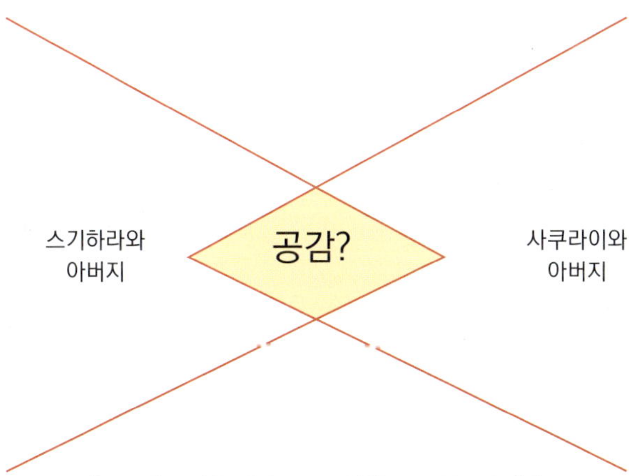

[그림 1] 공감을 전제로 구조화한 두 주인공의 세계

로에게 적대적이며, 그리하여 서로가 서로의 존재를 부정하는 것과 다르지 않기에, 서로는 서로에게 '영원한 타자'로 남을 수밖에 없다는 것이 필자의 결론이이다.

[그림 1]에서 볼 수 있듯, 인간에게 타자, 즉 상대와 '하나'가 된다는 것은 이런 관점에서 볼 때 하나의 '모순적 이상'은 아닐지? 자신은 변화하지 않고 오직 타자가 변화하기만을 바란다는 점에서 말이다. 자신의 중심에 타자가 동화·순응해오기만을 바라기 때문에 결국 타자는 공감의 상대가 될 수 없는 것이며, '나', 즉 주체(의식)와의 관계 안으로 들어오기를 거부하는 것인지 모른다. 서론에서 우리는 "타자는 타자다", "공감의 맞짝으로서 타자는 존재하지 않는다"라고 언급한 바 있다. 필자가 '소통', '공감'이라는 항간의 유행 담론에 대해 메타적 성찰이 필요하다고 본 것도 이런 까닭에서다.[18] 그리고 더더욱 중요한 것은 한 사회나 국가에서 소위 '타자'로 명명되거나 호명된 자들의 응대가 무엇보다 중요한데, 『GO』의 경우 등장인물들에게 중심-지배사회인 일본, 일본인에 대한 공감, 호감은 기대하기 어렵고 오히려 비공감, 반감, 혐오감 등이 주도적 이미지로 표현돼 있다. 주인공 스기하라를 중심에 놓고 그가 타자를 대하는 시선과 행동을 구체적으로 분석해보면 필자의 이러한 주장이 지나치지 않는다는 것을 확인할 수 있을 것이다.

18) 국내에서는 sympathy, empathy, compassion 등을 '공감'으로 번역하고 있으며, 관련 논문들을 살펴보면, '공감'이 마치 이 시대의 모든 문명적 난제들을 해결해 줄 만병통치약이라도 되는 양 남용하고 있다. 공감에 대한 포괄적 이해를 위해서는 다음 2권 책 참조: 박성희, 『공감학: 어제와 오늘』, 학지사, 2004; 제레미 리프킨, 『공감의 시대』, 이경남 옮김, 민음사, 2010.

1) 『GO』에서 눈에 띄는 것은 일본이라는 지배사회에 개인적(스기하라)으로 또는 집단적(재일조선인)으로 대결하는 장면이 두드러진다. 어쩌면 타자와의 이러한 대결이 한 사회에서 문화적으로 뿌리가 들린 자들이 생존할 수 있는 일차적이며 유일한 방법인지 모른다. 여기서 우리는 스기하라와 그의 재일조선인 친구들이 "피를 나눈 형제애"를 공유하며, 일본사회에 대한 저항감을 집단적으로 표출한다는 점에 주목할 필요가 있다. 이렇게 친구들과 "단결"해 함께 있을 때 스기하라 역시 "확실한 것의 보호를 받고 있다는 안도감"에 젖는다.

① 조선학교에도 온종일 풀밭에서 개양귀비꽃으로 목걸이나 만드는 인간처럼 착한 놈도 있다. 반대로 격류에서 큰곰과 연어를 놓고 벌이는 쟁탈전을 무상의 기쁨으로 여기는 난폭한 놈도 있다. 양자의 비율은 일본학교 역시 별 다르지 않을 것이라고 생각하는데, 유감스럽게도 조선학교의 난폭한 놈들에게는 '차별'이라는 속이 꽉 찬 연어가 주어진다. 그놈은 연어를 연신 먹어대는 탓에 몸이 점점 커지면서 덩달아 점점 난폭해진다. 그리하여 그놈의 끔찍한 이미지가 일본 사람들의 머릿속에 박혀 '조선인'의 표상으로 정착하고 만다. 뭐 그러니까 나는 일본학교의 불량소년들에게 조선인이라 씌어진 가라테 도장의 간판이었다는 얘기다.(28~29쪽)

② 학교에 다닌 까닭은 거기에 친구가 있었기 때문이다. 내 주위에 있는 친구들은 피를 나눈 형제 같았다. 어지간한 일이 없는 한 거의 변함없는 얼굴 얼굴들이 최소한 고등학교까지 일관된 교육을 받는

다. 마치 긴긴 합숙생활을 함께 하는 것이나 다름없다. 그런 우리들 사이에는 우정 이상의 것이 싹튼다. 그리고 그렇게 싹튼 것을 성장시키는 것은 역시 '차별'이란 양분이었다./ 어이없는 얘기지만 쇼와(昭和) 천왕이 태어난 날인 4월 29일에는 해마다 체육계와 민족계 일본학교 패거리들이 '조선인 사냥'이라며 우리를 괴롭히러 왔기 때문에 우리는 집단으로 등하교하지 않으면 안 되었다. 우리들은 단결할 수밖에 없었던 것이다./ (…) 학교는 싫었지만 친구들과 그 안에 있으면 내가 무언가 확실한 것의 보호를 받고 있다는 안도감을 느낄 수 있었다. 설사 그것이 아주 조그마한 원으로 완결되어 있어 나를 답답하게 옭아매고 있다고 해도 그 밖으로 나가기에는 상당한 용기가 필요했다.(66~68쪽)

하지만 누차 강조하듯, 이러한 태도는 일본인, 일본사회라는 타자와의 공감 자체를 거부하는 태도에 다름 아니며, 스스로를 중심에서 벗어난 주변인-타자로 전락시킬 뿐이라는 것을 잊어선 안 된다. 그렇게 되면 결국 지배사회가 문명사회의 상식을 벗어나 명명하고 호명하는 '난폭한 놈', '불량소년', '조선인'이란 꼬리표를 떨쳐낼 수 없게 된다.

2) 스기하라의 저항과 반감의 대상은 그에게 '차별을 받는다'는 자의식, 즉 오토포이에시스를 강화시켜준 일본이라는 지배사회를 겨냥하는 것으로 끝나지 않고 비자발적 이민자 세대인 선대(先代), 즉 자신의 아버지를 부정하는 것으로 내면화된다.

③ 한 번도 다운을 먹은 적이 없는 남자를 비로소 다운시키는 것은 바로 나다. 그래서 나는 말했다./ "(…) 당신네들 1세대, 2세대가 그렇게 궁상을 떠니까 우리들 세대가 아직도 때를 못 벗는 거란 말이야."/ (…) 나는 [아버지에게] 마시박 설성나를 먹였다./ "아무튼, 당신네들 시대는 이제 끝났어. 궁상맞은 시대는 다 끝났다구." (210~211쪽)

③에서 확인할 수 있듯, 그의 저항과 반감의 대상은 "당신들의 시대는 이미 끝났다"며 현재의 자신에게 이와 같은 문화적 정체성의 고민을 안긴 또 다른 재일한국인인 아버지에게 그 표적이 향한다. 국적의 문제로 인해 그가 일본이라는 지배사회에서 난폭한 불량소년이 될 수밖에 없었던 이유를 그의 아버지의 책임으로 전가한 것이다. 스기하라에게 국적의 문제는 아버지의 입을 통해 "국적은 돈으로 살 수 있는 거야. 네 녀석은 어느 나라 국적을 사고 싶으냐?"고 묘사되기도 하고[19], 또 스스로 "국적 따위"가 뭐 중요하냐며 애인 사쿠라이에게 일종의 반어법을 구사하기도 한다. 하지만 그에게는 바로 자신의 국적이 일본이 아니라는 사실, 단지 그 사실 하나 때문에 사쿠라이와 공감의 문이 가로막히게 된다.

④ "난……, 나 일본 사람이 아니야."/ (…) 사쿠라이가 물었다./ "말한 그대로야. 나의 국적은 일본이 아니야."/ "…… 그럼, 어딘데?"/ "한국."/ (…) / "하지만, 중학교 2학년 때까지는 조선 국적이었어. 앞으로 석 달 후에는 일본으로 되어 있을지도 모르고, 1년 후에는 미

19) C. Rapaille, *Culture Codes*, Jean-Claude Lattès, 2008 참조.

국으로 되어 있을지도 모르지. 죽을 때는 노르웨이일지도."/ "무슨 말을 하는 거야?"/ 사쿠라이가 억양없는 밋밋한 목소리로 물었다. 심장이 빠르게 고동치기 시작했다. 나는 다시 말을 이었다./ "그러니까 국적 따위 아무 의미도 없다는 소리지."(178~179쪽)

3) 재일한국인으로 국적까지 바꾼 스기하라에게 마음의 고향은, 이미 우리가 이상의 논의를 통해 예측할 수 있듯, '한국'이다(④). 그가 재일조선인이기를 포기하고 재일한국인이기를 선택한 것도 이 때문이었다. 그러나 그는 그럼에도 여전히 재일(在日)하고 있는 몸이다. 따라서 그가 한국을 새로운 국적으로 선택한 것만으로 그의 문화적 정체성의 물음이 해갈되지는 않으며, 이는 그가 미국 또는 노르웨이를 선택하는 것과 큰 차이가 없다. 그에게 '어느 국가'를 선택하느냐는 중요하지 않다. 해서 다음 인용문 잘 나타나 있듯, 스기하라는 자신이 궁극적으로 머무르고 싶은 곳은 "국가, 토지, 직함, 인습, 전통, 문화" 등 그 어떤 것에도 얽매이지 않는 '곳'이라 강변하기에 이른다.

⑤ "상관없어. 너희들이 나를 재일이라고 부르든 말든, 부르고 싶으면 얼마든지 그렇게 불러. 너희들, 내가 무섭지? 어떻게든 분류를 하고 이름을 붙이지 않으면 안심이 안 되지? 하지만 나는 인정 못 해. (…) 알아, 너희들이 우리를 재일이라고 부르는 한, 언제든 물려 죽어야 하는 쪽이라구. 분하지 않냐구. 내 말해두는데, 나는 재일도 한국인도 몽골로이드도 아냐. 이제는 더 이상 나를 좁은 곳에다 처박지 마. 나는 나야. 아니, 난 내가 나라는 것이 싫어. 나는 내가 나

[그림 2] 권투선수인 아버지는 아들 스기하라에게 왼손을 뻗어 원을 그리게 하고, 그 원이 곧 '너 자신의 세계'라고 가르친다.

라는 것으로부터 해방되고 싶어. 나는 내가 나라는 것을 잊게 해주는 것을 찾아서 어디든 갈 거야. (…) 너희들은 국가니 토지니 직함이니 인습이니 전통이니 문화니, 그런 것들에 평생을 얽매여 살다가 죽는 거야. 제길, 나는 처음부터 그런 것 갖고 있지 않으니까 어디든 갈 수 있어. 언제든 갈 수 있다구."(233~234쪽)

그렇다면 우리는 여기서 묻지 않을 수 없다. 자기 자신마저 부정하고 온갖 명명과 구분으로부터 자유로운 '그곳'에 과연 그는 다다를 수 있으며, 진정으로 '그곳'에 다다르려는 노력을 하고 있느냐는 것이다. 하지만 그는 '그곳'에 이르기 위해 "나는 내가 나라는 것으로부터 해방되고 싶다"며 종국엔 자신의 코기토, 즉 존재마저 부정하기에 이른다. 자아정체성마저 부정되어야 모든 구속으로부터 벗어나 진정한 '자유인'이 될 수 있다고 착각하고 있는 것이다.[20)]

20) 브룩스 피터슨, 『문화지능』, 청림출판사, 2006 참조. 피터슨은 문화지능을 설

스기하라는 이렇게, 그의 아버지가 그러했듯, 그가 일본이라는 이국적 토양에서 들린 뿌리를 나름 착근시켜보려고, 정신·심리적 타자 의식과 현실적 피해의식 등을 나름 극복해보려고, 타자로부터 차별받음으로 인해 생긴 지배사회에 대한 반감을 연인 사쿠라이를 매개로 치유해보려고 애쓴다. 하지만 그럼에도 불구하고 그의 저항적이고 반사회적인 태도에서 우리가 타자, 타문화와의 공감이란 주제를 연상해내기는 쉽지 않다. 그 스스로 이미 중심부사회로부터 철저히 밀려난 곳에 위치하고 있기 때문에 어쩌면 자신도 공감이란 단어를 그의 머리 속에서 떠올릴 기회조차 갖지 못했는지 모른다. 그런 점에서 그는 분명 '나약한-타자'이다. 하지만 그는 '나약한-타자'로 머물지 않고 '강한-타자'를 자신 앞에 대면시켜 이에 적대적으로 맞선다. 그에게 '강한-타자', 즉 그를 포함해 그의 동료들을 차별하며 괴롭혀온 일본이라는 지배사회는 응연 상호적 구성이나 공감의 대상이 아니라 오로지 타파해야 할 적이다. 그렇게 타자를 타파하지 않으면 그는 영원한 심리적 이국인 일본에서 생존할 수 없다고 믿은 것이다. 이는 어려서부터 스기하라가 "일본 랭킹에도 오른 적이 있는 라이트급 프로 권투선수", "말보다 손이 먼저 나가는 타입"의 아버지(스기하라 히데요시)로부터 권투를 배우면서 터득한 생존의 법칙이다. 그런 그 앞에 돌연 등장한 사쿠라이 그리고 그녀로 상징되는 일본이라는 지배집단, 스기하라의 오토포이에시스는 과연 어떤 변화를 겪게 될까?

명하면서 다음과 같은 5가지 척도를 제시하고 있다: i) 수평적/위계적, ii) 직접적/간접적, iii) 개인 지향적/집단 지향적, iv) 업무 지향적/ 대인관계 지향적, v) 모험 수용적/ 안정 지향적.

2) 차별과 배제의 폭력에 맞대응하는 스기하라의 오토포이에시스는 과연 자기변화를 모색하며, 타자의 이해 단계로까지 진화하는가?

그동안 진행된 『GO』에 대한 비평을 살펴보면 대략 다음과 같이 3가지로 요약된다: i) 재일조선인의 민족 및 국적의 문제, ii) 일본사회의 지배적인 질서와 소수자의 차별에 대한 문제, iii) 소수집단문학의 정치성 등을 주제로 잡아 독립 작품 중심으로 또는 작가의 다른 작품들이나 다른 재일한국인 작가들과의 비교.[21] 헌데 본고에서 우리는 이제까지 논의되었던 관점과 달리 '새로운 비평적 시각'에 맞추어 등장인물, 특히 주인공 스기하라의 타자에 대한 시선과 행동에 대해 소통과 공감이라는 화두를 접목시켜 소설 내부로 들어가 보았다. 그리고 앞 절에서 우리는 『GO』의 스토리는 타자와의 공감의 문제와 연관시키기가 쉽지 않다는 필자 나름의 결론을 제시해보았다. 물론 태어날 때부터 모든 인간이 문화적으로 코드화되어 있는 것은 아니다. 코드화는 한 인간이 오토포이에시스를 형성해갈 때부터 비로소 작동되는 일종의 의식·무의식적 기제라 할 수 있다. 그리고 그 때(스기하라처럼 중고등학교 시절)를 기점으로 인간은 스스로를 자신이 태어나서 자라고 교육받으며 사회문화생활을 영위하게 된 공동체나 국가 내에 뿌리를 내리려고, 더 확대 해석하자면 자연생명체와 마찬가지로 자신을 세계의 중심에 위치시키

21) P. Bourdieu, *Questions de sociologie*, Minuit, coll. ≪Documents≫, 1980 참조.

려고 부단한 노력을 하게 된다.[22] 이렇게 자신만의 고유한 세계를 형성·구성해가면서 스스로를 외적으로 확대해가는 존재가 바로 인간이며, 일정 집단이 문화적으로 공유하는 코드가 동일하거나 유사할 때, 그것을 일러 우리는 '문화코드'라고 부른다.

문화코드는 일종의 집단정체성을 대변하며, 호프스테드(G. Hofstede)는 이를 지수화하기도 했다.[23] 필자가 문화적 정체성의 물음은 개인 간의 관계보다 개인과 집단, 집단과 집단, 문화권과 문화권으로 분석의 지평이 확대·적용될 때 그 보다 분명하게 그 윤곽이 드러날 수 있다고 언급한 것도 이런 이유 때문에서다. 물론 문화세차적 기준에서 보자면 개인들 간의 관계에서도 서로 문화적 차이 때문에 이질감을 경험할 수 있다. 하지만 이렇게 이질적 코드를 가진 개인이라고 해도 그가 속한 사회문화적 집단의 코드로부터 독립해 있는 것은 아니다. 아래에서 우리는 지배사회인 일본의 사회문화적 집단정체성에 맞대응하는 스기하라의 오토포이에시스가 어떻게 표출되고 있는지를 짚어보면서 앞 절에서의 논의를 보강해 볼까 한다.

아래 인용문 ⑥~⑦은 주인공 스기하라가 타자로서 재일(在日)하는 과정에서 우여곡절을 겪으며 마침내 재일한국인으로 국적을 바꾼 뒤 그의 아버지(재일 1세대), 어머니(재일 2세대)와 함께 일제강제징용군이셨던 할아버지의 산소를 둘러보기 위해 제주도를 방문해

22) 이득재 · 이규환(편저), 『오토포이에시스와 통섭』, 써네스트, 2010 참조.

23) 자세한 내용은 거트 호프스테드, 『세계의 문화와 조직』, 차재호 외 옮김, 학지사, 2006; 박치완 외, 『키워드 100으로 읽는 문화콘텐츠 입문사전』, 꿈꿀권리, 2013, 291~294쪽 참조.

서 겪은 일에 관한 묘사다. 제주도 가족여행은 아버지로선 50년만의 귀향이다.[24] 스기하라 역시 초등학교 때부터 조총련계 학교를 다니다 일본계 고등학교로 진학할 때 마침내 재일한국인으로 국적을 새로이 취득해 가족의 모국여행에 동참하게 된다. 그런데 국적을 바꾸었다고 해서 조총련계학교의 선생님, 동료들로부터는 '배신자', '변절자'라는 수모를 당해야 했건만, 막상 새로운 국적을 취득해 그가 그토록 그리던 '마음의 고향'을 직접 방문해보니, 이곳에서도 역시 '한국인'이 아닌 '일본인' 취급을 받게 된다. 그래서 그는 이렇게 외친다: "한국 같은 나라는 망해버려라"고.

⑥ 호텔로 향하는 도중 마흔 안팎으로 보이는 택시운전사가 말을 걸었다./ "재일 교포냐?"/ 내가 한국말로 그렇다고 대답하자 운전사는 흥, 하고 코방귀를 뀌고 입술 끝을 비죽 치켜 올리면서 기생오라비 같은 표정을 지었다. 한국 사람들의 일반적인 의식 속에는 '재일교포는 선진국 일본에서 고생도 모르고 아무 부족한 것 없이 편하게 살고 있는 한국인이란 공통된 인식이 있는지, 간혹 가다 보면 그 왜곡된 인식을 그대로 드러내면서 괜한 시비를 거는 사람이 있다./ 호텔에 도착할 때까지 택시운전사는 몇 살이냐는 둥, 한국을 어떻게 생각하느냐는 둥, 김치를 먹을 줄 아느냐는 둥 시답잖은 질문을 줄줄이 늘어놓았다. 그리고는 내가 한국말로 대답할 때마다 발음이 그게 뭐냐는 식으로 코방귀를 뀌었다. 택시미터기가 착착 올라갈고 있었다. 그 내 기분의 미터기도.(86쪽)

24) 『GO』, 85~86쪽 참조.

⑦ 이곳은 유교의 나라였다./ 나는 생각했다./ 어른들은 다 싫다. 한국 같은 나라는 망해버려라...(89쪽)

스기하라는 이렇듯 자신의 문화적 정체성을 찾아가는 과정에서 결국 그가 정착할 곳은 지구 상에 어디에도 존재하지 않는다는 사실을 이내 발견하게 된다. 앞 절의 인용문 ⑤에서 그의 단말마와도 같은 외침이 필자의 뇌리를 스친 이유가 여기에 있다: "나는 내가 나라는 것을 잊게 해주는 것을 찾아서 어디든 갈 거야."

그렇다. 어쩌면 모든 사회에서 중심부 의식을 전유한 집단의 가치는 늘 보편적인 것으로 여겨지며, 그 가치로부터 비켜선 타자는 주변인으로 전락할 수밖에 없는 운명인지 모른다. 주변인인 타자는 자신의 존재 가치를 자신이 스스로 구성하지 못한다. 늘 중심인인 타자에게 부속되어 자신의 존재를 인정받아야만 하는 것이 주변인의 처지다. 하지만 어느 사회, 어느 국가 할 것 없이 주변부인인 타자를 공감의 대상으로 인정하는데 적극적이지 않다. 이는 곧 동화·순응·귀화주의가 다문화주의, 상호문화주의가 요구되는 오늘날에 이르러서도 여전히 힘을 행사하고 있다는 반증이다. 이론적으로야 "<culture>라는 단어가 가진 모든 가치를 인정한다면, 사람들에게 개인 차원에서 뿐만 아니라 사회 차원에서 타인과 맺는 관계 속에서, 그리고 세계라는 개념 속에서 참조하는 상징적 표상, 생활방식, 가치 등을 인정"[25)]하는 것이 상식이다. 그러나 문제는 늘 이러한 상식이 통용되지 않는데 있다.

타자에 대한 관용, 인정보다 불관용, 불인정이 얼마나 지배적 경

25) '재일한인'은 재일조선인과 재일한국인을 통칭하는 표현임.

향인지는 스기하라가 일본의 단일문화신화를 언급하는 대목에서도 명시적으로 표현돼 있다. 이는 굳이 일본의 '단일'민족신화에만 국한된 것은 아닐 것이다. 해서 필자는 중심부 의식을 가진 집단에 해당하는 개념과 주변부 의식을 가진 집단에 해당할 개념을 아래와 같이 재정리해본다.

i) 단일/ 혈통/ 균질/ 순결/ 신민/ 제국/ 지배/ 우등인종/ 혈족/ 애국/ 통치/ 계통
ii) 차별/ 혼혈/ 이질/ 잡종/ 식민/ 예속/ 잡거/ 차이/ 열등인종/ 배제/ 섬멸

여기서 우리는 사회문화적 차별과 배제의 폭력은 어느 시대, 어느 사회나 국가 할 것 없이 진행형이라는 점에 유념할 필요가 있다. 이렇게 주변인인 타자에 대해 불관용, 불인정으로 일관하는 일본사회에서 스기하라가 할 수 있는 선택은 무엇일까? 아무 것도 없다고 해도 과언이 아니다. 차별과 배제의 폭력에도 불구하고 쓰러지지 않는 것, 눈물을 보이지 않는 것, 중심-지배사회의 공격적 펀치를 흡수할 수 있을 정도로 몸을 단련시키고 냉철한 머리를 유지하는 것, 이것이 전부다. 스기하라에게 권투를 가르치며 아버지가 강조했던 말처럼 차별과 배제의 폭력을 극복할 "기회는 반드시 올 것"(⑩)이라는 믿음을 고수하면서.

⑧ 잠이 쏟아졌지만 공부도 반듯하게 해놓기로 했다. 최근에는 옛날부터 일본에 유포되어 있는 '단일민족신화'에 관해서 공부하고

있다. 꽤 재미있는 공부다. DNA니 하는 말이 없었던 시대의 학자와 정치가들이 오리지널리티에 넘치는 거짓말을 제멋대로 지껄여대며 다른 인종을 얼마나 많이 차별했는지를 배운다. 단일민족신화의 전체상을 파악하기 위해, 관계서적과 도서관에서 모아온 자료를 이것저것 훑어보았다.

단일, 차별, 동화, 혼혈, 이질, 균질, 잡종, 야마토 민족, 이민족, 혈통, 아이누족, 구마소(熊龍, 예날 규슈 남부에 살던 부족), 류큐(琉球, 오키나와 지역), 국체, 국수, 양이, 순결, 황국사관, 팔굉일우(八紘一宇), 만세일계(萬世一系), 대동아공영권, 부국강병, 일시동인(一視同仁), 일선일체, 일선동조, 일한합병, 황민화, 신민, 총독부, 창씨개명, 영유, 제국, 식민, 통합, 침략, 정복, 괴뢰, 복종, 억압, 지배, 예속, 격절, 격리, 잡혼, 잡거, 혼합, 선주, 도래, 차이, 편견, 이동, 증식, 번식, 이인종, 열등인종, 우등인종, 혈족, 팽창, 영토, 통치, 착취, 약탈, 애국, 우생학, 동포, 계층, 이족(異族), 융합, 화합, 야합, 배외(排外), 배타, 배제, 살육, 섬멸.

머리가 아프다. 노르웨이인이 되기로 했다.
노르웨이행 자금을 조달하기 위해 잡다한 것들을 팔기로 했다.
(…)
"일본을 떠나 노르웨이로 갈 거야."
"갑자기 무슨 소리야?"
"노르웨이 가서, 노르웨이 사람 될 거고, 노르웨이 말 배워서, 더러운 일본말 잊어버릴 거야. 이젠 넌더리가 나..."(96~97쪽)

이런 정황으로 미루어 우리는 스기하라의 오토포이에시스가 일본이라는 중심사회, 지배사회와 맞서는 것이 부당하다고 생각되지는 않는다. 돌려 말해 일본사회로부터 그가 받은 차별과 배제의 폭력에 대한 자의식이 싹트면서 그의 오토포이에시스는 적대적으로 변해간 것이다. 결국 자신이 태어나서 성장한 곳이 곧 자신을 '타자'로 취급하는 사회라는 것을 처절히 느끼게 되면서부터 그의 오토포이에시스는 밖으로 향한 문이 닫히게 된다. 그리고 그의 의식은 이미 그에게 가해진 "무수한 차별들을 당해도 태연할 수 있을 정도"(⑩)로 무뎌져 있는 상태다. 이는 감히 표현하건대 탈출구가 전혀 없다는 것을 스스로 인지하고서 내린 태도라 할 수 있다.

일본이라는 중심사회, 지배사회의 벽이 얼마나 높았으면 "더러운 일본말 잊어버릴 거야. 이젠 넌더리가 나"(⑧)라고까지 그 통고(痛苦)를 토로하고 있겠는가. 그런데 "그의 취향에 딱 맞는", "정말 소중하게 여길만한" 사쿠라이라는 동년배 여학생이 그 앞에 돌연 나타난다. 그녀를 만나고부터 스기하라의 적대적 오토포이에시스는 일정 정도 흔들리기 시작한다. 그녀는 "차별 같은 거 할 여자가 아니라고 생각하면서도" 자신의 "정체를 밝혔다가 싫다고 하면 어쩌나" 고민이 시작된 것이다. 그가 자신의 피부색이 "녹색이나 뭐 그런 색이었으면 좋겠다"라고 고백한 이유가 여기에 있다. 그것도 자신이 폭력을 행사한데다 외국인등록증을 소지하지 않아 체포될지도 모르는 경찰관 앞에서 말이다.[26] 스기하라의 이 경찰관 앞에

26) 국내에서는 sympathy, empathy, compassion 등을 '공감'으로 번역하고 있으며, 관련 논문들을 살펴보면, '공감'이 마치 이 시대의 모든 문명적 난제들을 해결해 줄 만병통치약이라도 되는 양 남용하고 있다. 공감에 대한 포괄적 이해를 위해서는 다음 2권 책 참조: 박성희, 『공감학: 어제와 오늘』, 학지사,

서의 고백 장면에 이르면 우리는 현대사회가 정치적 수사와는 정반대로 얼마나 타자와의 소통과 공감, 화해의 손길을 멀리하고 있는지를 재삼 통감하게 된다. 21세기에 이른 오늘날에도 사회계층 간, 경제계급 간의 지배/종속 관계가 좁혀지기는커녕 더 벌어지고 있기 때문이다. 에드가 모랭이 "[이제] 철학은 떠도는 유령이 되었다"[27]고 진단한 이유도 이와 무관하지 않다. 소위 '철학'이 시대를, 사회 현실을 통찰하고 있지 못하고 있다는 경고다.

⑨ "난 지금까지 차별을 당하고서도 태연했어요. 차별을 하는 놈은 대체로 무슨 말을 해도 알아듣지 못하는 놈이니까, 한 대 쳐주면 그만이고, 싸움은 자신이 있었으니까 전혀 아무렇지도 않았어요. 앞으로도 그런 놈들한테는 아무리 차별을 당해도 태연할 수 있을 거예요."/ 나는 또 담배연기를 빨아들이고 토했다./ "그런데 그녀를 만나고부터는 차별이 두려워졌어요. 그런 기분 처음이었어요. 나는 지금까지 정말 소중하게 여길만한 일본 사람을 만난 적이 없거든요. 그것도 내 취향에 딱 맞는 여자애는. 그래서 처음부터 어떤 식으로 사귀면 좋을지 몰랐고, 게다가 내 정체를 밝혔다가 싫다고 하면 어쩌나 하고 내심 걱정스러워서 줄곧 털어놓을 수가 없었어요. 그녀는 차별 같은 거 할 여자가 아니라고 생각하면서도. 하지만 난, 결국은 그녀를 믿고 있지 않았었나 봐요. 가끔 내 피부색이 녹색이나 뭐 그런 색이면 좋겠다고 생각해요. 그러면 다가올 놈은 다가오고 다가오지 않을 놈은 다가오지 않을 테니까 알기 쉽잖아요."(192쪽)

2004; 제레미 리프킨, 『공감의 시대』, 이경남 옮김, 민음사, 2010.

27) 에드가 모랭, 『복잡성 사고 입문』, 신지은 옮김, 에코리브르, 2012, 81쪽.

⑩ 권투를 배우기 시작했을 때 아버지는 곧잘 이런 말을 했다./ "보디에 펀치를 얻어맞고 쓰러지는 그런 놈은 틀린 거다. 일류가 될 수 없어. 그러니까 죽도록 보디를 단련해라. 보디로 펀치를 흡수해 상대방의 힘을 빼앗는 거다. 그 대신 머리는 단단히 지켜라. 몸이 너덜너덜해져도 머리만 말짱하면 기회는 있다. 반드시."(213~214쪽)

물론 많은 사람들은 지금 이 순간에도 타문화, 문화다양성의 존중과 배려가 중요하다고 역설(力說)하고 있고, 계층·계급 간의 갈등 해소를 위해 소통과 공감을 소리 높여 외치기도 한다. 하지만 지구촌 현실은 예나 지금이나 타자에 대한 차별을 정당화하기에 여념이 없으며, 타자의 희생을 여전히 강요하고 있다. 과거의 '단일문화신화'는 이렇게 '세계화'로 옷을 바꿔 입고 우리 앞에 재등장해 있는 상태다. 그러나 생각해보라. 개인과 공동체, 로컬사회와 글로벌사회가 과연 단일문화신화를 추종하는 자들이 의향한 바대로 관리되고 통제될 수 있을까? 그리하여 온 지구촌이 '백색신화'를 조작해낸 자들의 후손인 신자유주의자나 시장근본주의자들의 억측대로 '경제성장'과 '국경개방'이라는 동색(同色)의 이념을 지지해야 살아남고 그렇지 않으면 세계지도에서 사라지는 것일까?

하지만 명념하자. 세계의 많은 국가들은 결코 이들 글로벌 행위자들의 의도대로 움직이지 않을 것이란 사실을! 역으로 말해 21세기는 이들에 의해 탄압받고 이들에 의해 배제된 자들이 제 목소리를 내는 시대로 변화되었다는 점을! 인류평화나 사회통합은 중심과 주변, 지배와 종속, 단일성과 다양성, 지속과 단절을 동시에 고민하고 이해하지 못한다면 기대할 수 없다. 인류평화나 사회통합을 기대하고 있다면, 관계쌍의 후자인 주변, 종속, 다양성, 단절이 타자의 문제와 마찬가지로 더 진지하게, 더 열린 마음으로 사유하지 않으면 안 될 것이다. 에드가 모랭도 역설하듯, 21세기의 새로운 사유패러다임은 바로 이 주변, 종속, 다양성, 단절을 중심, 지배, 단일성, 지속과 '함께' 연구할 때라야 창안될 수 있고, 또 그때라야만 '지구촌'이란 함선은 '푸른 바다' 위에서 평화롭게 항진할 수 있을 것이다.

재삼 강조하건대, 타자는 결코 열등하고 이질적인, 보호하고 관리·통제해야 하는 존재가 아니다. 타자는 모든 사회와 국가가 떠안아야 할 형제자매요, 문자 그대로 '동포(同胞)'이다. 인간은 결코 양자택일적 사고에 갇혀 있는 존재가 아니며, 세계는 결코 중심부 의식을 가진 지배집단의 노리개로 전락하지 않을 것이다. 타자를 향한 개방 없이 세계가 어떻게 사회문화적 다양성, 복잡성을 이해·수용할 수 있겠는가. 지구상엔 '단 하나의 진리'가 아니라 '여러 진리(des vérités)'가 존재한다.[28] 글로벌 공공악이 계속 자행되고 있는 것도 바로 이 여러 진리, 즉 사회문화적 다양성과 복잡성을 받아들이지 않은데 직접적 원인이 있는 것이다.

3. 주인공의 코드에 내외접하는 인물과 'GO'의 (무)의미

『GO』를 새로운 비평적 시각으로 접근해보겠다는 취의로 서론에서 우리는 "타자는 타자다", "공감의 맞짝으로서 타자는 존재하

28) *A. Badiou, L'éthique, essai sur la conscience du mal*, éd. Hatier, 1993 참조.

지 않는다"라는, 학계의 상식에서 볼 때 다소 낯설 수도 있는 연구 지형도를 제안했으며, '비공감적 공감'이란 추가 키워드까지 제시해가면서 소통과 공감이라는 용어 남용에 대해 메타적 성찰이 필요함을 역설해보았다. 이러한 우리의 연구 방향과 목표는 『GO』의 두 주인공 스기하라와 사쿠라이 그리고 이들과 내접하며 외접하고 있는 등장인물들의 코드를 비교해보면 보다 분명하게 드러나리라 판단해, 이 자리에서 이를 보완해볼까 한다.

문화적으로 코드화된 주체들도 타자나 타문화와 접촉하고 교류하는 과정에서 자기변화를 꾀하게 되는 게 일반적이다. 더 적극적으로 표현하면, 자기변화뿐 아니라 타자나 타문화와 상호적 변화에 이르는 경우도 있다. 타자, 타문화와의 교류의 진정한 의미가 바로 여기에 있다. 타자나 타문화를 이해하는 능력이 뛰어난 사람을 일러 문화지능이 높다고 말하는데, 그렇다면 우리는 『GO』의 두 주인공, 등장인물들에게서 과연 이를 기대할 수 있을까?

이미 앞선 논의를 통해 그 대답을 예상할 수 있겠지만, 필자의 즉답은 이렇다: 『GO』에서 두 주인공과 이들에 내외접하는 인물들은 모두 자신의 코드를 고수할 뿐이다. 말을 바꾸면 아무도 적극적으로 자기변화, 나아가 상호변화를 꾀하지 않고 있다. 당연 『GO』에서 우리는 타자와의 공감, 타자로부터의 호의를 기대할 수 없고 오히려 타자에 대한 적대적 분위기가 지배적인 구조라는 것을 확인할 수 있을 뿐이다. 그런즉 『GO』에서 등장인물들은 자신의 삶의 무대이자 활동 장(場)에 만연해 있는 폭력과 불평등, 차별과 멸시를 극복하려는 '공동의 노력'도 기대할 수 없다. "나는 타자다" 혹은 "타자는 나다"와 같은 타자의 배려나 타문화의 수용이 묘사된 장면보다는 "타자는 타자다"와 같은 반감의 기운이 도드라지게 표현되고 있는 것도 이 때문이라 생각된다.[29] 아래 [그림 3]은 바로 이러한 필자의 결론을 요약한 것이다.

물론 소설 마지막 장면에서 사쿠라이는 자신의 재일한인에 대한 편견을 일정 부분 수정하려는 노력을 꾀하기는 한다(⑪ → ⑫). 하지만 이 역시도 스기하라의 처지를 진정으로 공감해서 내린 결정, 즉 <그=나>라는 자기변화의 과정에서 도출된 것이라고 보기는 어렵다. 문제는 무엇보다도 그녀의 '몸'이 스기하라를 받아들이는 것 자체를 거부한다(⑪)는 점이다. 타자인 스기하라와의 '달콤한 키스'를, 그것도 찰나적 순간에 치기적 낭만에 젖어 교환한다고 해서 그에 대한 거부감이 연민이나 동정으로 바뀌고, 더 나아가 공감 상태에 이른 것이라고 판단하기는 어렵다는 것이다. 이는 사쿠라이가 스기하라에 대해 '거리를 느끼는' 타자로, 비공감적 타인으로 대하고 있다는 직접적 반증이다.[30]

---

29) 이런 점에서 정순희 지적대로 『GO』는 일본사회의 '구조적 차별주의'의 폐단을 정확히 짚고 있으며, 재일 젊은 한인 세대의 사고와 행동의 현주소를 정확히 묘사하고 있는 작품이라는 평가가 가능하다 - 정순희, 「재일 젊은 세대의 아이덴티티: 『GO』에 표출된 탈민족적 관점에 주의하여」, 『한국문화연구』 제8집, 2005, 192~201쪽 참조.

30) ⑪ "정말 많은 것[일본인의 뿌리에 대해]을 알고 있구나. 하지만 말이야. 그런 게 아니야. 스기하라가 하는 말, 이성적으로는 이해하지만, 그래도 정말 힘들어. 왠지 겁이나……. 스기하라가 내 몸속으로 들어올 일을 생각하면 왠지 무서워……."(182); ⑫ "이제 스기하라가 어떤 나라 사람이든 상관 안 해. 때로 내게 날아와서 나를 쏘아봐주면, 일본 말을 할 줄 몰라도 상관없어. 스기하라처럼 날기도 하고 쏘아볼 수도 있는 사람, 아무데도 없는 걸 뭐."/ "정말?"/ 나는 의 가슴에 얼굴을 묻은 채 물었다./ "정말이야. 나, 겨우 깨달았어. 아니 어쩌면 스기하라를 처음 봤을 때부터 알고 있었는지 몰라."/ 사쿠라이는 그렇게 말하고 내 정수리에 세 번 키스해주었다.(238쪽)

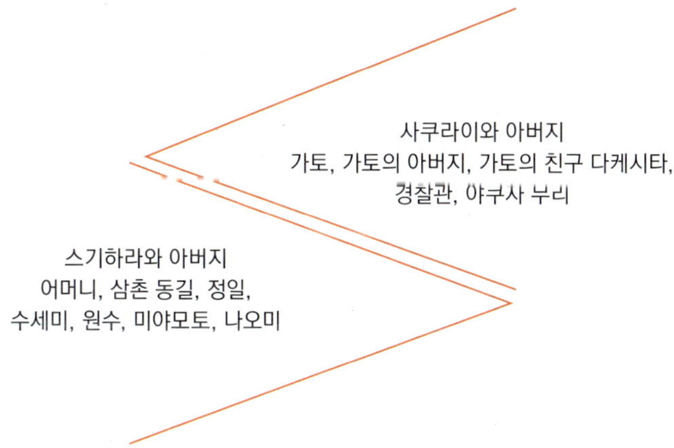

[그림 3] 비공감적인 타자들의 관계도

이런 이유 때문에 결국 두 연인은, 물론 소설의 결말 이후의 스토리 전개가 어떻게 될지는 독자가 임의로 상상할 문제이지만, 스기하라는 말할 것도 없고 사쿠라이까지도 일본사회의 중심부를 전유하고 있는 지배집단의 따가운 눈총을, 이들이 '더 넓은 세상'으로 탈출(go)하지 않고 소설에서처럼 재일(在日)하고 있는 몸인 한, 계속 받게 될 것이라는 게 필자의 결론이다. 이들이 소설에서처럼 더 넓은 세상으로 탈출하지 못하면, 결국 이들은 '일본'이라는 지배사회의 타자로 전락할 수밖에 없다. 어느 사회나 할 것 없이 지배사회는 피지배자인 타자를 필요로 한다. 존 쿳시가 자신의 소설에서 주인공 치안판사의 입을 빌어 묘사한 대로, 종속적인 존재군을 만들어 문명을 유지해가는 선진사회에 저항한다는 것이 이토록 어려운 것인지를 우리로 하여금 재삼 반성케 한다.[31] 여기서 문

31) 존 쿳시, 『야만인을 기다리며』, 왕은철 옮김, 들녘, 2003, 67쪽: "문명이라는 게 야만인들이 가진 미덕들을 타락시키고 그들을 종속적인 존재로 만드는

제는 지배사회의 타자, 즉 종속적인 존재군(특히 스기하라가)에 속하는 자들이 차별이 없는 평등한 세상을 향해 한 발도 내딛지 못한 채 '괴물'로 취급받을 수밖에 없는 환경 안에 스스로를 감금시키고 있다는데 있다. 탈출은 커녕 오히려 '풋사랑'을 이유로 재일(在日)의 틀에 남기를 스스로 묵허(黙許)한다고나 할까. 물론 소설의 마지막 장면에서 두 주인공은 일본/한국이라는 문화적 격차 때문에 야기된 갈등을 잊고자 정애(情愛)의 호류(互流)를 꿈꾸며 가까운 호텔로 <go>하기는 한다.[32] 그런데 여기서 우리가 유념해야 할 것은 이들은 고작 고3 동갑내기라는 점이다. 이들 나이에 육체적 정애는 일본사회에서나 우리사회에서나 사회적으로 터부에 가깝다. 『GO』를 "일본 주류사회와 재일사회라는 구도를 넘어서서 신세계를 성공적으로 제시하고 있는지에 대한 비판적 관점이 필요한 시점"이라는 이승진의 지적에 필자가 동감하는 것도 이런 까닭에서다.[33]

물론 가네시로는 소설의 첫 페이지에서부터 "이 소설은 나의 연애를 다룬 것이다"(9쪽)라며, 독자들이나 비평가들이 자신의 작품에 대해 과잉 해석(over-interpretation)하는 것을 원천적으로 차단하고 있다. 하지만 『GO』를 '연애 소설'이라고 평가하기에는 이미 출

것이라면, 나는 문명에 반대하는 입장이다."

32) 소설의 마지막은 이렇게 끝맺는다: "나와 사쿠라이는 얼굴을 마주보고 웃었다./ "어서 어디로든 가."/ "어디로 가지?"/ "어디든 좋아. 일단 따뜻한 데 가서 오늘 밤 어디서 잘지 생각해."/ "……괜찮아?"/ "그런 갑갑한 질문하는 버릇, 이젠 고쳐."/ 내가 지금까지 한 번도 본적이 없는 아름다운 미소가 온 얼굴에 떠올랐다. 그리고 눈처럼 하얀 입김과 함께 따스한 목소리가 터져나와 내 귀를 울렸다./ "가자."

33) 이승진, 「가네시로 카즈키의 『GO』론: 경계의 해체인가 재구성인가」, 『日本語文學』 제56집, 2013, 203쪽.

[장면 4] '더 넓은 세상'을 주시하며 바다를 향해 앉아 있는 스기하라와 그의 아버지. 이 장면에 해당하는 소설 상의 묘사는 다음과 같다: "이 나라도 점차 변해가고 있다. 앞으로는 더 많이 변하겠지. 재일이니 일본인이니 하는 것, 앞으로는 없어질 거야. 장담한다. 그러니까 너희들 세대는 밖으로 눈을 돌려야 해. 그렇게 살아가야 돼."(217쪽)

발부터가 다분히 '정치적'이고, 그 색채 또한 짙은 편이다.[34] 소재며 주제도 일본사회의 차별과 배제의 폭력을 고발하는 '현실참여적인' 측면이 두드러진다. 게다가 국적 자체를 거부한다는 것은 일본 주류사회의 시각으로 보면 '반국가적 행위'라는 비판도 받을 수 있고, '반자본주의적이고 무정부적인'인 측면 또한 소설 곳곳에 표출돼 있다. 그런데도 가네시로 카즈키는 스기하라와 사쿠라이의 '연애 사건'을 이러한 '주의주장들'을 무기로 한 해석보다 상위에 위치시키고 있다.[35]

34) 재일한국인문학이 기본적으로 '정치적인' 색채를 띨 수밖에 없다는 점에 대해서는 황봉모, 「소수집단 문학으로서의 재일 한국인 문학- 가네시로 카즈키의 『GO』를 중심으로」, 『H語H 文學硏究』, 2004, 259~279쪽 참조.

35) 『GO』, 9쪽: "연애는 공산주의니 민주주의니 자본주의니 평화주의니 귀족주의니 채색주의니 하는 모든 '주의'에 연연하지 않는다." 동명 영화 ≪GO≫에서 유키사다 이사오 감독도 작가의 의견을 십분 존중해 이 영화가 '연애이야기'임을 수차 반복하며 관람객을 제작의도에서 벗어나지 못하도록 압박하고

하지만 작가가 자신의 작품을 '연애 소설'이라고 정의했다고 해서 독서(관람)를 반드시 이 기준에 맞추어 읽어내려가야 할 의무는 없다. 더더욱 그래야만 할 의무를 작가가 독자나 관람객에게 부여할 권한은 없다. 바슐라르나 바르트, 에코도 역설하고 있듯, 최근엔 저자나 텍스트보다 작품을 읽고 관람하는 이의 느낌과 생각, 즉 '독자비평'을 중시하는 것이 비평계의 시류다. 따라서 독자인 우리가 『GO』를 작가의 '비정치적이고 비문화적인 대중화 전략'에 굳이 비평의 무게중심으로 두어야 할 이유는 없지 않나?[36)]

본고에서 필자가 이제까지 논정해온 비평적 관점과 궤를 달리해 혹자는 카즈키의 『GO』를 두고 1-2세대의 재일한인문학과 달리 민족, 국적을 초월한 탈중심적 글쓰기를 시도함으로써 '역사적 특수성보다 문학적 보편성'에 주력해 '대중성이라는 타이틀을 획득'했으며, '적극적 재일'을 성취했다는 평가를 내린 경우도 있다.[37)] 김낭예의 글이 대표적이다. 그녀의 분석처럼 『GO』에서 과연 '적극적 재일'이 성공적으로 그려지고 있다고 말할 수 있는지, 필자는 이에 대해 부정적 의견을 가지고 있다. 카즈키의 주문대로 『GO』가 연애소설이자 모든 '주의'를 초월한 작품이라면, 더더욱 재일이라는 범주

있다. 이에 대한 설명은 이영미의 「소설의 영상화에 나타난 문화 소외의 문제: 『GO』의 한일합작영화를 중심으로」(『시민인문학』 제16호, 경기대학교 인문과학연구소, 2009)으로 대신할까 한다.

36) 물론 가네시로 카즈키는 소설의 사회적 역할을 전적으로 부인하는 입장을 다음과 같이 피력하고 있다: "나는 소설의 힘을 믿지 않는다. 소설은 그저 재미있을 뿐 아무 것도 바꾸지 못한다. 책을 펼치고 덮으면 그것으로 끝이다. 단수한 스트레스 해소용 도구다."(78쪽)

37) 김낭예, 「재일 3세대의 탈중심적 글쓰기: 유미리와 가네시로 카즈키의 작품을 중심으로」, 『高凰論集』 제46집, 경희대학교 대학원, 2010, 12, 27~28쪽 참조.

로부터 스기하라와 사쿠라이를 자유인으로 그려야 했다.

그런데 어떤가? 이미 수차 언급했듯, 이들은 그저 사랑이란 미명의 황량몽(黃粱夢)을 꾸는 것으로 소설은 막을 내린다. 게다가 일본사회에서 온갖 삶의 파란과 사회문화적 살능과 자멸, 배세의 폭력을 감내하며 마침내 재일에 성공한 스기하라의 아버지도 그렇고 스기하라 본인도 자신을 어떠한 상황에도 살아남는 '잡초'가 아니라 '부초'라며 일본이라는 지배-중심 사회를 겨냥해 줄곧 당겨왔던 화살을 이내 거두어들이고 만다: "No soy coreano, ni soy japonés, yo soy desarraigado!"

이들 부자가 스스로 자신을 그 어디에도 뿌리내리지 못하고 '떠도는 부초'라고 여긴다는 것은 이미 심리·정신적으로, 사회·문화적으로, 정치·법제적으로 자신들이 삶을 영위하고 있는 바로 '그곳', 즉 생활세계에서 배회하고 있다는 반증이 아닐 수 없다. 스기하라와 그의 아버지뿐만 아니다. 그들에 내접한 거의 모든 등장인물도 부초처럼 배회하기는 마찬가지다.[38)] 부언컨대 스스로를 자신이 속한 사회의 타자라고 여겨 사회의 중심부로 들어가는 것을 포기하

---

38) 이와 같은 필자의 해석은 i) 지배사회인 일본에서 타자였던 주인공 스기하라가 민족과 조국이라는 원죄의식을 탈피하고 '주체화'에 성공했다고 분석한 이영미(「가네시로 카즈키의 『고(GO)』에 나타난 국적(國籍)의 역사적 의미」, 『현대소설연구』 제37집, 2008), ii) 세계주의사상(cosmopolitanism)을 통해 민족 차별의 문제에 해결방안을 제시했다는 김광수 · 박정이(「가네시로 카즈키(金城一紀)의 『GO』의 'GO'의 방향과 그 주체」, 『韓日語文論集』 제14집, 2010), iii) 그리고 일본이라는 주류사회에서 배제되었던 마이너리티인 재일조선(한국)인에게 연대의식을 일깨워준 작품이라고 평가한 문재원(「재일코리안 디아스포라 문학사의 경계와 해체: 현월(玄月)과 가네시로 카즈키의 작품을 중심으로」, 『동북아문화연구』 제26집, 2011) 등과 비평적 거리를 취하고 있음을 이 자리에서 재삼 밝히는 바이다.

고 있다는 게 문제라는 것이다. 자신이 사회 '안'이 아니라 사회 '밖'에 존재할 수밖에 없다고 믿기 때문에 사회의 중심부로 들어갈 기회마저 주어지지 않는 것 아니겠는가.

요인즉 『GO』에서는 자기변화를 사회문화적 관계망 안에서 적극적으로 시도하는 인물이 그려지고 있지 않다는 점이다. 지배사회인 일본에서 스스로 주변부인이 되어 여전히 뒷골목을 헤매고 있을 스기하라와 "피를 나눈 형제들"(②)은 말할 것도 없고, 수세미(タワケ)처럼 아예 실종되어 아무도 그의 소식을 모르는 자도 있고, 스기하라의 절친 정일(正一)은 일본인 불량배학생에 의해 살해된 상태다. 그런가 하면 아버지보다 2살 아래인 삼촌 동길은 1950년대 말부터 시작된 북조선 '귀국운동'에 동참해 일본에서 차별을 받고 지내느니 차라리 '신세계'에서 살아보고자 북조선으로 건너갔지만, 아버지가 하와이 여행을 위해 국적을 재일조선인에서 재일한국인으로 바꾸자 연락마저 두절되었다가[39] 끝내는 가족 중 아무도 그의 죽음을 위로할 수 없는 곳에서 홀로 '이 세상'을 하직하고 만다.

단일문화신화의 악폐로 인해 많은 국가에서 사회적으로 배제된 타자들, 21세기 지구촌은 바로 이들의 존재 인정과 배려를 위한 노력 없이는 인류평화도 민주주의도, 인권도 지구촌의식도 더 이상 기대하기 힘들 것이다.[40] 더더욱 이런 까닭에 타자는 이제 더 이상

---

39) 『GO』, 14~15쪽 참조.

40) 이런 이유 때문에 김동명이 제시하고 있는 '제3의 길'은 본고와 연관해서 볼 때 시사하는 바가 크다. 그는 i) 재일한인들이 일본 안에서 민족문화적 고유성을 유지하면서도 자율성을 통해 사회문화적 억압에서 벗어나고, ii) 일본(사회) 또한 종족적 배타성을 극복하고 전지구적 공동체에 속할 자격을 갖추

중심·지배·주류사회문화의 신화를 보호·유지하기 위해 희생양을 삼아서는 곤란하다. 중심·지배·주류사회문화의 신화를 창조하는 자들도 시공간과 삶의 조건 및 상황이 바뀌면 역시 타자로 전락할 수 있고, 타자로 차별받을 수 있다는 역지사지의 교훈을 되새겨야 할 때가 아닌가 싶다. 역설적으로 말해 우리 모두가 자기변화, 자기진화를 꾀해 타자를 위한 소통과 타자와의 공감에 동참해야만 비로소 상호변화에 이를 수 있고, 상호변화에 이르러야만 타자를 핍박하며 죽음으로까지 내몰았던, 내몰고 있는 집단적 편견과 폭력을 더 이상 행사하지 않게 될 것이다.

는 것이 제3의 길을 실현할 수 있는 두 전제조건이라고 언급하고 있다(金東明, 「在日朝鮮人の '第三の道'」, 『朝鮮人』 제17호, 1979) - 정순희, 「재일 젊은 세대의 아이덴티티- 『GO』에 표출된 탈민족적 관점에 주의하여」, 207쪽 참조.

Chapter 3
하위주체의 관점에서 재구성한 ≪아웃 오브 아프리카≫

by 박치완

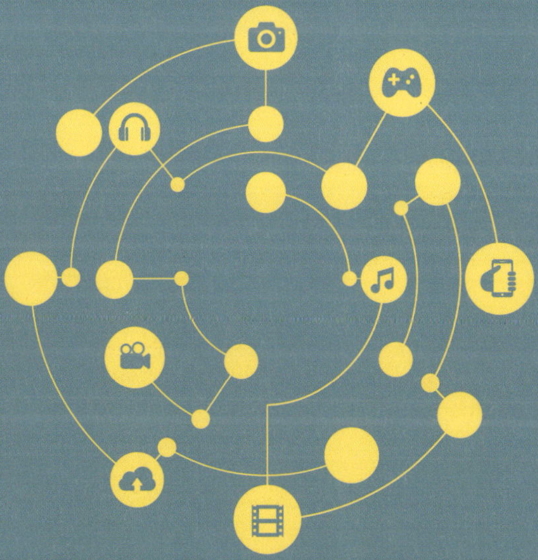

"균질화된 '아프리카'로서 옛 아프리카는 새로운 아프리카 세계에 대한 배경으로만 존재해야 할 것이다."

– 스피박, 『경계선 넘기』

"다른 사람들이 우리를 보듯이 우리 자신을 볼 수 있다면 개안(開眼)이다. 타인들이 우리와 본성을 공유한다고 보는 것은 최소한의 겸양(謙讓)이다. 그러나 갈 길은 멀다. 우리는 우리 자신을 인간의 삶이 선택한 형태들 중의 하나의 지역적 예, 여러 경우 중의 한 경우, 많은 세계 중의 한 세계로 봐야 한다는 지극히 어려운 과제를 풀어야 한다. 이를 위해서는 위대한 정신이 필요하다. 그것이 없다면 객관성이란 자화자찬, 위장된 관용에 지나지 않는다."

– C. Geertz, *Local Knowledge*

1. 많은 사람들에게 여전히 낯선 땅, 아프리카

마로크, 알제리, 튀니지, 리비아에 걸친 북아프리카 지역을 바르바리아(Barbarie)라고 한다. 프랑스어문법에서 바르바리즘(barbarisme)은 '부정확한 어법을 구사하는 것'을 이른다. 바르버레스(barbarous)란 형용사가 '조잡한', '귀에 거슬리는'이란 의미를 갖는 것도 필경 이런 까닭에서일 것이다. 물론 누구나 잘 알고 있는 바르버레스는 <문명이 뒤진, 야만스러운, 미개한, 교양이 없는, 무지한, 상스러운, 이국적인, 불순한, 짐승 같은> 등 '경멸적으로' 어떤 인간 또는 그와 같은 부류의 사람들을 일컬을 때 사용하는 게 일반적이다. 바르버레스의 명사형인 바르베어리언(barbarian)은, 이 개념을 상용화한 그리스적 문맥에서 이해할 때, '그리스인이 아닌 사람

(non-Grec)'을 뜻한다. 그리스인이면 누구나 겸비하고 있는 문화와 교양을 갖추지 못한 사람들을 일러 그리스인들은 미개인, 비교양인이라 했던 것이다. 이 시대의 정서로는 도저히 용서받을 수 없는 타자, 타문화에 대한 '폭력적 단정'이 아닐 수 없다.

결국 그리스인의 관점에서 그리스인이 아닌 모든 민족(인종, 종족), 즉 그들이 유럽인이건, 미국인이건, 아시아인이건, 아프리카인이건 그 당시에는 바르베어리언이라 폄훼되었던 것이다. 다시 말해 오늘날과 같이 아프리카, 아프리카인에게만 그리스인들이 이렇게 경멸적인 표현을 사용했던 것은 아니었다는 점을 우리는 정확히 인지할 필요가 있다. 그런데 19세기 중반부터 무권리자인 구미인들에 의해 아프리카가 식민지로 분할되어 통치받기 시작하면서 아프리카인만이 불명예스럽게도 바르베어리언이라 호명되기에 이른다. 아프리카 대륙은 미지-야만인들이 사는 '검은 대륙'이라는 국제적 통용어가 된 것이다. 심지어는 아프리카인을 '식인종'이라며 기독교적 윤리관에 준해 '악마' 취급을 하기도 했다.

하지만 아프리카와 아프리카인에 대한 평가는 20세기 후반에 접어들어서면서 급반전되고 있으며, 아프리카 내부에서도 그리스 시대 이후 구미적인 시각에 의해 불공정하게 해석된 아프리카에 대한 저항이 시작되고 있다. '유사야만적 해석'이라 해도 과언이 아닌 무지몰각(無知沒覺)한 외부 평가에 대해 학문적 항역(抗逆) 운동이 닻을 올리고 있는 것이다. 세르즈 빌레도 그중 한 사람이라 할 수 있다. 그는 아프리카인이 4세기경에 오히려 '백인 노예(esclaves blancs)'를 둔 적도 있다며, 콜럼부스가 아메리카를 발견하기 이전의 인류역사에 대해 왜 구미인들은 모르쇠로 일관하고 있는지 『아프리카인들이 백인 노예를 두었을 때』라는 저서를 통해 아프리카/아프리카인에 대한 일대 인식 전환을 세계의 지성계를 향해 촉구하고 있다.[1] 물론 빌레도 인정하듯 "식민지화(colonization)가 아프리카 역사의 일부를 차지하고 있는 것"은 부인할 수 없다. 하지만 그는 최소한 자기 자식들에게만은 아프리카 선조들의 역사, 즉 구미인들에 의해 왜곡되기 이전의 사실 대로의 역사를 들려주고 싶어서 이 책을 썼다며, 한 인터뷰에서 다음과 같이 저술 의도를 밝히고 있다: "[얘들아] 너희 선조들은 단지 노예였고, 식민지지배를 받았던 것만이 아니다. 그들은 아프리카의 역사 속에도 아시아나 유럽 또는 다른 대륙과 비교해도 결코 뒤지지 않는, 그런 아주 특별한 순간들, 위대한 제국을 가지고 있었다는 것을 잘 알고 있었다. 식민지화는 단지 너희들 역사의 일부분일 뿐이란다."[2]

빌레의 저서명과 자조(自嘲) 섞인 진술은 다소 논쟁의 여지가 있을 수 있다. 하지만 아프리카에 무지한 우리와 같은 한국인에게 그의 진술은 참으로 많은 반성거리를 제공한다. 본 연구가 아니었으면 필자도 아프리카에 대한 그동안의 편견을 버리지 못하고 일종의 '간접적 폭력'을 아프리카 대륙을 향해 주저없이 행사했을지 모른다. 이는 구미인들의 문명/문화라는 이데올로기가 지구촌의 많은 사람들에게 아프리카를 왜곡된 시선으로 바라보게 하는 반증이라 할 수 있다. 동서비교철학자인 줄리앙도 정확히 짚고 있듯, 그

1) S. Bilé, *Quand les Noirs avaient des esclaves blancs,* Pascal Galodé Editions, 2008 참조.

2) C. Montpetit, "L'entrevue – Peuples noirs et esclaves blancs. L'auteur Serge Bilé veut tordre le cou aux préjugés", *Le Devoir,* 11 février 2008.

리스인들에게 또는 구미인들에게 '보편적인 것'이 인도인이나 아프리카인에게도 보편적인 것은 아니다.[3] 그런데도 구미인들은 아프리카를 포함해 '구미와는 다른 세계', 즉 비구미세계에 대한 편견을 가지고 있으며, 여전히 '구미가 최고'라는 집단적 환상에 빠져 있다.[4] 문제의 심각성은 이들의 '구미몽'이 오늘날에도 잦아들고 있지 않다는데 있다.[5] 바로 이와 같은 문화우월주의적 편견과 집단적 환상에의 유폐가 아프리카를 문명/문화가 없는 검은 대륙으로 고착화시킨 것이다.

한국인에게 아프리카가 낯설고 먼 땅인 것도 어쩌면 이러한 구미적 편견과 집단적 환상이 직간접적으로 학습된 결과일 것이다. 구미인들에 의해 구성·조작된 아프리카에 대한 초판번역(première version)이 우리의 아프리카관(seconde version)을 좌지우한 것이라고나 할까. 역사적으로 아프리카에 대한 경험이 축적된 바 일천하고 아프리카와의 실질적 문화교류 또한 다른 대륙의 국가들에 비교해 활발한 편은 아니어서 정보가 부족하다보니 구미의 초판번역이 아프리카에 대한 우리의 생각과 담론까지 지배하게 된 것이다. 역설적으로 말하면, 아프리카에 대한 우리의 직접적 접촉과 탐구가 필요한 시점이 되었다는 것이다. 그 이유는 무엇보다도 구미의 제1세계 학자들에 의해 왜곡·조작된, 즉 '각색된 아프리카'를 아프리카 자체로 이해·수용하는 것은 "위기에 직면해 있는 억압체제

---

3) F. Jullien, *De l'universel, de l'uniforme, du commun et du dialogue entre les cultures,* Fayard, 2008, pp.96~98 참조.

4) *Ibid.,* p.104 참조.

5) J. Rifkin, *The European Dream,* The Penguin Group, 2004 참조.

['발전'이라는 개념의 화신으로 무장해 19세기부터 널리 지배력을 행사한 세계체제]의 게임규칙을 순순히 따르는 것"[6]과 하등 다를 바 없기 때문이다.

하지만 앞서 살펴본 빌레 그리고 아래 인용하게 될 봄본간이 정확히 짚고 있듯, 여기서 우리가 성급하게 판단·행동해서는 안 될 것이 하나 있다. "제3세계의 사람들은 사물들을 구미에서의 그것과 다른 방식으로 본다"는 아주 단순한 진실, 바로 그것이다. 봄본간의 말대로 "구미인들의 이야기(the story of the West)는 가끔은 전 세계의 이야기(the story of the whole world)라도 되는 양 특권을 누리기도 하는데, 이는 분명 문화적 제국주의의 결과"라는 점을 잊어서는 안 된다. 그런즉 이제 "우리는 제3세계의 이야기들을 있는 그대로 경청할 필요"[7]가 있다. 부언컨대 아프리카에는 아프리카인만의 고유의 철학과 세계관(가치관) 그리고 이야기(역사)가 있으니, "아프리카에는 문자가 없다" 또는 "아프리카에는 역사가 없다"며 자만하고 오판하기에 앞서[8], "있는 그대로(전통 그대로)"의 아프리카를

---

6) 이매뉴얼 월러스틴, 『사회과학으로부터의 탈피』, 성백용 옮김, 창작과 비평사, 1994, 169쪽.

7) JR. Dominador Bombongan, "Cultural Globalization: Beyond the Homogenization Thesis", *Asia-Pacific Social Science Review,* vol. 6, n° 1, 2006, p.4.

8) '역사 속의 이성' 개념의 창안자 헤겔이 이렇게 아프리카를 비판적으로 언급한 대표적인 철학자이다. 그는 죽기 전 행한 강연(1830~1831년 강의: "La Raison dans l'Histoire")에서 이렇게 얘기한 바 있다: "흑인들의 성격을 특징짓는 것은 제동(制動)의 부재이다. 그들의 상황이란 어떤 진보도 어떤 교육도 기대할 수 없다는 것이며 (…) 인간의 본성(la nature humaine)을 이해하기를 원하는 사람이라면 이를 아프리카에서 찾을 수는 없을 것이다. (…) 아프리카는 엄밀히 말해 역사를 가지고 있지 않다(Elle n'a donc pas, à proprement parler, une histoire)." - S. Audier, "Hegel et l'Afrique.

편견없이 잘 살피고, 그들 이야기를 경청해야 한다는 것이다. 요인즉 아프리카를 아프리카이게 하는 모태, 즉 골간을 아프리카 밖에서 부여한(out of Africa) 구미열강의 번역·해석에서 찾을 것이 아니라 아프리카 안에서(to Africa) 소위 '아프리카성(africanité)'을 탐색해야 한다는 것이다. 본고에서 우리는 바로 이런 관점에서 1985년 시드니 폴락(Sydney Pollack) 감독에 의해 제작된 영화 ≪아웃 오브 아프리카≫[9]를 스피박의 '하위주체(the subaltern)'라는 개념을 차용해 분석해볼까 한다.[10] 식민지를 경영했던(하는) 자들의 관점(또

Thèses, critiques et dépassement de Benoît Okolo Okonda: Philosopher en Afrique, avec et contre Hegel", *Le Monde des Livres,* 1 juillet 2010 – 재인용.

9) ≪아웃 오브 아프리카≫는 1985년 감독상 등 아카데미상을 7개부분이나 석권한 수작으로 아이작 디네센(Isak Dinessen, 본명은 Karen von Blixen-Finecke, 1885~1962)이 영국령 동아프리카의 케냐에서 보낸 17년간(1914~1931)의 삶을 소설화한 『아프리카의 농장(La Ferme africaine)』(1937)에 기초한 영화이다. 카렌 당시 거주했던 저택은 현재 케냐 정부에서 영화의 여주인공의 이름을 따 '카렌 박물관'으로 운영 중이다.

10) 스피박에 의해 최근 인문사회과학 분야에서 널리 회자·연구되고 있는 <the subaltern> 개념은 '하위주체'로 통용되고 있다. 하지만 '하위주체'는 그 의미가 직분·신분 등이 '지배계급 아래' 고착돼 있는(인도의 카스트제도에서 보듯) 경향이 강하다. 실제 스피박도 자신의 논문 말미에서 "하위주체는 말할 수 없다"고 적고 있다. 이렇게 관점에서 볼 때 <the subaltern>을 헤겔의 지배-종속의 변증법에서처럼 자신의 현재 상태를 벗어날 수 있는 역능이 잠재적 상태로나마 부여돼 있다는 측면에서, 본고에서는 비록 학계의 상식을 존중해 '하위주체'를 사용하지만, '종속주체'라 번역하는 것이 더 적절하지 않을까 싶다 – G. Ch. Spivak, "Can the Subaltern Speak?", C. Nelson and L. Grossberg(eds.), *Marxism and the interpretation of Culture,* University of Illinois Press, 1988 참조. 국내에서도 스피박의 하위주체 개념을 응용한 다양한 연구들이 진행되고 있는데, 본고에 관련해서는 특히 다음 논문 참조: 양종근, 「스피박의 현대이론에 대한 해체적 개입: 초기 저서를 중심으로」, 『영미어문학』 제82호, 2007, 151~169쪽.

는 그들의 관점에 익숙한 종속적 하위주체들의 관점까지 포함해)에서 이 영화를 감상하며 낙락(樂樂)할 것이 아니라 피식민지인의 관점에서 이 영화에 새롭게 접근하는 기회를 가져보자는 것이다.

2. 아프리카에 들씌워져 있는 문명/문화라는 이중의 구속틀

아프리카가 많은 비아프리카인들의 기억과 상식 속에 '계몽이나 보호의 대상국가'로 자리잡게 된 원인은 구미인들의 식민지배로부터 파생된 편견이라 할 수 있다.[11] 그러나 아프리카의 언어·문화적 복잡성, 인종·종교적 특수성들이 과연 구미인들이 단순화시켜 오판한 것처럼 그렇게 대상화, 담론화해도 되는 것일까? 아프리카 국가들 간의 국경선을 원정주민들에 대한 아무런 고려 없이 구미인들이 입맛에 맞게 획정했듯, 자연의 보고이자 인류 문화의 보고인 아프리카를 구미인들이 유린하고 약취했던 것도 모자라 아프리카에 대해 계속해서 이처럼 시야비야(是也非也)하도록 방기해도 되는 것일까?

아웃 오브 아프리카의 관점에서 생산된 이들 구미인들의 아프리카에 대한 시비론은 아프리카인에 의한 증언서사(testimoniaux d'

11) 유럽인들이 도래하기 이전의 흑아프리카에는 역사가 없다/ 아프리카인들이 식민지배를 받은 것은 유럽인들이 그들보다 우월하기 때문이다/ 식민지배는 아프리카를 개발했다/ 아프리카는 국제원조로 먹고 산다 등과 같은 우리가 평소 가지고 있는 아프리카의 편견에 대한 정리는 서울대학교 불어문화권 연구소가 기획·번역한 다음 책 참조: 엘렌 달메다 토포르, 『아프리카: 열일곱 개의 편견』, 이규현 · 심재중 옮김, 한울아카데미, 2010.

Afrique)와는 좁혀질 수 없는 거리가 있다. 원정주민의 입장에서 볼 때 구미인들의 아프리카에 대한 기술은 이차적, 간접적인 것일 수밖에 없다. 헤밍웨이가 그랬듯 일종의 '여행기법'으로 기술된[12] 아프리카는 아프리카에 대한 직접적 증언서사와 달리 간접적 경험(expérience indirect d'Afrique)을 묘사한 것에 그친다. 그곳(Africa réel)을 아무 미련도 없이 떠나(out of) 추후에 그곳(Africa irréel)을 머릿속에 떠올리며 기술한 '추억서사(souvenirs d'Afrique)', '낭만서사(romans d'Afrique)'는 아프리카인이 직접 경험한 삶의 질곡과 간극이 존재할 수밖에 없는 이유다. 문제는 그 '간극'이 오늘날에도 고스란히 유습(遺習)되고 있다는데 있으며, 하위주체로서 아프리카인들이 식민주체인 구미인들에 의해 핍박받았던 과거의 그림자는 치유되지 않은 채 여전히 살아 있다는 점이다.

≪아웃 오브 아프리카≫, 시드니 폴락 감독에 의해 영화화됨으로써 구미인들의 관심이 증폭된 카렌 블릭센의 자전적 소설인 『아프리카의 농장』, 두 작품 모두 구미인들로부터 많은 사랑을 받았다. 하지만 필자의 판단에 따를 때 이 소설과 영화는 식민주의의 추억서사로서 돋보이는 점이 있을지는 몰라도 문명/문화라는 시

12) 이길구, 「헤밍웨이가 아프리카에서 만난 진실」, 『영어영문학연구』 제34권 3호, 2008, 89쪽. 헤밍웨이는 2차례에 걸쳐 아프리카 사파리여행을 했으며, 이를 계기로 아프리카를 배경으로 한 소설을 4편이나 썼다(『킬리만자로의 눈』, 『프란시스 마카머의 짧고 행복한 생애』, 『아프리카의 푸른 언덕』, 『여명의 진실』 등). 헤밍웨이에게 아프리카는 자신의 병든 육신을 치유해주는 '영적인 고향'이자 '순수성의 중심'이고 '진실성의 장소'였으며, 유럽이라는 '문명사회의 마지막 끝'에서 접할 수 있었던 '신생지'였다(*ibid.*, 88~89쪽). 헤밍웨이는 1954년 노벨문학상을 수상하는 자리에서 "이 상은 카렌 블릭센에게 수여되어야 했다"고 말한 적이 있다.

각이 여전히 지배적 작동기제라는 점에서는 비판의 여지가 없는 것도 아니다. 필자가 ≪아웃 오브 아프리카≫를 '줄기스토리(main story)'가 아닌 '가지스토리(branch story)'에 집중해 분석해보려는 이유가 여기에 있다. 만일 데니스와 카렌, 이 두 주인공이 영화에서 사라지면 남아 있는 것이 무엇일까? 아프리카의 대자연과 키쿠유족(Kikuyus)만 남지 않겠는가? 이 질문은 서론에서 언급한 바 있는 '하위주체'의 문제를 성찰해보기 위해 전략적으로 던진 것이다. 하위주체의 관점에서 이 영화를 다시 보면 키쿠유족인 '흑노(黑奴)들'에게, 여주인공 카렌의 집사인 파라를 제외하고는, 거의 대사가 주어져 있지 않다는 점을 발견할 수 있을 것이다. 물론 그들에게 대사가 주어져 있지 않은 것은 영화적 장치일 수도 있다. 그렇게 생각하면 아무런 문제가 되지 않는다. 하지만 하위주체의 시각에서 숙찰(熟察)해보면 재삼 흑노들에게 그들의 의사를 표현할 언로(言路)가 구조적으로 막혀 있다는 사실이 눈에 띌 것이다. 심하게 말하면 이들에게는 '말할 수 있는' 기회조차 부여돼 있지 않다고나 할까. 그런데 이를 카렌(메릴 스트립)의 상대역인 데니스(로버트 레드포드)가 대신해주고 있다는 것, 필자가 ≪아웃 오브 아프리카≫를 감상하고 나서 주목한 것이 바로 이점이다. 감히 말하자면, 이 영화의 플롯 내에서 데니스의 대사는 카렌이 최종 도달지점이 아니다. 그의 대사는 플롯 밖에 있는 관객까지도 대화상대자로 상정하고 있다. 다시 말해 그의 대사는 카렌에게 수신되는데 발화의 목표가 한정돼 있는 것이 아니라 영화를 감상한 모든 관객을 향해 메시지를 던지고 있다. 이는 어쩌면 시드니 폴락 감독의 제작의도에 포함된 것인지도 모른다. 폴락은 그러니까 관객이 해독해내야 할 은폐된 시니피에를 카렌과 데니스의 로맨스서사에 묻어둔 것이다. 눈 밝은 관객이 아니고서는 자신의 의도, 즉 데니스를 통한 아프리카에 대한 증언서사를 간파할 수 없도록 로맨스서사를 전면에 배치시켜 두 마리 토끼를 잡으려 했던 것이다.

다시 말하지만, ≪아웃 오브 아프리카≫에서는 유일하게 데니스만이, 물론 그도 제3국인(미국인)의 처지라 중심 식민주체라 할 수 없기는 하지만, 아프리카를 아프리카인의 관점에서 십분 이해하고 변호하는 인물이다. 특히 그의 머리 속에는 다른 백인식민주체들처럼 '지배'의 이념 따위는 아예 자리잡고 있지도 않으며, 그의 동료들(이 영화에서 카렌만이 덴마크인이며, 식민주체 거의가 영국인이라고 할 수 있음)이 가지고 있는 문명/문화라는 구미적 사명(mission civilisatrice)마저도 아프리카에서의 자연적인 삶과는 어울리지 않는다고 반복해서 카렌과 관객들에게 환기시키고 있다. 더 적극적으로 이야기하자면 데니스는 "아프리카를 아프리카인에게 되돌려주어야 한다"는 나름의 탈식민철학을 제시하고 있는 유일한 인물이다.

데니스의 이러한 범인도주의적이고 탈식민주의적인 대사가 없었다면 이 영화는 분명 무대를 아프리카의 대자연으로 선정해 진행되는 두 구미인의 별나고 환상적인 로맨스로 그치고 말았을 것이다. 하지만 데니스라는 인물과 그의 범인도주의적이고 탈식민주의적인 대사가 카렌과의 로맨스에 '개입'되어 있고, 따라서 이를 새롭게 해독해냄으로써 ≪아웃 오브 아프리카≫에 대한 평가를 일신시킬 필요가 있다는 것이 필자의 비평 포인트이다. 오스틴의 전문용어를 빌리자면, 데니스의 대사, 즉 발화행위가 카렌에게 기대하는 것은 발화수반행위(illocutionary act)이다.[13] 헌데 그의 대사는 단지 카렌만을 지향하지 않고 관객인 '우리'에게는 다음과 같이 호소하고 있다. "구미인의 아프리카 지배는 부당하니 키쿠유족에게 그들의 땅을 되돌려주어야 한다"고! 즉 데니스의 발화는 i) 카렌, ii) 카렌을 포함한 식민주민사회 전체, iii) 그리고 관객이자 제3자인 '우리' 모두가 발화수반행위에 동참하여 발화효과행위(perlocutionary act)에 이르기를 권하고 있다. 이런 이유 때문에 필자는 이 영화를 단지 두 식민주민인 데니스(미국)와 카렌(덴마크) 간의 로맨스서사로 이해하는데 그쳐서는 안 된다고 판단한 것이며, 구미인들의 피지배자인 키쿠유족, 즉 그들 '하위주체'를 대리 증언하는 데니스의 대사들을 찰시(察視)할 필요가 있다고 본 것이다. 그리고 이러한 비평전략을 완수하기 위해 불가부득(不可不得) 스피박을 새로운 비평틀로 끌어들이게 되었다.

1) 데니스의 대사는 과연 스피박이 말한 하위주체 문제와 상접(相接)하는가?

≪아웃 오브 아프리카≫를 필자가 이와 같은 새로운 비평적 관점을 제시해가며 분석해보려는 이유는 다음 2가지 때문이다: i) 데니스에게 있어 아프리카는 무엇보다도 소유·지배의 대상이 아니라는 점, ii) 더더욱 그에게 아프리카인은 문명/문화의 미명하에 교육을 받고 계몽되어야 하는 존재가 아니라는 점.

13) J. L. Austin, *How to Do Things With Words,* Oxford University Press, Second Edition, 1962 참조.

데니스의 대사 속에는 이와 같이 범인도주의적이고 탈식민주의적인 두 부정명제가 중심을 차지하고 있기 때문에 이의 해명을 통해 ≪아웃 오브 아프리카≫를 아프리카 밖(out of Africa)의 관점에서 감상하는데 그칠 것이 아니라 아프리카 안(to Africa)의 관점에서 아프리카에 한 발 더 다가서보자는 것이다.

아프리카는 ≪아웃 오브 아프리카≫에서 재삼 확인할 수 있듯 조상대대로 물려받은 자신들의 영지(靈地)를 무권리자인 외부인에게 무력으로 강탈당했다. 키쿠유족은 영국인, 미국인, 덴마크인 등 식민주체에게 자신들의 영지를 내어주어야 했을 뿐만 아니라, 앞서도 이미 언급한 바 있듯, 말(의사표현의 길)까지도 빼앗긴다. 그들이 아무런 저항도 없이 노동력을 착취당하고 강요된 침묵으로 일관할 수밖에 없는 이유다. 이 영화에서 키쿠유족은 이런 이유 때문에 그저 아름답게 펼쳐지는 케냐의 자연풍경이나 빨갛게 물든 낙조가 그렇듯, 한가로이 초원을 걷는 낙타 무리나 초원을 자유롭게 내달리는 물소(들소)의 무리가 그렇고, 자유롭게 하늘을 나는 황새의 무리가 그렇듯 영화적 배경에 그친다. 식민주체의 입장에서 볼 때 키쿠유족은 소위 '인간'의 위상을 논할 수 없는 일군의 '무리'요 '집단'일 뿐이다. "인간의 문제(le problème de l'homme)는 곧 문제로서 인간(l'humain comme problème)에 있다"[14]고 했던가. 메이에르가 차이 개념의 재고를 통해 우리에게 경고하고 있는 것은 바커가 '인종화'를 비판한 문맥과도 상통한다. 바커에 따르면 인종화는 사회·정치·경제적 우월성을 전유한 집단이 자신의 권력을 이용해 단지

14) M. Meyer, *Petite métaphysique de la différence*, Librairie Générale Française, coll. ≪Le Livre de Poche≫, 2000, p.38.

인간의 생물학적 특성에 해당할 뿐인 '인종'을 사회·정치·경제적 관계 내에서까지 구조적으로 종속시키는 것을 일반화하는 것을 말한다.[15] 한 인간집단이 다른 인간집단을 차별하는 것, 그것을 정당화하는 것, 문제는 바로 그러한 우월주의에 사로잡힌 자들의 그릇된 의식에 있다. 메이에르와 바커의 메시지인즉 '차이'나 '타자'는 늘 권력을 전유한 동일자집단(le même groupe), 본고와 연관지어 이야기하지면 '식민주체'가 설정한 기준에 따라 제거해야 할 대상으로 여겨져 왔다는 것이며, 동일자집단을 중심으로 모든 것이 환원되는 위계적·폐쇄적 패러다임 하에 이와 같은 부당한 차별이 자행되었다는 것이다.

스피박도 같은 취지에서 "'휴머니즘'이란 개념에서 '인간'의 자리를 대체 '누가' 차지하고 있는가?"라며, 우리 모두에게 너무도 익숙하기만 한 '휴머니즘'의 의미에 대해 반문한다.[16] '인간'의 자리를 대체 '누가' 차지하고 있는가? 대답은 당연 '휴머니즘'이란 개념을 사용하는 식민주체세력이라는 것 아니겠는가. 그들만의 게임에 타자는 들어설 공간이 없다. 타자는 그들에게 영원한 타자일 뿐이다. 이렇게 보면 ≪아웃 오브 아프리카≫에 등장하는 키쿠유족은 '하위주체'라는 개념에도 속하지 못한다고 할 수 있다. 스완슨(P. Swanson)의 지적처럼, 일반적으로 하위주체는 정치적 대우 측면

15) 크리스 바커, 『문화연구사전』, 이경숙 · 정영희 옮김, 커뮤니케이션북스, 2009, 253쪽 참조.

16) 가야트리 차크라보르티 스피박, 『경계선 넘기 – 새로운 문학연구의 모색』, 문화연구이론회 옮김, 인간사랑, 2008, 66쪽. 물론 스피박은 유럽인, 미국인을 염두하고 있으며, 이들의 지배문화가 계속해서 영향력을 행사하는 한 비교문학은 "'우리'는 누구인가?"라는 물음에서 정치적 공포 등과는 다른 '또 다른 종류의 공포'를 느끼게 된다"고 적고 있다.

[그림 1] 사자의 습격을 받고나서 다친 카렌을 파라가 치료해주는 장면

에서 또는 사회적 위상 및 지배계급과의 관계 등에서 "거의 연구되지 않았거나 기록되지 않은 하층 대중들을 일컫는 것"이 일반적인데[17], 이들 키쿠유족은 이보다도 훨씬 더 '열악한 위치'에 있기 때문이다. 근본적으로는 들소의 무리와 하등 다를 바 없는 이들 '존재군'의 위상은 마치 사자가 들소를 공격하듯 그런 사냥감 정도에 그친다고나 할까. 그뿐인가. [그림 1]에서 보듯, 사자가 일소를 죽여만 놓고 먹지 않는 것처럼, 키쿠유족 역시 오직 구미인들로부터 착취와 멸시의 대상일 뿐 직접적 대화상대자로서의 지위를 박탈당한 것은 물론이고 자신들의 '말'을 구미인들에게 전달할 기회조차 부여받지 못하고 있다. 소위 '인간'으로서의 대우를 받는 것은 전혀 기대할 수 없으며, 식민주체와 대면하는 경우라 해도 물리적 거리

17) 송병선, 「라틴아메리카 증언문학의 시학과 하위 주체의 문제」, 『라틴아메리카연구』 제17권 4호, 2004, 395쪽에서 재인용.

뿐 아니라 심리적 거리 또한 상존하고 있다. 심지어는 구미인들이 먹는 음식까지도 '흰 장갑'을 끼고 서비스를 해야 하니 굳이 보완설명이 필요치 않아 보인다.

그런데, 앞에서도 이미 언급했듯, 데니스라는 인물이 바로 이를테면 즉자 존재나 다름없는 흑인 무리를 대신해 하위주체의 역할을 암시적 형태로나마 수행하고 있다. 그는 식민주체들과의 대결구도 하에서 그 역할을 수행하는 것이 아니라 일종의 선지자적 지혜를 발휘해 식민주체의 대표자라 할 카렌으로 하여금 영국을 필두로 한 구미열강의 아프리카 지배의 부당성을 스스로 깨닫도록 조력한다. 영화의 전체 구성상에서 볼 때, 데니스의 활현(活現)하고 무소유적인 행동과 식민주체들의 비인도적 권력행사나 노동력 착취, 아프리카에서의 대리전쟁에 대한 거침없는 비판은 결코 관객이 간과해서는 안 될 만큼 중요한 의미를 내포하고 있으며, 아프리카에서의 식민주체의 행동이 얼마나 부당한 것인지를 관객을 향해 여러 장면에서 발고(發告)하고 있다. 이런 관점에서 볼 때 데니스라는 인물을 단순히 카렌의 연인 또는 그녀에게 인생의 길을 안내하는 구주(救主) 정도로 이해한다면, 이는 이 영화를 아주 궁색한 해석의 공간에 가두는 꼴이 되고 만다는 게 필자의 입장이다. 하지만 본고에서 필자가 제기한 방식으로 영화를 재구성해보면, 데니스는 분명 아프리카와 아프리카인이라는 타자 집단과 타자의 문화를 그들의 고유 방식으로 영토화, 재영토화해야 한다고 역설하는 유일한 인물이자 구미의 제1세계인들에 의해 뿌리 들린 아프리카를 보호해야 한다고 증언하는 독일(獨一)한 미국인이라는 것을 깨닫게 될 것이다.

하위주체 개념은 주지하듯 그람시(A. Gramsci)가 자신의 『옥중수고』에서 '문화', '권력', '헤게모니' 등에 대해 이야기하면서 주제적으로 언급한 것으로, 하위(종속)계급(the Subaltern Class)은 그들의 "세상을 보는 방식이 지배계급에 종속되어 있다"[18)]는 것이 핵심 내용이다. 단위 국가에 한정된 그람시의 하위주체 계급 개념은 포스트식민주의 페미니스트로 널리 알려진 스피박에 이르러 문화연구 영역을 포함해 인문학, 사회과학 영역으로까지 확장된다.[19)] 그녀는 「하위주체는 말할 수 있는가?(Can the Subaltern Speak?)」라는 논문에서 3중적 하위주체(인종/계급/성)에 대해 세설(細說)하면서 특히 영

18) 케이트 크리언, 『그람시·문화·인류학』, 김우영 옮김, 도서출판 길, 2002, 142쪽. 보다 상세한 설명은 같은 책 제5장: 하위주체 문화(139~175쪽) 참조. 그람시는 특히 하위주체 계급과 지배집단 간의 권력관계를 설명하면서, 권력관계는 '야만적 힘을 가진 직접적 강제'라는 한 축과 '자발적 동의'라는 다른 축이 존재한다고 보았고(물론 여기서 중요한 것은 '강제'가 동의를 지나치게 압도하는 일 없이 '서로 힘의 균형을 유지'하는데 있다), 하위주체 계급이 지배집단의 직접적 강제를 타파하기 위해서는, 즉 대항적 헤게모니를 형성하기 위해서는 거대한 정치·경제적 현실 속에 그들이 어떻게 편입돼 있는지를 명료하고 냉철하게 통찰하는 비판적인 문화의식과 창조적 정신을 수반해야 한다고 강조했다. 그리고 이때 비로소 효과적이고 진정한 정치적 변혁운동이 가능하다고 그는 역설한다.

19) 구하(Ranajit Guha)가 주도하고 스피박이 동참하고 있는 하위주체연구그룹(Subaltern Studies Group)에서는 하위주체의 문제를 종족, 사회적 계급, 젠더, 성차, 인종(민속), 종교 등에 관해 포괄적 연구를 하면서 식민주의, 민족주의 투쟁, 근대 인도의 탄생 등을 집중 분석하고 있다. 이는 곧 하위주체의 문제가 단지 정치·경제적인 범주에만 국한되지 않는다는 뜻이기도 하다. 특히 탈식민주의적·탈제국주의적 사회연구에 이 개념을 적극 응용하고 있는 SSG에서는 하위주체를 어떻게 사회 내에서 재중심화(recentrement)시킬 것인지에 주목하고 있으며, 사회적·정치적 변화의 진정한 동인(véritables agents)을 밝히는데 그룹의 에너지를 집중시키고 있다. 2000년에는 스피박이 주도해 컬럼비아대학에서 남아시아, 라틴아메리카, 아프리카, 근동의 연구자들이 대거 참여한 '확대하위주체연구(Subaltern Studies at Large)' 국제학술대회가 개최되기도 했다 - 우석균, *op. cit.*, 111~113쪽 참조.

국의 식민지배시대의 인도 농민의 의식 및 사티(सती)제도[20] 등에 대해 현미경적 분석을 제시했다. 특히 그녀가 새롭게 의미부여한 하위주체는 기존의 식민주체, 지배주체를 해체하는 주체로 거듭나야 하는 것은 물론이고 하위주체 스스로도 종속성, 피지배성의 굴레에서 벗어나는 목표다. 이것이 궁극적으로 그람시나 스피박이 간원(懇願)한 "하위주체가 하위주체성을 극복하는 길"[21]이다. 그리고 그 때 비로소 하위주체도 '세상을 보는 자신의 눈'을 가질 수 있게 된다. 하위주체가 주체가 되는 길은 세상을 스스로의 눈으로 볼 때, 그렇게 본 세상을 자유롭게 '말할 수 있을 때' 완성된다.

한 사회나 국가에서 지식과 권력을 전유한 집단은 자유롭게 자신을 표현하고 행동한다. 하지만 식민주체에 종속된 하위주체에게는, 스피박에 따르자면, 무엇보다도 말(언어)이 차단돼 있다. 하위주체가 말 대신 대개 제스처, 즉 행동으로 '겨우' 자신을 표현하는데 그치는 것도 이 때문이다. 제스처로 자신을 표현하는 것이 하위주체의 유일한 자기표현 방식인지 모른다. 그리고 스피박이 「하위주체는 말할 수 있는가?」라는 논문을 통해 우리에게 전달하려는 궁극 메시지는 비록 하위주체라 할지라도 자신을 어떤 식으로건 '표현'할 수 있어야만 주어진 상황이 바뀔 수 있다는 점에 있다. 하지만 어느 국가, 어느 사회나 존재하는 위계적 현실은 그녀가 꿈꾸는 세계(누구나 자유롭게 자신을 표현하는 세계)를 실제 용허(容許)하지 않으며 오히려 하위주체, 하위계급의 배제를 정당화한다. 단적으로

20) 인도에서 행해졌던 힌두교의 의식으로, 남편이 죽으면 남편의 시체, 옷 등과 함께 그의 아내도 산채로 화장(火葬)시켰던 풍습.

21) 케이트 크리언, *op. cit.*, 275쪽 - 문장 일부 수정.

말해, 하위주체나 하위계급에게는 지배적 언어권 안에서 "자신을 개인으로서 표현할 수 있는 주체의 위치가 없다."[22)]

여기서 우리가 유념해야 할 것이 하나 있다. 「하위주체는 말할 수 있는가?」에서 '말함(speak)'은 사실의 문제일 뿐만 아니라 권리의 문제라는 점이 바로 그것이다. 말함이 '권리'의 차원에서도 보호되어야 하는 것은 당위 개념과 의미망을 공유한다. 이 기준에 따르면 하위주체, 하위계급은 '말할 수 있어야' 한다. 그러자면 이들 집단이 말할 수 있는 조건이 사회적·법적으로 마련될 수 있도록 정치권에서 힘써야 한다. 그런데 바로 그 권리를 하위주체, 하위계급은 식민지배 상황에서 '집단적으로' 박탈당한 것이고, 오랜 기간 동안 영국이나 프랑스의 지배를 받았던 인도나 아프리카가 대표적인 권리 박탈 지역이라 할 수 있다. 스피박이 자신의 논문을 "하위주체는 말할 수 없다"로 감히 끝을 맺게 된 이유가 여기에 있을 것이다.[23)]

우리는 이 자리에서 다음과 같은 아주 상식적 질문을 던져볼 수 있을 것 같다. 스피박은 하위주체의 침묵이라는 결론 이외의 결론을 내릴 수는 없었던 것일까? 슬픈 일이지만, 그녀는 다른 결론을 내릴 수 없었다. 그래서 그녀는 "하위주체는 말할 수 있는가?"라고 묻고 "하위주체는 말할 수 없다."고 결론지은 것이다. 하위주체

22) 크리스 바커, *op. cit.*, 371쪽.

23) 인용문에서 이어지는 문장은 다음과 같다: "지구적 세탁소 리스트에 '여성'을 신성한 항목으로 또 하나 올린다고 해서 무슨 득이 생기겠는가. 재현은 완전히 시들어버리지 않았다. 여성 지식인은 지식인으로서 어떠한 제한된 과제를 가지고 있다. 단 한 번의 화려한 몸짓으로는 결코 부인되지 않는 과제 말이다."

가 오늘날에도 여전히 자신을 표현할 수 있기보다 "침묵하도록 운명지워[져 있]다"[24]는 바커의 지적이 가슴에 와 닿는 이유이다. 그렇다. 월러스틴도 뮈르달(G. Myrdal)을 분석하면서 강조하고 있듯, "비록 전체 인구에 대한 비율로 볼 때 지배집단이 아주 큰 집단인가 아니면 상대적으로 작은 집단인가 하는 것은 국가들마다 상당히 다르긴 해도(…) 모든 나라들에는 위계서열의 맨 밑바닥에 위치하는 어떤 집단 또는 집단들이 늘 있기 마련이다."[25] 부언컨대 지구촌 곳곳에 '말할 수 있는' 인간의 기본적 권리까지도 보장받지 못한 사람들이 여전히 많다는 것!

2) 식민동료사회를 발고하는 식민주체 데니스

스피박의 하위주체 논의는 단순히 '과거의 인도'에만 국한된 문제는 아니다. 본고에서는 이 문제를 ≪아웃 오브 아프리카≫를 통해 살펴보고 있지만, 아프리카에서의 하위주체 문제 또한 인도 이상으로 심각한 수준이었다는 점을 굳이 강조할 필요가 있을까. 물론 [그림 2]에서 보듯, 이 영화에서 순간 장면으로 포착된 인도인들 또한 하위주체로 등장한다. 하지만 이들은 키쿠유족보다는 유리한 조건과 지위를 누리며 삶을 영위했던 하위주체들이다. 영국의 전쟁승리를 위해 '동원된 무리들', 문제는 이들도 식민주체를 대신해 키쿠유족을 지배했다는, 웃지 못 할 역설이 숨어 있다. '지배받는

24) 크리스 바커, *op. cit.*, 371쪽.
25) 이매뉴얼 월러스틴, *op. cit.*, 112쪽.

[그림 2] 연합군의 승리를 축하하기 위해 벌인 가두행진에 동원된 인도인들과 그 플랜카드

지배자'라고 했던가![26] 식민사회는 이렇듯 중층적으로 지배세력이 개입한다. 하지만 물론 이들도 자신의 지배자 앞에서는 말할 권리도, 말할 기회도 보장받지 못한다. 그런 점에서 '말의 층위' 또한 중층적으로 위계화 되어 있다고 할 수 있다. '층층시하(層層侍下)'로 위계가 구조화되어 있다는 것!

≪아웃 오브 아프리카≫에서 지배/종속 관계는 인종 간에만 형성되어 있는 것이 아니다. 심지어는 카렌도 식민지배사회의 남성집단에 의해 자유롭게 발언할 수 있는 기회를 제한 받곤 한다. 이런 상황이고 보면, 키쿠유족이 식민지배집단 앞에서 침묵하는 것은 어쩌면 하나의 지상명령인지 모른다. 말(언어)의 체계가 서로 다르기 때문에 '말할 수 없는' 것이 아니라 말함이 곧 저항이고 죽음까지도 감수해야 하기에 침묵할 수밖에 없는 것이다. 말함은 언어적 인간(Homo loquens)의 본질이 아닌가. 그런데 그 말함이 사회구

26) 김종영, 『지배받는 지배자들』, 돌베개, 2015 참조.

조적으로 가로막혀있고, 식민주체 앞에서 자신들의 말이 제거된다는 것, 하위주체에게는 바로 이러한 운명을 거역해보는 일, 그것이 비록 요원한 일이긴 하지만, 지상과제라 아니 할 수 없다. 또 그때라야 비로소 '언어적 인간', 아니 '누구나' '인간의 자리'를 확보할 수 있다. 인간이 인종적으로 구분되는 곳에서 휴머니즘을 언급해봐야 무용지물인 이유가 여기에 있다.

앞서 필자는 몇 차례에 걸쳐 ≪아웃 오브 아프리카≫를 아프리카 안(to Africa)의 관점에서 감상하고 해석해야 한다고 강조한 바 있다. 그리고 데니스의 대사에 나타난 두 부정명제(아프리카를 소유와 지배의 대상, 교화와 교육의 대상으로 보아서는 안 된다는 점)가 갖는 의의를 밝히는 것이 본고의 목표라 했다. 아래에서 필자는 데니스의 대사, 비록 간접적인 방식의 증언서사이긴 하지만, 이를 구체적으로 인용해가며 구미인(특히 영국인)의 아프리카 지배의 부당성이 어떤 식으로 폭로되고 있는지 살펴볼까 한다.

≪아웃 오브 아프리카≫ 대한 기호(嗜好)와 기억(記憶)은 다를 수 있다. 이 영화를 감상한 후 남아 있는 대표적 장면이 어떤 것이냐에 따라 관객이 주목했던 테마 또한 차이가 날 수 있다. 어떤 관객에게는 데니스와 카렌, 두 연인이 경비행기 안에서 거리감을 극복하고 마침내 서로의 사랑을 확인하는 장면, 즉 아름다운 아프리카의 산천이 펼쳐지는 장면이 떠오를 것이고, 평소 클래식 음악을 좋아하는 관객이라면 단연코 원숭이도 낯설어하지 않을 정도로 훌륭한 음악이라고 두 주인공이 공감·찬미하는 모차르트의 클라리넷 협주곡이 기억날 것이다.[27] 또 어떤 이에게는 사파라여행이 퍽이

27) 진회숙, 「영화속 클래식: 아웃 오브 아프리카- 모차르트 클라리넷 협주곡 A

나 인상적으로 느껴졌을 것이며, 경우에 따라서는 카렌의 패션에 눈길이 갔을 수도 있다.[28] 그런가 하면 프랑스 요리나 포도주에 시선이 집중된 관객도 있을 것이며, 주요 소품들이 갖는 상징성에 주목하는 관객도 있을 수 있다.[29] 하지만 필자에게는 이 영화의 줄기 스토리에 해당하는 카렌과 데니스의 로맨스마저도 기억의 저장소에 많은 공간을 차지하고 있지 않았다. 유독 필자의 뇌리에 똬리를 틀고 앉은 것이 있었으니, 그것은 앞서도 이미 누차 언급했듯 데니스가 간간이 내뱉는 아프리카에 대한 일종의 증언서사였다. 제1차 대전에서 연합군이 승리한 것을 기념하고, 1919년 신년 맞이 행사장에 모여 파티가 진행되는 과정에서 데니스가 카렌에게 건넨 다음 대사부터 한 번 눈여겨보자.

> 온통 휘젓고 다니시는 군요, 남작부인./ 그들이 글을 읽고 싶다고 어떻게 표현하던가요? 디킨즈의 작품을 읽고 싶다고 하던가요?/ 그들의 의견부터 물었어야죠./ 그들도 나름대로 이야기가 있답니다, 적어놓지 않았을 뿐이지./ 그들은 무식하지 않고 단지 그들을 영국인

장조」, 『네이버캐스트』(검색일자: 2015.06.04.). 영화음악으로 치자면 ≪아웃 오브 아프리카≫보다 ≪미션≫이 훨씬 스토리와 직결돼 있다고 할 수 있다. ≪미션≫에서의 「가브리엘의 오보에」 만큼 영화음악이 스토리를 장악하며 영화의 완성도를 높여주는 경우도 드물 것이다. ≪아웃 오브 아프리카≫에서의 클라리넷 협주곡은 록 밴드 Toto의 <Africa>로도 충분히 대체 가능하다는 것이 필자의 생각이다. 영화 제목과의 연접가능성이 더 높은 것도 <Africa>라 할 수 있다.

28) 유효순, 「영상예술에서의 패션이미지 – 영화 'Out of Africa'를 중심으로」, 『해전대학논문집』 제22집, 2004, 91~109쪽 참조.

29) 조종환, 「상징으로 읽는 <아웃 오브 아프리카>」, 『인문학연구』 제40권, 계명대학교 인문과학연구소, 2007, 201~231쪽 참조.

화해서는 안 된다고 생각하오./ 우리는 〔그들과 그들 땅의〕 소유자 가 아니오. 〔그저〕 스쳐지나가는 사람일 뿐…"

카렌을 겨냥한 데니스의 위 대사 요약은 영화의 스토리 선개상 '위기'에 해당하는 부분에서 등장하며, 어떻게 카렌이 당면한 위기를 극복하고 '반전'을 꾀할지가 사뭇 기대돼 관객을 긴장시키기도 한다. 물론 카렌이 데니스가 파티장에서 그녀의 귓불에 대고 한 이와 같은 충고를 듣고서 곧바로 자신의 학교운영 계획을 포기할 리 없다. 그 정도로 그녀는 자신이 계획한 바를 추진하려는 의지가 단호하다. 그녀가 참석자들 모두가 축제의 분위기에 젖어 샴페인 잔을 나누며 춤을 추고 있는 사이에 데니스마저 뒤로 한 채 홀로 파티장을 빠져나가는 것만 보더라도 관객은 그녀의 불굴의 의지를 충분히 짐작할 수 있다. 그녀로서는 자신의 학교운영 계획을 이해하려고도 용인하려고도 하지 않는 식민주민 모두가 적인지 모른다.

송영(送迎) 행사장에 모인 식민주민들과 불화의 씨앗은 이렇게 카렌이 키쿠유족 아이들에게 문자(영어)를 가르치겠다는 것에서 비롯된다. 남편인 블릭센 공작(클라우스 마리아 브랜다우어)을 비롯해 식민주민 거의 대부분이 카렌의 학교 운영에 대해 부정적 입장을 취하고 있으며, 심지어는 키쿠유족 추장도 카렌의 집사인 파라를 앞세워 그녀에게 아래와 같이 자신의 생각을 전달한다.

파라: 추장께서 말씀하시길, 이보다 더 큰 아이들이 읽는 법을 배워서는 안 된 답니다.

카렌: 모든 아이들은 학교에 가야 한다고 말해주세요.

파라: 안 됩니다, 마님. 이분은 추장이십니다. 당신은 추장이 아니구요.

추장이 자기 부족이 읽고 쓰는 것에 반대하는 이유는 아주 단순한데 기인한다. 부족 아이들이 자신보다 더 많이 알아서 좋을 게 없다고 판단해서다. 식민주체가 약취(略取)한 아프리카는 앞선 인용문에서도 데니스의 발화를 통해 확인할 수 있었듯 분명 키쿠유족이 본래 주인이다. 그리고 추장은 바로 그들의 정신적 지도자이다. 추장의 '말'을 존중하고 배려한다면 카렌은 이에 대해 깊이 고민해볼 필요가 있었다. 그들도 그들 나름의 언어를 가지고 있고, 전승된 이야기가 있는데, 이를 절념(絶念)케 하고 영어로 말하고 읽고 쓰게 하겠다는 카렌의 계획은 추장으로서는 당연 받아들이기 힘들었을 것이다. 그런데 카렌은 추장의 말은 귀담아 듣지 않고 자신의 계획을 감행한다. 데니스가 정확히 지적하듯, 카렌은 "그들의

[그림 3] 파라가 추장이 왜 학교 운영을 왜 반대하는지를 카렌에게 설명하는 장면

의사(意思)"는 무시한 채, 오직 무지와 가난으로부터의 계몽에만 주목한 것이다. 하지만 여기서 카렌이 부지불각(不知不覺)하고 있는 것이 있다. 그녀가 비록 학교 운영을 선의(善意)로 계획했었을 수는 있지만, 그것이 결국은, 데니스의 말이 옳다면, 키쿠유족을 "영국인화"하겠다는 것과 다르지 않다는 사실을! 이는 아프리카, 인도 등 식민지배시대에 자행된 대표적인 교화정책 중 하나라 할 수 있다. 해서 "당신은 추장이 아니"라며, 파라는 감히 그가 모시는 마님에게 반대 의견을 제시해본 것일 게다.

그렇다면 식민주민들은 대체 어떤 이유로 학교운영에 반대하는 것일까? 그 이유는 역설적으로 키쿠유족 추장의 의견과 크게 다르지 않다. 카렌을 제외하고는 식민주민 거의가 키쿠유족에게 문자를 가르치는 것에 반대하는데, 이는 결국 자신들의 영속 지배를 위해 키쿠유족이 문자를 아는 것보다 알지 못한 것이 더 용이하고 이롭다는 계산에 따른 것이다. 단적으로 말해 아프리카인은 이미 무식하고, 앞으로도 무식해야 하며, 그 '무식'의 상징이 곧 아프리카이기를 바란 것이다. 그런데 이런 상황에서 카렌이 학교 운영이란 카드를 꺼내들자 식민주민사회 전체가 술렁이게 된 것이다. 신년맞이, 영국군의 전쟁승리를 위한 축제의 장이 일시적으로 아수라장이 된 것도 이 때문이다. 그렇다면 카렌은 어떤 연유로 학교를 운영하려는 것일까? 남편과의 한 차례 성관계로 매독에 걸리게 되고, 이를 치유하기 위해 고향 덴마크(Rungstedlund)를 다녀온 후 그녀가 남편과 주고받은 다음 대사에서 우리는 그 근인(近因)을 찾을 수 있다.

카렌: 이젠 〔전쟁도 끝나고 했는데〕 뭘 하실 건가요?

브로: (…) 수렵여행을 다니면서... 전쟁이 끝나면 좋은 사업이 될 거라고 하더군.

카렌: 가르치고 싶진 않아요? 난 키쿠유족들에게 학교가 있었으면 해요.

브로: 그건 좀 시끄러울 텐데. 당신 〔건강은 이제〕 괜찮은 거요.

카렌: 난 〔다〕 치료됐어요. 아이를 가질 수는 없지만...

전문사냥꾼이자 플레이보이인 남편이 아프리카의 흑인 여성들과 방탕한 성관계를 맺음으로써 결국 자신마저 매독에 걸리게 되었고, 이는 가까스로 치유되었지만, 카렌은 자신이 아이를 가질 수 없다는 사실을 잘 알고 있기에, 일종의 대리만족을 위해 농장의 아이들에게 교육을 시켜야겠다는 생각을 하게 된 것이고, 이에 집착하게 된 것이다. 하지만 카렌의 궁극적 목적은 여기에 있는 것이 아니다. 데니스와 아래 대화에서 그녀가 왜 학교를 운영하려고 하는지 보다 직접적인 이유가 분명히 드러난다. 영어를 배우게 해서 무지(무식)로부터 이들을 계몽시킬 뿐만 아니라 '문명화의 사명(mission civilisatrice)'을 실현하려는 것!

"젊은 선교사를 고용했어요. 우선 글을 가르친 후 복음을 전하기로 약속했어요."

[그림 4]는 바로 카렌의 이 말을 엿듣고서 식민주민 한 사람이 다른 이웃들과 카렌이 대화를 나누고 있는 가운데 끼어들어 내뱉은

[그림 4] 카렌의 학교 운영과 관련한 논쟁에서 나온 대사의 일부

말이다. 키쿠유족은 "염소 숫자도 셀 줄 모르기" 때문에 가르쳐보아야 아무 소용없다는 것이다. 결국 이 장면은 당시 카렌의 학교 운영 계획에 대해 식민주민사회의 저항이 얼마나 거셌는지를 짐작케 한다. 그런데 카렌은, 비록 자신의 학교운영 계획에 아무도 동조하지 않지만, 그녀가 세운 계획을 결코 포기하지 않는다. 왜냐하면 그녀에게 키쿠유족 아이들의 교육은 커피농장과 마찬가지로 그녀가 '소유'한 것의 전부라 생각하기 때문이다. 남편과 별거 후 데니스의 권유로 '마라'의 초원에서 함께 보내 게 된 첫 날 밤 주고받은 다음 대사에서 우리는 카렌에게 있어 학교 운영은 그녀가 더 이상 물러설 수 없는 마지노선과도 다르지 않다는 것을 재확인할 수 있다.

카렌: 제가 왜 여기 왔죠?

데니스: 당신이 이 모든 걸 봤으면 했소. 당신에게 보여주고 싶었지.
이해하는 바가 있으리라 생각했었소.

카렌: 죽음에 관한 생각도 하시나요?

데니스: 늙는 건 생각하죠. 괴팍하고 요구가 지나친 영감탱이가 되는 것 말이요.

카렌: 그런데, 당신이 지금 그래요. 그런 영감탱이 같아요. 전 매독에 걸렸어요. 그래서 [고국 덴마크에서 병을 치료하기 위해 어머니가 계신 고향] 집에 갔다 왔죠.

데니스: 알고 있소. 난 병이 잘 안 걸리는데... 홍역에 한 번 걸렸었죠.

카렌: [의사 말이] 제가 정상적인 삶을 살 거라더군요. 하지만 [불행히도] 애는 못 가져요.

데니스: 그래서 애들 학교를?

카렌: 학교도 그렇고, [애들은] 농장과 더불어 나의 전부가 됐죠.

카렌에게 있어 그녀의 커피농장을 경작하는데 노동력을 거의 무상으로 제공하고 있는 키쿠유족과 그 아이들은 이미 그녀의 아프리카에서의 삶과 분리될 수 없는 존재들이다. 그래서 최소한 이이들에게 만이라도 학교를 세워 영어를 가르쳐야 한다고, 그것만이 자신이 애들을 위해 해줄 수 있는 유일한 일이라 생각한 것이다. 그들은 다른 식민주민에게도 그렇지만 카렌의 눈에도 역시 '무식'하고, 그래서 글을 배워야 하며, 글을 배우는 것만이 그들의 삶을 현재 상태보다 더 좋게 만들 것이라 믿고 있는 것이다. 데니스는 이러한 카렌의 태도를 '구미인의 소유욕'이라고 비판하지만, 카렌은 오히려 자신이 할 수 있는 유일한 시혜(施惠)라고 강변한다.

데니스: 당신은 변화를 추구하는군.

카렌: [기쿠유족이]더 좋은 상태가 되기를 바래서죠. [그래서] 저는 나의 키쿠유 사람들이 글을 배웠으면 해요.

데니스: 나의 키쿠유, 나의 리오지, 내 농장... 엄청 소유하셨네, 그것들을.

카렌: 그것들을 얻기 위해 [저도] 충분한 대가를 치렀어요.

데니스: 정확히 소유하는 게 뭐요?

필자가 ≪아웃 오브 아프리카≫에서 데니스의 대사가 차지하는 비중이 결코 적지 않다고 판단한 이유가 여기에 있다. 부언컨대 데니스는 이 영화에서 단순히 카렌의 상대역, 즉 카렌과 1:1의 관계 안에 갇힌 존재가 아니다. 이 영화에서는 데니스만이 유일하게 문명/야만이라는 이항대립적 구속으로부터 자유로운 존재다. 그런 점에서 그는 문명/야만의 틀에 갇힌 모든 구미인들과 일(一) 대 다(多)의 관계를 형성한다고 볼 수 있다. 더 적극적으로 표현하자면, 데니스는 '아프리카인의 아프리카'를 대리 증언하기 위해 홀로 고군분투하는 유일한 구미인이다. 심지어는 그 스스로도 '아프리카'라는 불모의 땅을 '스쳐지나갈 사람'이라고 자백하고 있을 정도다.

이런 점에서 데니스는 영화 ≪아웃 오브 아프리카≫의 등장인물이면서 동시에 '메타적 관찰자'라는 해도 무방할 것이다. 수사적 표현이 하락된다면 아마 이렇게도 말할 수 있지 않을까 싶다. 데니스는 영화 내에서의 역할(카렌의 상대역) 만큼이나 영화 밖에서의 역할(카렌을 포함한 모든 식민주체인 구미인들의 비판자로서 아프리카인을 대변하는 인물)이 중요하다. 이러한 데니스의 역할은 상대역인 카렌이 그토록 집착하는 '교육', '교화', '소유'에 대해서 비판적 입장을 취하고 있다는 점에서 일차적으로 부각된다. 그리고 더 나아가서는 '데니스의 아프리카관'이다. 그는 구미인들에 의해 그동안 곡해로 점철된 아프리카가 아니라 '새로운 아프리카'를 제안하고 있다. 새로운 아프리카는 그동안 제1세계의 담론생산자들에 의해 19세기부터 고착되기 시작한 식민지학(science coloniale), 자신들에게 유리하게 해석된 아프리카, 자신들의 지배를 정당화하기 위해 차별의 대상으로 전락한 아프리카를 관객들로 하여금 재고하게 한다는 점에서 시사하는 바가 크다. 결국 그는 '구미인들에 의해 피해 받은 아프리카'를 '아프리카인의 아프리카'로 되돌려주어야 한다고 호소하고 있는 셈이다.

무권리자들에 의해 하위주체로 살아가야 했던 아프리카인들, 단지 영화의 배경으로 처리된 자신들의 영지, ≪아웃 오브 아프리카≫는 이런 점에서 아프리카에 대한 문화적 접근을 오히려 방해하고 있는 작품이라 할 수 있다. 제3국인인 필자와 같은 한국인은 더더욱 구미인들에 의해 부당하게 해석되고, 일방적으로 자신들에게 유리한 입장만을 견지하며 학문/이론의 탈까지 뒤집어씌워 통용되고 있는 아프리카에 대한 글/저서들을 가려서 읽지 않으면 안 되는 이유가 바로 여기에 있다. 이러한 부당 해석의 연장·반복은 아프리카와 무관한 자에게 아프리카를 심판하라고 칼과 총을 쥐어주는 것과 다르지 않다. 앞에서 세르즈 빌레를 통해서도 확인한 바 있듯 <아프리카인을 위한, 아프리카인에 의한 아프리카화(africanisation)> 운동이 정단한 이유가 여기에 있다.

3. 문명/문화라는 구속틀에서 탈피해 〈to Africa〉로

사이드의 『오리엔탈리즘』(1978)이라는 우리에게 널리 알려진 저서가 있다.[30] 우리는 이 책의 제목보다 '서양에 의해 만들어진 동양'이라는 부제에 시선을 집중시킬 필요가 있다. 또 다른 책인 『문화와 제국주의』(1993)에서도 사이드는 "문화(문명)는 대개 제국주의적이다"라며 구미인을 향해 비판의 칼날을 세우기도 한다.[31] 단적으로 말해 타자, 타국가의 지배를 정당화하고자 하는 논리로 '문화'가 악용되고 있다는 것이다.

아프리카라고 예외였겠는가? 오리엔탈리즘이 그렇듯 아프리카니즘(africanisme) 역시 구미인들(특히 프랑스와 영국)의 시각으로 조작된 것이라는 점은 부연이 필요해보이지 않은 것 같다.[32] 따라서 아프리카를 '원조한다', 아프리카와 '교류한다'는 미명하에 아프리카를 문명/문화의 시선, 구미인의 시선으로 재단하고 재재단하는 폭력을 행사해서는 안 될 것이다. 그렇다면 이 자리에서 우리 스스로에게 다시 묻자. 영화상에 아프리카의 원정주민으로 등장하는

30) E. Said, *L'Orientalisme: L'Orient crée par l'Occident*, trad. de Catherine Malamoud, Seuil, coll. ≪La couleur des idées≫, 2005 참조.

31) E. Said, *Culture et Impérialisme*, Fayard/Le Monde Diplomatique, trad. de Paul Chemla, 2000 참조.

32) D. Gondola, *Africanisme: la crise d'une illusion*, L'Harmattan, 2007 참조. 곤돌라의 이 저서에 대한 서평에서 쇼크리-비드로비치는 특히 '프랑스인의 시각으로 재단된 아프리카(Françafrique)'가 프랑스에서는 물론이고 프랑스 밖, 심지어는 아프리카에서도 지배적 담론을 형성하고 있다고 말한다 – C. Coquery-Vdrovitch, "Un homme en colère", *Africultures*, n° 72, 2008/1 참조.

키쿠유족은 과연 대지의 정령들이 살아 숨 쉬는 자신들의 세거지지(世居之地)를 지배하는 것도 모자라 그곳을 교육을 통해 문명/문화 시켜보겠노라는 카렌의 계획을 아무런 저항도 없이 수용했을까?

솔직히 고백컨대 제3국인인 필자에게 이를 판단할 자격도 없고, 그럴 권한도 부여돼 있지 않다. 하지만 그럼에도 필자는 최소한 다음 세 가지의 진실만은 토파(吐破)할 수 있을 것 같다.

1) '카렌의 아프리카'는 아프리카인의 일상과 세계관 및 우주론에 적실한 것이라기보다 철저히 구미적 시각으로 각색된 것이다. 따라서 ≪아웃 오브 아프리카≫에서 '묘사된 아프리카'를 '사실 자체로서 아프리카'와 혼동해서는 곤란하다. 만일 '사실 자체로서 아프리카'를 이해하고 싶다면 우리는 무엇보다도 소설가 카렌 블릭센의 아프리카에 대한 회고적 관점으로부터 자유로울(out of Blixen) 필요가 있다.[33] 그 이유는 무엇보다도 아프리카에 대한 그녀의 '묘사' 역시 제국주의적 시선이 암암리에 베어있다고 판단되기 때문이다. 다시 말해 '그녀의 아프리카'는 적어도 제1세계의 문화우월주의적 관점이 여전히 작동되고 있다. 아프리카의 어두운 구석, 더 적극적으로 표현해 아프리카에서의 그들 제1세계 국가들의 폭력행사와 착취, 비인도적 학살과 같은 문제는 전혀 스크린에 등장하고 있지 않다는 점도 이와 무관하지 않다.

33) Pierre Grouix, "Out of Blixen", in lelitteraire.com(25 août 2012 by Admin) - 그루이는 아래 리오의 책(각주 39)에 대해 '블릭센으로부터 벗어나'라는 타이틀의 서평을 쓰면서 "사람들은 아프리카를 떠나지만, 아프리카는 당신을 떠나지 않는다"고 적고 있다.

2) 카렌이 자신의 커피농장에서 운명적으로 하위주체로서 살아갈 수밖에 없는 원정주민들에게 보인 태도 역시, 비록 그것이 순수하게 인도적 차원에서의 배려라고는 해도, 타자의 땅을 무력으로 탈취한 덴마크의 한 귀족부인이 취할 수 있는 최소한의 것에 그친다. 문제는 이러한 그녀의 행동이 순수하냐는 것이다. 필자는 감히 말하지만 그렇지 않다고 본다. 그녀가 이렇게 행동한 데는 분명 의도된 목표, 즉 선교가 있다. 그런 점에서 ≪아웃 오브 아프리카≫는 '문명화의 사명'이라는 식민시대의 이데올로기를 재연하는 측면이 없지 않다.

3) 키쿠유족은 영화상으로 카렌과 그녀의 백인동료들을 지배자나 정복자로 용인하는 것 같지만, 그렇다고 해서 자신들의 땅이 그들에 의해 영원히 지배받을 것이란 생각을 하지는 않는다.[34] 앞에서부터 줄곧 강조해왔듯, 독자 또는 관객인 우리가 그 어떤 등장인물보다도 데니스와 그의 대사를 깊이 들여다보아야 하는 이유가 여기에 있다. 그의 대사는 ≪아웃 오브 아프리카≫(물론 『아프리카의 농장』이란 소설을 포함해서)에 등장하는 구미인들은 아프리카를 '스쳐지나가는 자'라는 점을 환기시키고 있다. 그런 그들의 회고적

---

34) 실제 케냐 중부 고원 지대에 살고 있는 키쿠유족은 케냐에서 가장 큰 종족으로 약 3,200,000명 정도 되며 전체 인구의 약 20%, 현재 수도 나이로비 인구의 약 40%를 차지하고 있다. 이들은 1895~1908년 사이 영국군에 의해 일련의 작전(케냐의 고원지대를 '백인의 마을'로 만들고자 했던 영국의 정책)에서 주된 목표가 되었으며, 자신들의 영토를 영국군에게 빼앗기자 이에 적극 저항했고, 1950년대에는 '마우마우단'이라는 비밀결사대를 조직해 식민주민인 유럽인 이주자들을 추방하는 데 앞장서기도 했다. 키쿠유족은 케냐의 독립에 큰 기여를 한 대표적 종족이다.

여행담(odyssée africaine)이 아프리카를 깊게 고민했을 리 만무하다.[35)]

물론 『아프리카의 농장』과 ≪아웃 오브 아프리카≫를 통해 우리는 작가이자 여주인공인 카렌이 낯설고 물선 땅 아프리카에서 얼마나 혹독한 인고의 삶을 살아냈는지에 대해 충분히 의미부여할 수 있다. 하지만 식민주체로서 그녀의 실존 문제는 본고에서의 논의 대상이 아니기 때문에 구체적 언급은 생략하기로 한다. 본고의 연구목표는 서론에서부터 명시했듯, 카렌의 상대역인 데니스의 대사에 있었고, 그의 아프리카에 대한 증언서사에 초점을 맞추어 카렌/데니스, 구미성/아프리카성을 대비시켜가며 ≪아웃 오브 아프리카≫를 하위주체의 관점에서 재구성해본 것도 이 때문이다. 그리고 이 자리에서 우리는 데니스의 캐릭터를 한 발 더 나아가 모든 문명/문화의 이름으로 자행된 '인위적인 것'에 대한 거부라 평가할 수도 있고 또 존재하는 모든 것과 매순간 '첫 경험처럼 신선하게' 맞이하고 싶은, 문자 그대로 '자연-인'의 상을 보여주고 있다는 점도 후기(後記)해야만 할 것 같다. 그리고 그는 커피농장이 파산지경에 이르자 결국 아프리카를 미련없이 떠난(out of Africa) 카렌과 달리 아프리카에서(to Africa) 그의 생을 마감한다. 그렇게 데니스는 아프리카의 흙이 되고 아프리카의 바람이 되어 니공 언덕(Ngong)을 지키게 된다.

그렇다. 아프리카는 결코 외부인이나 이방인에게는, 사특(邪慝)한

35) 리오의 다음 책은 카렌 블릭센의 유년시절, 교육, 아버지와의 관계 등 전기를 상세히 다루고 있어, 그녀의 소설 외적인 삶을 이해하는데 큰 도움을 줄 것이다 - J.-N. Liaut, *Karen Blixen: une odyssée africaine,* coll. ≪Petite Bibliothèque≫, Payot, 2005.

식민주체들에게는 결코 속살을 보여주지 않는 땅이다. 아프리카는 결코 문명/문화로 오염된 자들이 잠시 지배했다 버려도 되는 그런 땅이 아니다. 아프리카는 예나 지금이나 문명/문화라는 개입의 틀거리에 의해 자신들의 고유한 문화적 정체성이 '비아타화되는 것'을 거부하며[36] 아프리카의 고유한 이야기, 고유한 문화로 남고자 한다.

아프리카는 더 이상 '신비의 땅'이 아니다. 카렌의 아프리카에 대한 애정과 관심이 소설과 영화라는 '감동적 예술'로 재현되었다고 해서 아프리카가 19세기 말에서 20세기 초중반까지 근 반세기 동안 구미인들로부터 받았던 상처가 아물거나 사라지지 않을 것이다. 아프리카는 구미인들에 의해 상처받은 그대로 고스란히 그들 후손들에게 전해져 기억되고 있다. 1960년대부터 본격적인 독립은 이루었지만 치욕의 역사, '말로 표현할 수 없는' 고통의 기억은 아프리카 도처에 깊게 배어 있다. 그 어느 대륙보다 아프리카가 특히 그렇다. 우리 모두가 'to Africa'의 관점에서 아프리카에 다가서야 하는 이유다. 'to Africa'는 어의 그대로 아프리카 밖에서 아프리카 안으로 두 발을 들이는 데서부터 시작된다. 그렇게 들인 발은, 메를로-퐁티의 표현대로라면(être au monde), 아프리카와 분리되지 않는다. 카렌은 그러나 데니스와 반대로 그녀가 들인 발을 빼 덴마크로 떠난다. 그녀의 어머니가 계신 곳으로 말이다. 그녀는 결국 아프리카에서 아버지가 물려준 유산 덕에 일시적으로 머물렀다가 모든

36) Rédacteur d'*Africultures*, n° 62, 2005, p.3. 1997년에 창간된 이 잡지는 제62호에서 '아프리카문화의 전환(기)'이라는 기획특집을 통해 아프리카문화의 고유성 찾기를 다각도로 소개하고 있다.

것을 버리고 그녀가 태어난 곳으로 떠난 것이다. 이는 데니스가 아프리카에서 모든 문명/문화적 구속으로부터 자유로운 삶을 살다, 비록 비행기 사고로 그렇게 되기는 했지만, 생을 마감한 것과는 상반된 태도다.

이런 점에서 ≪아웃 오브 아프리카≫는 그 어떤 이유에서도 '아프리카성'을 실히 담보하고 있는 작품이라고 평가하기는 어렵다. 아프리카성은 외부적 시선에 의해 이차적으로 구성된 것이 아니라 모름지기 아프리카인에 의해 구성된 것이어야 한다. 아프리카의 수려한 자연풍경과 키쿠유족을 영화에 담았다고 해서 그것이 곧 아프리카성을 담보한 것이라고 볼 수 없다는 뜻이다. 이는 카렌이 삽을 들고 커피농장의 키쿠유족과 함께 노동을 했다고 해서 그녀가 노동자가 될 수 없는 것과 같은 이치다. 탐바의 지적처럼, "지난 세기 초중반부터 식민지 문제를 다룬 영화들은 다각화되고 있으며, 영화의 탈식민화(décolonisation du cinéma) 움직임 또한 두드러지고 있다." 그런데 문제는 "시선의 식민화(colonisation du regard)만은 여전히 지배적 현실"[37]이라는데 있다. 아프리카를 지배했던 제1세계인들이 아프리카인이 무지하다고 말하면 무지한 것이고, 역사(언어)가 존재하지 않는다면 존재하지 않는 것이 아니다. 모든 식민지 사회, 그곳의 하위주체는 분명 구시대의 피해자다.

하지만 아프리카와 아프리카의 원정주민은 예나 지금이나 그들만의 전통과 역사에 계합하게 나름의 삶과 우주를 구축하고 있다. 기어츠를 통해 제사에서 밝힌 바대로, 우리가 타자나 타문화에 대

---

37) S. Tamba, "Propos sur le cinéma colonial en tant que genre populaire", *L'Homme et la société,* n° 154, 2004/4, p.25 이하 참조.

한 "위장된 관용"에서 벗어나자면 아직 "갈 길이 멀다." 하지만 하위주체가 존재하고, 그들의 장소에 대한 공동기억이 사라지지 않는 한 언젠가 그 기억은 역사의 표면 위로 올라올 것이다. 노라의 언급대로 '기억의 장소가 간직하고 있는 (공동)기억'이 너 많은 사람들 앞에서 표상되는 기회를 얻어 '역사'가 된다. 여기서 '역사'는 모두에게 속하면서 아무에게도 속하지 않는 과거에 대한 재구성이 아니라 기억과 민족(인종)이 긴밀히 결합된 '영원한 현재'를 말한다.[38] 집단적 기억의 힘은 보편적 역사라는 구미적 올가미로 사로잡을 수 없는 인종(민족)의 존재이유이자 독이(獨異)한 문화를 형성케 하는 모태이기도 하다. 각각의 문화는 각이한 집단의 결정체이다. 각이한 집단은 특수한 기억을 간직하고 있다. 그리고 누구라도 그것을 타문화, 타역사 앞에서 떳떳이 '말할' 권리가 있다.

38) P. Nora, *Les Lieux de Mémoire*, 3 tomes, Gallimard, 1984-1992 참조.

Chapter 4

≪세 얼간이≫와 사회적 정상성의 희화 또는 극복

by 박치완

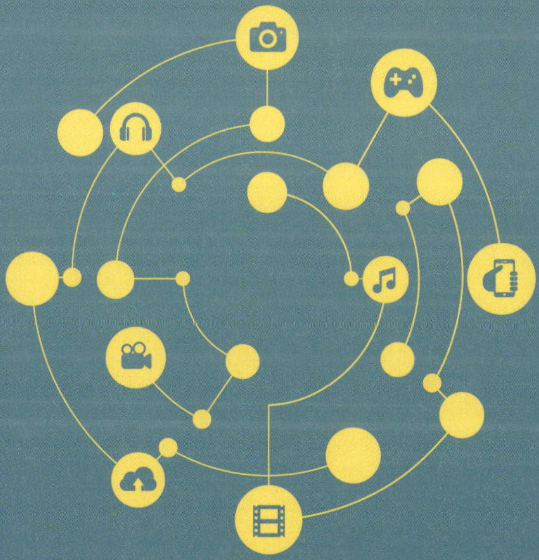

"뻐꾸기는 자기의 둥지에 알을 낳지 않는다. 뻐꾸기의 삶은 살인으로 시작해. 자연의 이치지. 경쟁하거나 죽거나, 너희들도 뻐꾸기와 같다."

– ≪세 얼간이≫의 대사 중 일부

1. 불평등한 압력에 저항하는 세 얼간이

820억에 가까운 흥행수입을 올리면서 인도에서 ≪아바타≫를 제압한 영화 ≪세 얼간이(3 Idiots)≫는, 인도에서 개봉된 지 2년이 지나서야 한국에 상륙했지만, 개봉 전부터 네티즌들의 입소문을 탔고, 네이버 영화평점 역대 1위라는 수식어를 달고 한국의 많은 영화팬들을 사로잡았다.[1] 그동안 인도 영화가 국내에서 별 성과를 올리지 못한 것과 비교하면 아주 이례적인 사건이라 할 수 있다.

1) ≪문나바이(Munabai)≫ 시리즈를 통해 인도의 현실을 코믹한 시선으로 접근해서 호평을 받은 바 있는 라즈쿠마 히라니(Rajkumar Hirani) 감독의 2009년 작품 ≪세 얼간이≫는 2011년 8월 국내에서 개봉되었으며, 인도를 대표하는 세계적인 스타 Aamir Khan(란초)을 비롯해 R. Madhavan(파르한), Sharman Joshi(라주), Kareena Kapoor(피아), Omi(차투르)가 출연했다.

그렇다면 그 이유가 뭘까? 영화의 '시니피앙'으로 제시된 내용, 즉 인도 최고의 공과대학인 ICE(Imperial College of Engineering)가 지향하는 교육목표인 무한경쟁과 약육강식의 논리, 즉 '동료들이나 약자를 배려하지 않고 오직 나만 성공하기', '미국 기업에 취업하기' 등을 강요하며 마치 공장의 부품처럼 사회나 기업의 요구에 맞추어 대학생들이 획일화된 교육시스템 안에서 '양육'되고 있는 파행성이 우리 대한민국의 교육현실과 너무도 흡사하다는 점을 발견했기 때문일 것이다.

이런 점에서 이 영화는 인도 특유의 춤과 노래가 등장하는 여느 마살라무비처럼 마냥 유쾌하게만 볼 수 없는 영화다. 특히 이 영화에서 우리는 1%만을 위해 작동되는 자본주의의 폐해가 무엇인지도 엿볼 수 있다. "인간은 인간에게 늑대다(homo homini lupus)"를 가르치는 것이 대학교육이나 사회·국가운용의 목표나 가치일 수 없다. 그런데 인도를 위시해 신자유주의에 물든 대부분의 국가들에서는 빈익빈부익부의 논리를 일말의 재고도 없이 추종한다. 한국사회도 예외는 아닌 듯하다. 정치가, 기업가는 말할 것도 없고 심지어는 교육자까지도 세계화(globalization)에 의해 자신들의 로컬-문화가 어떻게 초토화되고 있는지는 뒷전이며, 오직 '경제성장'만을 덩달아 외친다.

우리가 ≪세 얼간이≫를 '사회적 정상성(le normal)'의 작동 시스템과 연관시켜 분석해보고자 하는 이유가 여기에 있다.[2] 그리고

---

2) 이런 이유 때문에 필자는 이 영화를 '문화적 독법(cultural interpretation)'이라는 방법론으로 분석한 바 있다 - 박치완, 「영화 ≪세 얼간이≫와 다문화 사회 인도 엿보기」, 『철학과 문화』 제23집, 2011 참조

이점이 바로 이 영화를 단순한 '로맨스코미디'로 감상했을 때는 발견하기 쉽지 않은 '시니피에'에 다가서게 할 것이다. 소위, 정상성은 사회·국가운용의 기본 원리이다. 하지만 최근 경향으로 보자면, 그 정상성이 성장과 자본이라는 양대축으로 획일화되어 있다. 국가 위에 다국적 기업이 존재하듯, 다분히 비정상적인 세계관이 정상성의 위치까지 전유하고 있는 셈이다. 게다가 그러한 경향이 한 사회(국가) 내에만 국한되어 나타나지 않고 지구촌 전체를 휘어잡고 있다. 한마디로 시장경제의 부흥이 지구촌 시민의 무의식을 지배하고 있다고나 할까.

하지만 시장경제의 세계화는 곧 미국화가 아니던가? 그러데 ≪세 얼간이≫의 주인공들을 바로 이렇게 왜곡되고 획일화된 세계관에 정면으로 맞서며, 히라니 감독도 이 영화를 만든 이유를 다음과 같이 구체적으로 밝힌 바 있다.

> "세 얼간이는 사회적으로 통용되는 관습이나 기준에 순응해야 하는 불평등한 압력에 용기 있게 저항하는 사람이다."

히라니 감독의 제작 의도인즉, 인도사회에서는 결국 정상성이 비정상적으로 작동되고 있다는 것을 지적하려는데 있다. 하여 새로운 정상성의 재건을 위해 란초, 파르한, 라주라는 세 얼간이를 등장시켜 비정상적인 사회를 겨냥하면서, 이들의 행동이 '정당하다'는 점을 관객에게 피력하고 있는 것이다. 그렇다면 구체적으로 세 얼간이가 어떻게 '사회적 관습'이나 '불평등한 압력에 저항하는지 그 면면들을 아래에서 살펴보도록 하자.

2. 획일적 지배 문화 또는 정상성에 대한 저항

≪세 얼간이≫에서 '바이러스' 총장[3]은 인도사회의 비뚤어진 정상성을 대변하는 인물이자, 획일적 지배문화의 상징이다. 그의 경쟁·성공주의적 교육철학에 대해 감히 "No"라고 말하는 세 얼간이의 행동이 화면상으로 표출된 스토리의 줄기라고 할 수 있다. 그렇다면 획일적 지배문화는 어떤 것을 이르는 용어이며, 이 영화에서 세 주인공은 어떤 방식으로 이에 저항하는가?

지배문화란 국민이 아닌 통치자 중심, 유산자 중심의 문화이며, 이것이 한 사회의 정상성을 가동시킬 때, 다시 말해 한 사회의 질서와 규율을 유지하는 심급으로 작용할 때, 그 사회는 건강한 사회라고 볼 수 없다. 그런데 불행히도 인류 역사는 국민(시민)을 진정으로 보살피기보다 지배계급을 보호하는 논리를 펴면서 오히려 시민들을 통제해왔던 것이다. 그리고 이 지배문화는 대개 '이성'을 앞세워 피통치자의 욕망과 자유 의지를 감독·통제하는가 하면, 사회나 국가가 추구하는 통치 이념을 수긍하고 따를 것을 강요해왔다. 그리고 그러한 왜곡된 이데올로기로 한 사회나 국가의 정상성을 구축했고[4], 그 반대편은 철저히 '광기'로 몰아세워 탄압하기 일쑤였

3) 여기서 '바이러스'란 점수와 취업으로 학생들을 평가하는 총장의 왜곡된 교육철학이 갖는 전염성을 뜻하기도 하며, 이에 불만을 가진 세 얼간이가 그런 총장을 환자라고 칭하는 이중의 함의가 있다.

4) G. Canguilhem, *Le Normal et le Pathologique,* PUF, coll. ≪Quadrige≫, 2005 참조. 기존의 지배 문화에 대한 비판은 철학, 종교학, 사회학, 경제학, 국제관계학, 문화인류학 등 다양한 분야에서 그 연구 결과물들을 내놓고 있다. 최근 연구들에 따르면 그 동안 사회를 이끌어왔던 정상성(normalité)이 오히려 비정상성(anomalité)에 가까운 것이라고 분석하고 있다. 푸코가 광기

다.[5]

≪세 얼간이≫과 관련해서 보자면 총장이 곧 이러한 정상성의 작동자요 정상성의 관리자이다. 그렇다면 이러한 정상성(결과적으로는 비정상성이지만)에 대해 ≪세 얼간이≫에서는 어떻게 반응하는가? 사르트르가 강조한 것처럼 '대항폭력'과 같이 직접적인 방식일까?[6] 전혀 그렇지 않다. 히라니 감독은 사르트르보다는 우회적인 방식을 선택한다. 그리고 방법적 측면에서도 정상성에 대한 저항을 흘러가는 스토리와 변화하는 장면들 속에 산포시켜 놓아 오직 '재미'로 이 영화를 관람하는 사람들의 눈에는 잘 띠지 않게 배치해두었다. 하지만 유심히 보면 분명 암시와 복선이 깔려 있고, 끝내는 설득을 통해 이를 극복한다.

몇 가지 구체적 예들을 언급하면서 세 얼간이가 지배문화, 즉 정상성에 대해 어떻게 대항하는지를 부연해보자.

의 역사에서 밝히고자 했던 것도 그것이고, 데리다가 해체라는 개념을 통해 주장하고자 했던 것도 마찬가지다.

5) 피에르 쟈세름, 『광기 없는 사회가 존재하는가?』, 박치완 옮김, 동화문학사, 1992 참조. 정상성은 늘 그 반대편에 광기를 꾸며내, 이를 통제함으로써 국민을 지배해왔던 것이 인류역사라는 것이 쟈세름의 분석이다. 그 밖에도 미셸 푸코, 『감시와 처벌』, 오생근 옮김, 나남, 2011 참조.

6) '대항폭력'이란 "폭력에 맞서는 폭력은 정당하다"는데 그 요지가 있다. 사르트르는 작가로서 글쓰기를 통해 폭력에 맞서는 방법을 선택했다. 이에 대한 구체적 언급은 변광배, 「사르트르 - 폭력 또는 글쓰기」, 『외국문학연구』 제5호, 1999 참조.

1) 종교적 관습에의 도전

영화의 초반부에 등장하는 라주의 복장은 이미 '정상적인' 것이라고 보기는 어렵다. 왜냐하면 기본적으로 너무도 '성긴' 복장이라서 그렇다. 이는 우연적인 것일까, 아니면 감독에 의해 의도된 것일까? 인도 사회의 정상성에 견주어보자면, 이는 충분히 감독이 의도한 것이라고 볼 수 있다.

정황을 조금 더 구체적으로 설명해보자. 라주는 파르한이 전화를 걸어와 란초가 '오늘 아침'(영화 상 9월 5일 오전 8시경)에 교정에 나타난다고 하자 휴일 아침 잠자리에서 곧바로 일어나 허겁지겁 옷을 걸치고 집을 나선다. 란초가 온다는 차투르의 급한 전갈에 공항에서 이륙한 비행기까지 세워 대학 교정으로 향하고 있는 파르한이 그의 집 앞에 들러 동행하기로 했기 때문이다. 그런데 파르한과 택시에 동승한 라주가 걸친 옷은 분명 힌두교도들이 종교적 의례를 치를 때나 입는 조금은 '특별한 의상'이다. 그는 실제 바지도 양말도, 운동화도 안신은 채로 달랑 이 의상만을 '걸치고' 집밖으로 나선다. 그의 복장은 파르한의 제복이나 에어 인디아 101 기장, 택시 운전기사 등이 정장 차림에 터번까지 쓰고 있는 것과는 아주 대조적인 모습이다.[7)]

그렇다면 라주의 이러한 의상 차림과 행동거지는 인도 사회에서 상식적으로 수용 가능한 것일까? 그렇지 않다. 필자의 생각엔 특히 라주처럼 신실한 힌두교도인인 경우라면 분명 종교적 정상성에

---

7) 두 사람이 쓰고 있는 터번(Turban)은 일반적으로 시크교도들이 착용하는 것으로 알려져 있다.

상접(相接)하는 태도로 볼 수밖에 없다. 상식적으로는 5년 동안이나 못 본 친구를 만난다는 간절한 마음에 그렇게 집 밖으로 뛰어나갈 수 있다고 치자. 하지만 그가 걸친 옷은 재삼 강조하지만 평상복이 아니다. 설사 평상복이라고 해도 바지도 안 입은 채 그렇게 밖으로 나가기 쉽지 않다. 만일 라주가 아닌 어떤 여성 이슬람교도인 주인공이 그렇게 허겁지겁 친구를 만난다는 명목으로 상의만 걸치고 집밖으로 나갔다고 해보자. 그렇게 했다면 아마 아프카니스탄이나 다른 이슬람국가들에서처럼 '돌팔매 사형'이나 '태형'에 처해졌을지도 모른다. 결국 '그녀'라면 최소한 옷을 정상적으로 차려입어야 하는 것은 물론이고 히잡(Hijab)이나 차도르(Chador)까지도 걸쳐야 했을 것이다.[8)]

요인즉 히라니 감독은 라주라는 등장인물을 통해 과감하게, 하지만 관객이 전혀 눈치를 채지 못하게 인도의 제1종교인 힌두교라는 지배 문화에 대해 나름의 저항을 표시한 것이다. 상황으로 미루어 충분히 있을 법한 일 같이 처리되어 있지만, 정통 힌두교도의 눈으로 보면 이는 실제 용인하기 힘든 일일 수 있다. 이어지는 다음 장면들에서도 알 수 있듯, 실제 세 얼간이 중 라주만이 유일하게 이 영화에서 힌두교 신자로 그려지고 있다. 그렇다면 다시 묻자. 라주에게 친구를 정해진 시간에 만나는 일이 중요할까? 아니면 의상을 제대로 갖추어 입는 것이 더 중요할까?

물론 동일한 상황에서 라주가 평상복이나 종교적 의상을 정상적

8) 라파타, 『빼앗긴 얼굴』, 최은희 옮김, 이레, 2002 참조. 이 책은 아프가니스탄의 탈레반 정권기에 여성들이 겪은 삶을 그린 수기로 기자를 꿈꾸던 중산층 가정의 10대 소녀 라티파와 가족, 친지, 이웃들이 탈레반 집권 이후 보고 겪은 일들을 통해 종교의 이름 아래 자행된 인권 유린의 참상을 고발하고 있다.

으로 차려입고 등장했다면, 그것은 영화의 긴장감과 속도감을 상당히 떨어뜨렸을 것이다. 결국 히라니 감독은 라주를 파르한이 이륙한 비행기를 세운 것 이상의 긴박한 상황에 부합하는 캐릭터를 부여해야 했고, 그 때문에 라주에게 약 9억에 달하는 인구가 신봉하고 있는 힌두교도로 그린 것 아니었을까.[9] 그래도 힌두교라 영화상으로나마 용인되는 것이지 만일 그가 이슬람교도였다면 아마 사회문제로 비화되었을지도 모를 일이다. 그리고 여기서 우리는 힌두교가 인도의 카스트제도를 합리화시킨 종교라는 점과 함께 현대에 들어서서도 여전히 이슬람교와의 갈등의 씨앗이 되고 있다는 점을 기억해둘 필요가 있다.

필자는 이런 이유 때문에 라주라는 캐릭터를 통해 히라니 감독이 힌두교 중심의 종교적 지배경향, 즉 인도사회의 정상성을 노리고 있었다고 보는 것이다.

2) 성공신화, 약육강식의 논리에 저항

파르한과 라주에게 이렇게 절박한 상황을 만들어낸 장본인이 누구인가? 주지하듯 그자는 바로 차투르이다. 차투르는 어떤 인물인가? 그는 ICE 대학이 인도에서 미국 취업 1위 대학이라는 것을 상징하는 대표적 인물이다. 암기 박사, 소음기, 제임스 본드라는 별명

9) 김윤희 · 박치완, 「인도의 문화코드와 글로컬문화콘텐츠」, 『국제지역연구』 제14권 4호, 2010, 88쪽. 물론 힌두교 신자는 인도의 종교 분포 상 가장 많은 비율인 80.5%를 차지하지만 이슬람교, 기독교, 불교처럼 경전이 없고 조직의 통일성과 강제성도 없다. 그래서 힌두교를 '종교가 아닌 생활양식'으로 이해하기도 한다(*ibid.* 참조.)

을 가진 그는 늘 강의실 맨 앞줄에 앉고, 교수들이 묻는 질문마다 손을 번쩍 들어 대답하는 모범생이요, 승부욕이 지나치게 강해 동료들과 잘 어울리지도 못하며, 오직 1등을 하기 위해 책을 손에서 놓지 않는 학생이다. 자전거로 남이 자신을 앞질러 가는 것도 못 참는 총장과 똑같은 캐릭터로, 그는 실제 학과 시험에서 2등을 하자 콘크리트 기둥에 주먹을 치며, "impossible, injustice"라고 외치기까지 했던 인물이다.[10)]

그렇다면 ICE를 란초에 이어 차석으로 졸업한 후 차투르의 현재 모습은 어떻게 그려지고 있는가? 당연 그는 미국의 '록클레지'라는 회사의 부회장 직함을 가지고 있으며, 난방 시설까지 갖춘 수영장이 딸린 42억짜리 호화저택에 살면서 한정 판매를 한다는 것으로 스포츠가 애호가들에게 널리 알려진 람보르기니 6496CC를 몰고 다닐 정도로 ICE의 신화 창조에 기여한 인물로 그려져 있다.

이렇게 그가 사회적으로 성공할 수 있었던 것은 '오직 성공'만을 위해 스스로의 젊음을 파우스트처럼 저당 잡혔기 때문에 가능했을 것이다. 독일 무성영화인 ≪프라하의 학생(Der Student von Prag)≫에서 자신의 거울에 비친 상(image), 단지 그 상만을 악마와 돈으로 거래했던 프라하의 가난한 대학생처럼[11)] 차투르는 어떤 것이 진정한 삶인지, 행복한 삶인지에 대해서는 궁금해 하지도 않고 오직 '돈이 곧 신'이라는 믿음을 가진 인물이다. 그에게 성공은 결국 얼

10) 물론 그 시험에서는 물론이고 졸업시험에서도 1등은 당연 란초가 차지했다.

11) 이에 대한 언급은 보드리야르, 장 보드리야르, 『소비의 사회』, 이상률 옮김, 문예출판사, 2002, 289~305쪽 참조; 박치완, 「소비사회와 예술(작품)에 대한 두 견해 - 장 보드리야르와 한나 아렌트의 가상 대화」, 『정치와 평론』 제6집, 2010 참조.

마나 많은 월급을 받아 럭셔리하게 사느냐가 관건이라고 해도 과언이 아니다.[12)]

ICE 총장이 원하는 학생이란 바로 차투르 같은 학생이다. 총장은 매년 신입생들을 모아놓고 입학축하연설을 하는데, 이 대학교의 사동(使童)인 밀리미터(Rahul Kumar)도 그의 연설을 그대로 따라 할 정도로, 그는 같은 내용을 매년 반복해서 말한다.

> "뻐꾸기는 자기의 둥지에 알을 낳지 않는다. 뻐꾸기의 삶은 살인으로 시작해. 자연의 이치지. 경쟁하거나 죽거나, 너희들도 뻐꾸기와 같다."

그리고 수만 장의 입학원서가 쌓인 상자를 바닥으로 내동댕이치며 그는 이렇게 외치기까지 한다.

> "이것들이 너희가 우리 대학에 입학하기 위해 깨뜨린 알들이다. 인생은 레이스다. 빨리 달리지 않으면 짓밟힐 것이다"

인도에서는 ICE에 입학했다는 것만으로도 이미 가문의 영광이라 할 수 있다. 그런데 총장은 2000:1의 경쟁을 뚫고 입학한 이들에

12) 현대 인도의 문화코드 중 '돈'은 그 어떤 것보다 중요하다. '12억 인구가 숭배하는 신'이 돈이라고 해도 과언이 아닐 정도다. 이는 인도의 대서사시 마하바라따(Mahabharata)에서도 노래하고 있다: "다르마도 전적으로 돈에 의존한다. (…) 빈곤은 죄의 상태다. 부로부터 모든 종교적 행위의 즐거움, 그리고 (…) 모든 덕행은 부의 소유로부터 흘러나온다. (…) 부로부터 덕도 증가한다. 재물이 없는 사람에게는 이 세상도 저 세상도 없다." - 박홍윤, 『멈추어 인도를 바라보다』, 한국학술정보(주), 2009, 185쪽에서 재인용.

[그림 1] 비루 총장의 말에 늘 귀를 기울이는 차투르의 모습(영화 초반부)

게 다시 '살인의 법칙'을 스스럽지 않게 주문한다. 한마디로 더 빨리 달려 다른 경쟁자들을 앞질러 가지 못하면 그들에 의해 짓밟힐 것이라는 피해의식까지 학생들에게 심어준다. 피도 눈물도 없는 약육강식의 세계, 그것이 그에게는 자연의 이치이기도 하다.

'헬리콥터 프로젝트'를 열심히 수행 중인 조이 로보가 "시간을 조금만 더 주시면 곧 프로젝트가 완성될 수 있을 것 같다"고 간청하자, 총장은 "정해진 날짜에 리포트를 제출하지 못했으니 인정할 수 없다"고 단호히 잘라 말한다. 그리고 로보 아버지에게 전화까지 걸어 "당신 아들은 이번에 졸업을 할 수 없으니 졸업식장에 오실 필요가 없을 것 같다"고까지 전한다. 그날 밤 로보는 기숙사의 방에 "I Quit"라는 유서를 벽에 남긴 채 기숙사에서 목을 매 자살을 한다. 졸업을 못한다는 것은 이미 그의 성공을 기대하고 있는 가족들에게 낯을 들 수 없는 일이었기 때문이다.

"마을에서 첫 번째 공학자"가 될 뻔 한 로보는 이렇게 약육강식의 논리에 의해 대학·사회로부터 '제거'된다. 사회적 성공만을 추구하는 획일화된 제도와 규범이 지배하는 정상성으로부터 도태된 것이다. 라주가 총장 집 대문 옆의 우체통에 오줌을 싼 일로 총장실로 불려가 그 일에 친구인 란초를 증인으로 제시하면 정학을 면해주겠다고 하자 창문 아래로 뛰어내려 중상을 입게 된 것도 결국 총장이 몰아세우는 경쟁에서의 승리, 사회에서의 성공 신화가 불러온 화근이라고 볼 수 있다. 란초가 로보의 장례식장에서 총장에게 이것은 "자살이 아니라 살인"이라고 쏘아붙인 것도, 총장 딸 피아가 자기 오빠의 죽음이 "자살이 아니라 살인"이라고 울먹이며 아버지에게 대드는 것도 결국 암기식·주입식 교육, 취업학원이나 다름없는 ICE의 문제점이 무엇인지를 정확히 겨냥한 대사라고 할 수 있다.

그래서 로보를 비롯하여 란초, 파르한, 라주는 "내가 살아온 인생, 다른 사람의 삶, 단 한 순간만이라도 [저만의]삶을 살게 해 주세요. 한 순간만이라도..."라고 외쳐보지만 거의 대부분의 학생들은 오직 '로봇'처럼 자신의 성공 신화를 만들어가기 위해 그저 앞만 보고 질주한다. 사회는 이들의 일탈, 즉 정상성에서 벗어나는 것을 결코 용납하지 않는다. 그리고 정상성에 대한 저항은 사회에서의 실패자로 낙인찍히거나 자살, 죽음만이 기다리고 있을 뿐이다.

이런 이유 때문에 필자는 앞서 차투르를 총장의 복사판이라고 했던 것이고, 그의 둘째 딸 피아의 약혼자인 수하스(Sanjay Lafont) 역시 그들의 표현대로 '인생의 낙오자들', '약혼녀에게 값비싼 선물을 할 수 없는 얼간이들'을 전혀 이해하지 못하는 인물이라는 점에서 차투르와 동일한 캐릭터라고 볼 수 있다. 비루 총장, 차투르, 수하스는 결국 이 영화에서 란초, 파르한, 라주와 대비되는 '세 성공한 얼간이들'이라 할 수 있다.

여기서도 우리는 히라니 감독이 치밀한 기획에 의해 이들 '세 성공한 얼간이들'의 배역을 부여했을 것이라고 추측해볼 수 있다. 차투르와 마찬가지로 수하스 역시 실제 소설 원작에 없는 인물이다.[13] 히라니 감독은 총장의 비정상성을 확대시키려는 의도로 그를 추가시키지 않았을까? 즉 총장의 왜곡된 교육철학을 비꼬기 위해 희생양이 필요했던 것이다. 특히 차투르가 인도 학생이 아니라 인도보다 정치·경제적으로 힘이 약한 나라의 유학생으로 설정한 것도 상업적으로 볼 때 관객의 대부분이 될 12억 본국인의 비위를 건드리지 않기 위한 고도의 전략이라고 볼 수 있다. 게다가 이들 친미주의자들인 '세 성공한 얼간이들'은 하나 같이 배려나 관용을 모르는 '독불장군형'으로 그려져 있으며, 모두가 성공에 대한 편집증 환자처럼 보인다.

친구, 동료와 함께 어울리는 게 아니라 일, 돈과 결혼한 자들 같다고나 할까. 그렇다면 이들이 사회를 이끌어가는 것이 아니라 이들이야 말로 정상적인 사회의 이방인이 아닌가? 이 또한 세 친미주의자들을 희학(戱謔)적으로 처리해 인도의 관객과 호오(好惡)를 공유하겠다는 감독의 전략이라고 볼 수 있다. 인도 밖에서 관객을 확보하는 것도 중요하지만 일차적으로 12억 인도의 관객을 웃고 울

13) 히라니 감독의 ≪세 얼간이≫는 체탄 바갓(Chetan Bhagat)이 쓴 소설 『세 얼간이』를 각색한 것으로(『세 얼간이』, 정승원 옮김, 북스퀘어, 2011), 소설에서는 라이언(란초), 알록(라주), 하리(파르한), 네하(피아)가 주인공이다. 영화에서와는 달리 하리와 네하가 사랑관계에 있으며, 차투르, 수하스, 고빈드, 로보, MM은 소설에 등장하지 않는다.

리게 하는 것이 더 중요하기 때문이다.[14)]

여기서 우리는 “인도에서 가장 많이 생산되고 소비되는 문화콘텐츠 장르가 마살라무비이자 인도의 복합적 사회·문화의 모습을 인도만의 방식으로 담아낸 인도 사회의 또 다른 거울”[15)]이 또한 “마살라무비”라는 것을 잊어선 안 된다.

3) 교육·신분제도에 대한 저항, 새로운 정상성의 재건을 위해

≪세 얼간이≫에서 우리가 가장 주목해야 하는 인물은 란초, 아니 초테, 아니 푼수크 왕두이다. 어떤 점에서 그런가? 그는 신분상 최하위 계층의 출신이자 자신의 아버지가 돌아가시자 주인집에서 동갑내기인 주인집 아들과 함께 생활하면서 심부름 등 잔일을 거들며 거의 고아나 다름없이 자란 인물이다. 그 사실을 아는 사람은 주인집 아들인 란초다스 샤말라스 찬차드 본인과 그의 아버지 그리고 초테의 6학년 담임뿐이다. 결국 그는 어머니는 물론이고 아버지도 존재하지 않는 인물로서, 철저히 그 정체성이 베일에 가려진 채 살 수밖에 없는 존재였다. 주인집 아들의 이름과 그의 헌옷을 입고서 수업을 몰래 듣고서 숙제는 물론이고 시험까지도 대신 봐주었던, 그러나 오직 공부에 대한 열정, 공부 그 자체가 즐거웠던

14) 참고로 인도의 해외 인도인수는 미얀마, 영국, 미국, 말레이시아, 사우디아라비아, 남아프리카 등에 약 100만 명 이상이 거주하고 있으며, 총 134개국에 약 2천만 명 정도가 해외에 거주하고 있는 것으로 조사되어 있으며, 이들의 연간소득도 인도의 GDP에 맞먹는 수준이라고 한다 - 인태정, 「인도 정부의 해외 인도인에 대한 정책변화」, 『국제지역연구』 제11권 2호, 2007, 426쪽.

15) 김윤희 · 박치완, *op. cit.*, 96쪽 참조.

그, 하지만 그도 어려운 상황이 닥칠 때면 거의 즉각적으로 "알 이즈 웰(All is well)"을 외치며 자신을 위기상황으로부터 보호하려는 본능적 반응을 보인다.

그렇게 그는 ICE를 졸업할 때까지 주인집 아들 란초다스 샤말다스 찬차드를 대신해 '비존재'로 살아간다. 하지만 대학친구들에게 만큼은 더없이 자유로운 영혼의 소유자로 비쳐진다. 자신보다는 늘 남을 위해 행동하면서 "공학을 배우기보다는 점수 잘 받는 방법만을 배우는"[16] 대학친구들과 주위사람들을 하나 둘 변화시켜 나갔기 때문이다. 그래서 그는 파르한과 라주에게는 '친구' 이상의 존재이며, 직장까지도 구해준 '구원자'라고 해도 가히 손색이 없는 인물이다. 첫 번째 마살라뮤직에서도 표현되고 있듯, '그'는 그들에게 "사막의 오아시스"요, "멍든 가슴을 치료해주는 약"이자, "찌는 태양 아래 자그마한 그늘"과도 같은 존재이다.

그런 그가 졸업 후 친구들과 5년 넘도록 연락이 두절되어 버렸으니, 그들이 "그는 어디서 왔을까요", "어디로 갔을까요", "그를 찾아보아요"라며 '절절한' 그리움을 영화 초반부터 표출하는 것은 당연해 보이기도 한다. 그리고 이들이 재회한 후 ICE의 1학년에 입학하여 선배들에게 신고식을 한 날 대사에서도 나오지만, 차투르는 자신이 결국 그를 못 알아보았음을 인정하며 자신이 다니는 회사의 계약을 성사시키기 위해 다음과 같이 사과하기도 한다. "위대하신

---

16) 이 대사는 란초가 조이 로보의 죽음 후 장례식에서 총장과 나눈 대사로 전문은 다음과 같다: "여기[ICE]는 새로운 아이디어나 발명에는 전혀 관심이 없잖아요. 점수, 취업 그리고 미국 내 취직에만 관심이 있죠. 저희는 공학을 배우기보다는 점수를 잘 받는 방법만을 배웠습니다."

폐하님이시여, 제 비천한 선물을 받아주옵소서!"[17] 그리고 이어 이 영화는 파르한의 다음 독백으로 끝난다. "란초다스 신의 말이 맞았다." "너의 재능을 따라가면, 성공은 뒤따라올 것이다."[18] 이 장면(대사) 또한 거의 대부분의 인도인들이 각기 서로 다른 '신'을 섬긴다는 점을 십분 활용한 감독의 전략과 지혜의 소산이 아닐까? 다양한 신이 현현하는 공간이 바로 인도다. 코브라도 원숭이도 소도 코끼리도... 하지만 여기서 '란초다스 신'은 그를 그렇게 부를 수밖에 없는 친구에 대한 경의의 표시다.

그렇다면 다시 묻자. 대체 '그'는 누구인가? 란초인가? 초테인가? 그러나 란초와 초테는 '그'가 원하는 '그'의 이름이라고 볼 수 없다. '그'로서도 자신을 지칭하는 이름이 필요했을 것이니, 스스로 붙인 이름이 바로 푼수크 왕두(Phunsukh Wangdu)이다. 이렇게 '그'가 푼수크 왕두라는 이름을 갖게 됨으로써 마침내 비존재였던 '그'가 카스트제도가 아직도 지배적인 인도라는 사회에서 '새로운 존재'로 탄생할 수 있었던 것이다.

이런 의미에서 푼수크 왕두는 마치 '스트레스 공장'에서 '로봇'처럼 살아야 했던[19], 비정상적으로 운영되는 ICE와 같은 교육시스템

17) 물론 동일한 대사가 신입생 신고식 장면에서도 나오지만 중반부에서도 라주가 면접시험을 통과하고 파르한이 "히틀러 같은 아버지"로부터 사진작가가 되도 좋다는 허락을 받고나서 란초에게 고마움을 표하는 장면에서도 나온다.

18) 실제 ICE의 기계공학과에서 4년 내내 하위권에 머물렀던 파르한과 라주가 취직을 한 것은 란초의 '재능교육론' 때문이라고 할 수 있으며, 차투르가 회사에서 승승장구할 수 있었던 배경에도 결국 란초가 그를 친구로서 계속 돕고 있음이 확인된다.

19) 파르한의 다음 대사에서 인용: "교수들의 지시에 따르는 우리는 로봇이었지만 란초는 기계가 아닌 유일한 아이였다."

에서 해방되어 가까스로 회복한 새로운 정상성의 상징이자 현존하는 인도의 신분제도의 유습(謬習)에 대한 도전자적 존재라는 해석이 가능하다. 파르한의 고백대로 그는 그런 점에서 "바이러스에 들어온 자유로운 영혼의 새"였던 것이다. 그[란초와 감독]가 세계의 변화를 교육시스템의 변화를 통해 꾀하려한다는 점은 그래서 우리의 주목을 끌기에 충분하다. 란초와 밀리미터가 주고받은 다음 대화를 보라.

란초: 학교 가려고 돈 낼 필요 없어. 교복만 입으면 돼. 학교를 정하고 교복을 사서 수업을 몰래 들어가. 애들이 많아서 아무도 모를 걸.

밀리미터: 걸리면요?

란초: 다른 학교 교복을 사면되지.

이는 단지 란초가 밀리미터에게만 하고 싶었던 이야기일까? 어쩌면 란초는 란초다스 샤말라스 찬차드의 이름으로 학교를 대신 다녀야 했을 때부터 이렇게 스스로에게 다짐하고 또 다짐했을지 모른다. 신분 사회를 형성한 인도를 향해 신분과 무관하게 최소한 초등교육 기회를 부여하라는 '저항'이 숨어 있다고나 할까. 통계에 따르면, 불가촉천민이 인도의 전체 인구수에서 차지하는 비율은 48%에 달한다.[20] 집도 직장도 없이 거리에서 구걸하며 살아가는

20) 불가촉천민(Outcaste, Untouchable) 스스로는 자신들을 <Dalits>, 즉 '억압받은 자들'이라고 칭하고 있으며, 이들의 전체 숫자는 거의 인도의 문맹률과 일치한다는 점을 기억할 필요가 있다. 인도 정부에서는 이들을 <Scheduled Caste>라 규정하여 보호정책을 편다고는 하고 있지만, 실제로는 여전히 간

그들을 사회도 국가도 돌보지 않고 있는 현실이다. 대를 이어 그렇게 사는 것이 그들의 타고난 운명이기에 인도정부에서도 방치하는 것인가? 21세기에 과연 이보다 더 비정상적인 사회가 있을까?

푼수크 왕두의 '무상교육관'은 그래서 충분히 '혁명적인' 발상이고 또 그래서 우리에게 시사하는 바가 크다.[21] 하지만 정상적인 사회에서는 국민 모두에게 최소한 초등 교육 기회는 부여한다. 이런 관점에서 보면 오히려 란초의 교육철학은 '정당한 요구'라 볼 수 있고, 간디의 '비폭력 저항 운동'을 능가한 이념이라고 평가할 수도 있다. 한마디로 타고난 신분보다 개인의 능력이 존중받는 사회를 란초는 꿈꾼 것이고, 그 꿈을 푼수크 왕두라는 자신의 새로운 이름으로, 자신의 분신과도 같은 밀리미터와 함께, "Skitsal"이라는 이름의 학교를 통해 실천하고 있는 것이다.[22]

결국 한 사회를 지배해왔던 정상성이 오히려 비정상적인 것이었기에 정상성의 이름으로, 젊음에게만 허락된 값진 용기로 맞선 것이 정당한 것임을 ≪세 얼간이≫는 제시하고 있는 것이다. 주문(呪文)과도 같은 "알 이즈 웰"이 세상을 바꾼 것이다. 이렇게 바뀐 세상

디의 '신의 아들(Harijan)'이란 표현이 무색하게 거의 '동물 취급'을 받고 있다고 해도 과언이 아니다.

21) 란초의 눈엔 교육만 문제가 되었던 것이 아니고, 인간생활의 기본요소인 의식주도 문제가 되었다. "50년대 흑백 TV에나 나올 법한 집"으로 묘사되고 있을 정도로 가난한 라주의 집을 나서며, 배나 채우고 기숙사로 들어가자는 파르한의 제안에 란초는 이렇게 말한다: "밥을 먹기 위해 돈 같은 건 필요 없어. 복장만 갖추면 돼!" 이는 란초가 밀리미터에게 "학교 가려고 돈 낼 필요 없어. 교복만 입으면 돼!"라고 했던 것과 정확히 일치한다.

22) 란초가 운영하는 학교는 일종의 무상 대안학교로 창의성 중심의 학교라 할 수 있다. <Skitsal>은 평화의 정원(Garden of Peace)를 뜻하며, 실제 촬영은 레(Leh)로부터 15km 떨어진 <Druk Pema>학교에서 한 것이다.

에서는 각자가 "다른 사람의 삶", 사회가 제도를 통해 강요하고 주문하는 삶을 사는 것이 아니라 각자가 "자신의 삶"을 꿈꾸고 설계하게 된다.[23)]

3. ≪세 얼간이≫가 겨눈 이중의 표적

'글로벌 문화'라는 상업적이고 표피적인 문화(그래서 엄밀하게 이야기하자면 '문화'라고 할 수도 없고 돈과 자본의 문화라고 할 수 있지만)가 지구촌 전체를 뒤덮고 있다. 로컬의 이름으로 감히 이 글로벌 문화와 팽팽하게 맞서기는 쉽지 않을 정도로 그 영향력과 파괴력은 막강하다. 하지만 인구대국 중국이나 인도라면 단독으로 미국이 주도하는 현행의 글로벌 문화에 맞서는 것이 가능해보인다. 우리가 살펴본 ≪세 얼간이≫ 역시 나름의 탈세계화 기치를 외치며 인도문화라는 로컬을 적극적으로 표현하고 있는 것이 분명하다.

비록 아직 경제 선진국 대열에 합류하고 있다고 평가하기는 어렵지만, 잠재력 면에서 인도는 분명 '제2의 중국'으로 주목 받고 있는 나라다. 다국적 기업들이 사회주의 국가인 중국보다 자유민주주의 국가인 인도를 선호한다는 보고서도 제출되어 있다.[24)] ≪세 얼간

---

23) 바이러스 총장도 우여곡절 끝에 손자(손녀)가 무사히 태어나자 다음과 같이 울먹이며 말한다: "이놈 발차기 하는 것 봐라. 축구선수가 되려나. 그래 네가 원하는 걸 하렴!"

24) 니혼게이자이신문사, 『인구가 세계를 바꾼다』, 강신규 옮김, 가나북스, 2008; 간석갑, '다국적 기업들, 중국보다 인도 선호', KOTRA, 『Global Window』, 2004. 6. 15. 참조.

이≫에서도 이러한 인도의 잠재력과 문화적 역량을 한껏 과시하고 있다.

히라니 감독은 인도와 같이 문화적 다양성을 기조로 하는 국가가 울도 담도 무시해버리게 만드는 글로벌 문화, 즉 국가마저도 글로벌시장의 하수인으로 전락시켜버리는 자본의 물신문화에 예술적 수단으로 맞서면서 새로운 대안을 제시하고 싶었는지 모른다. 그래서 감히 그는 인도 문화의 다양성과 독자성으로 승부수를 둘 생각을 하게 되었을 것이다.[25] 특정 언어나 특정 국가가 지구촌의 문화적 헤게모니를 장악하는 것은 다문화에 익숙한 그가 보기에는 부당하게 느껴졌을 뿐만 아니라 '구시대적' 발상이고 '비문화적인' 행동으로 비쳤을 것이기 때문이다.

고급·선진 문화라는 미명 하에 문화상품들은 말할 것도 없고 심지어는 먹고 마시는 것까지도 그들과 같은 것을 먹고 마시기를 바라는 상업적 세계화, 동일화와 균질화의 유령, 그런 점에서 글로벌 문화는 획일 문화의 대명사일 뿐 결코 온 인류를 위한 '보편적인 문화'의 이상향이라고 볼 수 없다. 월러스틴의 지적대로, 최근 들어 경제 강국들이 전파하고 있는 그들의 소위 '문화 모델', 아니 문화를 시장화하고 상품화하는 '소비 모델'은 역사 속에서 늘 그러했듯 "강자에 의해 전유된 권리"일 뿐이다. 그런데 불행히도 이에 대한

25) 물론 현실적으로 경제뿐 아니라 정치, 군사, 외교적 수단들에서 앞서는 미국을 인도나 중국, 유럽이 당장 대신 할 수는 없을 것이고, 미국과 같은 방식의 세계 지배를 인도나 중국, 유럽이 재차 하게 되어도 좋다는 뜻으로 말하는 것은 아니다. 하지만 히라니 감독과 같이 "미제국이 이끄는 세계화에 반대하는" 일종의 '예술적 맞섬'을 통해 "최전선에 자리하는" 것은 인류의 미래를 위해서도 필요한 작업이라고 생각한다 - 자크 아탈리, 『호모 노마드: 유목하는 인간』, 이효숙 옮김, 웅진지식하우스, 2005, 481~482쪽 참조.

직접적 저항도 없이 경제소국들은 갈수록 탈중심화, 파편화되어 간다. 이와 같은 승자 독식주의의 폐해는 삼척동자의 눈에도 “정당화하기 힘든 권리이고, 따라서 정치적·윤리적 도전”에 직면하는 것은 당연하다.[26)]

히라니 감독은 ‘세계화의 신화’, ‘성장 일변도의 국가 경영’ 등이 조장하는 모순들을[27)] 그 누구보다 정확히 읽고 있었던 터라 전략적으로 이 영화에서 인도 문화의 다양성을 모토로 삼아 자신이 소속된 지역문화적 자존심을 십분 활용했을 확률이 높다. 어쩌면 그 자체로 다문화적인 국가인 인도이기에 가능한 일이었는지 모른다. 그리고 바로 이렇게 주어진 환경이 인도의 문화적 자존심을 지켜주는 버팀목으로 작용했을 수도 있다. 물론 그렇다고 해서 그가 인도 밖의 세계에 대해 무감한 것이라고 생각되지는 않는다. 단순 대사나 몸짓으로 처리되어 있는 경우도 있고, 의상이나 운동화 등의 상표로 인쇄된 수준에 그치는 경우도 있지만 ≪세 얼간이≫ 속에는 미국, 헝가리, 브라질, 일본, 독일, 영국, 우간다, 방글라데시, 티벳 등 무려 9개 국가가 직간접적으로 언급되고 있다. 그리고 종교의 경우도, 인도라는 나라가 기본적으로 다종교사회이긴 하지만, 총장과 라주로 대표되는 힌두교를 비롯하여 이슬람교, 시크교, 기독교, 불교와 관련된 장면들이, 물론 관객의 눈에 포착될 정도로 두드러지지는 않지만, 주요 종교가 빠짐없이 이 영화 속에 배치되어

26) 이매뉴얼 월러스틴, 『유럽적 보편주의: 권력의 레토릭』, 김재오 옮김, 창비, 2008, 127쪽 이하 참조. 그리고 그의 또 다른 책인 『미국 패권의 몰락』, 한기욱 외 옮김, 창비, 2004도 함께 참조.

27) 보다 구체적 언급은 M. Ferguson, “The Mythology about Globalization”, *European Journal of Communication*, 7, 1992, pp.69~93 참조.

있다.

바로 이와 같은 관점에서 볼 때, 이 영화를 매스컴 등에서 제시한 주제인 '로맨스코미디'로 해석하는데 그친다면 감독의 기획 및 제작 의도를 정확히 파악했다고 볼 수 없다. 물론 ICE 같은 일류대학을 졸업해 사회적으로 성공하고 남보다 많은 부를 소유하는 것이 전 세계 거의 모든 국가의 젊은이들의 무의식을 지배하고 있는 세계관이기에, 이에 대한 준엄한 비판이 화젯거리가 될 수는 있다. 대한민국을 비롯해 신자본주의를 추종하는 모든 나라가 이와 같이 경제는 물론이고 심지어는 사회·교육시스템까지 무한경쟁의 논리에 맡겨두고 있는 현실이기 때문이다.

히라니 감독은 바로 이러한 무한경쟁의 논리, 약육강식의 논리가 지배하는 세계관에 감히 "No"라고 외치면서도 실은 로컬과 글로벌, 문화적 단일성과 다양성이 공생할 수 있는 일종의 '이상적 사회주의'를 푼수크 왕두를 통해 제시하고 있는 것이다. 우리가 놓쳐서는 안 되는 것이 바로 이점이다. 초테, 밀리미터, 고빈드와 같은 사회적 약자들이 존중받는, 사회적 정의가 구현되는 인간적인 사회, 타고난 신분에 의해 경제적 불이익을 받지 않고 자신의 능력과 재능에 따라 일할 수 있는 기회를 부여하는 국가, 이것이 '21세기형 유토피아'가 아니고 무엇이겠는가.

≪세 얼간이≫을 통해 히라니 감독이 전세계의 관객들에게 보여주고자 하는 주인공 란초의 역할이 바로 여기에 있다. 도처에 편재한 약자, 소수자 등과 고통을 분담할 줄 모르는 철저히 이기적인 세계관, 다시 말해 작금의 글로벌 세계가 추종하는 가치관의 폐단이 무엇이며, 또 이것이 얼마나 많은 국가의 로컬 젊은이들의 인생

의 목표를 왜곡시키고 있는지를 히라니 감독은 정확히 지목하고 있는 것이다. 이렇게 놓고 보면 ≪세 얼간이≫는 그 속에 하나의 메시지가 아니라 다양한 메시지를 담고 있는 영화라 할 수 있다. 그 중에서 우리는 본고의 논점과 관련해 다음 두 가지만을 강조해두고자 한다.

1) 내부의 친미주의자들에 의해 확산되고 있는 미국의 영향력 비판

≪세 얼간이≫에서는, 앞서도 언급했지만, 특히 '세 성공한 얼간이들' 모두가 친미주의자로 그려지고 있다.[28] 이와 관련해 제일 먼저 언급할 수 있는 것이 있다면, 그것은 총장의 왜곡된 교육관이다. 바이러스 총장은 오직 미국 기업에 취업하는 것만을 취업률로 계산하는 전형적인 '식민지 지식인'이다. 란초 앞에서 "28위이던 대학을 1위로 만들었다"는 점을 아주 자랑스럽게 여기는 총장, 그의 이 대사도 결국은 자신이 총장을 역임하고서부터 ICE가 인도 대학들 중 미국 기업에 가장 취업을 많이 하는 대학이 되었다는 것을 의미한다. 또한 35만 원짜리 명품 이탈리아 수제화를 신고 다니며, 총장 딸이자 자신의 약혼녀인 피아에게 1,000만 원에 호가하는 한정판 시계를 선물하기도 하고, 400만 원짜리 결혼식 코트를 맞추어 입기도 하는 수하스, 그 역시 바이러스 총장이 아주 좋아할만한, 사회적으로 성공한 인물이다. 사람을 입고 다니는 옷이나 구두, 목걸이, 시계 등의 브랜드나 가격으로 평가하는 '소인배'인데도 말이다.

28) 이는 히라니 감독이 직접적으로는 할리우드 영화를 그리고 간접적으로는 미국의 문화제국주의를 겨누고 있다는 증거다.

물론 가시적으로는 차투르가 대표적인 친미주의자라 할 수 있다. 일례로 파르한과 라주가 수하스와 결혼할 뻔한 피아를 빼내 라다크를 향하던 중 잔소리를 못하게 차투르의 팔을 묶고 입을 봉해 잔소리를 못하게 했다가 풀어주자, 그의 일성이 "미국 법정에 고소해버릴거야!"다. 방글라데시인이자 인도 유학생인 차투르에게 미국은 곧 삶의 낙원이고 미국법이 곧 모든 국가를 대표하는 법(Supernational Law)인지 모른다. 그뿐인가. 차투르가 푼수크 왕두씨를 위해 준비한 선물바구니에서 라주가 비스켓을 꺼내 먹으려고 하자, 그는 또한 "뜯지마. 이것은 샌프란시스코에서 사온거야. 수제 비스켓이야"라며 그에게서 선물바구니를 낚아채기까지 한다.

차투르는 실제 친미주의자 정도가 아니라 '미국편애주의자'라는 표현이 더 적절할 것이다. 심지어 그는 성조기 무늬로 된 팬티까지 애용하고 있는 인물이다. 성조기 무늬로 된 팬티를 입고 있을 때 그는 <007>에서 주연을 한 제임스 본드를 흉내내고 있거나 아니면 기억력을 강하게 해준다는 '돌팔이 약'을 먹고서 손에 책을 들고 기숙사 방안을 오가며 학습한 내용을 암기하고 있다. 그밖에도 신입생들을 모여 놓고서 선배들이 그들에게 시키는 우스꽝스런 동작이 스파이더맨, 배트맨 흉내내기이다.

이렇게 눈에 띄는 몇 가지 사례만 살펴보아도 확인할 수 있듯, 히라니 감독은 분명 인도인의 생활 속에, 아니 인도를 대표하는 ICE 대학생들의 사고 속까지 깊숙이 침투해 있는 미국 문화코드에 대한 추종 심리를 정확하게 지목해서 비판하고 있다.[29] 이에 그치지

---

29) 미국 문화코드에 관한 연구는 Cl. Rapaille, *The Culture Code,* Broadway Books, 2007 참조. 참고로 라파이유는 미국 문화코드를 사랑, 미, 건강, 돈,

않고 가장 직접적으로는 총장 딸 피아의 대사에 구체적으로 미국의 지난 정부(부시정부)에 대한 비판이 등장하기도 한다. 아버지가 취업을 한 라주를 졸업시험에서 떨어뜨리려 하자 아버지 연구실 키를 몰래 훔쳐와 란초에게 건네며 피아는 구자라트 음식들을 언급하면서 그 이름이 마치 "미사일 이름 같다"고 한 후, 연이어 그녀는 마치 이라크 전쟁 현장에 있는 리포터를 흉내 내며 다음과 같이 말한다.

"오늘 부시 대통령이 이라크에 도클라 두 발을 쐈습니다. 400명이 사망했고, 200명이 부상을 입었습니다."

이렇게 감독은 구체적으로 인도 내부의 친미주의자들까지 비판하고 있는 상황인데, 우리가 이러한 점들을 몰각(沒却)하고 이 영화를 단순한 '코미디물'이나 '상업영화'로 평가하는데 그쳐서 되겠는가? C. 라파이유가 대표적인 학자라고 할 수 있지만, 미국인들이 20세기 후반기에 접어들어 "우리의 역사(ourstory)라고 말하는 것"은 그 속에 "'우리(We)'와 '국민(people)'을 구성하는 많은 요소들이 배제되어 있기 때문에" 그 자체가 하나의 '폭력적인 역사'이며, 그래서 "흑인들과 히스패닉 등이 그것은 '우리의 역사'가 '아니(No)'

럭셔리 등으로 정의하면서 미국에서 살기를 원하는 사람들에게 다음과 같은 주문을 하고 있다: "미국 문화코드는 미국이 '꿈'의 나라(America is DREAM)라는 것이다. (…) 만일 어떤 사람이 미국에 오기를 원한다면 우리의 문화를 기꺼이 받아들여야 한다. 바로 이것이 우리의 문화를 강하게 만들며 동시에 미국이 왜 유일한 나라(America is unique)인지를 우리에게 상기시킨다."(*ibid.*, pp.197~198)

라 '당신들의 역사(yourstory)'일 뿐이라고 말하듯", 히라니 감독도 결국 미국의 문화와 역사는 단지 '그들의 것(theirstory)'이라는 것을 누구보다 잘 알고 있는 듯하다.[30] 인구대국 인도의 저력이 이렇게 인도 예술가들의 자존심을 지켜주는 든든한 버팀목이 되어준다고나 할까. 인도 예술가들에게 이렇게 자신들의 로컬이 곧 글로벌 세계를 대표하기도 한다는 의식이 잠재되어 있다는 것은 부러움을 사기에 충분하다. 이런 까닭에 그들에게는, 중국인들, 프랑스인들이나 영국인들도 마찬가지라고 생각되는데, "Think Global, Act Local"[31]이란 구호가 대한민국과 같은 경제·문화소국들에서처럼 그렇게 호소력이 없을 것이다. 어쩌면 그들은 그들의 로컬을 더 잘 이해하는 것(to understand their local better)이 곧 글로벌로 나가는 지름길(to find out shortcut to achieve global)이라는 것을 이미 터득하고 있는지도 모른다.

인도는 "Think and Act Locally"만으로 "Succeed Globally"할 수 있는 대표적인 나라다. 히라니 감독이 ≪세 얼간이≫에서 인도 내부의 친미주의자들을 과감하게 비판할 수 있었던 것도 필경 그의 문화의식이 강고했기 때문에 가능했을 것이다. 그의 영화는 이런 점에서 자신과 자신의 '삶'을 영위하게 하는 문화적 로컬을 지켜내기 위한 정당방어라고나 할까. 그리고 그가 이렇게 인도문화에

30) E. Chen Eoyang, *Two-Way Mirrors. Cross-Culture Studies in Glocalization,* Lexington Books, 2007, p.150 참조.

31) S. Walter, *Think Global, Act Local,* Luath Press Ltd., 2004 참조. 원래 이 슬로건은 스코틀랜드의 도시설계자이자 사회운동가인 게디스(Patrick Geddes)가 『진화하는 도시(Cites in Evolution)』(Williams and Norgate, 1915)에서 언급한 것으로 알려져 있다.

깊이 천착하고 있는 것은 자신의 문화적 정체성을 지키느냐 잃느냐와 관계된 문제이기에 선택의 여지가 있을 수 없다.[32)]

작금의 '신종 문화제국주의'에 의해[33)] 자신의 문화적 토양이 파편화되고, 파괴되고 있다는 것에 대한 자각 없이 오직 글로벌만을 꿈꾼다(Only Globally Think and Act)고 해서 국경 밖의 시장들이 호락호락 열릴까? 천만부당(千萬不當)한 일이다.[34)] 자신의 역사도 제대로 가르치지 않는 나라, 애국가의 작사가가 누군지도 궁금해 하지 않는 나라에서[35)] '글로벌 한류'는 유령의 일종이지 결코 장밋빛 희망일 수 없다. 설사 그 힘이 미약해도 중심이 바로서야 주변이 존재할 것 아닌가?

결국 중요한 것은 여전히 로컬 국가라는 사실이다. 동일선상에서, 문화도 로컬이 건재할 때 글로벌 경쟁력을 갖출 수 있다. 우리 모두가 글로벌이란 강요된 '환상'에 의해 더 이상 우리의 로컬이 희생되는 일이 없도록 경계심을 늦추어서는 안 되는 이유이다. ≪세 얼간이≫도 궁극적으로는 서로 이질적인 문화들이 함께 공존하는

---

32) Z. Mlinar, *Globalization and Territorial Identites,* Avebury, 1992 참조.

33) 20세기 후반부터 본격 논의된 문화제국주의 담론은 주로 문화 영역의 세계화(미국의 문화적 지배)에 대한 비판에 초점이 모아졌으며 최근에 들어서는 그 학문적 논쟁이 다소 약화된 감이 없지 않지만, 그럼에도 "비서구에 대한 서구의 지배, 주변에 대한 중심부의 지배, 빠르게 사라지는 전통에 대한 근대 세계의 지배, 세계 대다수의 사물과 사람에 대한 자본의 지배" 등에 관한 논의는 여전히 현재 진행형이라고 할 수 있다 - 존 톰린슨, 『세계화와 문화』, 김승현 · 정영희 공역, 나남출판, 2004, 117~118쪽 참조.

34) J. Tomlinson, *Cultural Imperialism: A Critical Introduction,* Pinter, 1991(『문화 제국주의』, 강대인 옮김, 나남, 1994) 참조. 그 밖에도 에드워드 W. 사이드, 『문화와 제국주의』, 박홍규 옮김, 문예출판사, 2005 참조.

35) 김신영, 「애국가 작사자, 이제라도 찾아내야죠」, 『조선일보』 2011. 8. 15. 참조.

인도의 다문화 사회, 즉 헤테로피아(Heteropia)를 제시하고 있다. 하지만 이보다 더 중요한 것은 그것이 결국 인도라는 문화적 로컬에 기초한 것임을, 문화적 로컬까지 글로벌 시장에 양보하려는 우리로서는 필연코 주목할 필요가 있다. 시장경제의 세계화도 모자라 사회의 정상성까지 다른 나라로부터 위임 받아 운영되는 국가란 이미 국가라 할 수 없지 않는가!?

2) 문화적 주체의 자각과 사회적 정상성의 회복

재삼 강조하지만 글로벌(지배)문화는 지역(변방)문화를 초토화시킬 뿐만 아니라 실제 그곳에 사는 사람들의 삶의 서사(Narrative of Life)를 앗아가기도 하기에 '위험한 괴물'로 비유될 수 있다. 그 폐해는 자못 심대하다. 가족과 사회공동체가 깨어지고 있으며, 국적 없는 유목민들만 늘어간다. "유목민처럼 떠돌이 삶이 글로벌 시대의 상징으로 자리잡았다"[36)]는 말이 낯설게 느껴지지 않을 정도다.

어찌해야 할까? 해답은 간단한데 있다. "Think Global"에 의해 분열되고 파편화된 자신의 서사부터 챙겨야 한다. 왜냐하면 그 서사가 곧 자신의 기록이요, 가족과 사회공동체의 역사이기 때문이다. 그 때 비로소 우리는 문화라는 지평 위에서 자신에 대한 인식(self-consciousness locality)을 제대로 할 수 있기 때문이다. 그리고 그 때 마침내 개인의 문화적 정체성(cultural identity)이 정위(正位)될 수 있다.

서사는, R. 바르트의 말대로, 곧 "〔개인의〕삶이자 인류의 역사 자

---

36) 리차드 세넷, 『뉴캐피털리즘』, 유병선 옮김, 위즈덤하우스, 2009, 6쪽.

체이기도 하다." 당연 "서사 없는 민족은 존재하지 않는다."[37] 때문에 역사(histoire, récit)가 미천한 국가의 사람들처럼, 부나 자본의 소유를 문화나 전통보다 더 중요한 것으로 착각하는 사람들처럼, 스스로 '유목민이면 어때'라며 구차한 자기변명을 늘어놓을 것이 아니라 ≪세 얼간이≫에서의 란초처럼, 라주나 파르한처럼 스스로를 일으켜 세우기 위해 설사 사회적 정상성(그 자체가 이미 비정상적이기 때문에)을 위월(違越)한다고 할지라도 과감히 "No"라고 외칠 수 있어야 한다.

그런 자신감, 자기애가 필급한 상황이다. 더 적극적으로는 란초처럼 정상성 자체를 회복하려는 노력과 지혜가 필요하다. 이와 관련해 일차적으로 필자의 눈에 띄었던 것이 사동 밀리미터이다. 그는 대학생 형들에게 "홍정은 안 돼요"라며 당당한 태도를 보인다.[38] 현실 속에서는 나이나 신분상 도저히 있을 수 없는 일인데 감독은 밀리미터를 영화의 처음부터 끝까지 데리고 가면서 그에게 때론 당당한 발언을 시키기도 하고, 또 때론 총장을 비웃는 역할을 부여하기도 하며, 또 때론 란초 곁에 라주나 파르한 이상으로 함께 등장하는 역할을 부여하여 그에게 지속적으로 존재감을 부여한다. 그리고 란초만이 그에게 밀리미터가 아닌 맨 모한이라고 그의 본래 이름을 불러준다.

---

37) R. Barthes(dir.), *Introduction à l'analyse structural du récit,* Seuil, 1981, 서문 첫 문장: "서사는 모든 시간, 모든 장소, 모든 사회에 극히 무수한 형식으로 존재한다. 서사의 연원은 인류의 역사 그 자체다. 세상 어디에도 서사가 없는 민족은 존재하지 않으며, 존재하지도 않았다. (…) 서사는 곧 삶이다."

38) 그는 파르한의 가방을 기숙사 방으로 옮겨주며, 다음과 같이 당당히 말하기도 한다: "계란, 빵, 우유, 과제 도우미, 숙제 복사 등 〔필요하면〕 언제든 불러주세요. 단 홍정은 안 돼요"라고.

두 번째로는 고빈드다. 그는 라주가 면접시험을 통과했다는 소식을 듣고 총장이 잠든 사이 그의 콧수염을 밀어버린다. 실제 총장이 란초에게 파르한과 라주 중 한 사람이라도 취직을 하면 콧수염을 밀겠다고 약속을 했고, 그 사실을 란초 앞에서 고빈드에게 고지했기 때문에 고빈드가 총장의 수염을 민 것인데, 이 또한 현실적으로는 있을 수 없는 일이다. 총장은 "수염이 없으니 벌거숭이 같다"며 딸들 앞에서 펄펄 뛴다. 그의 "권위가 손상되었다"는 말에 딸들은 하지만 동의하기보다 한바탕 웃음바다를 연출한다. 권위를 남이 부여해주는 것이 아니라 스스로 부여하는 것임을 몰각한 총장의 코믹한 행동이 관객들로 하여금 고소를 금치 못하게 하는 것도 이 때문이다.

그리고 세 번째로는 기계공학 시간에 '란초 교수'가 질문하는 'Farhanitrate', 'Prerajulisation'이 무슨 뜻인지 다른 학생들과 같이 열심히 책을 뒤적이며 그 정의를 찾고 있는 총장의 우스꽝스런 모습이다. 그뿐인가. 총장 딸 피아가 수하스와의 결혼식이 진행되고 있는 바로 그날 가족과 하객들을 뒤로 하고 파르한과 라주와 함께 란초를 찾아가는 극적인 장면에서도, 비록 의식불명 상태에 있는 라주를 깨어나게 하기 위한 방편이긴 했지만 ICE의 학생들이 떼거리로 나타나 총장의 얼굴에 다트 화살을 던지는 장면에서도, 파르한이 사랑고백을 하러 란초가 피아의 방에 올라간 사이 자신이 안티-바이러스(백신)라며 총장집의 문패를 돌로 뭉개는 장면 등에서도 마찬가지로 비정상성이 "No"라는 외침의 공격 대상이 되고 있다.

이렇게 ≪세 얼간이≫에서는 사회적 비정상성이 끊임없이 젊은 주인공들로부터 공격을 받고, 바로 그 점에 관객들은 대리만족을 느꼈을 것이다. 하지만 더 중요한 것은 비정상성을 공격하는 사람들이 정상성이 어떤 것인지에 대한 의식을 분명히 갖고 있다는 점이다. 그리고 그 과정을 겪으면서 비정상성을 정상성으로 오인한 자들 역시 스스로 정상성을 받아들이고 변화해 간다는 점이다.

[그림 2] ≪세 얼간이≫ 포스터

비정상성과 정상성, '강간'과 '헌신'[39], '대학'과 '공장'을 사람들은 결코 혼동하지 않는다. 글로벌문화에 의해 탈영토화된 문화적 정상성은 로컬 주체의 자각 없이는 회복될 수 없다. ≪세 얼간이≫에서 총장이 전임 총장으로부터 물려받아 자기처럼 훌륭한 학생이 나타나면 건네주려고 32년 동안이나 고이 간직해온 '능력의 상징'인 펜을 란초에게 전달한 장면이 곧 비정상성이 정상성으로 변모하는 결정적인 장면이라 할 수 있다.

히라니 감독은 이렇게 인도사회가 안고 있는 문제가 무엇인지,

39) 스승의 날 행사 때 차투르가 총장에게 잘 보이기 위해 개회연설을 자진해서 하게 되는데, '헌신', '희생'이란 단어를 '강간'으로 바꾸어 연설함으로써(물론 란초와 파르한이 차투르를 골탕 먹이기 위해 계획한 일이었지만) 총장은 행사 참가자들로부터 이루 형언할 수 없는 수모를 당한다.

어떤 것이 합리적 문제해결 방식인지를 정확히 직시하고 있으며, 그 문제를 물리적으로 해결하려하거나 기성의 "Yes" 앞에서 단지 "No"라고 반박하는 수준에 그치지 않고 가해자는 물론이고 피해 당사자들 모두가 의식적이고 주체적인 자각을 통해 새로운 단계로 진입하기를 기대하면서, 그 때를 인내하며 기다린다. 그리고 인도의 대부분의 영화가 그렇듯[40), ≪세 얼간이≫ 역시 정상성의 회복과 두 남녀 주인공의 사랑의 성사라는 '해피엔딩'으로 끝을 맺는다.

4. 평평하지 않은 문화

인도 같은 거대 로컬은 다행히도 미국 주도의 글로벌 세계와 힘의 균형을 이룰 수 있고, 글로벌시장을 지향하기도 쉬운, 아주 혜택받은 나라 중 하나이다. 하지만 대부분의 국가는 시장규모나 경제적 잠재 성장력의 측면에서 볼 때 상황이 인도처럼 호조건은 아니다. 단적으로 말해, 글로벌시장에 맞설 힘이 없다는 뜻이다.

최근 자유교역의 천국을 자부했던 글로벌 제국 미국도 스스로가 꿈꾸고 있는 제국의 문제점이 어디에 있는지를 반성하고 있는 기색이다. 국경 없는 시장을 제대로 구현해보지도 못한 채 결국 신자유주의의 문제점이 어디에 있는지를 노정시킨 것이다. 그리고 각국에서는 그 문제점들을 자신의 국경, 즉 현실적 공간 안에서 해결해야 한다는 점을 새롭게 터득한 것 같다. 인간이 생각하는 동물(homo sapiens)에서 경제적 동물(homo economicus)로 전락하면서 겪게 된

40) 김윤희 · 박치완, *op. cit.*, 94~99쪽.

공적인 고통(public suffering)의 원인이 타자에 의해 부여된 것이 아니라 스스로의 무지에 있었음을 깨달은 것이다.

모든 로컬이 생존을 이유로 글로벌시장에 의존할 수밖에 없다는 사실은 문화적 기준으로 보면 참으로 불행한 일이다. <로컬 '그리고(and)' 글로벌>의 관계가 공평, 공존, 상호인정 등의 개념을 중심으로 재정립되지 않으면 결국 세계는 수익성만을 추구하는 작금의 자본의 논리에서 벗어나기 힘들 것이다. 게다가 경제에 이어 문화, 지식까지도 산업(상업)을 축으로 재편되고 있는 상황이다. 이렇게 자본주의는 자신을 끝없이 외화(外化)시키며 확장일로에 있다. 이를 그대로 방치한다면 우리의 미래가 암울할 수밖에 없다. "문화가 산업으로 기획되어 인간적 가치 창조마저도 철저하게 자본의 논리 아래 놓이게 될 것"이 빤하기 때문이다.[41)]

문화는 제아무리 최첨단 기술과 결합해도 '평평하게' 세계시장을 누빌 수 없다. 그 일부가 일시적으로 세계시장에서 유통·소비될 뿐이다. 이는 로봇이 인간이 될 수 없는 이치와 같은 것이다. 때문에 글로벌에만 목을 매는 '반푼의 논리'로는 이 시대의 삶의 문법을 설명할 수 없다는 것을 잊어선 안 된다. 조나단 프리드먼도 지적하듯, 우리가 이 시대에 세계 속에서 살아간다는 것은 로컬과 글로벌을 동시에 사는 것이라는 것을 기억하자.[42)] 아탈리가 제시한 대로 "세계가 ['글로벌'이라는] 감옥으로 변화하지 않기 위해서는 각

41) 이기상, 「지구지역화와 문화콘텐츠 - 지구촌 시대가 기대하는 한국 문화의 르네상스」, 『인문콘텐츠』 제8호, 2006, 20쪽.

42) J. Friedman, "Being in the World: Globalization and Localization", *Global Culture,* M. Featherstone (ed.), Sage, 1990, pp.311~328 참조.

자 정착민인 동시에 노마드로 살 수 있어야 한다”는 점을 또한 각별히 유념하자.[43)]

한 사회의 정상성은 다른 사회의 정상성과 서로 같을 수 없다. 그 ‘다름’이 바로 그 사회·문화적 정체성의 핵이자 꽃이다. ≪세 얼간이≫ 분석을 마치면서 필자는 우리 사회가 강요하는 정상성이 무엇인지 다시 한 번 묻게 된다. 개인적으로든 집단적으로든, 의식적으로든 무의식적으로든 오직 개인적 성공만을 위해 우리 모두가 행위하고 있는 것은 아닌지?

---

43) 자크 아탈리, *op. cit.*, 491쪽.

Chapter 5
미국 할리우드 SF 영화의 알레고리: ≪블레이드 러너≫와 ≪마이너리티 리포트≫

by 김성수

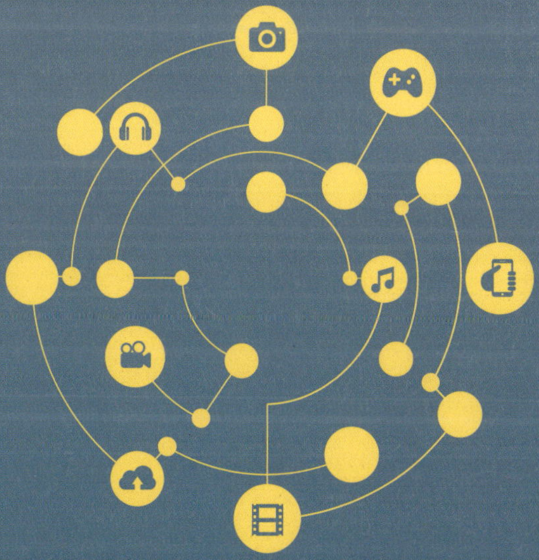

"영화는 그것이 더 좋은 영화일수록,
그것은 그 영감의 원천에 더 많이 닮아있다."
- S. 카벨, 『눈에 비치는 세계』

1. 할리우드 SF 영화의 기본 특성

1960년대 이후, 미국 할리우드 영화는 비약적으로 성장했다. 그 중에서도 SF 영화의 발전은 눈부시다고 평가될 수 있다. SF(Science Fiction)는 초창기 시대부터 영화 제작자들에게 매우 흥미를 끄는 소재였다. 활동사진으로 은막 속의 가상 세계를 창조해 내는데 있어서 신화나 SF 스토리는 좋은 시나리오가 될 수 있었기 때문이다. 조르주 멜리에스의 ≪달세계 여행≫(1902)은 SF 영화의 기념비적인 작품이다. 러닝 타임 14분으로 현재의 단편영화 분량이지만, 지금도 널리 활용되는 합성 및 카메라, 편집 기법 등이 사용되었다. 달에 간 과학자들이 조우한 외계인들과 싸운 후, 탈출하여 지구로 귀환한다는 내용의 이 영화는 모든 SF 영화 작품의 효시가 되었다.

작품성 높은 SF 영화에 내재된 스토리·이미지적 함축은 매우 풍부한데, 이 작품은 이러한 내막을 명시하였다. 최초의 SF 스토리라고 추존되는 『걸리버 여행기』로부터 현재의 SF 영화에 이르기까지 SF는 사회의 문제점을 우회적으로 보다 날카롭게 지적하고자 하는 의도를 띠는 경우가 많다.

SF 영화는 미래 세계 공상적인 시대 배경 하의 어떤 자극적 사건을 보통 그린다. 연령대가 비교적 젊은 관객들이 선호하는 장르 정도로 간주되는 경향도 많다. 그러나 ≪2001 스페이스 오디세이≫(1968)처럼 작품성 높은 SF 영화 역시 계속 제작·상영되어 왔다. 흥행과 작품성 모두에서 성공한 SF로 평가받는 ≪매트릭스≫(1999)도 있다. 대체적으로 작품성이 높다고 평가를 받는 SF 영화들은 하나 같이 거의 대부분 영화 속의 미래 세계와 사건에 현재의 시대상과 사회적인 문제를 밀도 있게 투영하고 있다. 그에 따라 SF를 바탕으로 하여 예술영화(art film)처럼 보이는 상업영화들도 만들어지고 있다. 흥행에 실패한 SF 영화인 ≪블레이드러너≫(1982) 같은 예도 있으며, 철학적 이야기이지만 상업 영화로 각색된 ≪마이너리티 리포트≫(2002)의 예도 있다.

보통 SF 영화의 원천은 스토리와 장면을 구성하게 하는 상상력(imagination)과 과학-기술(science-technology)적 설정이라 한다. 외계인들과의 우주전쟁도 은하계를 넘어서는 시간 여행도 이와 관련되어 얼마든지 가능할 수 있는 것이다. 그렇지만 이러한 설정은 SF 영화의 절반 정도의 역할만을 한다. 실제로는 다른 일반의 작품성 높은 드라마 영화와 마찬가지로 SF 영화의 경우에도 어떤 주인공의 삶이 어떤 세계에서 어떤 방식으로 밀도있게 투영되어 있느냐 혹은 이 삶이 어떤 특정의 사회 속에서 어떻게 표현되어 드러나고 있느냐 등이 주요 문제로 작용한다. 미래의 인간 삶 및 사회에 어떻게 현 시대의 모습과 사건이 '어떻게 효과적으로 그려지고 감동적으로 투영되어 표현되는가'가 실제로는 SF 영화 성패의 중요한 요인이다. 최근의 SF 영화 ≪인터스텔라≫(2015) 역시 이를 명확하게 보여주었다. 이 내막들을 효과적으로 구성하고 표현할 수 있을 때, SF 영화도 관객 절대 다수에게 깊고 강렬하게 호소할 수 있는 작품성 높은 영화가 될 수 있다. —SF 장르이므로 이 같은 투영과 표현은 대체적으로 영화 화면의 스펙터클, 곧 다양한 특수 효과들에 기인된 이미지의 현란함으로 인해 은폐되는 성향이 있기도 하다.

본고는 이러한 견지에서 SF 영화 속 장면들 일부에 대한 분해를 시도해 본다. 영화를 심도 있게 이해하는 데 있어서는 스토리 못지않게 이미지 역시 중요하다는 상식에서 출발하였으며, 이 장면들은 역사와 시대와 사회 이데올로기의 일부이며 기존의 상징 및 알레고리 형식과도 상통한다는 비주얼컬쳐연구의 맥락을 전제로 두었다. —여기서 강조되는 특정의 장면 이미지들은 영화의 전체 스토리를 감안하였을 때 대략 어떤 부분이 핵심이 될 수 있느냐라는 점을 적극적으로 감안한 선택이다. 이 장면 이미지는 작품성을 보다 풍부하게 만드는 역할을 하며, 상징과 알레고리의 배치로 인해 관객들의 (때로는 의식적이고 때로는 무의식적인) 인지적 수용과 연결된다고 해석될 수 있다. 먼저 비주얼컬쳐연구의 견지에서 할리우드 SF 영화의 특징을 고찰해보며, 그 다음으로 이미지텔링(imagetelling), 상징, 알레고리 등과 같은 개념들에 대해 검토 정리하고, 이를 바탕으로 하여 예술영화로 간주되곤 하는 리들리 스콧의 ≪블레이드 러너≫와 상업영화로 분류되는 스티븐 스필버그의 ≪마이너리티 리포트≫의 알레고리 이미지텔링의 예 몇몇을 살펴보고자 한다.

2. 비주얼컬쳐연구와 할리우드 SF 영화

21세기는 비주얼의 시대다. TV, 영화, 비디오게임 등 각종 미디어를 통해 다양한 형태의 비주얼 콘텐츠들이 글로벌하게 그리고 동시다발적으로 만개하고 있다. 이러한 비주얼콘텐츠들은 현대 문화가 만들어낸 산물이 아니라 이미 현대 문화 그 자체다. 비주얼컬쳐(visual culture) 및 콘텐츠들이 현대 문화를 형성하는데 지대한 영향을 미치고 있는 것이다. 넓은 의미로 보면 이러한 비주얼컬쳐에 대한 연구의 총체가 곧 비주얼컬쳐연구이다. 문화연구의 한 갈래로서의 비주얼컬쳐연구는 각종 물리적인 비주얼 제작물, 건축물, 이미지, 영상물, 퍼포먼스, 미적 혹은 제의적 표현, 각종 정치적 이데올로기 상징물 등 인간이 시각으로 인지할 수 있는 대상들(visual-perceptual object) 전체에 해당되며, 보다 더 깊게는 그 시원을 미학이나 예술비평 내용으로까지 소급할 수 있다.[1] 현재의 비주얼컬쳐연구는 20세기 각종 미디어의 활성화로 인해 미디어연구와 상당 부분에서 중첩되나, 미디어연구가 보통 미디어 자체 혹은 미디어에 탑재된 내용에 천착하려는 반면, 비주얼컬쳐연구는 시각적인 각종 요소에 보다 더 집중한다는 면이 있다. 비주얼컬쳐연구는 특정 비주얼콘텐츠 작품

1) 존 A. 워커 · 사라 채플린, 『비주얼 컬쳐』, 임산 옮김, 루비 박스, 2004, 17~18쪽.

의 주요 요소로 간주될 수 있는 배경, 형식, 색채, 구도 등을 대상으로 하며, 이 요소들에 수반되는 다양한 의미들의 이데올로기—알튀세르(L. Althusser)적 의미에서 정치적인 이데올로기 뿐만이 아니라 페미니즘이나 유교주의 등 모든 형태의 주의·주장을 총체적으로 일컫는다—적 함의들을 살피는 것이다.

본래 이런 형태의 이데올로기 연구를 기본 바탕으로 삼는 문화연구는 대중문화에 대한 비평적 혹은 메타논의적인 내용들을 산출해온 학문 분야다. 영화 ≪배트맨≫의 바탕에 깔려있는 미국우월주의를 비판적으로 분석한다거나, 가수 존 레논의 평화주의 메시지가 어떠한 함축을 가지고 있으며 어느 학자의 이론과 연결되느냐 등에 대한 논의가 좋은 예다. 각종 사회 정치적 개념 및 이론들과 애초부터 밀접할 수 있거나, 비정치—실용주의적, 자유·다원론적—적인 차원에서 우회적 혹은 간접적으로 정치적일 수도 있다. 바르트(R. Bartes) 등의 기호학, 그람시(A. Gramsci)의 헤게모니주의, 마르크스주의, 그 외 이데올로기 개념과 직결되는 사회 구조주의 및 포스트구조주의 하에서의 비평들 모두가 문화연구와 연결되어 왔다. 크리스 바커(C. Barker)는 문화연구가 다양한 관념들과 이미지들과 실천의 집합체이므로, 일종의 언어-게임(language-game)으로 구성되어 현실을 반영하는 개념들과 지식들을 생산해 내고 있는 복합적인 학문 체계라고 정리하기도 하였다.[2)]

문화연구의 이러한 맥락은 비주얼컬쳐연구에도 상당 부분 그대로 유효하다. 비주얼컬쳐연구의 견지에서 보면 모든 (비주얼)이미지들은 일종의 언어다. 언어뿐만이 아니라 이미지 역시 세상을 구성

2) C. Barker, *Cultural Studies*, Sage Publications, 2000, pp.4~6.

하는 담론의 체계의 일부이며, 홀(S. Hall)의 지적대로 이런 이미지들에 대한 문화적 분석은 이미지들을 문화적 맥락 및 사회 담론적 차원에서 부호화와 해독화의 연속으로 보는 것을 말한다.[3] 담론화된 이미지들을 만들어내고 이해하고 하는데서 결국 문화가 파생되고 널리 유포된다고 볼 수 있다는 의미다. 그러므로 비주얼컬쳐연구의 차원에서 이데올로기적으로 이미지를 분석한다는 것은 어떤 특정의 이미지를 특정의 위치에서 해석하여 특정의 이데올로기로 환원될 수 있는 사회적 담론의 생성을 지칭한다. 하지만 이는 보다 보편화된 인간의 집단적인 의식내지 무의식을 담지하는 상황이라고 보는 편이 더 적합할 지도 모른다. 문화가 세상의 반영이듯, 이미지는 시대와 문화의 반영인 까닭이다. 이런 이미지들과 이미지들에 대한 해석 및 확산에 의해 우리의 문화와 사회가 실제로 생성·유지되어 가는 중이라고 조망될 수 있기도 하다. 스터르큰(M. Sturken)과 카트라이트(L. Cartwright)는 이에 대해 "모든 이미지에는 재현(representation)이 들어있고, 그렇기에 우리가 우리의 주변 세계를 구축해 나가는 과정의 일부라고 볼 수 있다. 그리고 우리는 자연스럽게 주어진 문화적 맥락에서 재현 체계의 관습이나 틀을 터득하게 된다"[4]고 말한다.

그러므로 세상에 유포되어 인간에게 보여지는 모든 형태의 이미지는 특정의 이데올로기 및 주의·주장이라는 측면과 직결된다. 이

---

3) S. Hall, "Encoding, Decoding", S. During (ed.), *The Cultural Studies Reader*(3rd ed.), Routledge, 2007, pp.481~483 참조.

4) M. Sturken & L. Cartwright, Practice of Looking (2nd ed.), Oxford, 2009, p.14.

미지 제작자의 의도에 의해서이든, 개인 혹은 사회가 수용하게 되는 해석 내용에 의해서이든, 특정의 이미지는 항상 이데올로기, 곧 자본주의, 페미니즘, 가족주의, 국가주의, 애국주의 등 각종의 이데올로기들을 함축하고 있다. 즉 모든 형태의 이미지에는 세상에 통용되어온 갖가지 관념들과 그 관념들이 시각적으로 표상되어 있으며, 그 이미지들은 인간의 역사와 궤를 같이해 왔다고 말할 수 있는 것이다. 회화는 물론, 애니메이션이나 영화 등 각종의 미디어에 실려 있는 모든 특정의 이미지들은 피스크(J. Fiske)의 말처럼 사회·문화적 맥락에 따라 특정 의미로 치환(displace)되어 이해될 수 있으며, 또한 특정 슬로우건과 관련된 주장으로 병합(incorporaton)되어 이해될 수 있다.[5] 우리가 코카콜라 병의 외관 이미지에서 자본화되고 상품화된 현대 여성의 모습을 발견하게 되는 것, 게임 ≪스타크래프트≫에서 제국주의와 결합한 자본주의의 각종 이미지들을 보게 되는 것 등은 이 입장에서 보면 매우 당연하다. 현대의 각종 이미지들은 이처럼 다양한 이데올로기적 상징들을 함유하고 있다. ―이러한 맥락은 미디어 기호학 연구와도 상통하는 바가 많다.

영화는 이 내용들을 극명하게 보여주는 좋은 장치다. 활동사진으로서의 초기 영화는 전자 미디어(electronic media)라는 플랫폼에 얹혀 있는 현대 비주얼콘텐츠들의 선구자라 할 수 있다. 활동사진의 탄생 및 보급은 이미지의 대중화를 보다 더 빠르게 확산시켰으며, 언어적 논증이나 '읽기'보다는 영상 및 이미지와 관련된 '보기'의 영향력을 개인 혹은 사회적으로 증대시켰다. TV와 인터넷 영상

5) 존 피스크, 『커뮤니케이션학이란 무엇인가』, 강태완 · 김선남 옮김, 커뮤니케이션북스, 2001, 323~332쪽.

물의 영향력이 보다 더 강력해진 21세기 현재에도 비주얼콘텐츠 문화상품으로서의 영화가 대중 소비자에게 호소하는 바는 TV 프로그램이나 비디오 게임 등에 비해 결코 적지 않다. 다만 제한된 시간이라는 제약을 가지고 스토리를 이미지의 연속으로 보여주어야만 하는 영화의 미디어 장르적 특성은 오히려 영화의 초기 시대보다 더욱 더 중요해졌다. 영화의 경쟁력은 다른 비주얼콘텐츠 플랫폼들보다 '보기'의 위력을 배가시키고 세련화 할 수 있는 미디어인 동시에 영상시로서의 예술이라는 점이다. 특히 영화관 단체 관람과 연결되는 대중심리, 시각을 마비시킬 수 있을 정도로 압도적인 스펙터클 이미지라는 차원으로서의 흡입성과 가상성을 감안한다면 영화의 호소성은 인터넷 동영상이나 TV 보다 더욱 깊고 강렬하다. 더욱이 과거나 현재가 아닌 상상의 공간을 그려내는 SF 영화 장르는 이러한 측면을 훨씬 더 쉽게 배가시키고 있다.

SF 영화는 특정의 이데올로기들을 내재시켜 관객들로 하여금 영화를 보면서 그에 대해 고민하고 나아가 이를 즐길 수 있게 하도록 만들기 매우 쉬운 장르라고 할 수 있다. 애초부터 SF 영화 속의 세계는 현실의 세계가 아닌 미래 세계이므로, SF 영화는 현재의 문제점들을 보다 더 적나라하고 미래라는 배경에서 자유롭게 직유적 또는 은유적으로 표현하고 지적할 수 있다는 장점이 있다. 오락적 성향을 특히 중요시하는 할리우드 SF 영화들조차도 이러한 SF 영화의 특징을 간과하지 않았다. 1950~60년대 할리우드 SF 영화들의 상당수는 영화의 소재를 공상과학적 세계로 확장시키는 것 자체에 보다 열중한 당시 제작자들의 시각 때문에 젊은 층이나 일부의 환상영화 마니아들만을 겨냥한 자극적이고 키치적인 B급 영화 내용이 많았으며, ≪바바렐라≫(1968)처럼 2~3류 영화로 취급되는 SF 영화들이 만들어 졌다. 하지만 이내 영화제작자들은 SF 영화가 지닌 현실 비판적, 이데올로기적 표현의 용이성을 상품의 가능성으로 인지하였으며, 이에 따라 ≪지구가 멈추는 날≫(1951), ≪신체 강탈자들의 침입≫(1956), ≪혹성탈출≫(1968) 등과 같은 작품성 높고 강렬한 의미와 이데올로기를 함축한 영화들이 제작되어 관객들에게 큰 호응을 받았다.

대부분의 의미 깊은 SF 영화는 영화 속의 세계를 단순히 탈역사화된 어느 시대, 어떤 사회의 특정 상황으로 설정하기 보다는, 동시대의 현 사회 상황을 적절하게 은유하는 방식으로 과장되게 반영하며, 이에 대해 다시 강도 높게 비판을 할 수 있게 하는 다양한 정치·사회적 상황들의 조합을 그리고자 하는 대상 세계로 설정한다. 『멋진 신세계』(1932), 『1984』(1949) 등 원조 과학소설의 맥락을 이어받은 훌륭한 SF 영화들에서 과학문명 혹은 사회 시스템의 진보성이 영화 속 세계의 핵심 문제가 되며, 이와 유기적으로 깊숙하게 연결될 수밖에 없는 주인공의 삶이 영화 전반에 걸쳐 주요 소재로 사용되고 있다. 1920년대 초창기 SF 영화인 ≪메트로폴리스≫(1927)에서부터 이런 성향이 분명하게 드러난 바 있다. SF 영화 속의 미래적 세계가 어떻게 형성되어 있느냐가 영화에서 가장 근본적인 소재인 동시에 중심적인 주제로 작동하는 경우가 많으며, 이런 내막이 때로는 서사(narrative)로, 때로는 이미지로 SF 영화 속에서 표출되고 있는 것이다. 이를 SF 영화의 '미래적인 세계상(futuristic world vision)'이라고 규정할 수 있으며, 바로 이 미래적 세계상이 SF 영화의 분위기를 만들어 내는 기본적인 '이미지 및 캐릭터 설정'과 직결되는 가장 중요한 내막이라 할 수 있다.

전쟁 이후의 완전 폐허 세계—황폐한 세계(apocalyptic world)이든 황폐화 이후 만들어진 세계(post-apocalyptic world)—이든 환상적인 과학 기술 세계이든, 거의 대부분의 SF 영화 속에서 비주얼이미지로 표현된 배경 세계는 디스토피아와 유토피아가 혼동되는 공간이다. SF 영화에서의 미래 세계상이 대체적으로 유토피아와 디스토피아의 중간에 놓여 있고 내용의 전개에 따라 한 쪽으로 보다 더 분명하게 진행되는 양상을 보이며, SF 영화의 비주얼이미지는 어떤 사회적, 혹은 윤리 개념, 다시 말해, 페미니즘, 사회주의, 국가주의, 개인주의 등 어떤 이데올로기를 메인 주제로 채택해서 내재하고자 하느냐에 따라 다르게 표현되는 것이 쿤(A. Kuhn)의 말처럼 통상적이다.[6] 그러므로 일단 특정 SF 영화의 비주얼이미지를 논하는데 있어서는 배경 세계 및 주요 이미지들에 어떠한 상징적 요소들 또는 특징적 의미가 함축되어 있느냐를 먼저 깊게 고민할 수밖에 없다. 제작자들 스스로가 이와 관련된 소품들과 촬영을 어떻게 어떤 주제 하에 배치하고 행해야 하느냐를 이미 많이 고민하고 있기 때문이다. 그렇기 때문에 영화 속의 이미지들을 기존의 상징 체계 및 사회적 관념들을 감안하여 해독할 수 있게 되며, 이에 따라 영화가 강조하는 각종의 이데올로기들을 이해할 수 있게 되는 것이다. 특히 SF 영화 속의 복잡한 가상적 세계상들과 내용들은 이미지들의 설정에 의해 보다 더 명확해지는 성향이 있다.

결국 비주얼컬처연구적 측면에서 SF 영화 속의 연속적인 이미지

---

6) A. Kuhn (ed.), *Alien Zone - Cultural Theory and Contemporary Science Fiction Cinema*, Verso, 1990. pp.9~11.

전개는 전체 영화 내용의 전개가 어떻게 되어야 하는지, 여러 상징적이고 암시적인 기법을 통해 미래의 세계상을 어떻게 형성해야 하는지, 이와 관련된 다양한 특징들을 어떤 방식으로 함축하고 전달해야 하는지, 더 나아가 관객들을 이런 이미지들에 어떻게 몰입하게 만들어야 하는지 등과 연결되는 주요장치이다. 물론 관객들에게 SF 영화를 보고 즐기기 위해 이에 대한 각종 이론들이나 기법들을 모두 다 숙지하라고 강요할 필요는 없다. 이 같은 내용들은 관객의 무의식 속에서 작용하는 경우가 더 많은 까닭이다. 영화의 이미지 장면 배열 속에 특정의 철학, 미학, 그리고 역사와 정치와 세계관 등이 모두 들어있게 해야 하며, 관객들로 하여금 이 내용들을 어렴풋하게 인지할 수 있게 만드는 것이 중요하다. 할리우드 SF 영화들 역시 이 부분을 잘 이해하고 있는 것 같다.

3. 영화에서의 이미지텔링과 회화의 알레고리의 상관관계

주지하듯 '이미지텔링'은 생경한 용어다. 대체적으로는 이미지로 이야기를 하는 데에 있어서 이미지가 스스로 말하는 존재가 되어 인간에게 말을 걸어오는 것이라고 논해지고 있다. —이때 이미지텔링은 비주얼이미지적인 측면만이 고려되는 것이 아니라, 심상(心象)과 청각 등의 이미지에까지도 적용되는 말이라고 한다.[7)] 이미지가 화자 내지 주체가 되어 인간에게 특정의 의미를 전달하고자 한다

7) 송종인 · 박치완, 「이미지의 이중성과 복합성 - 이미지텔링, 그 이론적 토대 마련을 위한 시론」, 『글로벌문화콘텐츠』 제8호, 2012, 159~160쪽.

[그림 1] 이미지텔링에 의해 구현된 ≪매트릭스≫ 포스터 예 — 인간의 자궁처럼 생긴 배터리가 중심에 있으며 배경은 행렬로 네트워크망을 형상화

는 한에서 이미지는 곧 관람자들에게 심상을 전달하고자 하는 것, 또한 적극적인 해석을 낳고자 하는 것이라고 치환하여 생각될 수 있다. 쉽게 말해 어떤 특정의 사물 이미지를 보는 사람들은 그 이미지가 다양하게 보여주고자 하는 느낌을 수용할 수 있게 된다는 뜻이다.[8)] 이처럼 이미지가 말하는 듯 특정의 느낌을 건넨다는 것이 이미지텔링의 근본 전제라면, 영화에서는 비주얼적인 요소들을 감안하여 이미지텔링이라는 용어를 보다 구체적으로 정의하여 제한적으로 사용하는 게 가능할 수 있다. 기본적으로 영화에는 카메라의 움직임(camera work)이나 편집 외에도 무대 배경을 지칭하는 세팅(setting)은 물론, 캐릭터의 의상이나 소품에 이르기까지 수많은

8) 김우정 외, 『위대한 선택 - 컬처 텔링』, 바람, 2009, 50~73쪽 참조.

형태의 장면 및 이미지들이 설정된 런닝타임 시간에서의 서사 전개와 맞물려 등장하므로 이미지의 선택은 한 영화에서 스토리에 못지않은 중요한 부분이다.

이런 맥락에서 영화의 특정 이미지가 관객에게 다양한 방식으로 말을 걸어 올 수 있다라는 개념이 가능할 수 있으며, 영상 이미지 안에 특정한 의미가 내포되어 있다고 이해할 수 있게 된다. 영상기호학에서는 이를 영상 텍스트라고 종합하여 지칭하기도 한다[9]. 따라서 대략적으로 영화에서 주인공의 삶 혹은 주인공이 속한 사회의 분위기를 내용적 측면에서 설정하고 내용을 전개하는 것이 이야기 서사로서의 스토리텔링이라고 정의된다면, 영화 속에서 이미지 내지 숏(shot) 혹은 장면(scene)을 이용하여 주인공의 삶이나 사회와의 관계 상황을 전달하고자 하는 것, 곧 이야기의 전개를 시각적으로 설정 표현하여 해석의 여지를 남기는 방식으로 전달하는 것을 영화에서의 이미지텔링이라고 규정할 수 있을 것이다. 이 이미지텔링은 미장센(mise en scene) 개념과 어느 정도 구분될 수 있을 듯한데, 미장센이 한 장면 안에서 화면 구도, 인물 및 사물 배치 등을 이용하여 연출자의 메시지나 미학 등, 즉 화면에 담긴 이미지 구성요소들로 주제를 드러내려 하는 주관적인 작업이라면, 이미지텔링은 미장센 개념을 포함하기는 하지만 그보다는 사회에 통용되는 보편적인 규칙—시각의 사회성 맥락이라는 시각성(visuality)과도 연결되는—에 의거하여 장면 이미지의 설정과 흐름을 통해 이야기

9) 영상 텍스트 개념에 관해서는 백선기, 『대중문화, 그 기호학적 해석의 즐거움』, 커뮤니케이션북스, 2004, 4~10쪽을 참조.

를 관객에게 암시적으로 전달하는 것이라고 정리할 수 있다.[10)]

이를 기존의 영화 용어적 표현으로 환원한다면 텍스트(text)와 하위텍스트(subtext)의 문제가 될 것이다. 일반적으로 영화에는 문학에서처럼 두 가지 형태의 텍스트가 존재한다. 전자는 제작자들이 만들어 내어 관객들에게 보여주는 표면적 텍스트이며, 후자는 이 텍스트의 근저에 내재되어 '시각에 의해 연상'될 수 있는 이해적 차원의 텍스트다. 물론 제작자들의 상당수는 이 하위텍스트 또한 관객들로 하여금 자연스럽게 연상하여 해석할 수 있도록 계산하고 있다. 이 텍스트와 하위텍스트의 문제는 보통 영화의 설정내지 메시지와도 밀접한 관계를 지니는 경우가 많다. 이를 테면, 서부 영화 ≪셰인≫(1953)의 주인공 캐릭터 셰인의 이미지에서 예수 혹은 그리스 신화 속 영웅의 이미지가 드러나고 있는 상황, SF 영화 ≪매트릭스≫ 시리즈에서 개인의 모체(자궁), 행렬, 네트워크, 사회문화의 기반, 컴퓨터 회로망 등을 의미하는 용어 '매트릭스'가 인간을 배터리로 활용하는 맥락을 표현하는 자궁 이미지로 형상화되어 있는 상황 등을 말하는 것이다.

이것이 가능할 있는 이유는 사회 보편적으로 수용되는 이미지에 대한 이해가 있기 때문이다. 과거 회화에서 사용되었던 상징 기법과도 상당 부분에서 원리를 공유하고 있다. 영화는 이미지의 연결이므로 이러한 면모는 각종의 숏이나 장면 시퀀스에서도 잘 드러난다. 그런데 특정 숏 내지 장면이나 장면 이미지들의 연속적 혹은

10) 카메라의 움직임, 각도, 조명, 특수효과 등과 결합하여 영화 장면의 이미지들을 조합하는 것 자체는 비주얼스토리텔링(visual storytelling)이라고 통상 일컬어지고 있다.

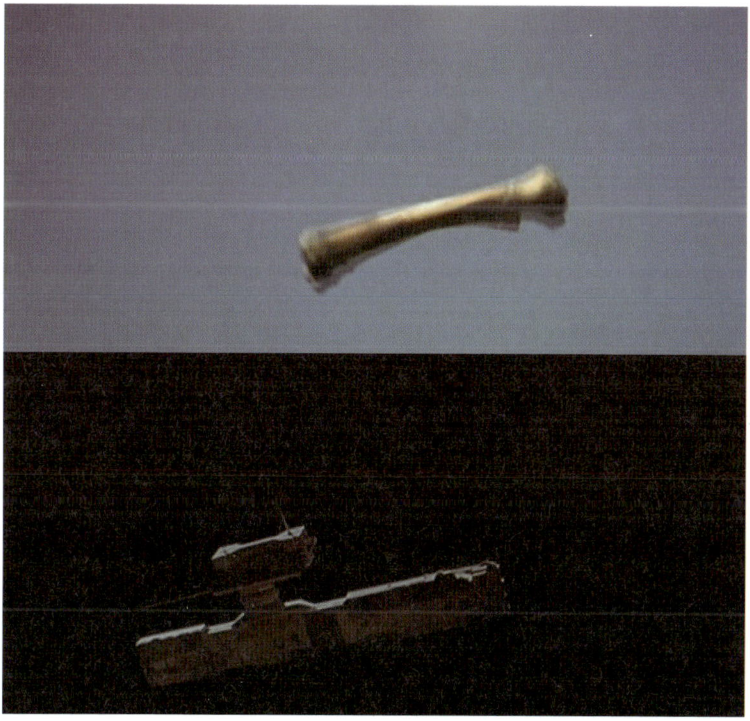

[그림 2] ≪2001: 스페이스 오딧세이≫에서 상징이 들어있는 이미지텔링의 좋은 예 —원시인이 던진 뼈(영화에서 살인의 도구로 사용됨)가 우주정거장으로 바뀌는 매치 컷 장면

산발적 결합을 통해 보여지는 이러한 시각적 의사 전달은 SF 영화에서 더욱 두드러진다는 면이 있다. SF 영화 속의 구체화된 이미지야말로 바로 SF 영화가 드러내고자 하는 미래적인 설정의 핵심 부분인 까닭이다. 이러한 이미지들을 어떻게 교묘하게 구성하고 배열하느냐에 따라 영화에서의 미래적 설정 및 기본 분위기가 전개되므로, 작품성 높은 SF 영화를 지향한다면 이미지텔링이 차지하는 비율을 과도하지 않는 범위 내에서 조절하며 높일 수밖에 없을 것이다. SF 영화에서는 특징적인 세계상을 만들기 위해서는 비주얼

적 설정들이 다른 장르들의 영화들에 비해 더 강화되는 것이 보통이다. 관객들은 이와 같은 다양한 이미지텔링에 따라 SF 영화의 묘미를 부지불식간에 시각적으로 보다 더 강하게 실감할 수 있고, 영화에 감동받을 수 있게 된다. 이 이미지텔링은 스토리텔링과 상호 영향을 주고받으면서 상승 작용을 일으킬 수 있으므로, 유효적절하게 사용된다면 결과적으로 영화의 대중성은 물론 작품성을 더할 수 있는 방향으로 보통 진행되게 만드는 영화적 장치가 되는 듯하다.

그런데 이러한 영화의 이미지텔링은 회화적 알레고리(allegory)와 연결되어 더욱 복잡해 질 수 있다. 본래 알레고리는 특정 주요 주제를 말하기 위해 기존의 다른 주제들을 상징적으로 사용하여 내용을 적절히 암시하는 맥락적인 은유를 말한다. 상징이 그림 내용에서의 하나의 주요 요소를 은유한다면, 알레고리는 그림의 내용 전체가 하나의 총체적인 은유로 되어 있는 것을 지칭하는 말이다. 회화나 문학에서 흔히 사용되는 알레고리는 작품 내용의 이해와 해석을 더욱 더 풍성하게 만들어 주는 장치로 사용되는데, 특히 회화에서는 화가가 드러내고자 하는 주요 주제들이 겉으로 드러난 오브제들의 배열에 따라 서로 상관관계를 만들어 내면서 은유적으로 표현되고 있는 것을 말한다. 상징들을 조합시켜 서로 영향을 미치게 하여 하나의 교훈적인 주제(통상 특정의 이데올로기가 어느 정도는 내재되어 있는)를 만들어 내는 것이 보통이다. 예를 들면 브론치노(A. Bronzino)의 ≪미와 사랑의 알레고리≫에는 미소년과 젊은 여성의 에로틱한 포옹을 중심으로 하여 주변에 신화적이고 상징성 높은 인물 및 오브제들이 다양하게 배치되어 있다. 오브제들과 주요

[그림 3] 브론치노의 ≪미와 사랑의 알레고리≫ —그림 상단 우측의 망각의 여신, 상단 좌측의 시간의 신, 중심 인물인 큐피드와 비너스, 중심 우측에 위한 소년 소녀들이 모두 다 의미를 지님

인물들이 특정의 주제를 강하게 이야기할(telling) 수 있게 되어있다는 것이다. ≪미와 사랑의 알레고리≫라는 작품의 경우는 아름다움과 사랑이 과도하거나 쾌락으로 화하면 우둔, 기만, 질투, 고통

이 된다는 내용을 은유하고 있다.

이 내막은 도상학(iconography)이라는 용어로 요약된다. 도상학은 회화가 담지하는 이야기나 상징 등을 밝혀내려는 목표를 지닌 작품 해석에서 나온 학문이다. 서양 중세의 종교화나 르네상스화, 역사를 배경으로 한 회화를 대상으로 많이 사용된다. 도상학 연구를 위해서는 다양한 문헌들이 요청되고 신화, 그림 구도 등에 대해서도 고민해야 한다고 알려져 있으며, 보통 도상학으로 회화를 연구할 때는 소재(오브제)와 작품 주제를 우선적으로 고려해야 한다고 이야기 된다. 화가에게 있어서 도상학은 이미지에 자신이 생각하고 있는 바를 직유 및 은유의 방식으로 '기록하는 방법'일 수 있으며, 해석가에게 있어서는 도상학을 통해 화가의 생각과 작품에 내재된 오브제의 의미를 독해하는 방법일 수 있다. 도상학적인 연구는 회화의 내용에 주로 초점을 맞추며, 상징이나 은유, 알레고리 등에 보다 더 집중한다.[11] 도상학의 전제는 작품이 만들어질 당시의 지역적·민속적 관습, 관례나 제도, 사회적 분위기 및 사건, 사회상 비판 등이 회화 작품에 원형(archetype)처럼 일종의 형상 프로그램으로 녹아들어 있다고 가정하는 것이다. 예를 들면 신약 4복음서인 마태, 마가, 누가, 요한복음이 각기 사자, 인간, 황소, 독수리로 상징되며, 역사를 상징적으로 나타내기 위해 뒤를 바라보는 여성의 행동 모습과 시간의 신 크로노스(Chronos) 혹은 낫 모양 등이 하나의 그림 안에 함께 등장하는 예 등이다. 도상학을 통해 회화작품을 독해하기 위해서는 기존에 흔히 사용되고 있는 상징들을 어

11) 에르빈 파노프스키, 『도상해석학 연구』, 이한순 옮김, 시공아트, 2011, 34~36쪽 참조.

느 정도 이해하고 있어야 한다.

그러므로 SF 영화에서 이 같은 알레고리를 이용하는 이미지텔링은 영화의 작품성을 제고하고, 관객들에게 호소하는 바를 보다 더 강도 높게 할 수 있다. 장면의 이미지를 오브제들의 복합 상징으로 구성한다거나 비주얼스토리텔링을 이용하여 오브제들을 산발적으로 등장시켜 어떤 특정의 의미를 관객들에게 인지시키고자 의도할 수 있다는 것이다. 본래부터 어떤 이미지든 간에 보는 사람, 만든 사람, 특정의 사회 등의 입장에서 볼 때, 그것이 각기 어떤 의미를 갖게 되느냐라는 문제가 생겨나며 이에 따라 담론이 생겨날 수 있다. 그런 탓에 영화 제작자들과 관객들은 영화 이미지텔링에 사용된 알레고리라는 복합적 상징 이미지 조합 및 이와 관련된 이야기 서사의 해석적 관계를 매개로 하여 연결될 수 있게 되는 것이다. 더욱이 이미 강조하였듯 회화적인 알레고리는 특정의 이데올로기를 내포하는 이미지의 서사로도 충분히 이해할 수 있으므로, 영화에서도 이미지에 내포된 이데올로기의 상징 및 알레고리는 영화가 말하고자 하는 내용을 보다 명확하게 포착 가능하고 관련된 각종의 담론을 생산할 수 있게 만드는 촉매제가 될 수 있다. 제작자와 관객들은 '영화 이미지의 알레고리'라는 이미지텔링의 대상을 놓고 해석적 논의를 전개하는 장을 마련할 수 있으며, 이에 따라 영화 속의 이미지 자체가 스스로 표현을 한다는 관점도 생겨날 수 있게 될 듯하다. 물론 이러한 국면은 특정 영화 장면 및 시퀀스에 대한 관객의 깊은 인상과도 직결될 수 있다. 알레고리가 표현된 영화의 특정 장면은 관객들의 입장에서는 그냥 한번 보고 지나가는 장면 이미지로 기억에 남지 않을 가능성이 많은데, 관객들은 알레고리가 내포된 장면들에서 의식·무의식적으로 영화 작품에 대한 깊은 인상과 감흥을 얻게 될 확률이 많은 탓이다.

이러한 맥락은 회화에서의 도상해석학(iconology)과도 결부되는 면이 있다. 파노프스키(E. Panofsky)에 따르면, 도상해석학은 도상학에서의 작품 분석 내용을 당연히 포함하지만, 나아가 작품에 내재되어 있는 당대의 일반적 세계관, 보편적인 정신사, 미에 대한 태도 등과 보다 더 깊게 관련을 맺으려 하는 학문이라고 한다. 회화 작품에 대한 전체적이고 종합적인 의미를 파악하고, 당시의 예술적·문화적 배경을 충분하게 고려해서 회화 작품 전체를 종합적으로 해석하는 것이다. 작품이 탄생하게 된 시·공간적 환경으로서의 여러 요소들, 즉 '국가, 시대, 계급, 종교적 교리와 철학적 확신에 관한 근본적인 이해와, 이런 요소들이 한 개인에게 행사하는 영향력, 그리고 어떤 주제가 작품화의 과정을 거치면서 드러내는 다양한 관점 뒤에 숨은 기본 원칙들'로 특정 회화를 종합적으로 분석하여 담론을 생산하는 것이 도상해석학의 목표다.[12)] 따라서 특정 화가의 회화적 기교는 물론, 성격, 사회-경제적 배경이나 외적 상황, 정치적 성향 등까지도 중요시 다루어야 한다고 하는데, 이는 특정의 영화에서 영화 및 영화감독을 이해할 때 고려해야 하는 여러 측면들과 상당부분 유사하다. 영화 내용이나 영화의 이미지를 깊이 있게 이해하는데 있어서도 이미지로 드러나는 구체적인 내용이나 상징에만 중점을 둘 것이 아니라 감독의 특징적인 성향까지 함께 이해해야 한다. 도상학과 도상해석학을 감안하여, 영화의 이미지텔링이라는 개념으로서의 이미지 및 장면 연속의 사용은 영화 전체를

12) *Ibid.*, 36~42쪽 참조.

중요하게 이끌고 가는 핵심 부분이 될 수 있다. 회화 속의 알레고리와 같은 내용들이 특정 영화감독의 성향에 기반하여 영화의 이미지나 주요 장면들에 배치되면, 그 영화에서 장면 이미지가 내포하는 바는 보다 풍부해지고 깊어질 수 있으며, 이에 대한 이해와 해석의 몫이 관객에게 부과되는 형국으로 현시될 수 있다. 이미지가 관객에게 말을 건넨다고 간주될 수 있는 것이다.

4. 영화에서의 이미지텔링 알레고리 예(1): 리들리 스콧의 ≪블레이드 러너≫

위의 견지에서 특정 영화의 주요 장면 몇몇을 살펴보면, 영화 이미지텔링에서 사용된 알레고리가 무엇인지 보다 더 명확하게 드러날 듯하다. 물론 이 이미지텔링은 기본적으로 영화의 주제 및 스토리의 전개와 불가분의 관계다. 영화의 이미지가 관객에게 말을 하고자 하는 내용은 영화의 스토리와 메시지일 것이 분명하다. 장면 차원이든 영화 전체의 차원에서든 회화의 알레고리와 마찬가지로 특정의 교훈이나 교훈을 암시하는 주제를 은유하여 우회적으로 텔링하는 것이 가능하다. 그런데 이는 이야기의 진행 상황에 따라 각기 중점적으로 형성되므로 특징적인 국면 속에서 그 용례가 구체적으로 드러날 수도 있을 것이다. 기승전결의 도식, 곧 시작에서 결말에 이르는 시나리오 전개를 감안한다면, 대략적으로 알레고리는 인물의 탄생과 성장 과정, 갈등이 일어나는 원인 및 현장, 결말을 암시하는 복선 장면들, 등장인물의 심리상태가 투사된 공간, 영화 속의 중심 세계관을 강조하는 배경 등에서 나타날 수 있다. 경우에 따라 이들은 긴밀하게 영향을 미칠 수 있고 상황에 따라 중첩될 수도 있을 것이다. 영화 이미지텔링에서의 알레고리 기법은 복합적이고 정교할수록 보다 관객들에게 호소하는 바가 클 수 있다고 생각되기는 한다. 그러나 너무 복잡하지 않아야 하고 빈번하게 사용되기 보다는 임팩트가 분명하게 있어야할 상황에만 적절하게 배치되는 것이 중요하다. 지나친 알레고리의 사용은 영화의 대중성에 심각한 침해를 줄 수도 있다.

이러한 알레고리는 SF 영화뿐만 아니라 모든 영화에서 사용 가능하겠지만, 현실 비판과 상징성이 다른 장르의 영화들에 비해 보다 강한 SF 영화에서 더욱 효과적으로 사용될 수 있을 듯하다. 가장 좋은 예는 영국의 런던 왕립예술 대학 출신의 비주얼리스트 감독 리들리 스콧(R. Scott)이 연출한 ≪블레이드 러너≫인데, 이 영화는 장면 상징, 알레고리, 이미지텔링 등의 견지에서 조망되기 적절하다. 외형적으로는 액션 영화지만, 실제로는 영화 내용 전체가 삶과 죽음에 대한 철학적 스토리텔링을 바탕으로 한 미학적이고 상징적인 이미지들로 가득 차 있다. SF 형식의 예술영화로 보통 분류되곤 한다. 필립 K. 딕(P. K. Dick)의 소설 『안드로이드는 전기양을 꿈꾸는가』를 영화로 만든 ≪블레이드 러너≫는 영화 내용 전체에 걸쳐서 인조인간과 인간의 구분이라는 주제를 무겁게 던지고 있으며, 일반적으로 '눈'에 대한 화두, 삶과 죽음의 문제, 주인공 릭 데커드(해리슨 포드 분)의 정체성에 대한 고민이 영화의 핵심 내용으로 이해되고 있다.[13]

13) 네이버 지식백과, '블레이드 러너', 『세계영화작품사전: SF영화』, 씨네21 참

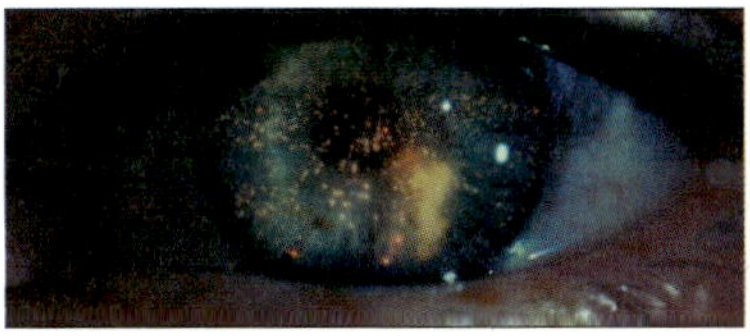

[그림 4] ≪블레이드 러너≫의 도입 부분

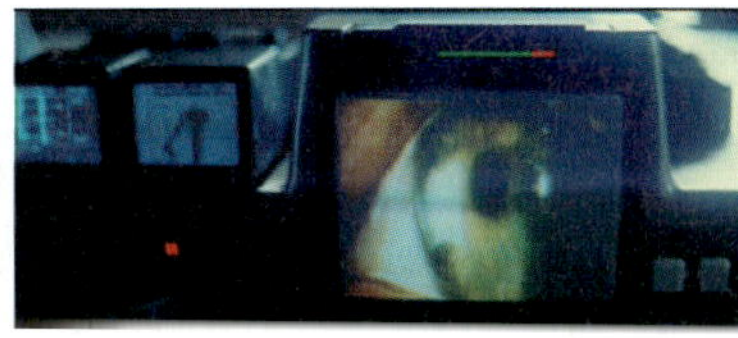

[그림 5] 테스트로 눈을 확인하는 장면

[그림 6] 살기 위해 싸워야한다는 결의를 다지는 듯한 여성 인조인간의 눈 부분 화장

[그림 7] 탈주 인조인간 리더 로이의 최후 장면으로 눈을 감는 장면을 극적으로 묘사

영화 속의 배경은 2019년 11월 미국의 로스엔젤레스다. 지구의 환경 및 인구 문제로 지구 정부는 인간들을 다른 행성 식민지로 이주시킨 지 오래다. 이때 타이렐 회사는 리플리컨트라고 보통명사화된 인조복제인간들을 전투용, 위안용, 작업용 등의 용도에 맞게 제작하여 행성 개척에 함께 투입하였다. 그러나 인간과 거의 유사하여 이 인조인간들이 무단으로 근무지를 이탈하는 경우가 생겨나는 탓에 블레이드 러너(정부기관의 요원으로 설정)라는 수사요원반을 운용하여 이를 수습해 왔다. 그러던 중 최상급 라인 인조인간들 중 4명이 자신들의 수명에 불만을 품고 임지 행성에서 이탈하여 지구로 귀환하는 사건이 발생한다. 블레이드 러너 릭 데커드는 이들을 인간들 중에서 찾아내어 제거하는 임무를 맡고, 사태 파악을 위해 타이렐 회장의 집을 방문하며, 회장의 조카를 복제한 레이첼(숀 영 분) 또한 만나게 된다. 수사와 제거가 계속되는 도중에 4명 중에서

조. http://movie.naver.com/movie/bi/mi/basic.nhn?code=10962

리더격인 로이(룻거 하우어 분)는 타이렐 회장을 만나게 되고 수명 연장이 원래부터 불가능하다는 이야기를 듣고 타이렐을 죽이는 사건이 발생한다. 우여곡절 속에 데커드는 탈출한 4명 모두를 제거하는데 성공하나, 자신이 인조인간인지 모른 채 살아왔던 레이첼을 만나게 되면서 자신 스스로 인간인지 인조인간인지를 번민한다.

≪블레이드 러너≫의 스토리는 이처럼 비교적 단순하나 상징하는 바는 그렇지 않다. 일단 '눈'이라는 인간의 감각기관이 주요 소재로 등장해서 삶과 죽음이라는 영원한 화두를 다룬다는 점이 이채롭다. 끊임없이 복잡한 질문을 던져서 막히는 경우 눈동자가 변하는 것으로 인간과 인조인간을 구별하는 설정[14], 인조인간이 창조자 타이렐을 살해할 때에도 눈을 공격하는 것, 인조인간의 안구제작자가 등장하는 등 눈과 인간이라는 주제가 영화 속에서 부상하고, 주요 장면에서 눈 부분이 클로즈업되며, 눈동자만을 보여주기도 하는 등 눈과 관련된 다양한 장면이 이미지적인 암시를 이룬다. 영화의 종결부 인조인간의 리더 로이의 독백인 "나는 너희 인간들이 믿지도 못할 것들을 봤어. 오리온 성운 근처에서 전투함들 속으로 뛰어들기도 했고, 탠하우저 게이트 주변에서 반짝이는 C광선들도 봤지. 이제 그 모든 순간은 내리는 비 속의 눈물처럼 사라질 거야. 죽을 시간이다"라는 부분에서도 눈과 시각에 대한 이야기가 등장한다. '결말에 대한 복선 암시들'이라는 차원에서 눈 장면 시퀀

14) 영화에서는 이를 '보이트캄프 테스트'라고 하는데, 눈동자를 클로즈업하는 장치로 관찰하면서 대상자에게 질문을 계속해서 던져 눈동자의 변화를 파악하여 인조인간을 구별한다는 설정이다. 인공지능에게 질문을 던져서 막히는 것이 없어야 한다는 측면은 앨런 튜링(A. Turing)의 인공지능 개념과 유사한 면이 있다.

스들의 산발적인 연결로 이루어진 이미지텔링 알레고리가 영화 속에서 작동했다고 해석할 수 있다. 이 내용들이 결국 지칭하는 (교훈적) 의미는 '눈은 삶 혹은 죽음의 개념과 직결되는 장치'이며, 사회문화적 맥락에서 인간의 시각 헤게모니—시각이 사회를 이끌어간다는—가 매우 중요하다는 것이다.

삶과 죽음에 대한 인식은 인조인간에게만이 아니라 모든 인간에게 해당된다.[15] 인간보다 더욱 인간다울 수밖에 없었던, 곧 수명 보다 더 오래 살고자 했었던 탈주 인조인간들과 자신이 진정 어떤 존재인가에 대해 알지 못했던 인조인간 레이첼에 대한 데커드의 연민 및 사랑은 데커드 자신의 정체성에 대한 고민으로 이어졌다. 복제인간 색출 전문가인 데커드의 능력은 보통의 인간을 뛰어넘는다는 설정이 이를 명료하게 지시하고 있는 아이러니한 소재이며, 이는 다시 자신의 삶과 정체성에 대해 고민해야만 한다는 철학적 반성이라는 주제와 연결된다. 스콧 감독은 관객들이 데커드의 정체성에 혼돈을 발생시킬 수 있는 장면들을 여러 맥락 속에 넣어놓았다고 한다. —≪블레이드 러너≫에 대한 후일담 대담에서 데커드를 인조인간으로 보는 것이 옳다고 말한 적이 있다. 데커드의 정체성과 관련된 각종의 장면들이 일종의 알레고리(곧 인간은 자기 스스로에 대해 반성하는 존재라는 교훈)를 구성하고 있는 것이다.

이 내용이 구체적으로 드러난 부분은 데커드가 쉬면서 사진 속의 단서를 찾는 장면 시퀀스다. 그의 복잡한 심리 상태를 표현하는

15) 이와 관련된 ≪블레이드 러너≫의 철학적 스토리텔링에 대한 논의는 마크 롤랜즈, 『우주의 끝에서 철학하기』, 신상규·석기용 옮김, 책세상, 2009, 386~421쪽 참조.

[그림 8] 데커드가 엎드려서 피아노 건반을 두드릴 때, 피아노 위로 보이는 오브제들

[그림 9] 눈을 감고 꿈 속에 빠져들어간 데커드는 휴식이 아니라 자신에 대한 회의를 시작

[그림 10] 데커드가 꿈 속에서 본 뛰어오는 유니콘의 모습

[그림 11] 용의자가 있는 사진을 뒤적거리면서 무엇인가 단서를 발견한 데커드

동시에 결말을 암시하고 있는 것 같다. 어머니로 추정되는 여성 사진(18~19세기 스타일의), 그 밖의 사진들, 권총, 악보, 필통, 술잔 등이 피아노 위에 놓여 있으며, 건반을 두드리던 데커드가 신화적인 유니콘—성화의 마법을 가진 상상 속의 동물—의 환상을 보고 난 다음에 그는 사진 속에서 용의자의 단서를 찾아낸다.

이 부분은 향후 스스로의 정체성에 대해 회의하게 되며, 이에 대한 번민이 결말에 그려질 것임을 이미지텔링의 알레고리로 그려낸 부분이라 할 수 있다. 그러므로 이는 ≪블레이드 러너≫가 인간과 사이보그의 차이점 및 정체성에 대해 질문하며, 이에 대한 하나의 답을 찾고자 하는 영화라고 우회적으로 말을 해 주는 것이라 할 수 있다. 나아가 이 장면은 가족주의의 이데올로기가 영화 전반에 내포되어 모티브 중 하나로 작용할 것임을 명시하는 장면으로도 볼 수 있다. 인간과 사이보그, 창조물과 피조물의 가족 관계 이야기가 영화의 근본 주제이며, 피조물이 부모인 창조자를 찾아가 따

[그림 12] 데커드의 활동을 감시하는 요원으로 가끔 종이접기를 하는 것이 취미인 개프 형사

[그림 13] 꿈 속에 등장했던 유니콘 종이접기가 아파트 입구에 있는 것을 발견

지고 결국은 죽이게 되는 일종의 신화적 이야기가 영화의 근간이다. 마지막 장면 시퀀스들 또한 이러한 이야기와 장면 내용들을 정리하여 풀어내고 있다.

5. 영화에서의 이미지텔링 알레고리 예(2): 스티븐 스필버그의 ≪마이너리티 리포트≫

미국 흥행 영화의 귀재라 불리는 스티븐 스필버그(S. Spielberg) 감독의 ≪마이너리티 리포트≫(2001) 또한 이미지텔링에 사용된 알레고리가 잘 드러난 작품이라 볼 수 있다. 이 영화는 필립 K. 딕의 소설로 만들어져 미래적이고 철학적인 감성이 넘쳐나지만, 다소 이해하기 쉬운 줄거리와 크게 복잡하지 않는 장면들로 구성되어 있는 상업적인 SF 영화로 분류된다. 스펙터클하고 박진감이 넘치는 장면과 편집이 많기도 하다. ≪마이너리티 리포트≫는 상업영화인 까닭에 장면 부분들의 상징성이 아주 높은 편은 아니다. 그러나 영화 전체의 장면 이미지들의 흐름이 특정의 교훈적 의미를 전달하려는 이미지텔링의 알레고리로 구성되어 있다고 해석될 수 있을 것 같다. 영화의 주요 설정 및 장면 이미지들이 알레고리가 내재된 회화 그림 1점 속에서 인물 및 오브제들이 담당하는 역할을 하고 있는 듯하다.

영화의 배경은 2054년의 미국 워싱턴 D.C.다. 주정부 당국은 살인 사건을 예측하여 사건이 발생하기 이전에 범인을 미리 체포하여 동결구금하는 과학적인 프리크라임(precrime) 시스템을 통해 범죄율을 낮추는 것에 매우 만족하고 있는 상태다. —이 시스템은 3인의 예지자(precognitive)의 뇌에 떠오르는 이미지들을 영상으로 전환해주는 기계장치로 이루어져 있다. 주인공 존 앤더튼(탐 크루즈 분)은 프리크라임 시스템의 팀장으로 범죄를 미리 막는데 열정적으로 일하고 있는데, 그 이유는 6년전 아들이 납치당한 것에 대한 깊은 상처를 갖고 있으며 이 같은 범죄가 저질러지기 전에 미리 방지하는 것이 옳다는 신념을 가지고 있는 탓이다. 한편 연방감사국의 대니 위트워(콜린 파렐 분)는 이 시스템이 적합한지를 검토하기 위해 출장 와 있는 상황이다.

그러던 중 미래의 살인 범죄가 앤더튼에 의해 행해지게 될 것이라는 예측이 나오고, 이를 앤더튼 스스로가 방지하기 위해 고군분투 해야만 한다는 국면이 발생하면서 내용이 본격적으로 전개된다. '소수의견(minority report)'이 영화의 제목이듯, 영화의 이야기는 앤더튼이 3인의 예지자 중에서 1인이 내놓는 소수의견을 찾아내고 그 내용이 무엇인지를 밝혀서 자신이 저지르게 될 범죄의 실체를 미리 파악해 미연에 방지하고자 한다는 방식으로 흘러간다. 예지자 3인 중 1인이 소수의견을 제출하기도 하는데, 겉보기와는 다른 속사정이 있는 경우가 많으며 이에 따라 인간이 외부 간섭을 받지 않고서도 자신의 미래를 선택할 수 있고 통제 시스템에 오류가 발생할 수 있다는 점이 드러난다. 앤더튼 사건의 경우에는 3인의 예지자 중 소수 의견을 만들어낸 사람은 아가사(사만다 모튼 분)로, 이 사건은 아가사의 과거 및 상관인 버제스 국장(막스 폰 시도우 분)과 관련이 있다는 점이 밝혀진다. 나아가 앤더튼은 자신의 약점인 아들의 실종 과거 때문에 함정에 빠져 살인을 저지르게 된다고 예언이 나왔음을 알게 된다.

미래는 정해져 있으며 이를 예견하는 예지자 3인의 말을 절대적으로 신뢰하여 그에 따르는 것이 옳다고 믿었던 앤더튼은 자기에게 예견되어 있었던 살인을 거부하고 삶 안에 자유의지가 있어서 자신의 미래를 얼마든지 바꿀 수 있음을 깨닫게 된다. 또한 그렇다면 범죄가 일어나기 전에 용의자를 미리 체포하는 것이 옳으냐라는 화두 역시 추가적으로 제기될 수밖에 없다. 예견된 미래와는 달리 자신의 의지나 혹은 다른 우연적인 방법으로 이를 막을 수 있다는 면이 분명해지기 때문이다. 고대 종교 같은 신앙적 이데올로기로 인간의 자유의지를 묵살하고 미래를 단순하게 확신하는 것이 옳으냐를 반성해 보게 하는 우화 같은 이 영화 스토리는 최초에 프리크라임을 만들고 계속해서 시스템을 보호하기 위해 살인까지 했었던 버제스 국장이 예지자들이 내놓은 예견과 달리 앤더튼을 죽이는 대신 스스로 자살하는 것으로 끝이 난다. 살인 범죄를 방지하기 위한 시스템 때문에 버제스 국장이 과거에 아가사의 어머니를 살해했다는 아이러니가 문제가 된 것이다.

≪마이너리티 리포트≫는 소수의견이 묵살되는 전체주의적 세계, 운명이 결정되어 있다고 믿는 체계를 비판하는 영화로 잘 알려

져 있다. 또한 인간의 자유를 속박하고 통제하는 보이지 않는 거대 시스템에 대한 미국인들의 두려움을 잘 나타내고 있는 영화라는 평도 있다.[16] 개인과 사회, 운명과 자유의지간의 우위성 논란이 내재된 철학적 스토리텔링이 있는 영화인지라, 이에 대한 여러 철학적인 논의가 제기되기도 했다.[17] 완벽한 통제사회는 유토피아가 아니라 디스토피아이며, 지나친 통제는 개인들의 삶을 건강하고 윤택하게 만들기 보다는 오히려 질식시키고 위협할 수 있다는 교훈 역시 전하고 있다. —사실 이는 ≪알파빌≫(1965), ≪토탈 리콜≫(1990), ≪이퀼리브리엄≫(2002) 등 SF 영화 상당수에게서 쉽게 발견할 수 있는 공통된 주제다. 영화 속의 이미지들 또한 이 내용을 직간접적으로 전하기 위해 유효적절하게 구성되어 있는 것처럼 보인다.

영화 장면들 중 몇몇은 신화적인 모티브와 직결되는데, 특히 방이 매우 상징적인 면모를 띠고 있다. 예를 들면, 예지자 3인이 물이 가득찬 인조 웅덩이에 누워 있는 모습은 고대 사원에서의 예지 의식을 연상시킨다. —실제로 영화 속에서 예지자들이 거주하는 이 방은 사원(temple)이라 불리고 있다. 또한 범죄 예정자들이 동결되어 있는 방 역시 신화적인 이미지와 연결되는 듯하다. SF 영화에서의 전형적인 설정 장면처럼 보이는 이 장면은 인간의 자유를 억압하고 가두어 놓는 징벌의 분위기를 전한다. 죄로 인해 살아있는 채로 계속해서 징벌을 받아야 한다는 것은 신화 속에서 흔히 찾아볼

16) 김성곤, '시스템의 통제와 억압, 「마이너리티 리포트」', 『영화로 보는 미국 - 헐리우드 영화의 문화적 의미』, 살림출판사, 2003(http://terms.naver.com/entry.nhn?docId=1394402&cid=42615& categoryId=42615)

17) 마크 롤랜즈, *op. cit.*, 182~227쪽 참조.

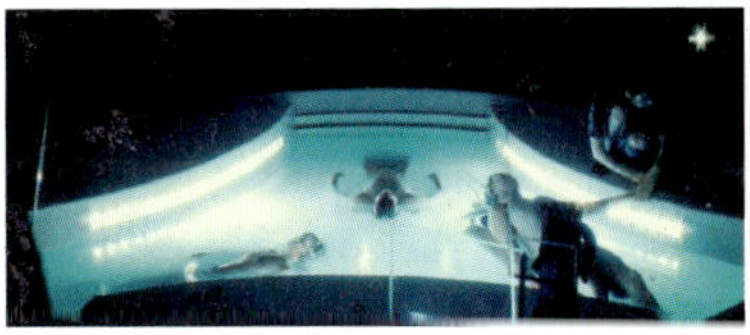

[그림 14] 예지자 3인이 누워있는 수조와 예지자를 돌보는 과학자의 모습

[그림 15] 프리크라임 법에 따라 범죄 발생 이전의 용의자들이 동결된 방의 장면

수 있는 내용이다.

영화 속에서 미래를 예견해 보이는 장면들은 확실하게 결정된 사항이 아니거나 명확한 내용이 아니므로 화면들이 전반적으로 흐릿하고 많이 흔들리는 파스텔 스타일 톤 장면들로 구성되어 있다. 예지자들의 뇌에서 송신된 영상 데이터라는 면을 분명하게 드러내려는 듯 검색 장면 속에서 화면들이 부분적으로 보이도록 배치되었으며, 범죄와 관련된 주요 영상 내용들만을 전체 장면으로 보일 수 있게 편집하였다. 또한 결정론과 시스템에 대한 보호가 최우선이라는 이데올로기가 프리크라임 시스템에서 작동하고 있으므로, 프리크라임 업무에 임하는 경찰관들은 대부분 지나치게 우직하고 융통성이 결여된 듯한 면모를 보이고 있으며, 영화는 살인 범죄를 미연에 방지하기 위해 범죄예정자를 검거할 때에는 테러 진압 작전을 방불케 하는 무자비한 체포여야 한다는 면을 강조하고 있다.

한편 영화 전반에서는 인공적인 것과 자연적인 것의 대비가 드러나 있다. 푸르게 금속 빛을 내는 장면들로 인공적인 분위기를 강조하는 반면, 밝은 톤 및 자연 배경이 자연적인 것을 드러내기 위해 사용되고 있는 듯하다. 또한 결정론 분위기가 강한 부분에서는 인공 및 문명을 나타내는 장면들이 많으며, 자유의지가 강조되면서

[그림 16] 예지자들의 뇌로부터 전송되는 살인 장면 영상

[그림 17] 주인공 앤더튼이 살인 영상들을 탐색하고 있는 장면

[그림 18] 투입되는 경찰 특공대

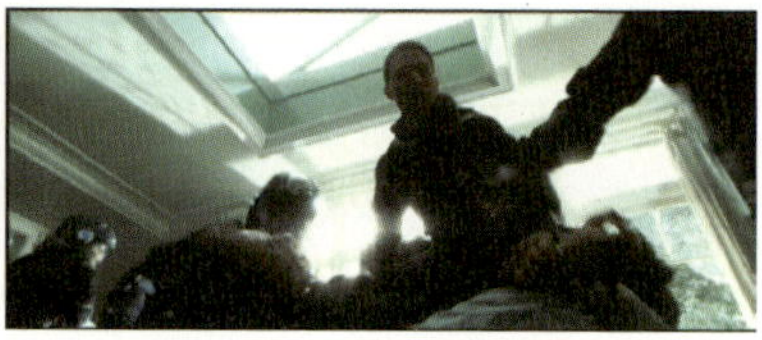

[그림 19] 범죄 예정자의 체포

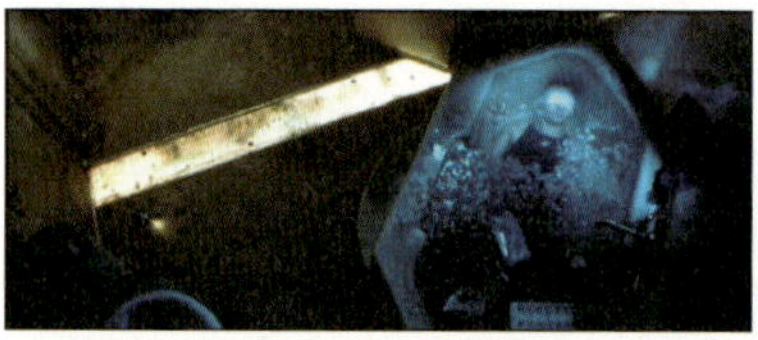

[그림 20] 정체를 숨기기 위해 홍채 이식을 받고, 감시 로봇들로부터 피하고자 욕조에 누워 숨은 앤더튼의 모습 —예지자들의 모습이 오버랩

[그림 21] 프리크라임 시스템에서 마이너리티 리포트가 있다는 것을 제작자로부터 듣게 되는 앤더튼 —방문한 곳은 식물이 가득한 정원

해방의 분위기를 보여주어야 할 때는 자연을 배경으로 그리는 경우가 많다.

특히 영화의 엔딩 장면은 사원에서 풀려난 예지자들이 통나무집의 방안에서 자유롭게 생활하고 있는 모습이며, 그 통나무집과 배경 자연의 모습을 최종적으로 카메라가 포착하며 영화가 종료된다. 이는 인공적인 것에 대한 자연적인 것의 승리를 우회적으로 표현하는 이미지라고 생각될 수 있게 만든다.

영화 ≪마이너리티 리포트≫는 눈은 '마음의 창'이라는 말처럼,

[그림 22] 자유로워진 예지자들

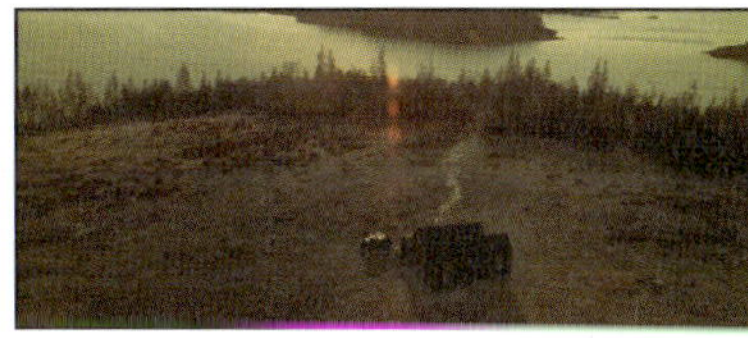

[그림 23] 영화의 최종 엔딩 장면

곧 그 사람의 정체성을 규정하지만, 실제로 눈을 통해 미래를 보는 것이 아니라 마음을 통해 미래를 보는 것이라는 설정을 하고 있는 것 같다. 그리고 자연적인 것이 인위적인 것보다 낫다는, 또한 미래를 알고 예견할 수 있다면 미래에 순응하려기 보다는 더 나은 미래로 바꾸어 나가기 위해 모두가 함께 노력을 해야 한다는 교훈을 시사하는 것으로 보인다. ―영화 마지막 부분에서 앤더튼 부부는 다시 아이를 임신했다. 자연주의와 자유의지 이데올로기 및 보수적으로 기존의 시스템을 수성만 하려는 것은 과거에 갇혀 있는 것이므로 미래를 함께 꿈꾸고 노력하여 건설해야 한다는 열린 사회의 이데올로기가 ≪마이너리티 리포트≫에서 스토리텔링으로 또 이미지텔링으로 역설되는 메시지라 할 수 있다.

6. 이미지로서의 할리우드 SF 영화

미첼(W. J. T. Mitchell)은 "이미지는 그저 특정한 종류의 기호가 아니다. 우리는 창조주의 '모습대로 만들어진'피조물로부터 기원하여, 자신과 자신이 사는 세상을 자신의 모습대로 만드는 피조물을 향해 진화했다고 스스로 말하곤 한다. 이미지는 이 이야기와 평행하게 걷는. 혹은 그 이야기 속에 참여하는 하나의 역사이다. 그리고 그 역사라는 무대 위에 나선 배우, 혹은 전설적인 위상이 부여된 어느 등장인물과 같은 존재다"[18]라고 말한다. 역사적으로 인간은 자신의 생각과 상상을 온갖 종류의 비주얼 이미지들을 통해 타인들과 소통하고 세계를 만들어 왔다.

수많은 형태의 이미지들이 지금도 전 세계적으로 생산·유포·폐기되고 있다. 그 중에서도 영화는 매우 주요하고 독특한 위치에 놓여 있다고 말할 수 있다. 이미지와 스토리를 동시에 압축해야 하는 영화는 대중성을 명확하게 확보하고 있으면서도 예술성과 정치사회성까지 모두 담지하고 있는 비주얼컬쳐의 총아이다. 영화이론 역시 철학적, 역사학적 논의는 물론, 언어학, 기호학, 정신분석학, 이데올로기론, 도상학 등 여러 다양한 이론을 배경에 두고 있다. 또한 현대의 영화 상당수에는 로컬과 글로벌이 함께 맞물려 있으므로, 영화 자체에 내재된 글로컬적 특성 역시 쉽게 간과될 수 없다. ≪스타워즈≫ 시리즈처럼 여러 나라의 문화들의 미래라는 세계 설정 속에서 혼종되는 경우가 생겨나고 있다.

'영화는 삶을 모방하고, 삶은 영화를 모방한다'는 속설은 바로 이 상황과 잘 연결되는 것 같다. 영화에는 과거와 현재와 미래의 삶, 그리고 인간 군상들의 생각이 다양하게 이미지의 형태로 반영되어 있다. 모든 비주얼문화콘텐츠에 이러한 속성이 있지만, 특히 영화 속에 들어있는 세계와 그 세계 속 인간들의 삶은 단순히 모사된 가상의 세계가 아니라 현실의 세계와 상호 소통하면서 현실에

18) W. J. T. 미첼, 『아이코놀로지: 이미지, 텍스트, 이데올로기』, 임산 옮김, 시지학, 2005, 21~22쪽.

예술, 지식, 오락 등 여러 다양한 방식으로 보다 밀도있게 영향을 주는 세계다. 한 편의 영화 속에는 작품성 높은 회화, 음악, 신화, 소설, 풍자, 이데올로기 등이 다양하게 변주되어 녹아 있으며, 수많은 형태의 각종 사회적 담론과 시대상이 여러 형태로 반영되어 있는 동시에 인간의 인생과 삶의 의미가 총체적으로 들어있다고 말해지기도 한다. 그리고 다시 영화는 영화를 보는 관객들 다수의 정신에 영향을 끼치고, 나아가 삶에 영향력을 행사할 수 있게 되기도 한다.

최근의 영화들 역시 이러한 면을 깊게 인지하고 있다. 영화가 과거 알레고리를 내재한 회화의 역할을 하게 되는 경우도 많은 것 같다. 할리우드 SF 영화는 거의 대부분 교훈적인 내용을 다양한 상징 이미지들의 배열로 구성하고 있는 탓에 이 같은 경향이 더욱 많은 것처럼 보인다. 할리우드 영화계에 진출한 봉준호 감독의 ≪설국열차≫(2013)도 예외가 아니었다. 본고에서는 바로 이러한 관점에서 SF 영화를 조망해 보려 하였다. 그 결과, 문화연구의 이데올로기 분석, 회화 알레고리 연구 등이 영화의 장면 이미지텔링 개념이라는 시각으로 종합 정리될 수 있다는 점을 알 수 있었다. 영화의 이미지텔링과 알레고리는 영화의 서사 및 스토리텔링과 맞물린 이미지의 상징적 표상이며, 이 시각을 통해 작품이 보다 명확한 의미를 드러낼 수 있게 되는 메커니즘이 작용한다는 점을 확인하였다. 할리우드 SF 영화의 이미지텔링에서 사용되는 알레고리라는 관점에 대한 인지가 영화 전반에 대한 확장적인 이해는 물론, 나아가 특정 SF 영화에 대한 보다 폭 넓고 깊은 이해와 감상을 가능케 하기 위해 개념적으로 정리 정돈하는 작용을 할 수 있으리라 생각한다.

Chapter 6

≪겨울왕국≫의 대중적 호소 메커니즘: 주제 설정과 비주얼스토리텔링

by 김성수

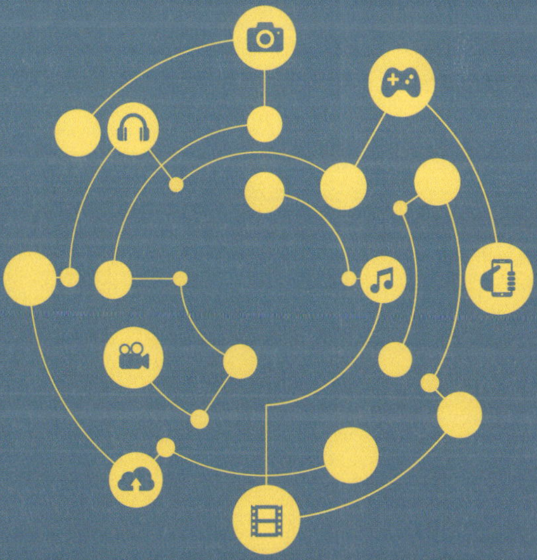

"포스트모던 시대의 미국에는 온갖 상품이 쏟아져 나와서 제각각 우리들의 주의를 끌려고 하고 있다. 각 상품은 메시지의 경쟁력을 확보하고 구매행동으로 유도하기 위해 사람들의 눈을 끌고, 깜짝 놀라게 하거나 재미있는 이야깃거리를 갖게 된다."

– S. 펠만, 『디즈니와 놀이문화의 혁명』

1. 디즈니의 힘과 ≪겨울왕국≫

디즈니는 아동 및 청소년에게 문화상품들을 판매하고는 미국 최고 수준의 엔터테인먼트 회사다. 특히 애니메이션 사업으로 유명한데, 지금도 세계적으로 유명하고 여전히 인기를 얻고있는 ≪신데렐라≫, ≪백설공주≫ 등의 애니메이션, 미키 마우스, 도날드 덕과 같은 캐릭터가 이미 1940~50년대에 나왔다. 현재 디즈니는 애니메이션 캐릭터 프랜차이즈 사업을 활발하게 벌이고 있으며, 더 나아가 디즈니랜드를 필두로 하는 테마파크 프랜차이즈 산업까지 활발하게 운영하고 있다. 세계의 아동 및 청소년들은 물론, 어른들까지 디즈니 애니메이션과 캐릭터 등에 아주 친숙하다. 가족을 위한 문화산업이라는 상표가 붙어있다.

하지만 디즈니에 대한 문제점 역시 꽤 지적되고 있는 편이다. 가장 문제시 되는 논란은 디즈니가 보여주고 있는 지나친 엔터테인먼트 사업 마인드이다. 아동을 위한 교육이나 가족 화합보다는 장삿 속이라는 비판인 것이다. 더욱이 디즈니에 등장하는 최근 캐릭터들이 성적으로 호소하고자 한다는 구설수에까지 휘말리고 있다. 여성 캐릭터들은 성인들에게까지 관심을 받을 수 있을 정도로 섹시해졌으며, 장면들의 상당 부분이 교묘하게 선정적으로 묘사되어 있다는 비난을 받고 있다. ―≪라이온 킹≫에 대한 말들이 특히 많다. 그런 한편, 반미정서가 디즈니에 대한 반정서로 투영되기도 한다.

그럼에도 불구하고 디즈니의 힘은 여전히 강력하다. 기본적으로 기술과 자본을 바탕으로 한 엔터테인먼트 산업 최강국이 미국이다. 또한 미국은 전 세계 문화의 용광로(melting pot)이며, 미국이라는 개념 하에 모든 것이 수렴되고 있다는 특징을 갖고 있다. 디즈니는 이러한 미국의 실체를 대중문화적으로 상징하는 아이콘이다. 미국의 아이들은 디즈니와 함께 성장하고 있다. 더욱이 최근에는 세계의 많은 아이들도 디즈니 애니메이션 및 문화에 대해 맹목적으로 신봉하고 있다. 미국의 문화를 전 세계적으로 유명하고 유행하게 만드는데 큰 공을 세운 회사 중 한 곳이 디즈니라고 해도 과언이 아닐 정도다,

이러한 맥락에서 본고에서는 최근 전 세계적으로 흥행에 성공한 미국 디즈니사의 가족 애니메이션 ≪겨울왕국≫을 분석하고자 한다. ≪겨울왕국≫이 세계 영화/애니메이션계에 길이 남을 정도로 훌륭하고 기념비적인 작품이라고 단언하기는 어렵지만 세계 관객

들의 사랑을 많이 받은 것은 사실이다. 이 작품의 분석을 통해 최근 애니메이션 제작 및 문화콘텐츠 분야 전반에 시사할 수 있는 바가 무엇인지를 찾아보고자 한다.

《겨울왕국》이 세계 관객들로부터 크게 사랑 받은 이유는 유효 적절한 주제 설정과 비주얼 스토리텔링이 있었기 때문이라고 생각된다. 이것을 대중적 호소 메커니즘으로 이해할 수 있다고 본다. 주제 설정의 측면에서는 작품의 주제인 실존적 인간과 사회와 가족의 융화라는 면을 고찰하고, 비주얼 스토리텔링의 관점에서는 이러한 주제를 비주얼적으로 어떻게 표현했는지 대체적으로 살펴보고자 한다. 그러면서 이미지텔링 개념과 비주얼 스토리텔링 사이에 어떤 상관관계가 있는지에 대해 검토해 본다. 미국의 꿈과 정신이 어떻게 보편화되어 《겨울왕국》이라는 디즈니 애니메이션을 통해 드러났느냐를 고민해 보고, 나아가 이를 세계가 어떻게 적극적으로 수용하고 있는지도 추가로 간략하게 보고자 하는 것이 본고의 목표다.

2. 접근 방법론: 주제 설정과 비주얼 스토리텔링 연구란 무엇인가

'콘텐츠' 개념, 곧 문화상품을 실질적으로 구성하고 있는 '내용(contents)'이라는 견지에서 애니메이션 《겨울왕국》을 검토할 수 있는 비평적인 시각을 기본적인 방법론으로 택한다. 영화·애니메이션 담론에서 흔히 거론되는 주제 설정과 비주얼 스토리텔링 연구이다.

주제 설정 연구의 접근 방식은 영화에 내재된 숨은 의미를 보다 깊게 보고자 하는 대중문화에 대한 인문학적 비평 혹은 대중을 위한 철학으로 삼고자 한다. 철학을 포함하는 포괄적인 인문학 관련 이론이나 논증 등을 활용하여 영화를 비평적으로 분석하는 것이라 규정할 수 있다. 특정 영화의 기본 콘셉트를 지나치게 넘어서는 해석이 이 방식의 문제점으로 지적되기도 하는데, 이론에 치중한 나머지 영화적 텍스트를 문자 텍스트와 동일하게 여기면서 과도하게 의미를 부여하는 경우가 종종 있는 까닭이다. 이에 대한 반론이 영화 ≪매트릭스≫ 시리즈다. ≪매트릭스≫의 워쇼스키 남매 감독은 몇몇의 인문사회학 이론을 섞어 영화를 제작했으므로, 수많은 철학적 해석을 가능할 수 있게 하였다. 잘 알려진대로 ≪매트릭스≫는 이후 SF 및 환타지 영화 장르에 상당한 영향을 주었는데, 결국 일반인들이 어느 정도의 인문학 이론 함축을 내재한 영화를 보다 재미있게 인지하는 계기로 발전했다. 최근 미국 할리우드 영화 제작 관계자들 역시 상업영화 제작에 있어서 인문학 이론을 은근하게 내포시키는 것이 홍보 및 흥행에 도움을 준다고 생각하는 경우가 많다고 한다.

이 주제 설정 연구와 관련하여 부가되어야 할 내용이 있는데, 그것은 문화연구적 측면에서의 비평적 접근이다. 주지하듯 문화연구적 견지에서의 비평은 사안에 따라 마르크스주의적일 수도, 포스트마르크스주의적일 수도 있으며, 구조주의, 사회비판이론, 기호학, 미학이론 등과도 연결된다. 피스크(J. Fisk)의 강조처럼 문화연구의 일반적 원리는 특정의 환경이나 상황을 어떤 의미로 치환

(displace)하는 것, 어떤 주장 혹은 이데올로기로 병합(incorporaton) 시키는 것이다.[1] 즉 모든 문화적 산물들은 사회·문화적 맥락에 따라 특정 의미로 치환되어 이해될 수 있고, 특정 이데올로기적 주장으로 병합되어 이해될 수 있는 시대적 산물이라 볼 수 있다는 점이 전제되어 있다는 의미다. 특정 텍스트에 대한 문화적 분석은 문화적 맥락 및 사회 담론적 차원에서 부호화된 텍스트를 해독하여 해석의 결과물을 만들어 내는 일일것이다. 이 측면에서 보면 문화연구는 문화를 이해하고 해석하는 것뿐만이 아니라 새롭게 문화를 만들고 변화시키는 행위라고 볼 수 있다. 그러므로 이 시각에서 보자면 ≪겨울왕국≫의 전체 내용에는 기본 스토리텔링 및 설정 등에 상당히 주목할 만한 측면들이 많으며, 이로 인해 보다 주제가 분명하게 드러나고 있다는 점을 알 수 있다. 그에 따라 흔히 사용되는 기-승-전-결 구분이나 복선의 내용들이 캐릭터나 배경에 자연스럽게 녹아들어가야 하며, 캐릭터와 이야기 구성에 있어서 여성주의, 규범주의, 낭만주의, 투쟁주의, 가족주의 등 각종 이데올로기들—또한 보다 세밀한 견지에서도—이 충돌·갈등하고 있다는 점 역시 확인할 수 있게 된다.

비주얼 스토리텔링과 관련된 방법론은 브라이언 아놀드(B. Arnold) · 브렌던 에디(B. Eddy)의 이미지 조망 방식이나 브루스 블록(B. Block), 구스타보 메르카도(G. Mercado) 등의 영상 연출 설명 방식 등을 활용하는 것이다. 잘 알려져 있듯이 비주얼 스토리텔링은 특정의 이야기 및 내용을 시각화 하는 스토리보드 제작은 물론

1) 존 피스크, 『커뮤니케이션학이란 무엇인가』, 강태완 · 김선남 옮김, 커뮤니케이션북스, 2001, 323~332쪽.

[그림 1] ≪인 디 에어≫에서 회사의 유능한 신입 해고 전문가 나탈리가 앉아있는 장면 —근로자들의 해고를 표현하듯 빈 의자들로 가득찬 방에 그녀 혼자 앉아 있으며, 자신 역시 이 때문에 흔들리는 감정이 있어서 이성적으로 차분해야 한다는 것을 스스로 생각하고 있는 듯한 이미지(구스타보 메르카도의 책 '들어가며' 참조.)

화면에 실제로 적용시킬 수 있도록 하기 위한 레이아웃, 미장센, 카메라 워크, 편집, 조명 등과도 연결되는 복잡한 작업을 통틀어 총칭하는 용어다. 쉽게 말해 비주얼 스토리텔링은 시나리오 내용을 콘티나 스토리보드와 같은 영상 이미지 기법으로 표현해서 전달하여 관객들에게 보다 효과적으로 전달하는 것이라고 할 수 있다. 특히 숏(shot)에서 가장 잘 드러나는 경향이 많은데, 숏에 어떤 특정한 함축이 있어서 영화 전체에 어떻게 영향을 미치고 있는가가 보편적으로 판단 및 해석되어 이해될 수 있기 때문이다.[2)] 이는 화면으로 드러나는 영상 자체에 관객과 소통이 가능한 특정한 기호들이 있으며 이것이 언어를 구성한다는 전제를 바탕에 두고 있다. 이 분야가 주목되는 주된 이유는 화면에서 그려지는 이야기들이

2) 자세한 설명은 구스타보 메르카도, 『필름메이커의 눈』, 김성호 옮김, 비즈앤비즈, 2011을 참조.

영상에서 전반적으로 흘러가는 이야기들과 잘 결합되도록 하면 관객들에게 이해와 감동을 보다 더 많이 줄 수 있다는 생각이 통상적인 탓이다.

이러한 생각의 배경에는 세상의 모든 비주얼 이미지들 자체에 세계를 만드는 방식이 포함되어 있으며, 인간이 이미지들을 만들 뿐만 아니라 이미지들이 인간과 사회를 만들어 왔다는 사고방식이 근간에 있다. 각종 비주얼 이미지들과 이들이 연결된 비주얼 스토리텔링은 인간의 시각과 뇌의 복합적 작용으로 만들어지지만, 사회의 문화와도 소통하고 있으므로 다양한 관점과 연결된다. 문자의 스토리텔링이든, 이미지로 이루어진 비주얼 스토리텔링이든 간에 사람들이 그에 대해 유사하게 인지할 수 있는 이유는 그 문화를 함께 이해하고 있다는 측면이 있다.

비주얼 스토리텔링은 보다 깊게는 비주얼컬처 맥락과 연결되고, 도상학, 미술사, 시각적 이데올로기 연구 등과 연결되는 비주얼컬처 연구 방법론에도 넓게 보면 맞닿아 있다.[3] 따라서 이미지가 다양한 방식으로 말을 건네면서 관념·상징 등으로 관객들과 의사소통을 하고자 한다는 내용의 이미지텔링 개념과도 맞닿아 있다고 볼 수 있다. 화면에 묘사되는 인물들의 표정 및 제스처와 주변 배경, 피사체를 대상화 한 각도나 움직임 등 모두는 특정의 과거 혹은

---

3) 비주얼 스토리텔링에 대한 보다 더 포괄적인 이해도 있다. 사진, 그래프와 그림, 사용자가 만드는 이미지, 사진 모음, 텍스트 오버레이가 삽입된 이미지, 엽서와 E-카드, 글자로 구성된 사진, 만화 등 이미지와 관련된 전 분야에서 비주얼 스토리텔링 개념이 가능하다고 보는 것이다. 이 맥락에서는 주요 요소를 디자인, 개인화, 유용성, 성격, 스토리텔링, 공유할 가치, 실시간 영향력으로 보고자 한다. 더 자세한 것은 예카테리나 월터 · 제시카 지오글리오, 『비주얼 스토리텔링의 힘』, 박준형 옮김, 시그마북스, 2015, 2장 참조.

[그림 2] ≪시민 케인≫에서 딥 스테이지, 조명, 포커스가 유효적절하게 사용된 장면 —3D처럼 입체적인 모습이 잘 드러나고 있으며, 관객들에게 상당한 긴장을 전달하고 있는 이미지 (출처 : The Realvison knowledge Base)

이데올로기, 캐릭터의 성격과 특성, 세계관과 배경, 향후 줄거리 및 사건 전개 등과 맞물려 있을 수 있다는 점을 파악하고 이해하는데 유의해야 할 것이다. ≪겨울왕국≫ 역시 이러한 기본 콘셉트와 연결된다. 작화 설정들이나 움직임 등에 다양한 방식으로 고민해 볼 만한 부분들이 꽤 많은 것 같다.

3. 비주얼컬쳐로서의 디즈니 애니메이션 ≪겨울왕국≫

21세기는 각종의 비주얼컬쳐로 이루어진 시대다. 그 중에서도 영화와 애니메이션은 예술성 및 시대성과 결합되어 세계 관객들에게 재미와 감동과 삶에 대한 반성을 제공하는 장르로 많은 사랑을 받고 있다. 본래는 비주얼컬쳐 중에서도 활동사진 이미지(moving image) 장르에 속했지만 이제는 다양한 변형들이 생겨났다. 현재는 다양한 세부 장르가 만들어졌으며 시각적인 극의 중요성을 환기시키면서 재미요소들이 강조되고 있다. TV 연속물과는 달리 2시간

[그림 3] 1928년의 디즈니 애니메이션 ≪증기선 윌리≫ —미키마우스가 최초 등장한 작품으로, 애니메이션의 표본으로 추존되고 있음(출처 : Typhoon's blog)

여 남짓의 러닝타임이라는 압축적인 시간 안에 주인공의 삶과 주변의 세계와 메시지 등을 농축해야 한다는 점이 영화와 애니메이션의 가장 큰 특징 중 하나다. 그런 탓에 비주얼과 이야기로 정해진 시간 내에 관객들에게 세계의 해석과 메시지를 유효적절하게 전달해야만 하는 영화나 애니메이션은 주류이든 비주류이든간에 잘 짜여진 이야기와 미적 이미지들의 중층적 결합을 필연적으로 요청하고 있다. 영화가 은막의 마술이라고 세칭되는 이유일 것이다.

애니메이션은 영화와 많은 부분에서 공통점이 있으면서도 다른 점이 많다. 기본적으로 애니메이션 자체의 문법과 규칙에 따라 만들어지고 있으며, 애니메이션만의 특성 또한 감안할 필요가 있다. 주지하듯 애니메이션은 그림으로 그린 정지된 화면을 잔상과 환등으로 관객들에게 그림 속 캐릭터들과 배경이 동작하는 것처럼 보이게 되는 일종의 착시 기법이다. 수많은 그림 정지화면들(최초 한 장을 먼저 그리고 조금씩 대상물들이 움직이는 듯하게 그림을 계속 그려 나가면)이 결국 관객의 눈으로 하여금 화면들을 수용하면서 잔상이 남게 한다. 그림 속 대상물들이 움직이는 것 같은 착시 느낌을 받게 되는 원리다. 애니메이션은 '무엇을 움직이게 만듦'이라는 의미와 상통한다. 움직이지 않는 것들을 움직이고 살아있는 듯 보이게 하고 때로는 진짜를 넘어서는 가짜를 실감할 수 있게 하는 것이다. 사진이 아닌 그린 그림이므로 일반 극영화에서의 실제의 사진들 보다 훨씬 더 환상적으로 만들 수 있고, 보는 관객들로 하여금 현실감을 완전히 결여할 수 있게 애초부터 계획하기 쉽다. 애니메이션에서는 무생물이나 동물 또한 인간처럼 살아 움직이는 듯하게 의인화하여 묘사하는 경향이 강하다. 중력이나 가속도와 같은 현실 일반의 자연 법칙을 쉽게 무시하기도 한다.

그러므로 애니메이션은 아이들 위한 미디어 장르로 이해되는 경향이 강하다. 일반적으로 이야기 내용이나 전개 방식, 설정 등이 지나칠 정도로 환상적이고 비사실적이다. 영화가 그럴듯하게 보이는 가상이라면, 애니메이션은 전혀 그럴듯하게 보이지 않는 가상이라 할 수 있다. 이 부분에 바로 애니메이션의 특징과 강점이 있으므로, 아이들의 정서와 눈높이에 맞추는 것이 보통이다. 애니메이션에 근본적으로 이러한 내막이 있는 탓에 성인들도 보고 함께 감동을 느낄 수 있을 정도로 좋은 애니메이션 작품을 제작한다는 것은 상당히 어려운 작업이다. 가족 모두가 보고 함께 즐길 수 있는 애니메이션에는 애니메이션의 특징에 내포되어 있는 이 같은 어려움을 어느 정도 극복할 때 가능하다. 아이들에게는 재미와 환상을, 어른들에게는 즐거움과 어린 시절에 대한 향수 및 환기 등을 동시에 제공할 수 있어야 하는 것이다.

이러한 견지에서 미국, 일본, 영국, 프랑스, 독일 등 영화·애니메이션 제작 선진국들은 가족 애니메이션 제작에 매우 많은 노력을 기울여 왔으며, 그간 좋은 성과물들을 많이 만들어 내었다. 가족 애니메이션의 성공적 제작 능력이 심지어는 한 사회의 대중문화 수준 척도와 비례한다는, 일반인을 위한 문화 발전 및 향유 수준과 관련이 있다는 말까지 나올 정도다. 현재 세계적인 대중문화의 활성화 상황에 맞추어 계속해서 전 세계적으로 애니메이션 수요가 확대되고 있으며, 이에 힘입어 세계 가족 애니메이션 시장도 함께 동반하여 커지고 있는 중이다. —우리나라 역시 ≪뽀로로≫ 등 유아 애니메이션을 중심으로 애니메이션의 제작이 계속 이어지고 있다.

미국의 애니메이션인 디즈니는 가족용 애니메이션을 만드는 데 있어서 주인공의 성장담, 세계적인 유명 동화의 각색 등에 대체적으로 집중하는 성향이 강하다고 알려져 왔다. 아이들에게는 꿈과 희망, 사회에 대해 가르쳐 주면서, 그와 동시에 성인들에게는 과거 어린 시절의 즐거움—물론 다소 미국적이기는 하지만—을 상기할 수 있도록 하는 방식이 일반적인 것이다. 스토리를 포함하는 주제 설정과 애니메이션 작화를 비롯한 비주얼 스토리텔링 모두가 이러한 측면들을 적극 고려하고 있다. ≪신데렐라≫, ≪백설공주≫, ≪라이온킹≫ 등 디즈니 애니메이션의 거의 대부분에서 이러한 경향을 찾아볼 수 있는 것 같다. 대체적으로 주제 설정과 비주얼 이미지(비록 문자 텍스트로 그려진 관념적 이미지일지라도)가 한 작품 안에서 시너지를 만들면서 조화롭고자 한다는 공통점이 있다.

디즈니에 대해서도 원소스멀티유즈(OSMU)를 성공적으로 실현시킬 능력을 갖춘 세계적인 문화산업체라고 호의적으로 인지되는 경향이 많다. 디즈니가 제작해낸 가족 애니메이션들 역시 대체적으로 관객들에게 긍정적 사고방식을 강조하면서 오락적 효과를 극대화하는 내용으로 구성되어 있다고 편하게 이야기되곤 한다. 미국 문화에 호의적인 국가들에서는 디즈니 애니메이션에 대해 이처럼 공통적으로 평가하는 성향이 많다. 국내에서도 디즈니 애니메이션에 대한 수요는 상당하며, 디즈니가 일구어낸 성과를 칭송하는 방향으로 사회담론이 형성되어 있다. 디즈니의 사업 전략과 현황을 파악해서 국내 업계에 시사하는 바가 무엇일지를 파악하는 것이 아주 통상적이기도 하다. 하지만, 디즈니에 대한 비판적인 시각도 많다. 이 입장에서는 디즈니에 대해 친미주의 내지 미국의 보수적인 상업문화 및 문화제국주의를 역설하는 저급한 문화오락산업물 정도로 일반화하여 인식하고자 한다. 유명 캐릭터 미키 마우스과 도널드 덕의 웃음에서 미국 우월주의의 웃음 내지 강대국 미국의 자부심을 읽을 수 있다고 강조하는 이들도 많다. 디즈니에 대한 이 같은 인식 차이는 국가 이데올로기 혹은 인간관계 및 상대적 심리 등과 연결된다고 할 수 있다. 어떤 정치·사회 이데올로기를 긍정하고 수용하느냐의 문제이며, 자문화 및 사회에 대한 우월의식 혹은 열등의식 등의 발로로 볼 수 있기도 하다. 어떻든 간에 이러한 면은 디즈니가 이미 세계적인 비주얼컬쳐(비주얼컬쳐 연구 대상이라는 의미까지 포함하는)의 위치를 점유하고 있다는 점을 증명하고 있다.

디즈니의 애니메이션에 기본적으로 미국인들의 사고방식, 곧 미국의 문화코드가 내재해 있음은 주지의 사실이다. 미국의 작품에 미국인들의 사고방식이 들어가 있음은 당연하다고 할 수 있지만, 이를 보다 정확히 말하자면 미국식으로 세계 문화를 융합하는 방식—곧 미국식 글로컬이라고도 호칭될 수도 있는—이 디즈니 애니메이션에 예전부터 내포되어 있다는 점이다. 아라비안 나이트의 ≪알라딘≫, 프랑스의 ≪미녀와 야수≫, 중국의 ≪뮬란≫ 등 모두가 이러한 면모를 예전부터 분명하게 보여주었던 예들이다. 각국의 이야기들을 미국적인 캐릭터와 대사, 메시지 등으로 변화시키고, 보편적인 주인공상이나 주제들을 차용하여 미국 내 관객들은 물론 나아가 다시 세계 관객들 모두에게 호소하려는 전략을 취하고 있다. 디즈니의 최근작 ≪겨울왕국≫ 역시 이 분위기의 연속선상에 있다.

≪겨울왕국≫은 2013년에 디즈니가 제작한 3D 컴퓨터 애니메이션 뮤지컬 판타지 코미디로 미국 디즈니 가족 애니메이션 공식의 결정판이다. 주인공인 엘사 여왕은 마법의 힘을 지니고 태어났지만 어려서부터 자신의 힘을 통제하지 못하고 두려워하는 딜레마에 빠져 있었다. 이로 인해 결국 여왕의 자리를 스스로 포기하게 되어 왕국에 위기가 닥친다. 여동생 안나 공주는 통제를 못하는 언니로부터 해를 당하면서도 왕국과 자매관계를 보존하기 위해 눈물겹도록 노력하여, 결국 엘사 여왕은 자신의 힘 통제에 성공하고 관계도 회복된다는 해피엔딩 이야기이다. 모티브는 덴마크의 작가 한스 크리스티안 안데르센의 동화 『눈의 여왕』이지만, 배경과 분위기 정도가 어느 정도 유사할 뿐 거의 다른 이야기라 할 수 있다. 드림웍스 등 다른 애니메이션 회사들에 밀려 고전을 면치 못하던 디즈니는 뮤지컬 형식의 애니메이션을 ≪라푼젤≫에 이어 다시 도입하여 많은 호응을 받았다. 디즈니는 이 ≪겨울왕국≫으로 그간의 열세를 모두 만회하는 개가를 올렸다는 세간의 찬사를 얻기도 했다.

4. ≪겨울왕국≫의 근본 주제: 가족과 사랑과 힐링

≪겨울왕국≫은 기본적으로 가족에 대한 반성적인 고찰을 할 수 있게 해 주는 작품이다. 그 중에서도 형제자매의 관계는 어떠해야 하는가라는 문제에 대해 상당히 진지하게 접근하고 있다. 물론 가족에 대한 일반적·보편적 인식과 현대 및 미국 문화코드를 감안한 인식의 차이가 어느 정도 드러나며, 이에 대해 고민하게 만들

어 주는 내용과 설정이 들어있기는 하다. 그렇지만 이보다 더 상위적 위치에서 ≪겨울왕국≫은 자기 자신과의 화해 및 사회와 가족의 융화라는 인류 보편적 주제를 특수화 하여 잘 표현하고자 한 애니메이션 작품이라고 정리할 수 있다. 더욱이 이야기 전개의 근저에 '진정한 사랑(true love)'에 대한 질문과 답이 있다는 면은 매우 특기할만한 부분이다. 원래 보통 진정한 사랑이라고 하면 남녀간의 사랑을 묘사하는 경우가 많으며, 가족 애니메이션은 보통 교훈적이면서도 낭만적이어야 하는 까닭에 통상 잘생기고 예쁜 남녀간의 사랑을 진정한 사랑으로 주제로 설정하는 것이 상식이다. 그러나 ≪겨울왕국≫에서는 가족, 자매간의 사랑이 무엇보다 진정한 사랑이 될 수 있다고 강조하며, 자신의 자아를 찾고 성장시키고자 하는 인간이라는 점에 중점을 두어 이를 서술한다.

먼저 ≪겨울왕국≫의 이야기 속에 들어있는 자아 성장적 인간과 사회와의 융화라는 주제를 살펴보자. 주인공이 자신에 대한 회

[그림 4] ≪겨울왕국≫의 중요 캐릭터들이 등장한 포스터

의 끝에 자기애를 되찾고 자신감을 갖게 된다는 내용은 인간의 영웅적 면모라는 측면에서 영웅신화와 어느 정도 맞닿아 있는 아주 전형적인 이야기인듯하다. 특히 이 맥락은 등장인물 각 캐릭터들이 가지고 있는 성격에서 보다 확실해진다. 그렇지만 그 실제 내용은 일반적인 신화 내용과는 상당 부분에서 다르다는 점을 분명하게 인지해야 할 것 같다. 주인공인 엘사 여왕은 현대판 수퍼 히어로와 고대 신화의 여신 이미지를 동시에 지니고 있는 존재다. 하지만 엘사 여왕은 신화에 등장하는 전형적인 여신 및 영웅의 능력을 가지고 있음에도 불구하고, 평범한 인간의 삶을 더욱 희망하고 있다는 점에서 상당히 다르다. 그녀에게 있어서는 자신의 초능력이 자신의 한계다. 이를 극복하고 성장해야만 하지만, 동생인 안나 공주에게 해를 끼친 과거와 부모의 죽음이라는 자신의 상처로 인해 도피하고자 한다. 반면 또 한 명의 주인공인 엘사 여왕의 동생 안나 공주는 엘사 여왕의 이러한 한계 극복을 돕고자 하는 조력자로, 엘사보다 훨씬 더 영웅적인 면모를 띠고 있다. 안나 공주는 크리스토프와 눈사람 올라프의 조력으로 인해 엘사 여왕을 찾게 되고, 최종적으로는 진정한 사랑으로 언니를 한계와 속박에서 벗어나게 한다. 그리고 이 와중에서 자신의 삶과 사랑도 찾게 된다.

안나 공주의 두 남자인 크리스토프와 서던 제도의 한스 왕자 모두 각기 나름대로의 독특한 특성을 가지고 있다. 자신의 삶과 세계에 대한 무한한 희망을 가지고 있는 긍정주의자인 안나를 사이에 두고, 순수하고 우직한 얼음장수 크리스토프와 치열한 경쟁 속에서 배신자가 될 수밖에 없었던 한스가 대립하는 사랑의 삼각관계는 이 애니메이션에서만 그려지고 있는 허구의 이야기가 아닌 듯하다. 현대인들 모두가 어느 정도는 안나와 비슷한 상황에 처해 있는 면이 있다. 한편으로는 순수하고 우직한 크리스토프를 마음 속으로 동경하면서도, 다른 한편으로는 자기 자신도 모르게 사회의 경쟁 속에서 살아남기 위해 한스의 태도를 취하는 경우가 많다는 점은 현대인들 모두에게서 찾아볼 수 있는 공통분모다. 또한 안나가 선택해야만 하는 인물은 크리스토프이며, 한스는 추방되어야 한다는 윤리적 결말이 아이들을 위한 애니메이션의 전형적인 해피엔딩이라는 점에서, 이 또한 현대 사회의 상황을 어느 정도 노출하고 있다는 측면이 있다. 이 견지에서 캐릭터 각각의 성장 배경, 사회적 지위, 대사와 말투, 행동 등이 자연적으로 이야기를 어느 정도 구성하고 있다는 점은 다른 극영화 이야기에서와 마찬가지로 매우 중요한 부분이다.

≪겨울왕국≫ 이야기의 근저에 놓여있는 '진정한 사랑'은 사회와 가족 간의 융화이며 형제 및 친구 간의 애정과 우정이 어떻게 형성되고 유지되어야 하느냐라는 인간관계의 이데올로기 맥락과 총체적으로 맞물리고 있다. 사랑은 동서고금을 통틀어 계속해서 논의되었던 철학적이면서도 문학적인 주제이며, 인간 스스로 자신의 삶을 개척하고자 하는 의지 및 그에 대한 실현이라는 내용과 밀접하게 연계된다. 원래 사랑이라는 주제는 남녀간의 사랑만이 아니라, 모든 '관계간의 사랑'이라는 맥락으로 보다 폭넓게 생각해 볼 수 있게도 한다. 더불어 관계나 사랑과 항상 함께 이야기 되는 주제가 상처라는 점 또한 중요하다. 실제로 현대인들은 관계 속에서 많은 상처를 받고 있으며, 이로 인해 개인뿐만 아니라 많은 사회 문제가 야기되고 있다. 경쟁이 심한 현대 사회는 기본적으로 인간관계에서

의 사랑과 배려를 도외시하는 경우가 흔하다. 때로는 사랑이라는 이름으로 무시와 폭력을 인정하는 경우 역시 다반사이다. 사랑이 쉽게 자존심이나 집착과 아집과 연결되기도 한다. 사랑 때문에 오히려 싸우게 되는 상황도 많으며, 사랑 때문에 상대방에게 좋지 않은 영향을 줄 때도 많다. 훈육 역시 사랑에 근거해야 옳으나, 도가 지나칠 때는 사랑이 아니라 미움처럼 발현되기도 한다. 21세기 현대처럼 복잡다단한 사회를 살아가는 현대인들에게 '힐링(healing)'이 특별히 중요한 이슈 중 하나로 대두되는 이유일 것이다.

《겨울왕국》의 주제 역시 이 힐링이라는 맥락을 진정한 사랑의 기저에 두고 있다. 자신의 주체할 수 없는 힘으로 인해 스스로 마음에 큰 상처를 입게 된 엘사와 엘사의 마법 능력으로 인해 몸에 상처를 두 번이나 받은 동생 안나의 힐링 이야기가 이 애니메이션 이야기의 거의 전부이다. —엘사의 마법에는 장애인의 소외까지도 은유적으로 포함되어 있다고 해석될 수 있다는 면도 있다. 더욱이 형제들로부터 미움 받고 살면서 자신의 위치를 찾지 못했던 한스 왕자가 자신이 지닌 마음의 상처를 치유하고자 계략으로 엘사의 아룬델 왕국을 찬탈하려는 국면과 대비되면서 자매간의 힐링 이야기가 전개되고 있다. 이 내용을 위해 수많은 복선들이 계속해서 상호 연결되는 것이 《겨울왕국》 이야기의 주요 특징이다.

이러한 힐링의 기본 전제는 가족이다. 가족은 예나 지금이나 개인이 속한 최소의 집단으로 그 중요성이 강조되어 왔으며, 개인의 인품이나 성격 또한 가족의 구성과 무관하지 않음이 익히 알려져 왔다. 하지만 세계에는 각양 각색의 가족이 있으며, 가족에 대한 정의 역시 다양하고, 가족을 하나로 묶는 이데올로기 역시 각기 다르다. 동서양은 물론 시대, 지역마다도 다르며, 종교와도 연결되어 있다. 더군다나 때로는 가족이라는 틀로 모든 것이 용인될 수 있기도 하고, 가족이기 때문에 오히려 족쇄가 되어 가족 구성원 서로에게 더욱 깊은 상처를 입히는 경우도 많다. 따라서 특성의 콘텐츠에서는 문화코드를 감안하여 보편적으로 이해될 수 있는 가족 개념이란 어떠한가는 물론, 시대 및 지역과 경우에 따라 특수하게 설정되는 가족은 어떠한가 등을 동시에 고려하는 가족에 대한 포괄적 이해 및 구현이 보통 필요하다. 세계인들이 보편적으로 적극 수용할 수 있는 가족 개념과 가족의 이상적 관계 및 문제점 등은 어떠해야 할지 등을 총체적으로 검토하고 이에 대해 적절한 방식으로 콘텐츠에서 표현하는 것이 중요하다는 것이다.

≪겨울왕국≫은 바로 이 부분을 적극적으로 감안하여 유효적절하게 가족이라는 주제를 설정한 듯하다. 어려서 고아가 된 ≪겨울왕국≫의 엘사와 안나는 가족의 중요성을 누구보다 중요하게 생각하는 캐릭터다. 엘사는 가족인 안나와 왕국을 위해 떠나기로, 안나는 가족인 엘사와 왕국을 위해 함께 있고자 한다. 마치 서양의 감성(엘사의 합리성)과 동양의 감성(안나의 관계성)이 조우하고 충돌한 것처럼 보여지기도 한다. 당연히 결말은 그 두 이데올로기의 조화이다. 합리성은 관계성과 융합되고 새로운 '관계의 합리성'으로 재정리되어 다시 가족이라는 이름으로 화해하게 되었다. 또한 그 밖에도 가족에 대한 설정은 가족으로부터 소외당해온 삶을 살았던 한스에게서도, 북쪽산으로 가는 길에 안나와 크리스토프가 들리게 되는 상점(아이들이 있지만 상점 주인의 현재 아내는 남성이므로 상점 주인은 게이처럼 보이는)에서도 나타난다. —이는 과연 어떠한 가족이

좋은 것인지를 추가적으로 생각해 볼 수 있게 해주는 일종의 장치라고 볼 수 있을 듯 하다. ≪겨울왕국≫의 이 같은 설정들은 가족 애니메이션에 들어있는 '가족'이라는 개념을 어떻게 깊으면서도 편안하고 밀도있게 구현하여 아이들은 물론 어른들에게까지 감동을 줄 수 있는 세계적인 가족 애니메이션 상품으로 구현하느냐라는 하나의 좋은 예로 간주될 수 있을 것 같다.

한편, 이 설정들은 글로벌-로컬의 맥락과도 연결되고 있다. 기본적으로 20세기 후반 이후에 글로벌 세계가 본격적으로 성립되었으므로 ≪겨울왕국≫과 같은 미국의 애니메이션과 문화는 21세기 세계 다른 나라와 적극적으로 상통하려 한다는 측면을 주지해야 할 필요가 있다. 미국의 이야기가 단순하게 되려기보다는 외국의 배경과 설정들도 적극 차용하고자 한다는 것이다. ≪겨울왕국≫의 이야기와 이미지에는 세계 여러 나라의 상황이 동시에 등장한다. 덴마크의 작가 안데르센의 이야기를 차용한 ≪겨울왕국≫은 노르웨이 배경의 이미지이지만 부지불식간에 아일랜드의 초록색과도 연결되고 있는 듯하며, 위즐타운이 아닌 위즐튼이라 불리길 원하는 영국 어느 지역의 귀족(전형적인 영국식 귀족 억양을 사용)은 스크루지 같은 인상을 주고 있다. 악당으로 판명되는 인물인 한스 왕자는 안데르센의 이름인 한스에서 따온 아일랜드인으로 설정되어 있다. '아룬델'이라는 지명 또한 영국에 실재하는 지역이기도 하다. 또한 더 나아가, 미국의 문화코드와 글로벌이라는 관점에서 보자면 금발의 엘사 여왕에게서 강대국의 수퍼 파워 상징을 읽을 수 있다는 면도 있다. 주체할 수 없을 만큼 강한 엘사 여왕의 마법 힘은 세계 최강의 군대와 무기를 가지고 세계를 통솔하려는 미국의 모습과 상당히 유사하다. 그리고 이 견지에서의 메시지는 숨으려 하기 보다는, 즉 통솔하려는 의무를 저버리기 보다는, 사랑으로 세계를 보호하기 위해 나서야 한다는 것이다.

디지털 애니메이션이라는 플랫폼에 탑재되어 있는 가족 애니메이션인 ≪겨울왕국≫의 주제와 내용은 과거의 이야기가 아닌 것 같다. 과거 옛날의 마법 시대나 판타지 이야기가 아닌 현대에도 여전히 통하는 인간의 보편적인 이야기라는 것이다. 과거와 마법의 분위기인듯 하지만 실제로는 기술적인 측면만이 아니라 각양 각색의 측면에서 현대의 내막들이 반영되어 있다. 미국의 문화코드 뿐만 아니라 인간 사회의 보편적 특성이 내재된 미국산 시대적 구성물의 문화적 결집체라 할 수 있다.

5. ≪겨울왕국≫의 비주얼 스토리텔링

≪겨울왕국≫은 여러 주제들과 설정들을 비주얼 스토리텔링 기법으로 풀어내어 이미지텔링의 관점에서 보다 자세하게 조망해 볼 수 있는 작품들 중 하나로 간주된다. 이미지가 이미지의 소비자에게 말을 걸듯 그 의미를 건넨다는 이미지텔링에 대한 포괄적인 정의를 감안한다면, ≪겨울왕국≫에서의 보다 세밀화된 비주얼 스토리텔링은 이미 이미지텔링 개념을 내포한다고 보는 것이 옳을 듯하다. 함축적인 이야기나 주제와 연결되는 내용 등에 대한 풍부한 이해와 설정이 비주얼 이미지들로 구성되어서 전개되며. 관객들에게 호소하고 있는 것 같다는 뜻이다.

의문의 여지없이 ≪겨울왕국≫은 각종 비주얼 이미지들의 향연이다. 등장인물들의 모습과 의상과 색채와 표정, 주요 장면의 구도와 카메라 워크 등 작품의 모든 비주얼 이미지에 어떤 의미들을 부여할 수 있는지, 또한 그것들이 서로 어떻게 연결되는지가 분석의 대상이 될 수 있게 설정되어 있는 것 같다. 특히 일반적으로 인지되는 보편적인 비주얼 스토리텔링보다는 ≪겨울왕국≫에 고유하게 내포되어 어떤 특정 의미로서의 해석을 가능케 하는 비주얼 스토리텔링 기법이 있는 것으로도 보인다. —그렇기 때문에 이미지텔링 개념과 보다 더 잘 연결되는 것 같기도 하다. 특정의 이미지들이 주제 및 내용 전개를 보충하고 설명하면서 강조하는 방식으로 구성되어 있는 듯한 느낌을 아주 강하게 받을 수 있는 것이다. 일반적으로 이미지텔링은 보통 정지된 비주얼 이미지(혹은 이미지의 연속)나 관념적 정신 이미지에 대한 해석 차원으로 이해하고자 하는 경향이 많다. 움직이는 비주얼 영상을 이미지텔링으로 볼 경우에도 이야기 보다는 이미지가 드러내고 있는 의미의 상징성에 치우치는 개념으로 통상 받아들이고자 하는 것이다. 그러나 보다 세밀화된 비주얼 스토리텔링은 이처럼 이미지텔링 개념과 일정 정도 중첩되고 있는 것 같다. 단순히 상징성뿐만 아니라, 특정 사건 전후 이야기의 연결, 이야기의 전개와 결말이 어떻게 연결되느냐 등이 이미지 구현으로 보다 풍부하게 설정되고 있다는 의미다.

이미지와 관련해서 우선적으로 분명하게 드러나는 것은 캐릭터의 비주얼 이미지다. 그 중에서도 ≪겨울왕국≫의 두 주인공인 엘사 여왕과 안나 공주의 모습이다. 원래 전통적인 이야기에서 정의는 남성이 늘 구현해야 하는 것이며, 여성은 남성을 돕는 조력자가 되거나 때로는 남성의 정의 구현을 방해하는 팜므파탈의 역을 맡는다. 여성이 주인공이 되어 정의를 구현하는 경우에도 젠더(gender) 구분의 시각에서 남성성(masculinity)을 많이 지닌 여성으로 묘사되는 것이 상식이었다. ≪겨울왕국≫은 이러한 기존의 사회 문법에 상당 부분 도전하는 방식으로 묘사되어 있다. 여러 면에서 기존의 형식을 따르고는 있지만, 적어도 주인공인 엘사는 엘사대로 안나는 안나대로 각자의 방식으로 여성적인 면이 강조되어 있다고 할 수 있다. 특히 엘사의 경우에는 지나칠 정도로 성적인 매력이, 안나의 경우에는 천방지축이라는 요소를 강조하는 여성 특유의 귀여움이 아주 강하게 표정, 패션, 움직임 등의 비주얼로 묘사되어 있다. 이 애니메이션이 이러한 성격을 지니고 있는 자매의 갈등과 사랑 이야기라는 점을 분명히 하고자 하는 복선인 것 같기도 하다.

두 남자 조연격인 한스 왕자와 크리스토프 캐릭터와 이들의 외형적 모습에 대한 비주얼 묘사 역시 이 애니메이션에서 복선으로 작용하는 중요 부분처럼 보인다. 한스 왕자는 애니메이션 초반 처음 등장 당시에는 신사 이미지가 많이 강조되지만, 후반부로 가면서 탐욕과 권력욕을 서서히 드러내는 악당으로 판명나는 캐릭터다. 반면 크리스토프는 최초 등장 당시에는 난봉꾼 내지 비신사적인 건달처럼 묘사되지만, 후반부로 가면서 점차 신실하고 속이 깊으면서 순수하고 선한 캐릭터로 판명된다. 이러한 면모들은 한스와 크리스토프의 얼굴 표정은 물론, 엘사나 안나 등 인물들과의 각종 관련 사건에 잘 얽혀 애니메이션 속에 녹아있는 것 같다. 특히 한스의 이중성이 드러나는 모습과 크리스토프가 안나 공주를 위해 순

[그림 5] 안나 공주의 위기 때, 크리스토프의 표정 장면 —안나 공주에 대한 기존의 신사적이고 우호적 표정 및 움직임과는 180도 다르며, 낭만적이게 보여야 할 따뜻한 불의 배경이 오히려 위협적이고 무색하게 보임

[그림 6] 크리스토프와 안나 공주의 첫 대면 장면 —눈이 옷 전체에 묻어있으며, 표정이나 움직임 자체가 여성들에게 비호감적인 면이 강함

록 스벤을 타고 전력 질주하는 클라이맥스 부분은 《겨울왕국》의 이야기 전반을 가장 흥미롭게 만들고 반전을 분명하게 명시하고 있는 가장 근원적이고 핵심적인 부분이라 할 수 있다. 엘사 여왕에 비해 안나 공주는 상당히 능동적인 캐릭터로 설정되어 있으나, 남성들과의 관계에서는 다소 수동적인 면모를 띠고 있다는 부분도 주의 깊게 볼만한 설정이다.

한편, 뮤지컬 노래가 나오는 장면들은 전체 이야기 전개에 있어서 동인이 되는 많은 함축들과 인문학적으로 조망 가능한 상징들을 다량으로 내재하고 있다. 뮤직비디오에서처럼 내용이 전달되어야 하는 방식으로 시와 같이 함축적으로 내용을 강조하면서 말을 건네고 있는 것처럼 보인다. 노래가 나오는 주요 장면들에서 보여지는 등장인물의 표정이나 몸 움직임 등에 대해 면밀한 고찰·분석이 어느 정도 가능하다는 뜻이다. 장면과 부합되는 등장인물의 표정과 행위는 비주얼 스토리텔링을 보다 생동감 있게 만들고 있다. 일반적으로 표정과 움직임 등은 캐릭터의 성격과 밀접한 관련이 있다고 알려져 있는데, ≪겨울왕국≫은 이 부분을 심도 있게 아주 잘 표현하고 있는 듯하다. 예를 들면 엘사 여왕이 자신의 마법이 일반 대중에게 공개된 충격으로 인해 자신의 성을 떠나는 장면, 실의에 젖어 북쪽 산을 오르지만 이내 자신감을 찾게 되면서 자신의 능력을 시험하는 장면, 자신만의 얼음성을 마법으로 건축하면서 춤을 추는 장면 등 모두가 다 신화나 철학 등의 인문학적 측면들과도 깊게 연결되는 것 같다. 특히 핵심적인 사건의 열쇠를 모두 쥐고 있는 엘사 여왕에게는 과거와 현재와 미래가 공존하고 있으며, 그녀의 외형적인 모습, 사건들에 대한 비주얼적 묘사들 모두가 이러한 내막들을 잘 표현하고 있다. 그 중에서도 엘사가 자신의 옷을 현대적 스타일로 바꾸는 장면은 이 내용을 명확하게 보여주는 장치다. 엘사는 모든 것을 자신의 감정에 따라 마법으로 얼려버리고, 얼음으로 각종 산물들을 만들어 내는 능력을 지녔다. 이 장면에서 엘사는 바야흐로 수퍼히어로처럼 자신의 원래 옷을 21세기 형태의 옷으로 탈바꿈 시키면서 스스로의 다짐과 의지를 변화시키고자 한다. 성격 또한 유약한 보통 일반인에서 강력한 수퍼히어로로

[그림 7] 엘사가 실의에 가득한 채 눈이 내리는 산을 오르던 중 자신감을 찾게 되면서 장갑을 하늘로 던지는데 내리던 눈이 멈추는 장면 —하늘에서 바로 아래로 내려다보는 부감 숏으로 이를 보여주는데, 과거 엘사 자신의 모습을 하늘로 날려 보내고 있으며 마음의 안정감이 주변의 배경으로 표현되었다는 해석이 가능

[그림 8] 엘사가 자신의 성을 춤추면서 마법으로 건축하는 모습 —우주를 창조해 내는 여신 신화에서의 우주적 무도(舞蹈) 내용을 연상됨

[그림 9] 눈과 얼음의 마법을 마음대로 사용할 수 있게 된 여왕이 스스로 변신하는 모습인데, 몸의 주변에서 눈이 뿜어져 나오면서 현대 여성의 이브닝드레스 의상을 착용하게 되는 장면 —페미니즘의 비주얼적 표현으로도 해석될 수 있음

바뀌는 듯하게 묘사되어 있다. 미국인들에게 매우 익숙한 이 같은 문화코드는 현재 전 세계인들에게 강하게 호소되는 주요 내용들 중의 하나다. 또한 한 여성 개인이 집안의 규율에 갇혀 있다가 스스로 자기 자신을 발견하고 능동적으로 자아를 실현하고자 노력한다는 점에서 일종의 페미니즘의 묘사 강조로 해석될 수도 있다.

세 번째로 주목할만한 내용은 ≪겨울왕국≫의 노래 부분에서 클리셰 장면들도 많이 발견된다는 것이다. 더욱이 이들에 특정한 의미를 부여하는 것이 어느 정도 가능할 수 있다. 예를 들면, 안나 공주가 한스 왕자와 만나기 전에 부르는 노래 속에서 큰 걸음으로 씩씩하게 걷는 모습에서는 ≪사운드 오브 뮤직≫의 '도레미송' 장면이 연상된다. 자신감에 대한 보다 명확한 표현이 드러나고 있으면서, 새로운 만남과 미래에 대한 기대를 은연 중에 복선으로 드러내고자 하는 것이다. 또한 엘사 여왕이 북쪽 산에 위치한 엘사의 성으로 찾아온 안나를 만나면서 부르는 노래 중에서 고개를 갑자기 반대로 돌리는 장면은 영화나 공연 등에서 상대방을 거부하고자 하는 주연 인물의 전형적인 과장된 몸짓으로 주인공 내면 심리

[그림 10] 애니메이션의 초반부 안나 공주가 언니인 엘사의 여왕 즉위식을 찬미하며 노래하는 장면에서 팔을 올리며 뛰는 모습은 ≪사운드 오브 뮤직≫의 '도레미송' 장면과 유사

[그림 11] 애니메이션의 초반부 안나 공주가 언니인 엘사의 여왕 즉위식을 찬미하며 노래하는 장면에서 전작의 라푼젤 공주와 그의 남편이 까메오로 출현

를 보다 적극적으로 강하게 드러내고자 하는 표현이다. 재미 요소나 마케팅을 위해 전작 애니메이션 ≪라푼젤≫의 주요 인물인 라푼젤과 남편인 유진이 까메오로 아주 잠깐 동안 화면에 등장하는 것도 기존 디즈니 애니메이션의 전형적인 방식이라는 면에서는 충분히 의미가 부여될 수 있다.

이 견지에서 ≪겨울왕국≫의 클라이맥스-결말 부분 또한 중요하게 살펴보아야 할 부분인 것 같다. 보통 클라이맥스-결말 부분에서는 애니메이션 전체의 이야기를 관객에게 정리해서 보여주는 경향이 많다. 어떻게 이야기가 전개되어 왔으며, 결국 이처럼 끝이 난다라는 점의 강조를 통해, 작품의 메시지를 관객들에게 보다 분명하게 전달하고자 하는 것이다. ≪겨울왕국≫은 이 측면에서 비주얼 스토리텔링의 문법을 새로 구성해서 보여주고자 하는 듯한 인상을 주고 있다. 애니메이션의 초반부와 후반부 모두가 비주얼 스토리텔링이라는 입장에서 모두 일정한 규칙과 비율과 형식에 따라 각기 정돈되어 스토리텔링에 도움이 되는 방향으로 관객들에게 적극 호소하고 있다. 비주얼 스토리텔링 연구 측면에서 주의 깊게 살펴보면 애니메이션의 초반 부분과 결말의 콘셉트가 같다는 점을 알 수 있다. —[그림 12]와 [그림 13]의 설명을 참조.

보다 면밀하게 찾아본다면 더욱 많은 예들이 ≪겨울왕국≫ 속에 다량으로 내재되어 있을 것이다. ≪겨울왕국≫은 비주얼 이미지들과 이야기 내용이 서로 간에 협조하고 영향을 주면서 관객들의 오감을 자극할 수 있도록 고안된 작품이다. 비주얼 컬처로서의 ≪겨

[그림 12] 초반부는 자매와 올라프가 방에서 비밀스럽게, 결말부는 많은 사람들이 지켜보는 광장에서 함께 놀고 있음

[그림 13] 자매 각각의 정신이 성숙했음과 엘사의 마법이 사회와 융합되었음을 보여준다고 해석될 수 있게 해 주는 장면의 대비 —세계를 상징하는 3이라는 숫자(여신-창조물-인간으로 구성)의 신화적 맥락에도 닿아있는 듯하다. 동물과 친구인 인간(크리스토프는 눈사람 올라프에게 순록 스벤을 애완동물처럼 대하지 말라고 강조한다) 역시 배경으로 등장

울왕국≫ 속에 들어있는 이러한 내용들은 매우 특기할만한 부분이며, 이로 인해 관객으로 하여금 몰입도 및 중독성을 최대로 높일 수 있게 한다고 해석할 수 있다. 물론 ≪겨울왕국≫ 역시 20세기 중반 무렵부터 발전하기 시작한 디즈니 애니메이션의 근본 원칙과 기조에서 크게 벗어나고 있지는 않다. 3D 애니메이션이라는 포맷의 차이가 일단 눈에 들어오지만 전반적으로는 기존 디즈니 애니메이션 분위기를 충실히 계승하고 있는 것이다. 시대와 사회가 변해가고 스마트 기기가 발전되며 문화 소비자들이 예전 보다 훨씬 더 대중문화에 쉽게 익숙해지는 등 전 지구적 규모로 사람들이 점차 영악해지고 있다는 점을 제작자들은 잘 인식하고 있는 것 같다. 보다 복잡하면서도 전략적인 스토리와 이미지들에 근거한 작품이 이처럼 제작되고 있으며 그래야만이 성공할 수 있다는 것을 보여주고 있는 좋은 예인 것 같기도 하다. 디즈니 애니메이션은 미국인들을 위한 꿈과 희망이라는 미국적 로망에 예전부터 기초하고 있으므로, ≪겨울왕국≫은 비주얼 스토리텔링이라는 측면에서도 이 내막들을 21세기 스타일로 적극 반영하여 미국적이면서도 세계적으로 보편화 될 수 있는 각종의 이미지 기법과 내용들을 이용하여 구현하려 했다고 정리할 수 있다.

6. ≪겨울왕국≫이 우리에게 시사하는 내용

유럽과 미주 등지에서까지 우리나라의 아동 애니메이션 콘텐츠는 많은 각광을 받고 있다. 그러나 중장년의 성인에게까지도 감동을 줄 수 있는 가족 애니메이션은 이렇다 할 특별한 작품이 아직까지 만들어지지 않았다. 최근 ≪마당을 나온 암탉≫이 호평 받으면서 가능성을 보이고 있는 정도다. 세계인들 모두로부터 사랑받을 수 있을 만한 우리의 가족 장편 애니메이션이나 캐릭터의 제작은 현재로서는 좀 어려운 상황이다. 한국 애니메이션 작화가들이 세계 애니메이션계에서 상당한 활동을 하고 있으며 유명 작품들의 다양한 분야에 적극적으로 참여하고 있다는 측면을 감안한다면, 이 같은 이율배반적인 현실은 우리가 넘어서야할 시급한 문제라고 할 수 있다.

제작비나 여건 등 많은 이유들이 있겠지만, 일단 글로벌적 관점에서의 가족 개념과 우리의 가족 개념 차이로 인해 어느 정도 혼선이 초래될 수 있다는 면이 있다. 한국의 전통적 집단 문화코드 자체가 가족이라는 것, 그러다 보니 희생 개념에 치우치면서 한국적

[그림 14] ≪겨울왕국≫이 공전의 히트를 기록함에 따라 애니메이션 안에 있었던 가상의 것들이 실제 세계로 전이되고 있는데, 화장 또한 좋은 예들 중 하나라 할 수 있음(출처 : [앙띵의 사생활] 겨울왕국 엘사 화장법! -유튜브)

인 정(情)이 지나치게 강조되는 면은 장점과 단점으로 동시에 작용하는 듯하다. 한국의 대표적인 문화코드이지만 21세기를 사는 세계인들에게는 다소 이해가 어려울 수 있다.[4] 2015년에 제작된 디즈니 애니메이션 ≪인사이드 아웃≫ 또한 ≪겨울왕국≫ 못지않게 가족이라는 집단과 가족 구성원 간의 관계를 문화코드 차원에서 생각해 보게 만들어 주는 좋은 예다.

이러한 상황을 감안하면 미국 디즈니의 가족 애니메이션 ≪겨울왕국≫은 여러모로 우리에게 시사하는 바가 상당히 클 수 있다. 특히 콘텐츠 관련 사람들에게 이 애니메이션은 즐기는 차원에서의 작품이라기보다는 보다 본격적인 연구대상으로 삼아야 할 작품인 것처럼 보인다. 기본 줄거리와 설정으로부터 이미지 묘사 및 방식에 이르기까지, 서양 사람들은 물론 세계 모든 사람들에게 호소하려 한다면 어떠해야 하는가를 보다 세밀히 고민하게 만들어 주고 있는 것 같다. ≪겨울왕국≫이 세계적인 인기를 얻게 됨에 따라 사회문화적으로 일종의 겨울왕국 신드롬이 일어났다. OSMU 상황으로 전개되면서 ≪겨울왕국≫과 연계된 수많은 문화상품들이 제작되고 소비되었다. 그에 따라 애니메이션 속의 가상 중 일부가 현실 생활 속에서 실제로 발생하기도 하였다.

이는 애니메이션 ≪겨울왕국≫이 21세기 현대 사회와 분명한 상관관계를 지니고 있다는 측면을 보다 명확하게 강조하고 있는 것이다. 과거도 현재도 미래도 아닌, 현대적인 사회 분위기가 ≪겨울

4) 우리 콘텐츠에서는 한국적 시각으로만 가족을 이해하는 경우가 많다. 그러다 보니 서양인들에게도 호소될 수 있는 합리적 마인드 부분이 조금은 약한 듯하다.

왕국≫의 방식으로 잘 드러나고 있다. 다양한 현대적 유머코드나 뮤지컬 음악 가사는 물론, 주인공들의 대사와 이미지 등에도 이 같은 측면이 매우 잘 나타나 있다. 가족 애니메이션이지만 각종의 현대 사회 요소들을 내포할 수밖에 없는 탓에, 등장하는 캐릭터들의 모습들이 현대적 외형 및 스타일을 내포하고 있기도 하다. 바로 이 내용들이 대중적 호소 메커니즘의 기초적 요소를 구성하고 있는 것으로 보인다. ≪겨울왕국≫은 '콘텐츠'라는 개념을 감안한 인문학적 의미, 예술사적 맥락, 시대 사회 상황의 이해 등 여러 복합적 관점에서 특정 애니메이션을 보다 입체적으로 조망할 수 있게 해주는 좋은 샘플인 듯하다.

Chapter 7

창의적 상상력과 이미지텔링의 관점에서 본 마그리트의 ≪폭포≫

by 박치완

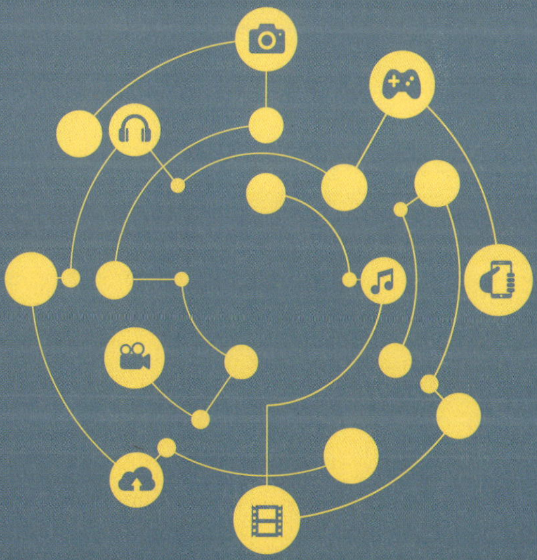

"보이는 것보다 보이지 않는 것에 더 중요성을 부여할 근거는 어디에도 없으며, 그 역도 마찬가지입니다."

– 마그리트, 〈푸코에게 보낸 편지〉에서

"존재의 신비를 말하고 사유하기 위한 낱말은 존재하지 않는다. 하지만 마그리트 이후 많은 사유들이 우리에게 얼마나 결핍돼 있고 또 부족한지를 보여주는 이미지들이 존재한다. 이미지가 우리에게 보여주는 의미(le Sens)란 불가능성(l'Impossible)이라고 칭할 수도 있겠지만, 그 불가능성은 그럼에도 결코 포기할 수 가능성이 아닐 수 없다."

– 빠께, 『마그리트』

1. 상상력의 기능과 역할, 그리고 논리

폴 지네스티에는 바슐라르를 평하는 자리에서 "상상력은 고행을 동반한다"[1)]고 평가한 바 있다. 고통의 결과물로 산출된 예술가의 '작품'을 대하는 감상자나 비평가도 그렇다면 결국 해당 작품을 감상하고 비평하는 과정에서 당연 예술가에 버금가는 각고(刻苦)의 노력을 해야 할 것이다. 그렇지 않고서는 자신 앞에 있는 작품의 알속, 즉 작가의 창작 의도와 작품의 내면세계에 다다르기 힘들다. 바슐라르가 '창의적 상상력'을 '생산적 상상력'이나 '재생적 상상력'

1) P. Ginestier, *La pensée de Bachelard,* Bordas, 1968, p.153: "(…) l'imagination est une ascèse: pour bien imaginer, il faut s'oublier, s'abandonner."

과 구분해 강조한 것도 어쩌면 이런 이유 때문이었는지 모른다. 오직 대상(주제)의 재현에 치중한 생산적 상상력, 재생적 상상력과 달리 창의적 상상력은 비실재, 비가시적인 세계를 "창조-상상된 이미지(l'image créée, l'image imaginée)"의 형태로 탈바꿈시킨다는 것이 특징이다.

바슐라르에 따르자면, 그렇게 창조-상상된 이미지라야 마침내 감상자와 '울림'이 공분(共分)될 수 있다고 한다. 예술작품은 모름지기 일시적 '감동'이 아닌 한 인간 존재를 뒤흔들 정도의 울림이 전달될 때라야 비로소 새로운 우주(세계)를 연 것이다. '울림'은 작품 창작 과정에서 발휘되는 창의적 상상력과 작품을 감상하고 비평하는 과정에서 요구되는 "상상하는 상상력(l'imagination imaginante)"이 결합되었을 때에 한해 주어진다.[2)]

그런즉 울림이 공유되는 작품을 발견하기란 쉽지 않다. 울림이 공유되기 위해서는 기본적으로 주어진 작품을 전제로 예술가와 감상자 사이에 '지속적 대화' 또한 전제되어야 한다. 바슐라르가 『촛불의 미학』의 서두에서 "느린 명상, 기도하는 명상"을 강조한 것도 이런 맥락에서 이해할 수 있다.[3)] 우리는 단박에 그 어떤 작품도 이해할 수 없다. 느린 명상이 아니고서는 작품의 깊이와 내밀성에 다다를 수 없다. 그래서 바슐라르는 각각의 시어에 감상자의 시선을 고정시키고 아주 '천천히' 시인이 창조해 놓은 새로운 우주를 음미하라고 주문한다. 그 때 소위 작품이 제시한 공간은 '시학화된

---

2) G. Bachelard, *La poétique de l'espace,* PUF, 1972, pp.16~17; G. *Bachelard, La terre et les rêveries de la volonté*, J. Corti, 1947, p.3 참조.

3) G. Bachelard, *La flamme d'une chandelle,* PUF, 1961 참조.

다. '시학화된 공간'이란 작가와 감상자 간에 울림이 공유되는 제3의 공간으로, 예술가, 작품, 감상자가 함께 작용해야 형성될 수 있는 공간이다.

공간의 시학화를 위해서는 작품을 중심으로 예술가와 감상자가 각기 자신의 존재 확보를 위해 의탁하고 있는 속지(屬地)로부터 벗어나야 한다. 속지를 묵인하고 서로의 구획을 인정하면서 '밀당'을 하다보면 작품은 두 개별자 뒤로 퇴장하게 된다. 그렇게 되면 두 개별자 사이에 가로놓인 경계의 벽은 영영 좁혀지지 않을 것이다.

표면(surface)이 아닌 차원(dimension)을 살아가는 인간에게 있어 도구화된 이성이 세워놓은 경계들은 한낱 자기 방어의 수단일 뿐이며, 진정으로 자신의 내밀한 상상력의 세계와 소통하는 것을 거부하는 아집에 다름 아니다. 이런 점에서 우리는 바슐라르가 역설하는 창의적 상상력, 상상하는 상상력을 실재하는 대상이나 사물의 단순 재생(모사)과 같은 고전미학적 개념이나 현대의 디지털 기술 등에 의해 깃발을 펄럭이고 있는 반미학·탈미학적 작업들과 구분할 필요가 있다.[4)] 그리고 무엇보다도 바슐라르가 말하는 상상력은 환상적인 것(l'illusoire)이나 허구적인 것(le fictif)을 추구하는 작업과도 엄연히 구분된다는 점을 잊어선 안 된다. 파스칼이 역정을 낼지 모르지만[5)], 이런 것들을 비호하기 위해 바슐라르가 소위 '상

---

4) 이런 까닭에 우리는 상상력을 단지 감정, 욕망, 관능, 쾌락 등을 추구하며 "최악의 문화적 야만"을 생산할 뿐인 현대의 극단적인 미학적 노선들과도 구분할 필요가 있다.(P. Ardenne, *Extrême esthétiques de la limite dépassée, Flammarion,* 2006, p.437)

5) 주지하듯, 파스칼에게 있어서 상상력은 '이성의 적'이며, '거짓을 가르치는' '오류의 주범'이다. 그런데 재미난 사실은 파스칼 스스로도 인정하듯 이성이 상상력을 결코 완전히 제압할 수 없다는데 있다. 여기에 파스칼의 역설이 숨

상력'이라는 용어를 사용했던 것이 아니다. 바슐라르가 말하는 상상력은 어디까지나 고행을 동반하는 '이성의 작업'이며 '새로운 우주'의 제시라는 분명한 목표가 있다.

이렇듯 상상력은 전통의 이성 개념처럼 가시적인 것과 비가시적인 것, 현상과 본질, 물질과 정신, 실재와 비실재를 구분하지 않고 오히려 둘의 접점을 찾고자 하는데 목포를 두고 있기 때문에 '새로운 합리성'이란 명의로 해명되어야 옳다.[6] 요인즉 '본래 있는 그대로의 세계'를 도구화된 이성에 의해 구분되고 위계화되기 이전 상태로 복원시키는 것, 바슐라르가 역설한 상상력의 본의가 바로 여기에 있다. 물론 주지의 '본래 있는 그대로의 세계'란 근대의 산업화 이후 인공적·문명적 파괴가 감행되기 이전 상태의 자연세계 뿐만 아니라 일반적으로 모든 인간들이 살아가는 생활세계 그리고 문화·예술세계도 포함한다. 중요한 것은 그런 '세계'가 21세기에 이르러 "강한 자극(sensations fortes)과 예외적 순간"만을 선호하는 호모디지피엔스가 늘어나면서, 다시 말해 "전통의 질서를 문란케 하는데"[7]만 호정(好情)을 표출하는 호모 데멘스가 늘어나면서 점점 우리의 관심 밖으로 밀려나고 있다는 사실이다.

어 있다. 왜냐하면 그는 신의 존재를 정작 이성에 의해서 아니라 감각(상상력)에 의해 맞이하고 있기 때문이다 - 보다 구체적 내용은 파스칼, 『팡세』, 이환 옮김, 민음사, 2003, § 44 참조.

6) 바슐라르가 전통의 분리적·배타적 이성을 '공식적인 철학(philosophie officielle)'의 모태라고 비판한 이유가 여기에 있다. 그에 따르자면 아카데미와 지식계를 장악하고 있는 공식적인 철학은 오직 이성이라는 판관만을 위해 사유 대상과 세계를 위계화시키는 일에 복무해왔을 뿐이다. 역설적으로 말하자면 '상상력이 배제된 이성'만이 '철학함'의 본(本)이라 여긴 것이다.

7) P. Ardenne, *op. cit.*, p.23.

이런 까닭에 필자는 이 자리에서 감히 상상력의 기능과 역할을 우리 시대를 치유할 수 있는 새로운 철학적 이념으로 제안코자 한다. 비록 마그리트의 ≪폭포≫라는 그림 한 편을 비평하는 자리이지만, 우리가 바슐라르의 창의적 상상력 개념을 문두의 화두로 끌어들인 이유가 여기에 있다. 인간이 '본래 있는 그대로의 세계'와 함께 무욕의 정신을 발휘해 더불어 잘 살 수 있도록 호조(互助)하도록 유도하는 것, 이보다 더 필급한 시대적 요청이 없다고 생각하기 때문이다.[8)]

상상력 개념을 통해 결국 우리는 탈영토화된 '본래 있는 그대로의 세계'를 재영토화시켜야 한다. 근대의 위계적 영토화나 탈근대적 무정부주의적 탈영토화는 자연세계, 생활세계, 인간세계에 대해 깊이 고민하지 않고, 그 고민의 흔적을 찾아보기도 힘들다.[9)] 때문에 이제 우리는, 탈근대론자 들뢰즈도 만년에 한 대담에서 술회하듯, "중요한 것은 (…) 중간(지대)"에 있다는 것을 참구해야 할 때다. "사물과 사유는 중간에서 자라거나 증가하고, 우리는 바로 거기[사물과 사유가 비분리된]에 자리 잡아야만 한다."[10)] 더는 극단으로 치닫지 말고 그 '중간 지대'에 대한 선교(善教)에 집중할 때 새

8) 이 점을 필자는 「가스통 바슐라르와 무욕의 상상력」(『프랑스학연구』 제48집, 2009)라는 논문에서 집중 분석한 바 있다.

9) 박치완, 「동일성의 폭력과 차이의 허구」, 『철학과 현상학 연구』 제23집, 2004, 29쪽 이하 참조.

10) 들뢰즈, 『대담』, 김종호 옮김, 솔, 1993, p.178. 본고에서 우리가 들뢰즈를 인용하고 있지만 그렇다고 해서 그가 바슐라르처럼 '상상력'에 대해 적극적인 확신을 갖고 있었던 것은 아니다. "나는 꿈에서나 환상 등에서 상상의 힘을 믿지 않는다. 상상은 거의 확정되지 않은 개념이다. 그것은 긴밀히 조건지워져야 한다."(*ibid.*, p.77)

로운 사유의 길이 열릴 수 있다는 것을 들뢰즈도 만년에야 깨달은 것인가. 바슐라르의 이성의 보완과 극복으로서 상상력 개념도 맥락은 다르지만 지향점은 같다고 생각된다. 이제껏 서구의 고질적 이분법의 논리에 의해 임의로 분리된, 그리하여 결과적으로 미사유된 것들을 다시 사유의 무대 위로 초대하기 위해 상상력이 필요한 것도 이 때문이다.

본고에서 우리가 역점을 두고 있는 상상력의 논리는 전통의 동일성의 논리나 작금의 포스트모더니스트들이 주장하는 무정부주의적 차이의 논리와는 다른 '새로운 논리'라는 것을 미리 강조해 둔다. 바슐라르의 제자인 질베르 뒤랑은 이 '새로운 논리'를 "제3의 여건", "인식의 제3의 길"[11]과 같은 개념을 통해 상론(詳論)한 바 있다.[12] 뒤랑이 "인간 사고의 '전혀 다른' 세계를 상상계를 통해 규명하기 위해 기존 이성의 교조적 권위에 저항한 노력들(A. 브르통을 필두로 한 초현실주의, 큐비즘, 해체주의 등)을 높이 평가한 것도 같은 취지에서다.[13]

11) 질베르 뒤랑, 『상상력의 과학과 철학』, 진형준 옮김, 살림, 2003, 58, 35쪽.

12) 뒤랑은 전통의 배타적 이원론을 극복하기 위해 다음과 같이 3분법적 다원론을 구체적으로 제시한 바 있다: "'배타적' 이원론을 포기하는 것은 3분법적 다원론으로의 이행을 의미한다. (…) 자기 동일성과 다른 이러한 개념으로부터 상상계의 새로운 논리(혹은 차라리 하나의 비논리)가 생겨난다. 그것이 꿈이건, 몽상이건, 신화건 혹은 상상적 이야기건..."(질베르 뒤랑, *op. cit.*, 90쪽)

13) *Ibid.*, p.37 참조. 뒤랑의 연구에 따르자면, 기존 이성의 교조적 권위에 대한 저항은 단지 예술분야에서만 제기되었던 것이 아니고 심리학이나 해부학 그리고 사회학, 타문화연구 등 다양한 학문분야에서 제기되었으며, 이들의 공통된 입장은 동일성의 논리를 통해서는 담보할 수 없는 것들(애매한 것, 신비한 것, 전(前)논리적인 것, 야생적인 것, 원초적인 것, 일상적인 것, 하찮은 것, 주변부에 머무는 것 등)을 어떻게 사유의 기본 범주 안에 포함시키느냐에 있다.

"분야와 범위가 넓고, 외관상 드러나는 이질성 때문에 종합이 용이하지 않는" 것은 사실이지만 "상상력의 세계는 모든 분야에 침투하고 있고"[14], 또 모든 분야에서 그 중요성이 언급되고 있다. 이제는 우리가 그 결과물들과 논의의 두께를 종합적으로 담아내야 할 때다. 가장 범위를 넓게 잡으면 그 분야는 인문학이 될 것이고, 범위를 조금 좁게 잡으면 예술 분야라고 할 수 있을 것이다. 본고에서 우리는 그 범위를 더 축소시켜 다다이스트, 초현실주의자, 미래파 화가 등으로 회자되곤 하는 르네 마그리트의 ≪폭포(La Cascade, 1961)≫라는 작품의 분석을 통해 소위 '중간지대'를 넘나드는 그의 풍경-철학, 철학-회화에 대해 살펴볼까 한다.[15]

2. ≪폭포≫: 자연적 자연과 인공적 자연을 넘나드는 창의적 상상력의 소산

마그리트는 푸코가 ≪이미지의 배반≫에 대한 비평서, 즉 『이것은 파이프가 아니다』를 세간에 내놓으면서[16] 철학계에서도 많은

14) 뤼시앵 보이아, 『상상력의 세계사』, 김웅권 옮김, 동문선, 2000, 16, 15쪽.

15) 참고로 마그리트는 '철학'을 주제 삼아 많은 그림들을 그렸었다: ≪재현 La Représentation≫(1937), ≪금지된 복제 La Reproduction interdite≫(1939), ≪규방속의 철학 La Philosophie dans le Boudoir≫(1947), ≪헤겔의 휴가 Les vacances de Hegel≫(1958)를 비롯하여 ≪철학자의 램프≫, ≪신화, 과학 그리고 철학≫, ≪인간의 조건≫, ≪감각의 끈≫, ≪각성과 철학≫ 등.

16) M. Foucault, *Ceci n'est pas une pipe: Sur Magritte,* Fata Morgana, 1973(『이것은 파이프가 아니다』, 김현 옮김, 민음사, 1998) 참조 - 아래에서의 인용은 번역서를 따른 것임.

관심을 받기 시작한 화가다. 하지만 최근까지도 그에게 따라다니는 세평(世評)은 여전히 "명증성의 파괴자(destructeur), 이미지와 의미의 농간자(manipulateur)", "팝아트의 선구자" 등으로 한정돼 있다.[17] 이런 이유 때문에 실제 그 어떤 화가보다도 많은 대중을 확보하고 있는 마그리트이지만, 그의 작품들에 대해 고급예술 취향의 비평계에서는 큰 관심을 보이지 않은 것이다. 어쩌면 이런 이유 때문에 우리가 본고에서 마그리트를 취택하게 되었는지 모른다. 특히 그의 후기작에 해당한 ≪폭포≫는 다른 대표작들에 밀려 비평가들 사이에서 거의 주목받지 못한 작품 중의 하나다. 물론 마그리트 스스로도 이 작품에 대해 특별한 애정을 표시한 적이 없다. 하지만 어쩐 일인지 필자는 유독 이 작품에 끌렸다. 이유는 단순하다. 거의 주목 받지 못한 작품이기에 새로운 평가를 통해 마그리트의 예술 세계를 재조명해보고 싶었기 때문이다. 그리고 기본적으로 이 작품 역시 그의 다른 작품들과 마찬가지로 화제(畵題)와 이미지의 관계가 엇물린 작품이고, 또 이 점에 주목해 ≪폭포≫를 해석한 것이기에 그의 예술론의 측면에서 볼 때 큰 차이가 나지 않을 것이라 믿는다.

본격적 논의로 들어가자면, ≪폭포≫ 속에는 폭포가 존재하지 않는다. 다시 말해 이 그림 어디에서도 폭포의 흔적은 발견되지 않

17) L. Wolf, "Expositions. Qu'est-ce qu'un grand peintre du xxe siècle?", *Etudes,* 2003/5, tome 398, p.688. 비평가나 예술사가로부터 주목받지 못한, 하지만 대중으로부터 많은 사랑받는 마그리트, 샤갈, 스타엘(Staël) 등 20세기를 대표하는 3명의 전시회를 기획한 울프는 이런 이유 때문에 자신의 글에서 "대중이 위대한 화가를 만드는 것인지, 화가의 위대함이 대중을 부르는 것인지?" 반문하고 있다.

는다. 그렇다면 왜 이 작품이 ≪폭포≫인 것이며, 많은 감상자가 기대하고 있을 폭포는 대체 어디에 존재하는 것일까? 본고에서 우리가 탐문해보려고 하는 첫 번째 질문이 바로 여기에 있다. 그리고 필자가 ≪폭포≫를 선택하게 된 두 번째 이유는, 최근 필자가 연구 중인, '이미지텔링' 개념을 이 작품의 비평에 적용한다면 기존의 비평에서와는 다른 뭔가 새로운 제안을 할 수 있을 것이라는, 필자의 심신(深信)이 작용했기 때문이다. 단적으로 말해 ≪폭포≫는 우리에게 폭포의 실재를 '보여주는' 작품이 아니라 감상자에게 비실재로서의 폭포를 '찾아보라' 주문하고 있는, 꽤 '유별한 작품'이다. 결국 마그리트에 의해 ≪폭포≫ 내에 암시된 의미로서 폭포, 즉 그가 장치해놓은 폭포-이야기('폭포'라는 관념)를 찾는 것은 철저히 감상자의 몫이다. 따라서 ≪폭포≫가 '이야기하려는 것(vouloir-dire)'을 밝히는 것은 ≪폭포≫를 감상하고 비평하는데 있어 불가결한 요소라 아니 할 수 없다.

이미지텔링은 아직 학계에서 널리 수용된 이론이 아님으로 본격적 논의에 앞서 이에 대해 조금 부연해볼까 한다.[18] 이미지텔링(image+telling)에서 '이미지'는 일차적으로 어떤 대상의 재현물이나 대리물이 아니다. 따라서 '이미지'는 결코 분석(비평) 자료나 감상의 대상으로 전락하지 않는다. 이미지텔링에서 '이미지'는 '사유'에 앞서 존재하며, 사유의 연원이다. 사유에 의해 그 본질이 손상되거나 생명이 절명되지 않는 것이 '이미지'이다. 사유는 '이미지'로부터 촉발된 것으로서 이차적 작업에 그칠 뿐이다. 이미지텔링에서

18) 송종인 · 박치완, 「이미지의 이중성과 복합성: 이미지텔링, 그 이론적 토대 마련을 위한 시론」, 『글로벌문화콘텐츠』 제8호, 2012, 159~160쪽 참조.

'이미지'는 인간 주체와 마찬가지로 '이야기하는 주체'를 의미한다. 이것이 이미지텔링의 기본 전제다.

이러한 원리에 따르자면 '이야기하는 주체로서 이미지'가 인간에게 말을 걸어오는 것이며, 결국 예술작품의 감상자는 그렇게 이야기를 걸어오는 이미지에 대해 화답해야 하는 상대 주체로 변모한다. 여기서 인간(주체)과 이미지(대상) 간의 전통적 관계, 즉 데카르트로부터 훗설까지 연장된 서구의 특권화된 주체 개념이 '이미지'에 의해 상대 주체로 변모된다는 점에 주목해야 한다. 가타리의 표현을 빌리자면, 근대의 특권적 주체는 '탈정착화(dénaturalisation)'되어 '이미지'라는 새로운 주체와 함께 상호 '교환의 장' 안에 재배치된다.[19] 하지만 그렇다고 해서 그 교환의 장 안에서 기존의 주객관계에서처럼 대상과 주체가 재위계화의 길을 걷는 것은 결코 아니며 주체와 대상이 동등한 지위와 역할을 갖는다는 것이 이미지텔링의 또 다른 대의이다. 이미지텔링의 관점에서 보면 결국 타자와 늘 마주하고 타자를 늘 맞이하는 '두 주체'는 상호인정하고 배려해야 하는 것을 하나의 숙명으로 받아들인다.[20] 이렇게 이미지텔링

19) F. Guattari, *Chaosmose*, Galilée, 1992, p.19 참조. 이를 가타리는 현대가 요구하는 "주체성의 새로운 양태"라 했으며, 이렇게 생산의 장(교환의 일반적인 경제 구조) 안에서의 주체성의 전개를 통해 가타리는 근대의 신성불가침한 주체를 경직된 집단 장치(신격화된 주체에 대한 집단적 믿음)로부터 "끌어내고, 풍부하게 하고 재발명하여"(*ibid*., p.15) 이미 정착화(naturalisation)된 주체의 해방 가능성에 대해 논했다. 보다 제사한 설명은 니꼴라 부리요, 『관계의 미학』, 현지연 옮김, 미진사, 2011, 160~162쪽 참조.

20) 윤리학과 사회·정치철학적 근본 문제들과 관련된 주장이라 본고에서의 문맥과 일치하지 않은 점은 있지만 여기서 우리는 악셀 호네트의 '인정', '정의의 타자' 개념 등을 떠올릴 수 있다 – 악셀 호네트, 『정의의 타자』, 문성훈 · 이현재 · 장은주 · 하주영 옮김, 나남, 2009 참조.

에서 두 주체가 '비분리적'으로 잇대어져 있다.

필자가 ≪폭포≫를 이미지텔링의 관점에서 접근해야만 마그리트가 자신의 그림 안에 장치해놓은 비밀 이야기, 즉 마그리트가 감상자인 우리로 하여금 그의 그림 속에서 읽어내도록 장치한 철학을 발견할 수 있을 것이라 믿는 소이가 여기에 있다. 물론 ≪폭포≫는 일견하자면, '자연-풍경화'처럼 보인다. 그런데 앞서도 언급했듯, 화제가 다름 아닌 ≪폭포≫라는 점에 사람들은 의아해한다. 이 화제에 시선을 고정시키는 이유이다. 하지만 일종의 숲을 대상화시켜 놓은 ≪폭포≫이기에 감상자의 의구심은 해소되지 않는다. 푸코도 지적하듯, 마그리트는 ≪이미지의 배반≫이나 ≪이것은 파이프가 아니다≫에서와 마찬가지로 이 그림에서도 <폭포 = 폭포>, <숲 = 숲>이라는 화제(그림에 대한 명명)와 이미지(그림 자체) 간의 동일성(일치)이나 유사성 개념에 근거한 상식적 단언 또는 확언을 철저히 거부하고 있다. 다시 말해 "재현을 비켜가거나 비웃으며"[21] 우리의 상식과 합리적 감상법을 흩뜨리고 있다. 이성에 기대 전개하는 합리적 감상법을 흩트림으로써 마그리트는 그림에 대한 명명과 그림 자체의 관계를 해체시켜 결과적으로 "폭포란 무엇인가?", "폭포가 대체 어디에 존재하는가?"라는 물음을 감상자인 우리에게 떠넘기고 있는 셈이다.

급하게 결론지어 "폭포란 무엇인가?", 바로 이 물음이 그의 ≪폭포≫에 장폐(障蔽)된, 그리하여 감상자인 우리 스스로가 그 대답을 탐색하지 않으면 안 되는 '비밀-이야기'이다. 이러한 마그리트의 시도는 1920년대 중반에 발흥한 초현실주의 예술가들이 "비가시적

---

21) 푸코, *op. cit.*, 71쪽 이하 및 83쪽.

세계를 더 잘 표현하기(en-visager) 위해 가시적인 것을 수단으로 이용한 기법"과 다르지 않다.[22] 이런 시도를 통해 실제 초현실주의 화가들은 말과 사물, 관념과 이미지, 기호와 의미(작용), 지각과 재현 간의 위계적 관계를 전복코자 했다. 다시 말해 양자 간의 "교환의 투명성"이나 특히 "언어의 존재론적 개념" 등에 반기를 든 채 새로운 "예술적 형상화의 변모(trans-figuration)"를 꽤한 것이다.[23] 더 직접적으로 표현하자면, 브르통도 『초현실주의 선언』에서 밝히고 있듯, "이성에 의해 행사된 모든 통제가 부재한 상태로, 모든 미학적, 도덕적 편견 밖에서 사유를 기술하는 것", 그것이 "순수 영혼의 자동기술"이자[24], 예술의 모토라고 여긴 것이다.

이런 정황을 십분 이해하고 보면, 이제 우리는 언어적 표현이나 색으로 형상화되어 감상자 앞에 놓인 초현실주의자들의 작품에서 시니피앙에만 우리의 시선을 고정시켜서는 해당 작품의 진미(眞味)를 맛볼 수 없다는 것을 확인할 수 있다. ≪폭포≫의 비밀-이야기 역시, 마그리트 본인도 「말과 이미지」에서 언급하듯, "그림에 대한 명명(nom)이나 그림 자체(image)에 있지 않고" 그가 궁극적으로 제시하고자 하는 "[제3의]대상(objet)"을 지향하고 있다.[25]

---

22) L. Bazin, "Le Principe d'orientation: Surréalisme et idéographie", *RiLUnE,* n° 8, 2008, p.124.

23) *Ibid.*

24) R. Magritte, *Le dossier pédagogique,* sous la dir. de Isabelle Vanhoonacker, Educateam – Musées royaux des Beaux-Arts de Belgique, 2009, p.3에서 재인용.

25) L. Bazin, *op. cit.*, p.125에서 재인용. 참고로 마그리트의 이 논문("Les mots et les images", *La Révolution surréaliste,* n° 8, 1929)은 동일 제목의 책으로 출간되었음 – R. Magritte, *Les Mots et les Images,* Espace Nord, 2012.

그 때문에 마그리트가 제시하고자 하는 '그 대상'이 화폭 속에 명시적으로 드러나 있을 리 없다. 들뢰즈가 「구조주의를 어떻게 식별할 것인가?」에서 언급한 바 있는[26] <objet = x>처럼 '그 대상'은 무엇이라는 명명과 자의적 의미부여를 근본적으로 거부한다고 볼 수 있다. 정신분석학에서 얘기한 무의식처럼, '그 대상'은 그림을 감상하고 이해하는데 있어서 필연적 요소이지만, 불행히도 '그것'을 우리는 구체적으로 '무엇'이라 잘라 말할 수 없다. '무엇'이라고 단언하는 순간 익명의 이미 x는 x이기를 포기한 것이 된다. <objet = x> 개념을 통해 우리는 들뢰즈가 대상세계에 대한 합리적 접근이나 구조주의적 해석을 거부하고 '사유' 자체에 일종의 '운동' 개념을 부여하고 있다는 점을 직시할 필요가 있다. 베르그송의 『사유와 운동』이라는 책 제목이 시사하듯[27], '운동으로서 사유'에 있어서는 이론적 틀이나 방법이 우선적이지 않다. 사유가 구조나 체계에 의해 결정되는 것을 끝없이 유보시키는 촉매의 역할을 하는 것이 <objet = x>에게 부여된 소임이라고나 할까.

이런 점에서 들뢰즈의 <objet = x>는 마그리트의 ≪폭포≫를 해명해보려는 본고에서도 충분히 융통가능한 관점이라고 생각된다. 일반적으로 그림에 대한 명명과 그림 자체가 부합하는 게 근현대 회화의 일반적 경향이라 할 수 있다. 하지만 들뢰즈가 말한 <objet

---

원문은 다음과 같다: "Un objet ne fait jamais le même office que son nom ou que son image."

26) G. Deleuze, "A quoi reconnaît-on le structuralisme", François Châtelet (dir.), *Histoire de la philosophie VIII.* Le XXe siècle, Hachette, 1973, p.322 이하 참조.

27) H. Bergson, *La pensée et le mouvant,* PUF, 79e éd., 1969 참조.

= x> 개념에 이를 적용해보면, 그림과 화제는 그 어떤 고유성이나 고정된 의미를 미리 소유할 수 없게 된다. 그림과 화제 간에는 끝없는 운동만이 전제되어 있을 뿐이며, 각각의 고유성을 해체시키면서 제3의 의미를 생산하는 길만이 우리에게 예비되어 있을 뿐이다. 나름 초현실주의 운동의 중심에 서 있었던 마그리트였기에 그 또한 이러한 <objet = x>를 작품화 과정에서 혹 염두하고 있었던 것은 아닐까? 이러한 우리의 추측은 그의 「말과 이미지」란 글을 통해 볼 때 빗나간 것이 아님을 확인할 수 있다. 따라서 우리가 일차적으로 경계해야 할 것은 그의 비밀-이야기를 섣불리 '이것이다' 또는 '저것이다'라고 단언하려는 급한 성미부터 자제해야 한다. 예를 들어 그의 ≪폭포≫를 P. 세잔의 ≪생트 빅투와르 산≫처럼[28] 자연-풍경화, 즉 자연적 자연(natural nature)을 묘사 대상으로 삼았던 것이 아닐까와 같은 해석을 하는 것은 본의를 크게 빗나간 것이란 뜻이다. 재삼 강조하지만 마그리트의 ≪폭포≫는 자연을 모사하고는 있지만 자연-풍경화와는 무관하다. 게다가 세잔처럼 자연 자체의 묘사에 관심을 두었던 것도 아니다. 이 점에서 ≪폭포≫는 모든 비평과 비평의 일반적 관문을 초월한다고 볼 수 있다. 그리고 필자는 이런 이유 때문에 ≪폭포≫를 자연 자연보다는 오히려 인공적 자연(artificial nature)에 해당한다고 평가하는 것이며[29], 중요한

28) 참고로 세잔은 이 산을 수년에 걸쳐 수십 편을 그렸으며, 60세이던 1889년에 생트 빅투와르 산을 오르다가 폐렴으로 세상을 떠났다.

29) 이점에 대해서는 빠께도 암시적으로 지적하고 있다: "일상적 세계의 사물들 간의 객관적 상호 관계(relations interobjectives)를 제거하고, 회화의 대상이 인공적 힘(un pouvoir artificiel), 즉 반자연적 권위(une force non-naturelle)를 발휘케 함으로써 (…) [마그리트는] 사유할 수 없는 것(l'impensable)과 적극적으로 그리고 강도 높게 대결하는 '사유 자체'를 특

[그림 1] 마그리트의 ≪폭포≫(유화/75×81cm/1961년 作)

것은 이를 통해 그가 우리에게 던진 질문, 즉 "폭포란 무엇인가?"에 관심을 집중시키고자 한다.

현대인의 삶의 무대는 이미 자연적 자연과 동떨어져 있다. 그런데 마그리트라는 한 화가에 의해 이렇게라도 자연을 간접 경험하는 기회를 제공받는다는 것이 중요하다. 물론 ≪폭포≫와 같은 인공적 자연이 우리에게 자연적 자연의 여여(如如)함과 원시성 등을 직접 선사한다고 말할 수는 없다. 하지만 그림에도 ≪폭포≫처럼 자연(풍경)을 형상화시킨 작품들은 기본적으로 우리에게 철학적·윤리적 성찰거리와 정신적 휴식 및 위안을 제공한다. 우리가 ≪폭

화시키고 있다" - M. Paquet, *René Magritte. La pensée visible,* Taschen, 2000, p.79.

포≫라는 '이미지', 우리 앞에 아주 명확한 형태로 제시된 숲을-이미지를 통해 그 속에 숨겨진 이야기를 직관적 심득(心得)을 통해서라도 밝혀보고자 하는 이유가 여기에 있다.

1) 하나의 물음으로서 ≪폭포≫

헤겔과 니체, 하이데거와 푸코의 저서들을 탐독했던 독자요 포우나 말라르메, 보들레르나 로트레아몽 및 베를렌느의 시를 즐겨 읽었던[30] 마그리트가 "고정된 질서에 대한 증오와 시학에 대한 열정"[31]을 보인 것은 당연하다. 따라서 마그리트의 ≪폭포≫에 근접하려는 우리로서도 동일성 또는 유사성에 근거한 이성적 감상법이나 재현에 대한 관습적 이해를 포기해야 한다. 이런 고답적 시각으로 무장한 감상자라면 마그리트가 ≪폭포≫를 통해 이야기하고자 하는 바에 결코 입문(入門)할 수 없을 것이기 때문이다. 역설적으로 말해, 마그리트의 이 작품에서 우리가 사회적으로 통용되는 비평용어로 포착할 수 있는 것은 숲뿐이며, '폭포'는, 재삼 강조하지만, 화폭 속 그 어디에서도 발견할 수 없다. 특히 물의 수직적 이미지가 화폭 속에 그려져 있어야만 '폭포'라고 믿는 감상자에게라면, 화제 ≪폭포≫는 더더욱 생뚱맞게 여겨질 것이다. 숲 없이 숲의 그림이라 할 수 없듯, 폭포 없는 폭포라는 그림은 이미 상식을 이탈해 있기 때문이다.

우리가 이 작품의 감상을 경험의 즉시성과 상식의 개념틀에서 벗

30) *Ibid.*, pp.39~44 참조.

31) *Ibid.*, p.42.

어나 보다 진지한 숙고와 느린 명상의 과정을 거치지 않으면 안 되는 이유가 여기에 있다. 해서 우리는 마그리트가 아닌 우리 스스로에게 물음의 방향을 돌리게 된다. 마그리트는 어떤 연유로 이 그림의 화제를 ≪폭포≫라 했을까? 마그리트 스스로가 그려놓은 것은 분명 숲인데 왜 우리더러 그 그림의 시니피앙을 통해서는 결코 발견할 수 없는 폭포를 연상해내라고 주문하는 것일까?

그러나 이 그림에 대해 "왜 화제와 그림이 일치하지 않는가?"와 같은 다소 '공격적 질문'은 마그리트의 ≪폭포≫를 너무 '사실적'으로, 즉 눈에 보이는 바대로 평가하려는 초급(峭急)한 태도요 '셈적 사유'에 근거한 조급증의 발로일 뿐이라고 미리 경고해둔다. 물론 일반적으로 사람들은 자신이 본대로, 즉 시니피앙으로서의 현상(le visible)이 화제와 일치할 때 안도감을 느끼는 경향이 짙다. 역으로 말하면 자신이 눈으로 직접 지각하거나 파지할 수 없는 초월적 시니피에, 비가시적인 세계(l'invisible)는 존재하지 않는다고 치부해버린다. 물론 '물 없는 폭포', '나무 없는 숲'을 이성이란 잣대는 허용하지 않는다. 하지만 감성-예술의 세계, 즉 창의적 상상력의 세계에서는 얼마든지 이를 허용하며, 실제 많은 예술가들이 줄곧 이 초월적 시니피에를 표현하기 위해 투쟁해왔다고 해도 과언이 아니다. A. 브르통도 언급하듯, 특히 초현실주의 운동에서는 "초현실(la surréalité)을 현실 자체 속에(dans la réalité même) 포함시키는 것"이 핵심 화두였다.[32] 이에 동의한다면, 마그리트가 왜 이 그림에 ≪폭포≫라는 화제를 붙였는지, 그가 감추어놓은 '초현실'이 무엇인지를 탐문해볼 필요가 있다. 마그리트는 대체 어떤 연유로 이 그림에

32) L. Bazin, *op. cit.*, p.125에서 재인용.

'폭포'라는 화제를 붙였을까? 이것이 바로 이 그림을 잠시라고 감상한 자라면 떠안게 될 궁금증이자 의혹이다.

폭포? 단언컨대, 마그리트의 ≪폭포≫는 ≪이것은 파이프가 아니다≫가 그렇듯 지식의 공론장에서 볼 때 상식에 정면으로 맞서는 작품이다. 문제의 폭포는 화폭에 정작 부재하고, 현재(顯在)하고 있는 것은 오직 두 겹(또는 세 겹)의 숲만이 제시되어 있다. 그렇다면 아예 화제를 '숲' 또는 '숲 속의 숲'이라고 하지 않고 왜 하필 ≪폭포≫라고 했을까? 비밀코드는 그가 숲을 폭포라고 했다는데 숨어 있다. 그런데 마그리트가 만일 이 그림의 화제로 '숲'을 선택을 했더라면 어떠했을까? 그랬더라면, 이 그림은 분명 '죽은 그림'으로 치부되었을 것이다. 왜냐하면 숲을 숲이라고 명명했다면, 이 그림을 보는 감상자에게 그 어떤 흥미도 유발했을 리 만무하기 때문이다.

바로 이런 이유 때문에 ≪폭포≫의 감상자인 우리에게 고행은 이미 예비되어 있는 것이나 다름없으며, 폭포의 시니피에를 찾아나서야 하는 운명은 주어진 것이다. 허니 긴장된 이성의 활동을 잠시 유화시켜 이 그림을 다시 들여다보도록 하자. 애정을 가지고 이 그림을 다시 보니 마그리트가 의도했음직한 폭포의 시니피에를 어렴풋이나마 유추해볼 수는 있을 것 같다. 색으로 묘사된 숲 혹은 가시적으로 표현된 이중의 숲 내부에 하나의 '은유'로서 폭포가 숨겨져 있다고 가정해보자. 이 가정을 받아들이면 '실제 폭포'처럼 ≪폭포≫ 안에 반드시 '폭포'가 존재해야 할 이유가 없다. 다시 말해 물이 위에서 아래로 떨어지는 장면이 묘사되어야 할 까닭은 없다. '은유로서 폭포'는, 앞서 <objet = x>에 대해 언급하는 자리에서 살펴보았듯, 고정된 의미가 아니라 일종의 제시-관념으로 표현된 것이다. 제시-관념은 순수회화에서도 종종 암유(暗喩)되고 있다. 부언컨대 마그리트는 직접적 방식이 아닌 간접적 방식으로, 기호학적으로 말해 시니피앙이 아닌 시니피에로서 우리에게 폭포를 보여주고자 한 것이며, 요는 대답이 아닌 물음으로 장치시켜 놓았다는 점이다. 푸코도 『이것은 파이프가 아니다』에서 강조하듯, 마그리트는 기본적으로 "도식적이고 교과서적인 그림의 기능"을 경계했던 화가 중 한 사람이다.[33] 말을 바꾸면 그가 제시하려고 한 것을 직접적으로 드러내지 않고 오히려 간접적 방식을 선택함으로써 우리를 "폭포란 무엇인가?"라는 물음 앞에 세운 것이다. 사실 이것만으로 화가 마그리트의 연기는 끝난다. 브르통도 언급하듯, 문제는 마그리트의 이 작품 앞에서 "길을 잃은 감상자"에게 있다는 것을 기억해야 한다.[34]

2) 그려진 이미지와 사유된 이미지

이런 까닭에 ≪폭포≫와 더불어 자신의 상상력을 확장하기를 바라는 감상자라면, 마그리트가 그려놓은 이 그림 속에서 숲이나 잔디 밑을 흐르고 있을 물을 포함해 나무를 타고 오르는 수액에서도 물의 이미지를 발견할 수 있어야 한다.[35] 뿐만 아니라 그림 밖에서

33) 푸코, *op. cit.*, 32쪽.

34) A. Breton, *Le Surréalisme et la peinture, Gallimaard, 1965, p.72 - F. Py, "L'oeil sauvage. A. Breton critique d'art", Europe,* n° 743/mars 1991, p.138에서 재인용. 참고로 브르통은 마그리트의 ≪이것은 파이프가 아니다≫라는 작품을 평하면서 이와 같이 언급하고 있다.

35) 참고로, 마그리트에게 있어 물의 이미지는 '위에서 아래로 떨어지는 것'이 아

[그림 2] 재구성1: 화폭 밖에 위치한 소실점

도[36], 마그리트의 의도를 십분 이해한다면, '폭포'를 연상할 수 있어야 한다. 앞장에서도 언급했듯, 마그리트가 우리에게 보여준 '폭포'는 하나의 은유-시니피에로서 제시된 비가시적 폭포다. 이것이 바로 마그리트의 ≪폭포≫라는 그림에서 우리에게 발견한 <objet = x>의 보다 구체적 호명이라 할 수 있다. 결국 문제의 폭포는 이 그림 속에 간접적으로 표현되어 있지만, 그럼에도 실제 폭포를 대신해 하나의 은유-시니피에로서 이곳(ici)이 아닌 저곳(là-bas)에, 화폭

니라 반대로 '아래에서 위로 솟는 것'으로 표현되어 있는 것이 일반적이다. ≪폭포≫에서는 물론이고 ≪오아시스≫에서도 마찬가지다.

36) 실제 이 그림의 소실점은 두 개다. 하나는 전체 그림의 중앙 약간 위쪽에 있고, 다른 하나는, 전혀 상식 밖인데, 그림 밖에 있다. 놋쇳빛 캔버스 안의 숲에서 확인할 수 있듯이 두 번째 소실점은 그림 밖 우 하단 어디쯤엔가 위치하고 있다. 그러나 그 거리가 얼마나 될지는 예측할 수 없다. 바로 '그곳'에 폭포가 존재한다고 볼 수도 있다.

안의 '그려진 이미지'로서가 아니라 화폭 밖에서 우리가 '사유해야 하는 이미지'로서 제시되어 있는 셈이다.

초현실주의자 마그리트는 이 그림을 통해 우리에게 눈에 보이는 물질적 이미지만이 회화로 형상화할 수 있는 것의 전부가 아니라는 것을 강변하고 있다. 이에 대해서는 M. 빠께가 아래와 같이 마그리트 그림들의 본질이 어디에 있는지를 잘 적시하고 있다.

> "마그리트에게 있어서는 그려진 이미지(image peinte)는 항상 반성된 이미지(image réfléchie), 사유된 이미지(image pensée)이다. 달리 말해, 그려진 이미지는 항상 화가가 그 이미지의 상(statut)에 대해 반성하기를 강요하는 이미지이다. [마그리트에 의해] 그려진 이미지는 결코 단순한 외관(simple apparence)이 아니다."[37]

이런 까닭에 우리는 마그리트의 ≪폭포≫를 실재(le reél)의 상관물, 대리물로 일반화하려는 태도를 지양해야 한다. 오히려 ≪폭포≫는 반실재(l'anti-reél) 또는 비실재(l'irreél)나 초실재(le surreél)의 상관물, 즉 마그리트가 제시하고자 하는 폭포라는 관념(<objet = x>)을 대리하고 있다고 보는 것이 더 타당해 보이기 때문이다. 즉 마그리트에 의해 '그려진 이미지' ≪폭포≫는 마그리트가 궁극적으로 우리에게 '이야기고자 하는 이미지'를 지향하고 있다. 때문에 ≪폭포≫의 감상자는 단지 '그려진 이미지'의 시각성이나 즉시성에만 매달려서는 안 된다. 화가에 의해 암시된, 화가가 '이야기고자 하는 이미지'에 대한 진지한 숙고가 필요한 이유이다. 정확히 이런

37) M. Paquet, *op. cit., p.67.*

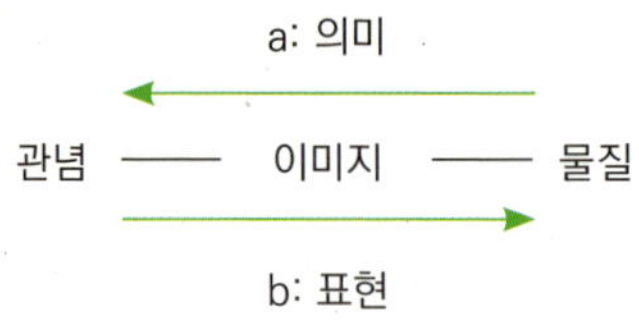

[표 1] 이미지텔링의 기본 개념도

이유 때문에 빠께는 마그리트의 그림을 '그 상에 대해 반성하기를 강요하는 이미지'라고 평했던 것이다.

≪폭포≫는 바로 이런 점에서, [표 1] 보듯, 이미지텔링의 전모를 보여준다고 볼 수 있다.[38] 이미지텔링에서 '이미지'를 우리는 앞서 주체 앞에 '수동적으로 존재하는' 대상이 아니라 감상자인 인간에게 '말을 걸어오는' 새로운 유형의 주체라 언급한 바 있다. 그리고 '주체로서 이미지'는 관념과 물질의 상호작용이 조성한 하나의 창의적 결실이다. 부언컨대 a(관념→물질)와 b(물질→관념)는 서로 역동적으로 작용하면서 마그리트가 감상자에게 궁극적으로 '이야기하고자 하는 이미지', 즉 ≪폭포≫의 '시니피에'를 감상자에게 전달하는데 기여한다. a, b가 역동적으로 작용하는 가운데 <관념-이미지>, <이미지-물질>의 교환은 [표 1]에서의 중앙의 '이미지'로 수렴되며, 이는 결과적으로 <관념-이미지-물질>이 비분리적 관계 하에 있다는 것을 함축한다. 그런데 재삼 언급하건대 바로 그 '이미지'가 숲처럼 보인다는 사실이다. ≪폭포≫는 결국, [표 2]에서 보듯, 숲과 폭포가 엇물려 있음을 보여주면서 동시에 화가 마그리트가 이야기고자 하는 폭포, 즉 아직 무어라 고정시킬 없어 <objet =x>라 할 수밖에 없다.

38) 보다 구체적인 설명은 송종인 · 박치완, *op. cit.*, 156쪽 이하 참조

숲	폭포	
≪폭포≫		objet = x (일종의 제시-관념인 폭포)

[표 2] ≪폭포≫의 해석도

이런 관점에서 보자면, '숲'과 '폭포'는 당연 동일성의 논리에서처럼 '일치'의 관계를 전제해야 할 이유가 없다. 우리가 간신히 상정할 수 있는 것이 유사성에 근거한 은유의 관계 정도라고나 할까. "숲은 폭포다"와 같이 말이다. 은유를 R. 바르트는 어떤 대상이 또 다른 대상으로 '미끄러짐(migration)'이라고 정의한 바 있다.[39] 그의 설명에 따르자면 그리스어 '메타포라(metaphora)'는 '이동(transfert)'을 뜻한다. 이동은 숲과 ≪폭포≫ 각각이 자신 만으로 부족한 것을 상대에게서 보충한다는 의미로 이해할 수 있다. 숲과 ≪폭포≫는 서로에게 영향을 미치면서 '실제 폭포'라는 제3의 의미공간을 지향한다고나 할까. 다시 말해 마그리트의 ≪폭포≫ 내에 "'실제' 폭포"는 존재하지 않지만, ≪폭포≫라는 화제를 '숲의 그림에 장치시킴으로써 우리로 하여금 ≪폭포≫에서 '실제 폭포'를 연상케 한 것이다. 여기서 '실제 폭포'는 그러니까 ≪폭포≫라는 화제를 가진 이미지(숲)가 이미 우리 앞에 하나의 작품으로 주어져 있기에, [표 1]에 따르자면 b → a[물질-(이미지)-관념]의 과정에서보다는 a → b[관념-(이미지)-물질]의 과정에서 참구되어야 하는 의미인 것이다.

≪폭포≫에 부재하는 실제 폭포를 마그리트는 결국 감상자인 우리에게 '사유토록' 추동한 것이며, "마그리트의 불가사의들에 대한

39) 롤랑 바르트, 『중립』, 김웅권 옮김, 동문선, 2004, 128쪽 이하 참조.

정묘한 유희"[40]는 이렇게 그 정체가 밝혀지기 시작한다. 여기서 중요한 것은 ≪폭포≫를 통해 간접적 방식으로 제시된 이미지, 다시 말해 그것이 구체적 형태를 보여주는 것을 결코 아니지만, 그럼에도 마그리트의 의도는 충분히 필자와 같은 감상자에게 전달되었고, 마그리트가 부재의 현전, 비가시적인 것의 가시화를 장치시켜 사유된 이미지를 중시했듯, 감상자인 우리로서도 ≪폭포≫가 이야기하고자 하는 바를 간파하는 가운데, 바르트를 빗대 설명하건대, "환상을 즐길 권리가 있다."[41]

예술작품을 감상하면서 우리가 긍정이나 부정을 하는 것은 그 작품을 관습의 틀 안에서 술어화하는 것이다. 때문에 바르트는 단언, 확언의 결정체인 '동사'보다 주어와 동사 사이를 오가며 단언과 확언을 유보시키며 뒤흔드는 '형용사'를 은유의 요체로 보았던 것이다. 형용사는, 바슐라르가 『공간의 시학』에서 '둥근(rond)'이란 형용사를 설명하는 자리에서 강조하듯, 인간의 상상력을 가두리가 없이 무한 확장시킨다. 그런 점에서 형용사는 주어와 동사의 수식어가 아니라 화룡점정(畵龍點睛)과도 같이 문장의 마지막 단장(丹粧)이라 할 수 있다. 주어와 동사만 있고 형용사가 없다면 상상력의

40) M. Paquet, *op. cit.*, p.41.

41) 롤랑 바르트, *op. cit, p.133.* 바르트에게 있어 은유는 동사가 아닌 형용사와 연관이 깊다; "환상이 없고, 형용사가 없다면 아무 것도 일어나지 않을 것이다. (…) 대상을 술어화하는 것은 긍정(단언)하는 것이고, 따라서 가두는 것이다. 그러나 또한 언어에서 형용사들을 없애는 것은 언어가 파괴될 정도까지 금욕하는 일이다. (…) 언어를 살균해서는 안 된다. 그보다는 그것을 음미하고, 부드럽게 문지르는 것이[중요]다. 아니면 그것을 '순화시키지' 말고 긁어주어도 좋다. 우리는 초상(初喪)보다 환상을 더 좋아할 수 있다. 아니면 최소한 우리는 환상의 시간, 형용사의 시간이 있음을 인정할 수 있다."*(ibid.)*

활동은 멈추게 될 것이며 예술(美)은 존재하지 않았을 것이다. 마그리트의 ≪폭포≫가 우리에게 전달하고 있는 메시지도 결국 화폭 상에 물의 이미지가 표현되어 있고 없고의 문제와는 무관하다. 이보다 중요한 것은 '폭포'라는 시니피에가 감상자인 우리에게 '형용사적으로' 전달되었는지 그렇지 못했는지가 관건이다.

3) ≪폭포≫, 창조된 자연 또는 철학-풍경화

만일 마그리트의 ≪폭포≫가 <숲>이란 화제를 달고 있었더라면, 우리에게 과연 어떤 감성적 반향(résonance sensible)을 불러일으켰을까? 굳이 강조할 필요도 없이 숲을 숲이라고 말하는 것은 동어 반복일 뿐이다. <숲=숲>은 이미 존재하고 있는 자연 풍경의 단순 '재현' 작업에 그친다. 마그리트의 ≪폭포≫는 재삼 강조하지만 이러한 통상적 의미의 자연의 재현, 사생(寫生) 개념을 철저히 해체시키고서 '창조된 자연'이다.

이런 이유 때문에 화제가 <숲>이 아니라 ≪폭포≫인 것은 충분히 명의(名義)가 있다고 여겨지며, ≪폭포≫라는 화제를 가졌기에 비로소 예술작품으로서의 지위를 갖게 된 것이다.[42] 바꿔 말해, <숲≠폭포>라기에 우리는 마그리트가 숨겨놓은 그 폭포를 채탐(採探)하고 있는 것이다. 마그리트의 ≪폭포≫에서 우리가 쉬 눈을 뗄 수 없는 이유가 여기에 있다. 이는 앞서의 '은유로서의 폭포'가 이

42) 마그리트는 이처럼 다른 초현실주의 화가들과 달리 화제를 붙이는 일에 남다른 신경을 썼으며, 심한 경우는 주위의 친구들에게 전화나 편지 등을 통해 상의하고 조언을 구했다고 할 정도라 전해지고 있다 - A. M. Hammacher, *René Magritte,* Harry N. Abrams, 1995, p.25 참조.

[그림 3] 재구성2: 정동/안팎의 숲

그림이 시니피에로 함의하고 있는 것의 전부가 아니란 말과도 같다. 그것으로 끝이었다면, 우리는 '비밀-이야기', '비밀코드', '이미지텔링'을 운운하지 않았을 것이다. 은유로서 폭포를 읽어내는 정도는 《폭포》에서 해석 가능한 것을 해석한 결과에 그친다. 하여 조급한 마음을 비우고 다시 이 그림을 들여다볼 필요가 있다. 요인즉 이 그림 속에 내재된 제2, 제3의 폭포를 채방(採訪)해보자는 것이다.

《폭포》에서 마그리트는 액자 안의 공몽(涳濛)한 톤의 정적인 숲과 액자 밖의 역동적이고 꿈틀거리는 숲을 대비시켜 놓고 있다. 바로 여기에 제2의 폭포, 즉 '같음이 주는 다름의 폭포'가 제시되어 있다고 말할 수는 없을까? 비록 같은 계통의 녹색을 사용하고는 있지만, 분명한 채도(彩度)의 차이로 인해 밖의 역동적인 숲은 안의 정적인 숲을 마치 집어삼킬 듯 침범하고 있다. 이 침범을 견디기 위해 정적인 숲은 마치 뒤로 한 발짝 물러서서 자신의 보호에 안간힘을 쓰는 듯하다.

그런데 여기서 중요한 것은 그렇게 두 숲은 서로 다른 톤의 숲이면서 전체적으로는 역시 하나의 '녹색의 숲'이라는 사실이다. '동(動)의 숲'과 '정(靜)의 숲'이 서로 밀고 당기며 한데 어우러져 있다고나 할까. 그 때문에 감상자의 시선 또한 이 두 숲 사이를 밖에서 안으로, 또는 안에서 밖으로 번갈아가며 이동할 수밖에 없다. 놋쇳빛 액자에 걸쳐진 나무 가지들이 우리의 시선을 한 곳에 고정시키지 못하게 하는 원유(原由)이다. 이렇게 동의 숲과 정의 숲이 서로 밀고 당기는 과정은 결국 우리의 시선 또한 한 곳에 고정될 수 없게 한다. 또 그렇게 우리의 시선이 이동하는 과정에서 우리는 같음이 무엇이고 다름이 무엇인지에 대한 철학적 물음을 던지게 된다. 같음과 다름의 교호로 까지 이어지면서 감상자의 마음 또한 한 곳에 둘 수 없게 된다. 그 이유는 서로 차이진 녹색들이 감상자에게서 각기 제 존재를 알리기 위해 '녹색'이라는 종(種) 개념, 녹색이라는 '이데아'를 뒤흔들고 있기 때문이다. 그 뒤흔듦은 색의 뒤흔듦이면서 동시에 감상자의 마음을 뒤흔들게 하는 동인이기도 하다. 이러한 과정에서 결국 녹색은 마침내 화폭 전체에 운동감을 부여한다. 그리하여 ≪폭포≫는 한 폭의 '살아 움직이며 요동치는 그림'으로 변한다.

이런 이유 때문에 이 그림을 바라보며 시선을 고정시키려고 하면 할수록 감상자의 '생각들'은 되레 흐트러지고 말 것이다. 게다가 복합적 층위를 이루고 있는 녹색들이 감상자의 환심을 사려고 원경에서 근경으로 다가오는가 하면, 잠시 주의력을 잃으면 금방 근경에서 다시 원경으로 멀어져가기도 한다. 이 과정에서 소위 '녹색의 운동'과 감상자의 마음은 점점 더 요동칠 수밖에 없다. 그 어지럼증을 이겨내기 위해 감상자는 필경 자신의 시선을 정의 숲 중앙에 집중시키려고 애쓸 것이다. 그런데 그러한 투시 역시 곧바로 집중력을 잃고 만다. 왜냐하면 정의 숲에 멈춘 시선이 동의 숲을 지나, 우리가 재구성한 아래 그림에서 보듯, 아예 ≪폭포≫ 밖으로 뛰쳐나갈 수도 있기 때문이다. 실제 폭포는 바로 '그곳'에 존재했던 것은 아닐지?

우리의 해석적 상상력이 이쯤에 이르게 되면 동의 숲은 자신의 광기를 잠재우며 정의 숲에게 마치 형처럼 다가가 '미안타' 사과하려 들 것이다. 그리고 마침내 정의 숲은 안정을 되찾고 동의 숲에 안길 것이다. 오랜만에 두 형제가 만나 한참 이야기를 나누는 사이 뒤흔듦, 요동침은 잔잔해지고 두 숲이 하나로 어울러져 감상자의 시선에 새롭게 다가온다. 이렇게 ≪폭포≫는 우리에게 <動中靜, 靜中動>이라는, 서구의 고질적 이분법을 극복한 제3의 진리를 선서하고 있다.

진정 존재함(有)의 의미는 이렇듯 타자(無)를 밀어내지 않고 배려하는 가운데 함께 어울려 완성되어야 한다고나 할까. 바로 이러한 배려함과 어울림을 간직하고 있어 ≪폭포≫는 시각성, 평면성이 강한 그림임에도 오리혀 두께와 깊이를 가지고 있는 매우 철학적인 작품이라 아니 할 수 없다. 이렇듯 마그리트의 ≪폭포≫는, 그의 다른 많은 작품들이 그렇듯, 매우 "정교한 자연주의를 보여줌"에도 불구하고, 상식적 수준에서 이해한 "구상회화와는 전혀 관계가 없다." 하여 우리는 그의 ≪폭포≫가 "'유사성을 통한 재현'이라는 전통적 구상회화"의 분석틀로서는 해석이 불가능하다는 점에 유의할 필요가 있다. 왜냐하면 마그리트의 작품들은 기본적으로 "실물을 빼닮았음에도 불구하고 그 실물이기를 거부하고"[43] 있기 때문이다. ≪폭포≫가 단순히 숲을 소재로 한 '자연-풍경화'로 감상되는데 그쳐서는 안 되는 이유가 여기에 있다. 역설적으로 말해, ≪폭포≫는 이런 점에서 일종의 '철학-풍경화'이자 새로운 유형의 '자연추상화'라 할 수 있다.

4) 이미지텔러 마그리트에 의해 호명된 자연

마그리트의 ≪폭포≫를 여느 자연 풍경화를 감상할 때와 같은 기준이나 잣대로 평가해서는 궁색한 해석에 그치고 말 것이다. 자연 풍경화로 치자면 그의 ≪폭포≫는 '자연으로부터의 회화'라는 개념을 만들어낸, 자연과 색채에 그토록 철저했던, 화실이 아닌 자연 속에서 작업을 하고자 했던 세잔에 비길 바 못된다.[44] 세잔에게는 자연 자체가 그의 작업의 모델이었고, 그 스스로도 그의 작업은 어디까지나 자연의 일부일 뿐이라고 술회하고 있을 정도로 자연에 매달렸던 화가다. 세잔에게 "모든 것은 자연에서부터 나온다. 즉 그에게 인간은 자연을 통해 존재하며, 기억할만한 가치가 있는 것은 오직 자연 뿐이다."[45] 하지만 마그리트는 세잔처럼 결코 자연 대상을 있

43) 진중권, 『진중권의 현대미학 강의. 숭고와 시뮬라크르의 이중주』, 아트북스, 2003, 156~57쪽 참조.

44) 세잔느의 그림세계에 대한 자세한 설명은 M. 메를로-뽕띠, 『의미와 무의미』, 권혁면 옮김, 서광사, 1990, 15~40쪽 참조.

45) *Ibid.*, 20쪽에서 재인용.

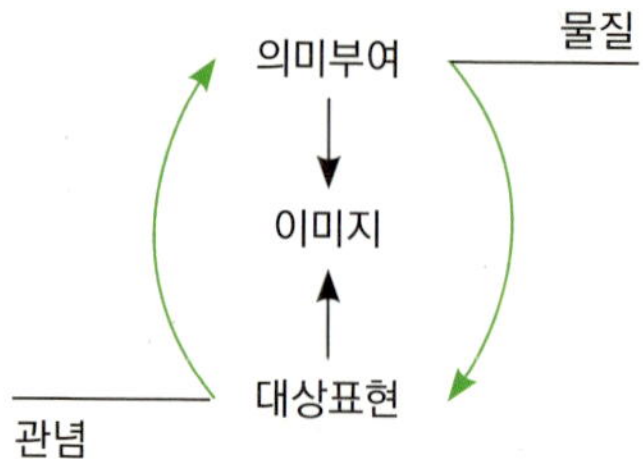

[표 3] 이미지텔링의 기본 개념과 순환도

는 그대로 그리려고 했던 화가가 아니다. 그에게 '화가'는 자연의 시중을 드는 자가 아니라 자연 내에는 없는 이야기와 사상을 불어넣는 자다. 즉 그에게 화가는 곧 '이미지-텔러'이다. 감상자인 우리가 화가 마그리트에 의해 부여된 이야기가 '들어야' 하는 이유가 여기에 있다. 그의 이야기를 귀담아 들을 때 감상자는 비로소 시각화되어 있는 그림 너머의 세계로 진입할 수 있다. 또 그 때 감상자가 보고 또 들은 것은, [표 3]에서 보듯, 물질에 의한 대상 표현과 관념에 이한 의미부여를 한 몸에 보전하고 있는 '이미지'로부터 출현한 것이다.

이처럼 마그리트는 자연을 세잔에게서처럼 '전체'가 아닌 '일부'만을 추출해, '그 자체'로서가 아니라 '그의 독특한 방식대로', 부언컨대 숙고에 숙고를 거듭해, 그 속에 자신만의 메시지와 창의적 상상력을 담으려고 애썼던 것이다. 그 결과 그의 그림들 속에는 그토록 간결한 형식으로 '요약된' 것들이면서도 그토록 '중층적인 이야기', '다양한 사유거리'가 포함돼 있다. 코르프 소쓰가 마그리트의 작품에서 "의미있는 가능성의 다양성(une multiplicité de possibilités significatives)"을 부각시킨 것도 같은 맥락에서라고 볼 수 있다.

"마그리트의 모든 작품은 재현을 공격한다. [그에게] 말과 사물 사이의 관계는 임의적이며 무한히 갱신 가능하다. 규정적 의미(le sens définitif)란 존재하지 않으며, 항상 기대하지 않았던 의미있는 가능성의 다양성만이 존재할 뿐이다. 그가 표현하고자 했던 것은 하나의 사물을 다른 사물처럼(comme une autre chose) 그린 것이 아니다. 그가 표현하고자 했던 것은 하나의 사물이 곧 다른 사물이라(est une autre chose)는 것이다."[46]

바라보면 바라볼수록 감상자에게 새로운 세계가 열리는, 그림의 내면으로 파고들수록 새로운 의미가 꿈틀대는 것이 마그리트의 작품들이다. 때문에 마그리트의 작품들은 일정 정도 거리를 두고 감상하는 여느 그림들과는 다른 차원의 그림이라는 것을 잊어선 안 된다. 그림의 내면과 감상자의 내면이 만나지 않고서는 침묵하는 그런 그림이다. 그림의 내면과 감상자의 내면이 만나야만 비로소 말문을 여는 바로 그런 그림이다. 그 때 그 그림은 감상자의 '사유를 추동하는' 하나의 '제안적 텍스트(texte suggestif)'로 변한다.

마그리트가 염두한 회화는 선행된 사유 없이 붓이 움직여서 완성되는 것이 아니다. 메를로-퐁티는 "[회화에 있어] 비전은 일종의 조건지워진 사유(une pensée conditionnée)"[47]라 했다. 마그리트는 분명 먼저 자신이 감상자에게 전달하고자 하는 텍스트를 준비하고서 붓을 들었던 화가다. 즉 그는 그가 그릴 것을 먼저 곱씹어 생각한 연후 이를 형상화시켰던 화가였다. 이것이 이름하여 "사유의

46) S. Korff-Sausse, "<Le merveilleux prend corps>. Représenter l'impensable", *Champ psychosomatique,* n° 42, 2006/2, p.123.

47) M. Merleau-Ponty, *L'Oeil et l'Esprit,* Gallimard, coll. ≪folio/essais≫, 1964, p.51; "비전의 사유는 아직 주어지지 않은 프로그램이나 법칙처럼 기능한다. 비전의 사유는 자신의 고유한 전제를 소유하지 않는다. 비전의 사유는 전적으로 현재적이거나 전적으로 현실적인 것은 아니며, 그 중심에는 수동성의 신비(un mystère de passivité)가 있다."(*ibid.,* p.52)

시각화(visualiser les pensées)" 전략이다. 바로 이 전략에 의해 "사유〔관념〕가 이미지〔물질〕로 변형된다."[48] 하지만 그렇다고 결코 "사유의 습관적 흐름"에 동참하는 것은 아니다. 마그리트는 늘 우리에 "다른 사유, 즉 미개척된 사유를 제안한다."[49] 그리고 그의 이러한 비전, 즉 마그리트 본인이 부여해놓은 의미를 밝혀내는 것은 결국 감상자의 몫이 된다.

마그리트의 감상자는 결국 그가 시각화시켜 놓은 이미지에서 사유를 읽어야 한다. 감상자의 애정이 수반되지 않으면 그에 의해 장치된 의미(들)이 자발적으로 자신을 드러내지 않는다. 이런 점에서 마그리트는 단지 색을 통해 자신의 세계를 창작한 화가들과 판연히 다른 노선 위에 서 있다. 그는 회화의 영역을 벗어나 '다른' 예술을 추구한 것이다. 그의 다른 예술(un autre art)은, 사포르타의 언급대로, 예술 자체(l'art)를 거부하는 것이자 동시에 후자에 전자를 개입시킴으로써 '예술'이라는 명의를 (재)호출하는 것이다.[50]

이런 까닭에 비록 '이미지의 형태를 취한 사유'라지만, 마그리트의 작품들은 철학적인 동시에 시학적이란 평가를 받는가 하면 신비하며 이해할 수 없는 작품이란 외면을 받게 되는 것인지도 모른다. 이렇게 마그리트는 "사유할 수 있는 것(le pensable)의 극단까지" 밀고나가 자신의 화폭 안에 급기야는 "사유할 수 없는 것(l'impensable)을 포함"시키고자 했다.[51] 한마디로 마그리트는 붓을

48) S. Korff-Sausse, *op. cit.*, p.122.

49) *Ibid.*, p.123.

50) M. Saporta, "Surré/art/lisme", *André Breton ou le surréalisme même*, Lausanne: l'Age de'Homme, 1988, p.48 참조.

51) S. Korff-Sausse, *op. cit.*, p.124.

몸에 지닌 채 자연-대상 그리기에 나서지 않고, 자연을 화가의 창의적 상상력으로 포착, 생각의 현미경으로 이를 해석한 연후, 그 속에 자연에는 없는 것, 즉 자연적 자연마저도 초월한 그의 텍스트, 이야기를 담고자 했던 것이다.

이런 점에서 마그리트는 자신의 창의적 상상력을 자연이라는 대상 안에 불어넣어 '새로운 자연'을 제시한 것이다. 그렇다면 결국 '마그리트의 자연'은 자연을 역설적으로 호명하는 자연이라 할 수 있다. 그러한 호명을 통해 ≪폭포≫는 이를 바라보는 문명화된 현대인이 망각하고 있는 것이 무엇인지를 반성케 하는데 중요한 역할을 한다. 필자가 이 그림을 색이 문자로 변신해 이야기를 걸어오는, 풍경이 텍스트로 살아나 '자연을 살려내라'고 훈계하는, 일종의 '철학-풍경화'라고 평가한 이유가 여기에 있다. 철학-풍경화 ≪폭포≫ 속에는 자연-풍경화의 즉시성이나 시각성으로는 제시될 수 없는 인간과 세계에 대한 비전이 숨어 있다, 이미 현실과 기억 저편으로 사라져가고 있는 자연풍경을 되살라는, 자연풍경 곁에 살라는!

3. 사유의 습벽에 의해 가동되지 않고 있는 상상력을 위하여

마그리트의 그림들은 미추(美醜)의 기준에서 보자면 분명 미를 지향하고 있다. 비록 시대가 바뀌어 전통의 가치와 미적 경험 등에 도발하며 추함을 옹호하는 세력들도 있지만, 그의 작품은 아름다움을 통해 감상자와 늘 내밀한 대화를 꾀하기를 원한다. 그리고 그에 의해 형상화된 세계를 경험하며 많은 감상자들은 실제 '새로운 우주'를 접하고 있다.

'새로운 예술의 영토'는 이렇게 예술가와 감상자 사이를 오가며 확장된다. 새로운 영토에서 예술가와 감상자는 분리된 둘이 아니며, 회화에서의 이미지 또한 물질로서 색에 그치는 것이 아니다. 「이미지의 이중성과 복합성」에서 필자가 "이미지를 마주한다는 것은 결국 이미지를 맞이한다는 것이다"고 했던 것도 같은 이유에서다.[52] 만일 ≪폭포≫를 우리가 '맞이한 이미지'라고 한다면, 그 때 감상자는 ≪폭포≫와 서로 이야기하는(inter-dire) 주체로 변신한다. 두 주체의 대면은 "이미지가 주체로서 텔링한다"는 이미지텔링의 기본 전제요 조건이다. 메를로-퐁티도, 『눈과 정신』에서 독일의 초현실주의 화가 에른스트를 언급하는 자리에서 강조하고 있듯, 이미지텔링의 관점에서 보면, "화가와 그의 그림의 역할은 전도된다. 그래서 그토록 많은 화가들이 사물(les choses)이 자신들을 주시한다(regarder)고 말하는 것인지 모른다."[53]

이렇듯 화가가 사물들을 주시하는 것이 아니라 사물들이 오히려 화가를 주시한다면, 사물들이 이렇게 화가에게 말을 거는 것이라면, 그 때 화가는 더 이상 명석·판명한 코기토로서 자신의 주체를 지탱할 수 없다. 많은 예술가들이 이러한 주체/대상 간의 관계의 전

52) 송종인 · 박치완, *op. cit.,* 160쪽.

53) M. Merleau-Ponty, *op. cit., p.31.* 이어지는 문장은 다음과 같다: "마르샹(André Marchand)도 강조하고 있듯, <숲 속에서 나는 아주 많은 것들을 느꼈는데, 숲을 주시하고 있는 것은 내가 아니라는 것이 그 중 하나다. 어떤 날은 나무들이 날 주시했고 또 어떤 날은 나무들이 나에게 이야기를 했다. (…) 나는 단지 그 순간 귀를 기울이고만 있었다. (…) 화가는 천지만물(l'univers)에 의해 관통되어야지, 그 천지만물을 관통하려고 해서는 안 된다고 나는 확신한다."

도를 고백한다. 브르통의 평가에 따르건대, 마그리트도 예외가 아니었다.

> "유일하게 회화를 정신에 근접시켰는데, 그 정신은 [화가가 부여한 것이 아니라] 사물들이 전하는 교훈(leçons de choses)에 기초한 것이다. 이러한 관점에서 그[마그리트]는 언어와 사유의 외형(figures)에만 의존해 그 특징들을 부각시키거나 결핍된 것을 강조하는 것으로 만족할 뿐인 시각적 이미지에 대해 고의의 소송(procès systématique)을 제기했던 셈이다."[54)]

모든 예술가에게는 자신의 여심(旅心)이 닿는 곳이 있기 마련이다. 그 장소와 공간은 다른 예술가의 장소나 공간과 판연히 구분된다. 브르통의 평가에 따르자면, 마그리트의 여심은 당시의 제 궤도를 이탈해 있는 시각적 이미지를 재고하여 화화를 새로운 차원으로 승화시키는데 있었던 것 같다. 그래서 그는 시각에만 의존하지 않고 사물에 귀를 기울였는지 모른다. 단적으로 말해 '사물의 교훈'에 자신을 맡긴 것이다. ≪폭포≫ 역시 그렇게 탄생한 작품이라 할 수 있다. 당시의 "시각의 제국(l'empire de la vue)"[55)]에 도전함으로써 마그리트는, 우리가 ≪폭포≫를 분석함으로써 밝힌 것처럼, 가시·가지적 세계 너머의 초월적 우주와 형이상학적 사유를 화폭 안에 장치시킨 것이다.

그렇게 ≪폭포≫라는 화폭 안에 내재된 비밀-이야기를 우리는

54) A. Breton, *op. cit.*, p.72(François Py, *op. cit.*, p.138).

55) F. Py, *op. cit.*, p.136. 이는 브르통이 『초현실주의와 회화』에서 사용한 표현임.

본론에서 4가지로 세설(細說)해보았다. 실은 이 또한 ≪폭포≫라는 2차 사물이 필자에게 건넨 말을 기술한 것인지 모른다. 하지만 필자에게 ≪폭포≫는 결코 2차 사물이 아니다. 그의 ≪폭포≫는 필자에게 "폭포란 무엇인가?"라는 하나의 근원적인 질문을 던진 1차 사물이자, 본고를 출범시킨 당사자이다. 필자가 용써 해명한 '폭포들'을 과연 마그리트나 그의 추종자들이 하나의 고행의 열매로 용인할지 미지수다. 하지만 분명한 사실은 필자가 마그리트의 이 그림과 대면하는 과정에서 그림을 깊이 성찰할 수 있는 기회를 가졌다는 것, 이는 필자에게 매우 유의미한 소득이다. 또한 이 그림을 통해 필자는 "대체 폭포는 '무엇'인가?" "우리는 어떤 것을 일러 '폭포'라고 하는가?"와 같이 즉답을 요구하는 질문들일수록 재고해야 한다는 점을 터득하게 되었다.

다시 한 번 이 그림에 대해 요약컨대, 마그리트의 ≪폭포≫는 실제 폭포와 아무런 관련이 없다. 마그리트의 주된 관심은 오히려 철학에서 말하는 일반상식, 즉 말과 사물, 말과 이미지, 이미지와 대상의 일치라는 전통의 진리관을 철저히 분산시키고 이들 간의 새로운 관계를 모색하려는데 있었다. 이는 그가 새로운 예술 장르의 개척, 즉 <회화 + 철학>을 꿈꾸었기에 얻은 성과라 할 수 있다. 만일 '회화'와 '철학' 중 하나가 없었더라면, 마그리트의 작품들은 사람들로부터 그토록 많은 사랑을 받지 못했을 것이다. 그러나 서로 낯선 두 영역(개념)을 하나로 연결시켜 마그리트가 실재와 비실재, 가시적인 것과 비가시적인 것의 경계를 허물면서 넘나드는가 하면, <숲>이 ≪폭포≫로 인해 <실제 폭포>가 연상될 수도 있다는 새로운 사유의 길을 제시하고 있기에 감상자들로부터 사랑을 받는 것이다.

빈 컵에서 천둥소리를 듣는, 건설을 상징하는 망치에서 사막을 읽어내는, 알에서 비상하는 새를 투시할 줄 아는 이미지들을 형상화시킴으로써 그는 이렇게 현대회화의 영역을 확장시킨 중심인물이다. 한마디로, 마그리트는 회화에 새로운 철학적 메시지가 포함된, 즉 텍스트가 내장된 그런 회화철학을 개척한 셈이다. 그가 이렇게 '두 나라'의 언어에 능하지 않았던들, '두 문화'의 차이와 대립에 관심이 크지 않았던들, 이처럼 회화를 통해 '철학'이 쇄신되는 예를 발견할 수 있었을까.[56)]

마그리트의 그림을 감상하고, 그것에 빠져드는 묘미는 이렇듯 단지 화폭의 색과 감상자의 시각에 의해 마무리되지 않고 시각과 시각의 시각(la vue et la vue de la vue), 단순한 비전과 반성적 비전(la vision simple et la vision réfléchie)을 동시에 제시하면서 우리의 일상적 인식과 지각의 개념을 전복시켜 '철학적 깊이'를 전달하고 있기 때문이 아닐까.[57)] 철학-풍경화인 ≪폭포≫가 풍경을 그리려고 시도했다가 우연한 결과물로 ≪회화≫란 작품을 내놓고만 베이컨과 비교할 때[58)] 우리에게 더 많은 비밀스런 의미소를 전달하고 있다고

56) 물론 여기서 '철학'은, 빠께의 표현을 빌리면, 지혜를 사랑하는 사유가 아닌 지혜만 사랑하는 사유(pensée philo-sophique)로, 모든 형태의 구성된 지식과 독단론을 지칭한다 – *M. Paquet, op. cit.*, p.80.

57) M. Paquet, *op. cit.*, p.23 참조.

58) ≪회화≫에 대한 베이컨의 설명을 직접보자; "(…) 나는 이 그림을 하나의 풍경(paysage)으로 창작하려 했었다. 그래서 들판을 나는 새를 포함해 풍경이란 주제에 걸맞는 것들(un tas de repères)을 화폭 위에 위치시켰다. 그런데 갑자기, 이 그림에서 보듯, 의도하지 않았던 형태가 나타나기 시작한 것이다. 〔결국〕 이 의도하지 않았던 형태들이 나를 〔그리하도록〕 강요한 셈이

보는 것도 이 때문이다.

물론 마그리트 스스로도 푸코에게 보낸 편지에서 적시하고 있듯, "보이는 것보다 보이지 않는 것에 더 중요성을 부여할 근거는 어디에도 없으며, 그 역도 마찬가지"[59]라는 것을 잘 알고 있다.[60] 때문에 그는 결코 시각성(le visibilité)에 목숨을 걸었던 것이 아니고 그렇다고 관념성(l'invisibilité, l'idéalité)에 목숨을 걸었던 것이 아니다. 오히려 마그리트는 "보이는 것과 보이지 않는 것에 의해서 환기되는 신비"[61], 즉 제3의 회화 공간의 확장을 위해 그의 창의적 상상력을 발휘했던 것이며,

[그림 4] 프란시스 베이컨의 ≪회화(Painting)≫ (1946 作)

다. 이것은 결코 내가 염두하고 있었던 것이 아니다. [우연히] 이와 같은 결과에 이른 것이며, 나도 이 결과에 놀랐다. 이를 경험하고 나는 본능이 형태를 만드는 것이 아닌가 생각하게 되었다. (…) 이렇게 ≪회화≫는 예기치 못했던 방식으로, 우연히 탄생한 작품이다."(F. Bacon, *Entretiens avec Michel Archimbaud*, Gallimard, coll. ≪folio/essais≫, 1996, pp.64~65)

59) 푸코, *op. cit.*, 95쪽.

60) 권용준, 『테마로 보는 서양미술』, 살림, 2005, 28쪽 참조. 저자는 20세기 예술(회화)의 특징을 르네상스 이후 계속되어온 "시각성"의 해체를 통해 "정신이라는 관념성을 중시하는 예술의 길"이라고 요약하고 있다.

61) 푸코, *op. cit.*, 95쪽. 이어지는 문장은 다음과 같다: "신비를 환기하는 질서 안에 '사물들'을 결합시키는 사유에 의해 [보이는 것과 보이지 않는 것을 초월한 제3의 의미공간] 신비는 정당하게 환기될 수 있다."

가시적인 것을 도드라져보이게 함으로써 역설적으로 비가시적인 세계의 직접적 노출을 보호하면서 제시하는 전략적 태도를 취했는지 모른다.[62)]

따라서 마그리트가 ≪폭포≫를 그리면서 궁극적으로 의도했던 것, 어쩌면 그 자신도 미처 생각하지 못했을 신비, 즉 새로운 우주, 무한-의미를 탐험하기를 원하는 감상자라면, 바슐라르가 역설했듯, 우리 자신 속에 숨겨져 있는, 다시 말해 감상자 본인의 사유의 습벽에 의해 가동되지 않고 있는 상상력부터 작동시켜야 할 것이다.

---

62) A. M. Hammacher, *op. cit.*, p.27 참조.

Chapter 8

전쟁문화콘텐츠 및 통치성의 시각으로 본 게임 ≪삼국지 Ⅲ≫의 재미요소

by 김성수

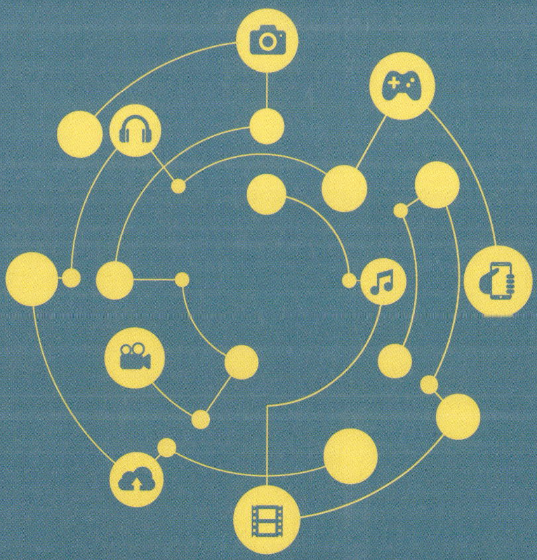

> "인간의 여타 활동 및 인간의 정신적 근원이 작동하는 원리의 '맥락'에서 고려할 때, 게임은 무시할 수 없는 존재이다."
>
> – R. 코스터, 『재미이론』

1. 역사 자원과 코에이의 ≪삼국지 III≫

역사 자원의 개발 및 복원은 전통 문화의 활용, 지역 경제의 활성화라는 측면 등과 직결되며, 유물 보존, 개발 범위 여부, 복원 소요비용, 개발 후 결과 등 여러 논의들이 수반된다. 많은 비용이 들어가는 것은 기정사실이다. 따라서 역사를 디지털 기술로 이식시켜 콘텐츠화 하고 문화소비자들에게 보다 친숙한 상품으로 만들어서 수익을 올리는 것에 대한 개념 또한 제기되는 것이 당연하다. 역사라는 무한한 소재를 이용하여 보다 쉽게 콘텐츠화 할 수 있다는 면이 있는 것이다. 역사 자원으로 콘텐츠 상품을 만드는 방법은 여러 가지가 있지만, 그 발로는 PC 비디오 게임으로 이미 예전에 명확하게 구체화되었다. PC 게임은 일반의 비디오게임과는 달리 PC의 사용자가 자신의 방에서 시간에 구애받지 않고 계속해서 게임을 즐길 수 있다는 장점이 있다. —이를 부정적으로 보면 게임중독자를 양산시킨다는 단점이라 할 수 있을 것이다. 그러나 제작사의 입장에서 보자면 그만큼 많은 소비자들, 특히 문화소비자들의 주 고객인 젊은 층에게 강하게 호소할 수 있다는 매력이 있다.

그러므로 어떠한 역사를 어떤 방식으로 콘텐츠화하고 게임화하느냐는 매우 중요한 선택 요소다. 내국인들뿐만 아니라 세계인들 모두까지 고려한 역사적 사건과 인물들을 어떻게 재미화 시키느냐가 특히 관건이라 할 수 있다. 글로벌라이제이션 혹은 국제화의 시대이므로 지역과 세계의 구분은 이미 크게 중요하지 않은 상황이다. 여러 가지 주제가 있겠지만 가장 쉽게 떠올려 볼 수 있는 역사적 주제는 '전쟁'이다. 세계 어느 국가든 전쟁을 하지 않았던 곳은 없으며, 어느 분야에서든 전쟁과 전투라는 개념이 아주 쉽게 사용되고 있다. 예나 지금이나 전쟁과 전투는 여전히 세계인들 모두가 동일하게 보편적으로 가지고 있는 공통적인 초미의 관심사라 할 수 있다. 본래부터 인간—더 엄밀히 말하면 생명체 모두에게—에게 있어서 '싸움·투쟁·경쟁' 등은 가장 본원적인 부분이다. 사랑의 반대말이며, 미움의 구체적 행동 발현인 전쟁은 세계인들 모두에게서 공통의 관심을 용이하게 이끌어 낼 수 있는 소재다.

역사를 배경으로 제작된 게임은 헤아릴 수 없을 정도로 많으며, 대부분 전투 게임을 내포하고 있는 전략시뮬레이션으로 구성되는 경우가 일반적이다. 대작 게임으로 성공한 작품 역시 상당하다. 역사와 전쟁문화를 결합한 게임콘텐츠 중에서 가장 성공한 작품의 고전으로서는 대부분의 게이머들이 ≪삼국지≫ 시리즈를 꼽는다.

일본의 게임회사 코에이(Koei)가 삼국지를 바탕으로 1985년에 처음 발매한 역사-전투 전략시뮬레이션 게임인 ≪삼국지≫ 시리즈는 2012년에 12편까지 출시될 정도로 게이머들에게 오랫동안 사랑 받은 걸작 게임이다. 최근에는 예전보다 각광을 받지 못해 인기가 많이 시들해졌긴 했지만, 2000년대 초반까지 동아시아 전체에서 상당한 인기를 끌었으며, 구미 등지에서까지 지명도가 있었다. 본고에서는 시리즈 중에서도 가장 큰 관심과 사랑을 받았던 ≪삼국지 III≫을 고찰하고자 한다. 먼저 전쟁을 만들어 내는 인간의 갈등과 경쟁 심리, 전쟁이라는 문화적 소재와 연결되는 싸움의 문화원형, 이와 관련된 집단 심리 및 전쟁을 가능케 하는 개념으로 생각되는 미셸 푸코의 통치성 개념을 살펴보고, 이를 바탕으로 ≪삼국지 III≫에 내재되어 있는 개념들 및 이미지 화면(행정, 외교, 전투 등)에서 관련 재미 요소를 찾아보고자 한다.

2. 전쟁: 인간 심리 제일 요소로서의 갈등과 경쟁의 최대 발현

인간의 가장 큰 특징은 스스로 생각할 수 있는 능력을 가져서 자신의 존재에 대해 이성적으로든 감정적으로든 느낄 수 있다는 점이다. 그런 탓에 다른 인간들과 함께 자신이 생각하고 느낀 바를 향유하려 하고, 자신의 인생을 설계하고자 하는 욕망을 가지게 된다. 그런데 인간의 생명을 강제로 없앤다는 것은 이 같은 인간의 특징을 향유할 수 없게 만들어 피살자의 과거와 미래를 강제로 박탈하는 것이다. 모든 인간이 지니고 있는 기본적인 권리를 방해하는 행위라고 할 수 있다. 칸트(I. Kant)의 맥락에 비추어 보았을 때에 이는 인간의 '자율성'과 연결된다. 인간은 스스로 선택하고, 결심하고, 결심에 따라 행위하는 능력을 지니고 있는데, 인간이 합리적이고 자의식적인 존재이기 때문에 그런 것이다. 그러므로 자기가 원하지 않는 것을 남에게 강제로 하도록 하게 만드는 것이 부도덕이라는 윤리학에서의 기본적인 정의가 이로 인해 가능하다.

하지만 인간과 인간 사이에서는 어떠한 형태로든, 언제든 갈등이 발생하고 자율성을 침해하는 결과들이 쉽게 만들어진다. 이러한 갈등은 필연적이라고까지 할 수 있는데, 인간은 각기 자신의 욕망을 지니고 발현하고자 하는 존재인 탓이다. 어느 조직과 사회에서든 욕망들과 욕망들이 갈등과 충돌은 불가피하며, 관계가 확장되고 복잡한 현대인의 사회에서 이런 현상은 더욱 심화되고 첨예해 지고 있다. 직접적으로든 간접적으로든 또한 어떤 이유에서든 갈등과 경쟁은 예전부터 지속되어 온 인간의 행위였으며, 심지어는 '사랑'을 위해서까지 대립과 살인은 있어 왔다. 그렇지만 그럼에도 불구하고 살고자 하는 인격체를 죽인다거나 상해를 가하는 일은 인간의 자율성에 대한 심각한 침해이며 살인은 원칙적으로 가장 큰 부도덕이라고 규정되어 왔다.

그러나 갈등이 확대되어 대규모의 살상을 가능하게 만드는 '전쟁'은 전혀 다른 차원의 문제라고 이야기 되는 성향이 강하다. 전쟁은 인간 개개인의 자의와 크게 상관없이 타인을 살상하는 것이 용납되는 사회적 상황을 통칭한다. 그런 탓에 심지어 전투에서 살인을 많이 한 인간을 영웅으로 존중하고 동경하는 일도 자연스럽다. 전쟁 상황 내지 전투에서는 적인 인간의 생명을 강제로 박탈하는 것이 자신의 편을 지키는 일이므로 살인이 아니라 오히려 인간을 살리는 것이라는 역설적인 원리가 작동한다. 윤리뿐만 아니라 종교적 측면에서도 이 역설은 그대로 적용되어 왔다. 적을 누구로 규정하느냐가 다를 뿐인 것이다. 자신의 편과 적을 구별하여 인간을 바라보아야 하는 정치적 동기의 가장 극단적인 결과라고 볼 수도 있다. 물론 원칙적으로는 자신에게 자신의 생명이 중요한 만큼 타인의 생명 또한 그 타인에게 있어서 중요한 것이다. 즉 인간 개개인 각자에게 중요한 것이어서 살상이나 위협 자체가 악하다는 비난을 면치는 못한다. 그러나 자의도 아닌 타의 및 공의(특히 국가주의나 정치 이데올로기와 같은)에 의해 살상이 강제될 수밖에 없는 전쟁 행위는 인간 선·악의 범주를 초월하는 행위라는 관점, 나아가 자신의 목숨을 바치는 신성한 제례와 같다는 관점 또한 제기되어왔다. 동서고금을 막론하고 정치적으로 전쟁을 피할 수 없는 경우, 인간들은 어쩔 수 없이 서로를 살상했으며, 이에 대해 이데올로기적인 타당성을 부여하고자 했다. 전쟁에서 상대방을 죽이고, 장렬하게 전사하는 것이 미화되기도 했다. 그러나 그와 같은 경우에서도 최소한의 윤리를 지키기 위해 여러 가지 방안들이 강구되어 왔고 행해져 왔음을 명심할 필요가 있다.

이 맥락에서 인간은 본래 선한가 혹은 악한가라는 물음을 생각해 볼 수 있다. 본래 인간의 본 모습이 선하다고 믿는 견해와 악하다고 믿는 견해의 대립은 동서양 모두의 고전적인 문제 중 하나로 학자들간에 많은 논란이 있다. 예를 들어 에리히 프롬(E. Fromm) 선과 악에 대해 이처럼 규정한다. 인간이 선한 양이라고 주장하는 편은 인간이 쉽게 남의 영향을 받으며 비록 자신에게 해로운 일이라고 하더라도(당시에는 그것을 지각할 수 없는 경우가 없다하더라도) 시키는 대로 기꺼이 하며, 파괴가 당연히 수반되는 전쟁에조차도 어떠한 형태로든지 최면·반최면 상태에서 자발적으로 자신의 지도자를 따르고자 한다는 점을 부각하고자 한다. 양으로서의 인간은 선악의 차원을 넘어 양처럼 목동이 시키는대로 순순하게 추종하려는 수동성을 지녔다는 것이다. 반면 인간이 늑대라고 주장하는 편은 인간의 감정적이고 악한 점을 강하게 부각하면서 인간의 수동성 보다 능동성을 더욱 강조하는 경향이 있다고 한다. 인간 대다수가 질투와 비교, 상대적 우월감 등에 익숙하며, 나아가 능동적인 파괴적 충동에 대해 본능적으로 탐닉하고자 한다는 것이다.[1] 토마스 홉즈(T. Hobbes)는 이 맥락에서 '인간은 인간에 대해 늑대', '만인에 대한 만인의 투쟁' 등의 논리를 역설하기도 하였다. 그러나 이 같은 프롬의 선악 기준은 하나의 주관적인 개인 논리일 뿐이다. 실제로 선악의 기준은 동서고금에 걸쳐 매우 다양하다. 종교 교리, 법 질서, 도덕 윤리의 순응 여부로 선악을 판단하고자 하는 경우가 보편적이라고 생각하는 견해가 더욱 일반적인 편이다. 늑대처럼 투쟁을 즐기고 호전적인 지도자를 따르는 순한 양들은 과연 선한가라는 반론이 바로 나올 수 있는 것이다. IS의 충실한 추종자들을 단순히 선한 양이라고 보기는 어렵다.

대다수의 보통 사람들은 이 선악의 기준과는 무관하게, 오히려 그 기준에 의문을 제기하는 것이 옳지 않다고 전제하면서, 악한 사람이 되기보다는 선한 사람이 되기를 원하며, 나아가 양심이라는 사회적 도덕률에 비추어 되도록이면 선한 삶을 살고자 한다. 선한

1) 에리히 프롬, 『인간의 마음』, 황문수 옮김, 문예출판사, 1977 10~14쪽 참조.

사람들은 평화와 평안을 원하는 게 보통인 것이다. 그러나 사회 악을 그대로 지키면서 기존의 기득권만을 옹호하려는 것은 선한가라는 질문 또한 제기할 수 있게 된다. 예를 들면 전 세계적으로 여성이 남성과 현재처럼 거의 동등하게 대우받게 된지는 대체적으로 불과 200년 정도다. 이 같은 남녀평등은 여성 권위의 신장을 위한 사회 보수층과의 투쟁이 없었다면 가능할 수 없었다. 귀족주의, 자본주의, 사회주의, 자유주의 등 이데올로기의 전개 및 발전은 모두 갈등과 투쟁의 결과다. 인류의 역사를 전체적으로 되돌아보았을 때, 늑대처럼 투쟁하고 나아가 전쟁을 일으키던 인간들의 예는 많다. 실제로 그들에 의해 사회가 격동되었고 역사의 상당 부분이 피로 얼룩지게 되었지만, 그로 인해 때로는 오히려 악이 패퇴되고 선이 성취되었다는 것은 아이러니다. 국가적 전쟁의 차원에서도 프랑스의 잔 다르크, 우리나라의 이순신 장군 등 헤아릴 수 없이 많은 예가 있다.

인간 사회에서 전쟁을 일으킨 대부분의 정치가들은 선과 악을 넘어 살상과 고통에 대해 감내해야 하며, 사회나 이데올로기, 자존심 등을 위해 일개 개인의 희생은 불가피하고 나아가 심지어는 당연하다는 생각까지 가진 경우가 많다. —특히 히틀러나 스탈린 류에 속하는 위정자들의 경우는 자신의 권력욕이나 이데올로기 유지 등을 위해 엄청난 살상을 감행하였고, 악을 선으로 포장하고자 하였다. 이러한 논란에 대한 정답을 분명하게 제시하기는 어렵지만, 적어도 전쟁이 불가피할 경우에는 최소한의 희생과 경제적인 손실을 무릅쓰고 행해야 한다는 점은 분명하다. 물론 여전히 전쟁이 정치에 있어서 최선책은 아니며, 전쟁으로 인한 살상은 최하

책이고, 능력있고 훌륭한 위정자일수록 국민과 주변 국가의 사람들과 융화하면서 함께 살고자 하는 정책을 펴나가야 한다는 데에는 의문의 여지가 없다. 중국의 『손자병법』에서도 "백전백승함이 최고가 아니다. 싸움을 하지 않고 남의 군대를 굴복시키는 것이 최고"[2]라고 하였다. 국가와 국가 간의 알력과 분쟁이 발생할 경우, 되도록 전쟁은 피해야 하며 정치력으로 상대국을 굴복시키고 서로 공존하려 해야 한다는 것이다.

따라서 인간을 양이나 늑대, 선과 악이라는 이분법으로 나누고, 이와 연결지어 인간의 전쟁을 설명하고자 하는 것은 그다지 유효한 방법이 아니다. 본래부터 인간에게는 양인 면과 늑대인 면 둘 모두가 함께 내재되어 있기 때문이다. 또한 인간은 수동적인 동시에 능동적이다. 인간은 살기 위해 주변 사람들과 환경에 대해 어쩔 수 없이 여하 간에 폐를 끼칠 수밖에 없는 존재다. 기독교의 논리에도 잘 나타나 있듯 죄를 짓지않고 살 수 있는 인간은 아예 없다. 성취지향적이거나 욕심이 많은 인간일수록 더욱 그러하며 인간 간의 파워 게임에 민감하다는 논리 또한 일반화 되어 수용된지 오래다. 이 내용들은 인간의 한계상황을 있는 그대로 드러내는 인간의 가장 원초적인 본모습이라고 볼 수 있다.

『전쟁론』의 저자인 클라우제비츠(C. von Clausewitz)는 "전쟁이란 결투가 확대된 것에 지나지 않는다. 보통 우리들은 개개의 결투가 많이 모여 하나의 전쟁을 이루는 것이라 생각하지만, 사실은 두 사람의 결투자인 것"[3]이라고 주장한다. 이는 전쟁이 국가와 국가, 보

---

2) 손자, 『손자병법』, 노태준 옮김, 홍신문화사, 1983, 60쪽.

3) 칼 클라우제비츠, 『전쟁론』, 이종학 옮김, 일조각 1980, 1쪽.

다 넓게는 한 편과 다른 편 사이의 1:1적인 관계라는 점을 의미하는 것이다. 전쟁은 이데올로기 때문이든, 감정 때문이듯, 실제적으로는 민족과 국가 차원으로 확대된 인간과 인간 간의 패싸움이라고 볼 수 있다. 그러므로 평화와 안녕을 선이라고 본다면, 전쟁은 살인을 필연적으로 수반하므로 악이라고 간주할 수 있다. 피를 흘리지 않는 정치적 해결책이 강조되고 있긴 하지만, 실제로는 여러 이유로 인하여 전쟁은 결국 발생되어 왔다. 지금 현재도 세계 곳곳에서는 총소리가 끊이지 않으며, 갈등이 발생하고 있는 이유다.

전쟁의 원인에 대해서는 여러 견해가 알려져 있다. 전쟁을 생존경쟁의 하나의 형태로 보고 인간진화 과정에 있어서의 불가피한 현상이라고 주장하는 견해, 전쟁의 발생 원인을 인간의 투쟁본능에서 찾고자 하는 사회심리학자의 논리, 전쟁을 각 시대에 있어서의 사회 및 경제적인 관계를 기반으로 발생되는 정치경제적 상황으로 간주하려는 역사연구가 등이 있다. 그 외에도 경제 외적 요인, 이를테면 인종·종교적 요인이 전쟁 발생의 직접적 동기가 되기도 한다는 말도 있다. 모두 다 어느 정도의 근거나 타당성을 지니고 있다는 것이다. 전쟁의 원인을 고민하는데 있어서 보다 중요하게 고려해야 할 부분은 전쟁을 생존 경쟁의 하나의 형태로 볼 수 있기는 하나, 동물 사이의 투쟁과는 달리 보다 복잡한 구조를 지닌 인간의 전쟁은 그 성질이 좀 다르다는 점이다.[4] 인간이 투쟁적 본능을 가진 존재이긴 하지만 심리적 과정만으로 전쟁(특히 근·현대 전쟁)발생의 원인으로 보고자 하는 것은 조금은 미흡한 듯하다. 이는 인간을 동물 정도로만 보고자 하는 견해일 수 있다. 오히려 전쟁으로 인해

4) 이극찬, 『정치학』, 법문사, 1991, 679쪽.

인간의 잠재의식 속에 억제되었던 투쟁 본능이 전면으로 부각된다고 보는 것이 더 타당한 것 같다.[5] 인간들 사이의 전쟁은 결코 길거리에서 일어나는 감정적 충돌 정도의 싸움이 아니다. 전쟁은 인간의 투쟁 본능 등에 의해서 무분별하게 폭발되지 않고 언제나 어떤 집단의 의사와 이데올로기 등에 의해서 지도되고 있다.

그렇기에 클라우제비츠는 "전쟁이란 다른 수단에 의한 정치의 연장일 따름이다"라고 파악하고, 전쟁의 발생 원인을 정치적 입장에서 찾고자 하였다. 그에 의하면, 모든 전쟁은 예외 없이 정치적 행동이며, 전쟁은 정치의 한 측면이라고 한다. 그는 전쟁을 폭력의 무제한적 행사라고 파악하는 동시에 전쟁을 전체적인 관계 속에서 종합적으로 관찰하면서 전쟁의 동기가 정치목적에서 기인된다고 보았다.[6] 전쟁은 민족 간 혹은 국가 간의 충돌로서의 사회현상이다. 국민이 주권을 가지기 전인 근대 국가 이전에도 이미 인간들 사이에 있었던 전쟁들의 대부분은 국가 간의 총력전이었다.

3. 문화원형으로서의 군사·전쟁문화적 요소, 그리고 중국의 삼국지

일반적으로 문화원형(cultural archetype)은 "정형화나 상징화를 거쳐 어떠한 이야기에 창작 혹은 재창작 소스를 제공하는 것"[7]으

5) 김운태, 『정치학 원론』, 박영사, 1991, 816쪽.
6) 칼 클라우제비츠, *op. cit.*, 816쪽.
7) 송원찬 외, 『문화콘텐츠 그 경쾌한 상상력』, 북코리아, 2010, 24쪽.

로 알려져 있다. 분석심리학자인 칼 융(C. G. Jung)의 원형 개념에 문화라는 단어를 얹어 조합해낸 이 단어는 예술이든 문학에서든 작품들 자체에 계속해서 반복해서 사용되는 보편 개념이나 상황으로 보통 이해된다. 예를 들면, '아버지와 아들의 갈등'은 심리학(정신분석학이나 분석심리학에서도 흔히 분석하는 내용)적 측면에서 많은 예술 작품들과 문학 작품들, 대중문화 작품들에서 계속 반복되어 드러나는 '인간의 보편적 심리' 중 하나다. 그리고 이를 심리적 원형으로 통상 보고자 하는 경향이 있다. 하지만 문화콘텐츠적인 측면에서 보자면, 문화원형에는 상대적인 측면이 충분히 있다고 볼 수 있다. 특정 문화의 경계를 어디까지 정하느냐에 따라 또한 문화 설정의 층위에 따라 문화원형의 내용이 달라질 수 있는 것이다. 예를 들면, 특정 한국 영화에 그려진 한국 무술의 문화원형은 태권도라고 할 수 있겠으나 태권도 자체의 원형으로는 택견, 수벽치기 등이라고 할 수 있다. 무엇이 소재가 되는지, 범위가 어디까지를 원천으로 보아야 하느냐에 따라 내용이 달라진다.

이 맥락에서 콘텐츠에서의 문화원형이라는 개념의 상정이 가능할 듯하다. 예를 들면 멕시코의 쾌걸 조로, 영국의 로빈 훗, 한국의 홍길동 등에 내재된 공통적인 문화원형—보다 엄밀히 말하면 문화콘텐츠 원형—은 '의적'이라고 말할 수 있다. 그러나 이 '의적'이라는 (사회심리적) 문화원형은 '사회의 정의를 갈등과 불법으로라도 쟁취하고자 하는 인간의 욕망'이라고 정리가 가능하다. 이 내막은 의적에서만 드러나는 것이 아니라, 현대의 SF 수퍼 히어로물 콘텐츠들이나 현실의 노사 관계에서도 볼 수 있다. 불법을 통해 정의를 확보하고자 하는 것이다. 이 같은 문화원형에 대한 논의는 다양한 문화 및 콘텐츠의 영역들을 아우르고 층위들을 오르내리며 더욱 광범위하게 펼쳐져야할 문제나 하지만, 지역적이면서도 세계적이고 보편적이라는 차원으로 범위를 대략 좁혀서 콘텐츠에서의 문화원형을 일종의 인간 본질(혹은 공통적인 우연적 속성이라고도 볼 수 있는) 개념으로 간주하는 것정도가 가능하다. 지역문화 전체에 걸쳐있는 문화요소들 중에서 세계적으로 유행하는 보편화된 원형을 지칭하는 말로 대략 정의해서 사용할 수 있다는 것이다. —이런 면을 감안해 볼 때 문화원형은 글로컬 개념과도 쉽게 연결된다.[8)]

그렇다면 군사 및 전쟁 개념 속에 들어있는 인간과 인간의 '싸움'(fight)은 문화원형으로 충분히 간주될 만한 내용이라 할 수 있다. 모든 이들의 마음 속, 모든 문화들 속에 있으면서도, 지역적인 동시에 세계적인 문화가 될 수 있으며, 다양한 학제적 연구의 가능성으로 열려져 있다. 이 '싸움(투쟁과 경쟁까지 포함하는)'이라는 주제는 세계의 신화 속에서도 잘 드러나고 있으며, 대부분의 종교에서도 매우 중요한 요소로 다루어지고 있다. 인간뿐만 아니라 심지어는 천상과 하계의 존재들까지도 싸움을 즐겨한다고 이야기 되곤 한다. 고대 신화나 종교는 모두 인간의 역사를 기본적으로 '대립'의 역사로 규정한다. 신들의 전쟁 혹은 신과 악마의 전쟁에 대한 이야기들도 많다. 그렇지만 한편으로는 바로 이러한 갈등이 인간의 역사를 역동시켰던 요소 중 하나라는 점을 주지해야 한다. 갈등과 대립, 반목과 경쟁 속에서 문화와 문명이 계속해서 발전해 온 것 역

8) 문화원형 개념에는 이미 글로컬적인 맥락이 이미 내재되어 있다고 볼 수 있을 것이다. 글로컬 개념에 대한 자세한 내용은 박치완 외, 『글로컬문화콘텐츠, 어떻게 그리고 왜?』, 한국외국어대학교출판부, 2009 참조.

시 부인할 수 없다.

서양 고대 그리스 철학자인 헤라클레이토스는 인간과 세계에 있어서의 '투쟁'이 중요하다고 B.C. 5세기에 명확하게 정리해서 역설하기도 하였다. 그는 균형을 대립적인 요소의 투쟁에서 나온 산물이며, 만물의 근원을 불이라고 주장하였고, "만물은 끊임없이 변한다"라는 말을 강조해서 상대주의적 논증의 시조로 추앙받는 사람이다. 헤라클레이토스가 이러한 주장을 펼친 이유를 그의 염세성 등으로 보기도 하나, 생명의 논리로 이해하려는 경향이 보다 일반적이다. 생명을 가지고 태어난 생명체는 기본적으로 살기 위해 자신의 주변과 지속적으로 싸우고 투쟁해야 하며, 세계는 세계로서 존재하기 위해 계속 갈등하고 대립하며 변해야 한다. 만물은 끊임없이 변한다는 그의 상대주의 논리도 이러한 견지에서 이해될 수 있다. 변함 그 자체에 나와 나를 둘러싼 대상간의 투쟁 및 대립의 연속이란 면이 들어있다는 것이다. 헤라클레이토스의 사상은 "이 세계는 '낮과 밤, 겨울과 여름, 전쟁과 평화, 과잉과 기아, 죽을자와 불멸자'등으로 대립하여 있다. … 전쟁은 모든 것의 아버지이며 모든 것의 왕이다. 그것은 어떤 사람을 신으로 나타나도록 해 주기도 하며, 어떤 사람을 사람으로 나타나도록 해 준다."[9]로 요약된다.

군사·전쟁이란 면을 인간 개인의 행동 혹은 심리적 차원으로 축소시키면, 그 면을 더욱 극명하게 볼 수 있게 되는 부분이 '복수'다. 프라시스 베이컨(F. Bacon)은 복수를 '야생적인 정의'라고 단언하기도 했다. 문학이나 영화에서 주인공과 적대자의 경쟁과 갈등과 복수는 흔한 소재다. 그 예는 성경에서의 카인과 아벨의 갈등에서도

9) 강성률, 『2500년간의 고독과 자유』, 푸른솔, 1996, 11~12쪽 참조.

찾아볼 수 있다. 서로 싸우고 죽이기 위해 필생의 노력을 다하는 것이 복수인 것이다. 시나리오 작가 토비야스(R. B. Tobias)는 "안타고니스트(적대자)가 가한 실제적인 또는 상상의 상처에 대한 프로타고니스트(주인공)의 복수다. 이는 본능적인 플롯으로, 인간 내면의 깊은 곳까지 정서적으로 침투한다. 독자는 불의에 격분하고 잘못을 바로잡고자 한다. … 복수가 유혹하는 순간에도 이를 참고 믿음에 의지했던 사람들의 훌륭한 이야기도 있지만, 그들은 보통 사람들과는 훌륭한 사람들이다. 복수는 본능적인 정의로서 수천년 전에 그랬던 것처럼 오늘날까지 그 힘을 발휘한다"[10)]고 말한 적이 있다. 당연히 이 같은 복수극에 폭력이 개입하고 더 나아가 살인으로 비화되는 경우는 너무나 많다. 인간과 인간의 투쟁과 싸움으로서의 복수는 예나 지금이나 세계 사람들 모두에게 공통으로 시사하는 바가 매우 크다. 투쟁, 경쟁, 싸움이 인간의 본능 중 하나라고 흔히 이야기되는 이유다.

한편, 투쟁과 싸움은 사회 전체 차원으로 확대해서 쉽게 생각될 수 있는 주제이기도 하다. 신봉하는 이데올로기와 가치를 위한 투쟁(때로는 정치적이고 도덕적이고 종교적일 수도 있는)과 싸움은 더 나아가 전쟁으로 비화된다. 예를 들어 스펜서(H. Spencer) 등에 의해 주창된 사회적 다윈주의(Social Darwinism)에 따르면, 전쟁은 이런 적자 생존설의 원리를 기반으로 한다고 볼 수 있다. 그에 따르면, 인간 사회는 자연 사회와 마찬가지로 순수한 의미의 협동이나 호의에 대한 의식은 큰 의미가 없으며, 각 개인 간의, 그리고 인간 그룹

10) 로널드 B. 토비아스, 『인간의 마음을 사로잡는 스무가지 플롯』, 김석만 옮김, 풀빛, 2007, 172~173쪽.

간의 투쟁의 장일뿐이다. 사회구성원들이 사회 내에서 각기 우월하게 살기 위해서는 서로 간에 단합보다 투쟁을 더 선호할 수밖에 없다는, 마치 진화를 위한 종의 투쟁 개념과도 같다. 곧 생물진화법칙이 사회진화법칙으로 이식된 것이다. 이 관점을 받아들이면, 오직 승자만이 대우받고 모든 것을 누릴 수 있으므로, 이기기 위해 수단·방법을 가릴 필요가 없다는 면 또한 받아들일 수밖에 없게 된다. 이런 관점에서는 타인에 대한 동정이나 배려 등은 사치며, 동정이나 배려 개념들도 투쟁을 위한 요소 정도로 이해된다.[11)]

이러한 사회적 다원주의가 싸움이나 전쟁을 모두 설명할 수 있는 것은 아니다. 기본적으로 군사·전쟁 문화는 인간 심리 속에 깊숙하게 감추어져 있는 매우 중요한 부분이기 때문이다. 인간 심리와 밀접한 관련이 있는 신화와 함께 생각해 보면, 군사·전쟁 문화가 왜 문화원형적 측면에서 중요한 문제인지가 분명해 진다. 그리스 신화 속 전쟁의 신 아레스나 인도 신화 속의 무용(武勇)과 전사의 신 인드라의 예를 들지 않아도 군사·전쟁 문화는 인간 심리, 특히 남성의 심리[12)]에 깊게 내재되어 있다는 것을 인지할 수 있다. 프로이트(S. Freud)나 파슨스(T. Parsons)의 용어로 치환해서 말하자면, 요즘에는 여성들에게서도 흔히 찾아볼 수 있는 남성성(masculinity)의 대표적인 요소인 것이다. 지금도 군사·전쟁의 문화는 세계 도처에서 발생하고 번성하고 있다. 역사적으로 단 한순간

---

11) 사회학에서 흔히 말해지는 '종속이론' 등도 이런 형태의 관점에서 비롯되었다고 볼 수 있겠다.

12) 진 시노다 볼린, 『우리 속에 있는 남신들』, 유승희 옮김, 또 하나의 문화, 1989, 227~230쪽 참조.

도 세계는 편안할 날이 없었다. 상무적이고 전투적인 문화가 한(恨)의 슬픔이나, 평화의 문화보다 더욱 크게 대접받고 관심을 받아온 데에는 이러한 내막이 있다. ―심지어 사랑조차도 전투적일 때 아름답다고 말하는 이들도 있다. 그런데 사실 이런 내용은 세계 여러 문화들에서도 아주 쉽게 찾아볼 수 있다. 미국의 무법자, 일본의 사무라이, 중국의 무사 문화, 영국의 제국주의, 프랑스의 문화우월주의, 독일의 민족우월주의 등도 기실 따지고 보면 군사·전쟁 문화와 상호 작용하고 있으며, 싸움과 투쟁의 문화원형에 맞닿아 있다. 어느 사회이든지 개인이든지 공존과 화해의 맥락 외에도 투쟁과 전쟁의 맥락이 있는 것이다.

고대 중국의 역사이자 소설인 삼국지(三國志)는 이러한 내용들이 모두 다 들어있는 싸움·전쟁 개념의 결정체라고 할 수 있다. ―역사적으로 실재했던 국가인 위·촉·오 삼국 간의 각종 전쟁과 갈등 사건(대략 서기 180년 정도부터 280년 무렵까지)을 역사로 기록한 것이 삼국지이며, 소설의 형태로 이야기를 붙여 보다 드라마적으로 만든 것이 『삼국지연의(三國志演義)』이다. 이 책에는 싸움과 투쟁과 경쟁이라는 전쟁문화의 온갖 요소가 다양한 방식으로 전개되고 있는데, 특히 국가 간의 전략과 전술에 근거한 전쟁, 무사들 간의 능력에 따른 결투와 전투, 복수 등의 내용이 아주 극적으로 묘사되어 있다. 군사 및 전쟁과 관련된 여러 차원의 이야기들이 복합적으로 들어있으며, 전쟁 서사의 다양한 원형들이 내재되어 있다고 일반적으로 평가될 수 있을 정도다. 간악하지만 두뇌와 통솔력이 출중한 인물인 조조, 입지적인 인생사와 인자한 성격을 지닌 촉의 유비, 가문의 전통을 바탕으로 뚝심을 자랑하는 오의 손권이라는 각국의 주인, 여포, 관우, 장비, 전위, 허저, 주유, 황개 등과 같은 무사 영웅들, 제갈량, 방통, 순욱, 사마의, 여몽, 육손 등의 재사들. 수많은 인물들의 인생과 사건들이 싸움과 전쟁이라는 하나의 큰 틀 안에서 마치 로망스처럼 드러나는 이야기가 삼국지다. ―영어 제목은 Romance of Three Kingdoms이다. 『삼국지연의』는 『수호전』, 『서유기』, 『금병매』와 더불어 중국 4대기서(四大奇書) 중 하나로, 나관중에 의해 저술된 14세기 무렵부터 중국인들에게 애독되었으며, 한국과 일본에도 16세기 이후 전래되어 애독되었다. 내용의 밑바탕에는 유교적인 의가 강조되고 있으므로, 중국의 영향력 내에 있었던 한자 문화권에 많은 의미를 주었다. 서양에는 20세기 초에 영어로 처음 번역되어 소개되기 시작하였으며, 중국 및 동아시아 문화에 관심을 갖는 이들에게 널리 애독되고 있다.

4. 푸코의 통치성, 권력, 공공성

전쟁이나 싸움, 군사 등의 맥락에서 함께 추가하여 살펴볼 만한 개념은 먼저 미셸 푸코(M. Foucault)의 '통치성(governmentality)'[13)] 이다. 같은 편 사람들과 함께 힘을 모아 상대 편 사람들에 맞서 집단적인 전쟁을 수행하기 위해서는 지도자의 통치 기술이 가장 중요한 부뷰 중 하나일 것이다. 전쟁의 수행 역시 사회의 통치 내에 있는 한 영역인 까닭이다. 기본적으로 사회가 어떻게 효율적으로

13) 통치성(governmentality)은 '통치하다(govern)'와 '정부(government)'와 '사고방식(mentality)'의 결합으로 보통 이해된다.

통치될 수 있는가에 대해 고민하던 푸코는 역사적으로 크게 두 가지 방식의 작업이 있었음을 파악해 내었다. 첫째는 고대와 중세 시대에 유행했던 '군주에게 충언하기(advice to the prince)'이며, 둘째는 16세기 중반부터 18세기에 발달한 '통치술(art of government)'이다. 전자는 군주의 가신들이 군주와 모든 것을 협의 하에 민중 전체를 아이 다루듯 통치하는 방식이며, 후자는 근대 국가의 주민 통치 맥락에서 아이들을 다스린 것으로부터 위생적, 종교적, 경제적으로 성인들을 이끄는 것까지를 포함하는 광범위한 통제 방식이다. 푸코는 이 '통치성'이라는 개념이 16세기 무렵에 어떻게 스스로를 통치하는지, 어떻게 통치되고 있는지, 어떻게 다른 이들을 통치하는지, 무엇에 의해서 민중들은 통치되는 것을 수용하는지, 어떻게 훌륭한 통치자가 되는지 등의 물음들로부터 형성되기 시작했으며, 나아가 중앙집권적인 국가와 종교적인 차이 등을 이유로 분산되는 국가 사이에서 어떻게 통치해야 하는가, 통치는 무엇이어야 하는가라는 물음들이 생겨남에 따라 확립되었다고 본다.[14)]

푸코는 마키아벨리적인 정부가 군주와 통제 권력으로 대표되는 군주권 간의 강한 연결성을 강조하고 있음에 주목한다. 이 정부의 권력은 '억압'에 있으며, 이 정부를 주관하는 군주는 자신의 군주

14) 푸코가 사용한 '통치성'에서의 '통치(govern)'는 일반적으로 사용되는 '통제(regulate)', '조종(control)'이라는 의미로서의 통치라는 말과는 차이가 있다. 통치에 성질이라는 접미어를 붙인 것 역시 상당히 특이하다. 푸코는 '통치'라는 말이 각기 상황에 다르게 사용될 수 있음을 있음을 드러내 보이려 하는데, 곧 '통치'는 위로부터의 통제나 제어가 아닌 아래로부터의 적극적인 자발적 참여를 자극하고 유발하는 것일 수 있다는 것이다 - M. Foucault, "Govermentality", D. Faubion (ed.), *Power: Essential Works of Foucault 1954~1984* Vol 3., R. Hurley, etc., (trans.), Penguin Books, 1994, p.202

권을 폭력과 억압적인 약정과 상속성에서 찾는다. 또한 이런 형태의 정부 책임자는 자신의 국가 안에 사는 모든 사람들의 사고와 행위를 '통제'하고 싶어하는 경향이 있다. 정부의 역할은 군주의 군주성에 대한 보호를 보증하는 힘을 조절하여 사람들을 억압하는 기술을 발전시키는 것이다. 국가권력에 잘 복종할 수 있도록 국가 구성원들을 효과적이고 교묘하게 조종하는 기술 연구가 이 정부가 지닌 통치성의 근간이다.

그러나 이러한 방식은 근세 시대의 통치술과는 상당한 차이가 난다. 근세 시대의 반-마키아벨리적인 정부는 억압적이고 조종적인 통치술과는 정반대이고자 한다. 마키아벨리적인 정부의 군주가 군주권에 대한 유일성과 초월성을 강조한다면, 반-마키아벨리적인 정부의 군주는 국민을 위하는 방식으로 국가를 효율적으로 통제하기 위한 다양한 길을 모색한다. 마키아벨리적 정부는 무조건적인 순종을 목표로 하는 억압적인 권력의 전형이다. 하지만 근대의 반-마키아벨리적 정부는 정부 자체의 활동을 목표로 하는 정부가 아니라 인구의 조절, 인간 조건의 향상, 복지, 장수, 건강 등의 증대를 목표로 하는 정부다.[15] 푸코는 사회의 다양성과 복잡성 원리가 후자의 정부에 의해 부과된다고 보았다. 문화적 정부의 시발점으로 간주될 수 있는 이 같은 정부는 16세기 이후의 정부에서 보다 더 본격화 된다. 즉 16세기 후반~17세기 전반, '통치술'이라는 개념의 최초 모습이 형성되기 시작하였으며, 그러면서 국가의 이성이라는 논제 또한 대두되었다는 것이다. 이것은 현대인들이 부정적 혹은 경멸적으로 이야기 하는 통치술(보통 법, 평등, 인권의 원리 등

15) *Ibid.*, p.217.

을 국가의 이익 차원에서 유린하는)이 아닌 긍정적인 맥락에서의 통치술이다. 국가는 과거로부터 전승되어 내려오는 자연법이나 신성한 법 또는 지혜나 분별의 원리가 아니라, 내재적으로 합리적인 원리에 의해 통제되어야 한다는 논리다. 푸코에 의하면, 이 통치술은 초월적인 규범, 우주적 모델, 철학적-도덕적 이상을 찾으려 하기 보다는 특정 국가의 실재성을 실질적으로 구성할 수 있도록 하는데 요청되는 합리성을 찾으려 한다.[16)]—당연히 반-마키아벨리적인 정부하에서만이 이런 형태의 통치'술'이 가능할 수 있다. 이때의 '술(art)'은 자유롭게 토론되고 제안되는 것이 좋으며, 또한 실천(practice)의 일환이라고 간주될 수 있어야만 한다.

근대 이후의 정부들은 독재 권력을 이용하지 않고서도 사회를 효과적으로 운영하기 위하여 다양한 전술을 구사하고 있으며, 민중들의 자발성 자체를 조정 통제하고자 한다. 푸코는 이러한 통치술이 국가와 정부를 효과적으로 통제하고 유지하기 위하여 정부에 의해 구사되고 있는 하나의 장치에 불과하다고 강조한다. 이 맥락에서의 가장 비근한 예가 '인구(population)'다. 푸코는 생체권력(biopower)이라는 개념을 도입하는데, 이는 인간의 신체들에 직접적으로 관여하는 권력을 의미한다. 그는 "신체들의 복종과 인구의 통제를 위한 수많은 그리고 다양한 기술의 폭발"이라고 생체권력을 정의한다.[17)] 후대 18세기에 인구 통제를 위해 생겨난 기술로 규율권력(disciplinary power)의 한 단면인 듯하다. 규율권력이 개별적

16) *Ibid.*, p.213.

17) M. Foucault, *The History of Sexuality: the Will to Knowledge*, Penguin Books, 1994, p.40.

신체들의 행동을 집단화 개념으로 훈련하는 것이라면, 생체권력은 개별적 인간의 탄생, 죽음, 재생산, 질병을 집합적으로 보고자 한다. 곧, 위생, 출산율, 수명연장, 인종의 결합 등 인구의 증감과 관련되는 여러 문제들이다. 궁극적으로 인구라는 개념으로서 푸코가 말하려 했던 바는 정부가 사회의 개별적 구성원들을 돌보는 것에 대한 중요성을 인식하기 시작했다는 점이다. 토마스 렘케(T. Lemke)는 푸코의 통치 개념이 정치적 영역에서뿐만 아니라, 철학, 종교, 의료, 교육 등 다방면에서 검토되었다는 점에 주목한다. 국가나 정부에 대한 문제만이 아닌 자아 통제, 가족과 아동의 지도, 가계의 관리, 정신의 함양 같은 문제들이 푸코의 통치성 개념의 중추 중 하나라는 것이다.[18)]

그러므로 그의 '통치성' 개념과 '권력(power)' 개념은 상호 연결되는 바가 많다. 푸코에게 있어서도 권력이란 개인과 사회에 직접적으로 영향을 미치고, 우리 주변에 상존하면서 우리의 존재와 사회를 늘 통제하는 것이다. 하지만 그가 강조한 '권력'은 상식적으로 통상 말해지는 '억압적 의미의 권력'이 아니다. 그는 통치라는 장치로 민중을 억압하고자 하는 권력이 권력 개념의 전부는 아니라고 생각했으며, 이를 부정적 권력(negative power)으로 보았다. 그는 이 부정적 권력 외에도 긍정적 권력(positive power)이 있다고 보며, 이 긍정적 권력이 오히려 사회 및 세계 형성의 핵심이라고 역설한다. 긍정적 권력은 개인들과 집단들 사이에서 나타나고 있는 '전략(strategy)'과 '관계(relation)'다. 개인들과 집단들은 상호 간에 복

18) 토마스 렘케, 「푸코, 통치성, 비판」, 심성보 옮김, http://greenbee.co.kr/blog/1683.

잡하게 중첩되는 관계들로 이루어져 있으며, 무한한 경우의 수로 만들어진 전략들이 직·간접적으로 작용하고 있다.[19] 푸코는 이러한 긍정적 권력이 자생적이라기보다는 애초부터 각개의 인간관계들 안에 깊게 내재해 있으며 서로가 서로의 원인이며 결과인 탓에 순환적이고 인간 사회의 네트워크망처럼 모든 부분에 퍼져 있다고 정리한다.[20] 결국 푸코의 메시지는 명료하다. 권력은 모든 곳에 있으며, 권력 관계의 전체 범위는 개인들, 가족들, 교육의 측면, 정치적 맥락 등을 모두 포괄한다는 것이다. 푸코는 권력이라는 개념 자체가 인간의 관념적 산물이며, 또한 이 권력의 작용이 행해진다고 생각하는 사람에게 있어서, 또 얼마만큼 받아들이는가라는 차원에서 그 의미가 각기 있으리라는 점도 감안했다. 결과적으로 반-마키아벨리적인 정부의 통치술은 긍정적 권력 관계에 어느 정도 의지하고 있다는 추론이 가능하다.

이 견지에서 공공성(publicity)에 대해서도 생각해 볼 수 있다. 사회 구성원들은 각자가 공공성이라는 개념을 통해 사회에 보다 더 잘 적응하고 편안하게 삶을 영위할 수 있게 되는 것 같기 때문이다. 사회 보장이라는 면이 작동하고 있으며, 공공성은 통치술 및 긍정적 권력의 중요 부분이라고 볼 수 있는 것이다. 다만 현대의 공공성은 예전 시대보다는 포괄적으로 이해되어야만 한다. 아렌트는 공공성을 '모든 사람에게 개방되어 가능한 널리 공시되며, 그 세계는 우리 모두가 공유할 수 있어야 한다'고 보다 넓게 규정하였다. 최근에는 이 내용이 상당 부분 상식화되어 있다. TV 프로그램처럼

19) 미셸 푸코, 『안전, 영토, 인구』, 심세광 외 옮김, 난장, 2011, 167~346쪽.

20) M. Foucault, *Power/Knowledge,* Penguin Books, 1980, p.98.

모든 사람들이 스스로 접근하고자 한다면 모두 가능해야 한다는 접근성(accessability)이라는 속성이 공공성에 포함되어 있는 것이다. 사이토 준이치는 국가와 관계된 공적인 것(official), 모든 사람과 관계된 것(common), 누구에게나 개방되어 있다는 것(open)으로 공공성을 세밀하게 구분[21]하였으며, 또한 정부 중심의 국민 계도적 차원의 공공성과 시민 중심의 자발적인 시민적 공공성으로 구분될 수 있다고도 보았다. 이 구분은 정부가 추진하는 공공성과 시민이 보는 공공성에는 차이가 있다는 점을 전제하고 있다.

5. 푸코의 통치성 개념으로 본 전쟁문화콘텐츠 ≪삼국지 III≫

요약하자면 푸코의 통치성은 전략과 전술, 정치가 통하는 데에서는 어느 곳이나 적용 가능한 개념이라 할 수 있다. 인간은 동서고금을 막론하고 항상 서로 간에 영향을 주고받으면서 살아왔으며, 권력과 공공성은 장소를 불문하고 통할 수 있는 개념임에 분명하다. 또한 마키아벨리적 형태가 전근대적으로 국민을 억압해서 사회를 유지하고자 하는 강압적 정치 방식이라면 반-마키아벨리적 형태는 근대 이후의 정부가 정책적으로 사회와 국민을 자율성 육성에 의거한 국민 참여적 정치 방식이다. 한편, 전쟁은 인간 갈등에 있어서의 가장 드라마틱한 상황을 만드는 인간의 정치적 행위이다. 살인이지만 살인이 아니라 칭찬받는 행동이 될 수 있는 인간의 사회적 조건이기도 하다. 싸움이라는 인간 심리 및 문화원형이 각종

21) 사이토 준이치, 『민주적 공공성』, 윤대석 외 옮김, 이음, 2009, 18~19쪽.

의 사회·정치적 내막들과 더불어 발현되면 전쟁이라는 인간 집단들간의 대규모적 갈등으로 구현될 수 있음을 주지해야할 필요가 있다. 그렇다면 이 내용들이 컴퓨터 비디오게임, 곧 전쟁을 우선으로 하는 전략시뮬레이션 게임으로 이식된다면 어떤 양상을 보일 수 있을까?

전략시뮬레이션 게임은 두 종류인 '리얼타임방식 전략시뮬레이션(Real-Time Strategy)'과 '턴 방식 전략시뮬레이션(Turn-Based Strategy)'으로 크게 나뉜다. RTS는 실시간으로 활동 유닛을 조정하여 컴퓨터 및 다른 인간 플레이어와 맞서는 것으로, 시나리오를 바탕으로 다양한 유닛과 사례들을 넣어 순발력이라는 요소를 가미해 짜임새 있게 만들기만 하면 충분히 게이머들의 호소할 수 있으며 성공할 수 있다는 것이 증명되어 있다. —이미 ≪워크래프트≫, ≪스타크래프트≫등 엄청난 성공 사례가 있다. 한편 TBS는 ≪삼국지≫, ≪신장의 야망≫ 등이 있는데, 순발력 보다는 국가를 조감하여 전체적으로 통치하는 능력을 겸비하고 정치, 외교, 경제, 전쟁 및 전투를 동시에 감안하는 고차원적인 경영 마인드가 요청되는 게임이다. TBS는 대체적으로 역사를 이용하는 경우가 많은데, 상대방 역시 보통 컴퓨터 인공지능인 경우가 일반적이므로 컴퓨터의 생각과 움직임을 정보 파악을 통해 면밀하게 파악하고, 그에 따라 단계적으로 차근차근 대응하여 긴 안목에서 작전을 세우는 것이 일반적이다.

RTS의 경우는 게임 플레이어가 시간과 상대방의 움직임에 쫓기면서 상대방 보다 먼저 자신의 집단 조직을 건설해야 하므로 기본적으로 마키아벨리적 세계관이 중심이 될 수밖에 없다. 마우스의 빠른 조작 및 빌드오더(build order, 곧 강력한 군대 유닛을 빠르게 양성하고 전술을 구사하기 위해 유기적으로 건물들을 짓는 순서를 말한다)로 계산적인 전쟁 준비를 하고, 전투에 나서 유닛의 감각적인 콘트롤로 승리하는 것이 위주인 RTS는 모든 것을 독재 군주가 정치를 하듯 게임을 플레이 할 수밖에 없다. 마우스를 이용하여 유닛을 효과적으로 통제하는 차원은 일견 아케이드 게임과도 닮은 면이 있다.

반면, TBS는 반-마키아벨리적 세계관이 나타난 사회의 특징을 여러 면에서 가지고 있다. 물론 모든 TBS를 반-마키아벨리적인 형태라고 단순하게 규정할 수는 없을 것이다. 게임 플레이어가 모든 것을 통제하며, 각 유닛은 자신의 능력 최대 활성치에 맞게 활성화되고 플레이어가 자유자재로 조종할 수 있어야 하므로 여전히 플레이어에게는 마키아벨리적인 면이 있다고 할 수 있는지도 모른다. 그러나 TBS로서의 ≪삼국지≫ 게임 시리즈에는 반-마키아벨리적인 측면이 특히 많다고 볼 수 있는데, 기본적으로 게임을 운용하는 인공지능이 턴의 계속 반복에 따라 랜덤적으로 변화하고 바뀌며 여러 다양한 사건들을 우연적으로 일으키게 됨으로 이에 플레이어는 자신의 의지와 인공지능 컴퓨터의 대응 및 반응을 일일이 체크하면서 궁극적으로 승리하고자 해야 하기 때문이다. —게임 내용은 플레이어가 삼국지에 나오는 한 군주가 되어 중국의 각 지역(나중에는 도시로 바뀜)을 점령하여 대륙통일을 하는 세칭 땅따먹기 게임이다.

≪삼국지 I≫은 큰 주목을 받지 못했으나, ≪삼국지 II≫는 TBS 게임의 재미가 어떤 것인가를 대중에게 호소하였다. VGA 컬러 버전으로 제작되었고, TBS로 게임 전체가 운용되기는 하지만 전투

시에는 마치 아케이드 게임처럼 5개로 제한된 부대(협공 시에는 부대가 좀 더 많을 수 있음)를 교묘하게 조작하여 움직이는 방식이어서 기존 아케이드에 익숙했던 플레이어들에게 게임 친밀도가 생길 수 있게 되어있었다. 이어 1992년에 발매된 ≪삼국지 III≫는 256 컬러로 제작되어 그래픽의 유려성이 부각되었으며, 게임의 완성도도 높아 큰 인기를 끌었다. 현재도 대표적인 TBS 고전 게임으로 자리매김 되어있다.

≪삼국지 III≫는 이전 버전과는 달리 지역이 아닌 도시를 점령하는 것이고, 도시 사이로 연결된 길을 통해 부대가 움직이게 되어 있었다. —결과적으로는 지역을 점령하는 것과 개념적으로는 큰 차이가 없다. 다만 국가의 경영 전략에 있어서 경작, 치수, 민충 등 지역 수치들이 이전 버전 보다 세분화되었으며 이에 맞추어 인구 증가 및 경제를 활성화시키는 지역 육성의 중요성이 더욱 강조되어 있다. 장수의 능력치에 따라 장수 각각에게 장군, 군사, 무관, 문관 등의 직위를 내릴 수 있으며, 이 직위와 별도로 도시별로 태수와 군사 관직을 수여해서 도시를 관리해야 한다. 플레이어가 46개나 되는 모든 도시를 관리할 수 없으므로 위임을 해야만 하는 것도 특기할 만한 부분이다. 지역 경제의 활성화를 위해서는 지역이 자발적으로 운용될 수 있게 배려를 해 주어야 하는데, 특히 지력과 충성도가 높은 태수를 임명하고 생산형, 적응형, 군사형으로 위임하여, 차후 전투에 필요한 인적, 물적 자원을 플레이어가 직접 운용하여 확보한다거나, 플레이어가 직접 군대를 운용하지 않고 자체적으로도 전투에 나설 수 있게 하는 방식이 도입되었다. 이러한 내용들은 인구와 사회의 자발적 경제를 중시하는 반-마키아벨리적 정부의 기본 특성과

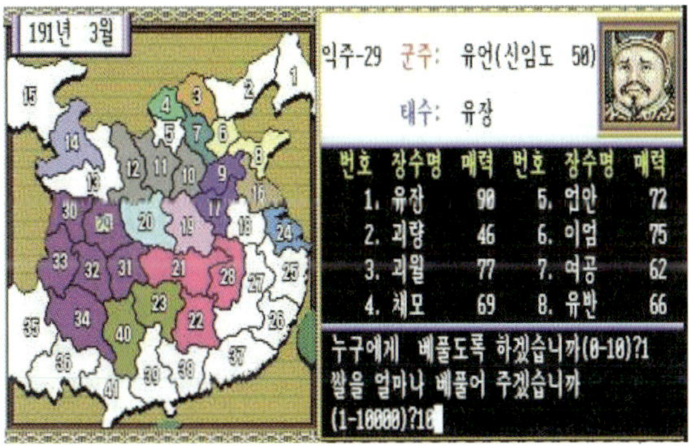

[그림 1] ≪삼국지 II≫의 메인 화면

[그림 2] ≪삼국지 III≫의 메인 화면

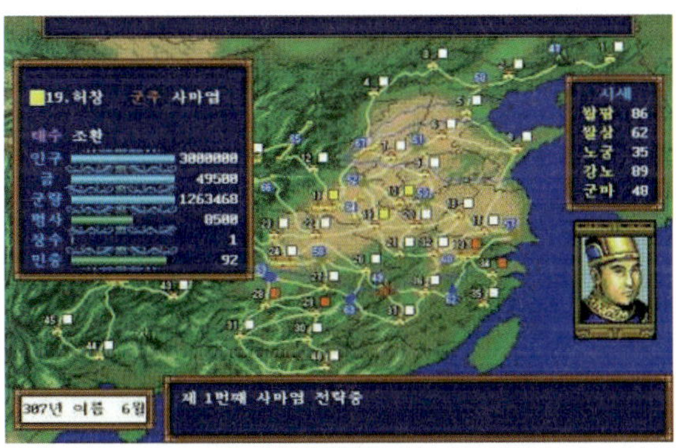

[그림 3] ≪삼국지 III≫의 메인 화면으로 인구, 금, 군량, 민충 등의 지수가 높은 지역인 허창을 보여주고 있음 —플레이어가 그간 허창을 전형적인 생산형 도시로 육성했다는 상황을 보여주고 있음

[그림 4] ≪삼국지 III≫의 전투 화면 —붉은 색의 유비군과 푸른색의 조비군의 대규모 전투 장면으로, 수비군이 7만명 가량 적지만, 전략 및 유닛 운용에 따라 충분히 격퇴할 수도 있는 상황

[그림 5] ≪삼국지 III≫ 전투에서의 일기토 화면 —장비와 곽도가 1:1 결투 중으로, 장비의 무력은 99이며, 곽도는 34임

[그림 6] ≪삼국지 III≫의 헌제 이벤트 —실제 역사에서처럼 헌제가 한 황실의 부흥을 위해 유비에게 반조조 연맹을 맺으라는 황제 밀서를 전달

도 연결되는 것 같다.

더욱이 ≪삼국지 III≫에서는 매력 지수가 떨어지는 군주로 플레이 하는 경우에는 지속적으로 부하 장수들에게 적절하게 보상금을 지불해서 충성도를 관리해 주어야 한다. 난이도가 높아지는 것이다. 전투력이나 지력이 많이 떨어지는 장수를 지역 태수로 설정하고 자동 위임에 놓은 경우에는 적이 계속적으로 침입하게 되며, 생산성도 떨어진다. —≪삼국지 III≫의 출시 당시 발란스가 상당히 정교하다는 평을 들을 수 있었으며, 플레이어들이 몰입할 수 있게 되었던 이유다. 따라서 플레이어는 장수의 지력, 충성도, 전투력 등을 고려하여 역할에 맞게 지역에 태수와 수하 장수들을 잘 섞어서 임명해 놓아야 한다. 마치 반-마키아벨리적 정부가 공공성이란 측면을 감안해서 국민의 건강 향상, 복지, 장수 등의 증대를 목표로 하는 정부이듯, 게임 플레이어 역시 이러한 면들을 전체적으로 면밀하게 고려하면서 국가 및 개별 지역을 운용할 수 있도록 해야 한다는 것이다. 이는 물론 전투를 위한 준비다. 전투를 위해 군사와 물자와 금전을 확보할 수 있게 긍정적인 권력을 유효적절하게 사용해야 한다. 빠른 시일 내에 전투에 나설 수 있는 군사를 모집하여 훈련시키는 것은 도시의 경제력과 인구 증가에 달려 있다.

전투 장면은 크게 일반 전투와 장수 간의 1:1 싸움인 일기토로 구성되어 있다. 옆에서 비스듬하게 보게 되는 전투 장면 모습과 유닛의 헥사 움직임은 현재 구현될 수 있는 그래픽 기술로 보았을 때는 다소는 유치하나, 전반적으로는 군대의 예전 워 게임(war-game) 화면과 비교하면서 생각해 볼 수 있게 한다. 사기, 훈련 수치에 따라 유닛의 움직임이 제한받을 수 있으며 부대 간의 전투에도 크게

[그림 7] ≪삼국지 III≫의 전투화면으로 진궁이 있는 복양성에 관우가 공격해 들어왔으나 화공으로 애를 먹고 있는 상황

[그림 8] ≪삼국지 III≫의 동탁과 초선 이벤트 —역사모드로 진행하면서 역사에서와 비슷한 요건을 충족시키면 이벤트 화면이 등장

[그림 9] ≪삼국지 III≫의 외교 화면

영향을 미친다. 인솔 장수의 능력치 역시 감안하여 부대와 부대가 맞붙었을 때 작용하는 바가 상당하다. 특히 ≪삼국지 III≫에서는 등장하는 장수의 능력치들이 세분화되어 전투에서 매우 중요하게 되었으며, 이에 따라 전략 전술로 인해 소수의 병력으로 다수의 병력을 격퇴하는 것이 보다 효과적일 수 있게 되었다. 병과 역시 보병, 기병, 노병, 강노병 등으로 다양해졌으며, 일반적인 시가전 외에도 야전(및 관문사수전)과 해상전이 가능하다.

이러한 게임 설정들은 군사 및 전쟁 개념 속에 들어있는 인간과 인간의 싸움이라는 문화원형들을 구현해 낸 것 같다. 군대라는 특수한 상황과 각종의 전쟁 문화적 요소들이 게임의 재미 요소로 컨버전 되어 플레이어에게 호소할 수 있게 되어있는 것이다. 1:1 일기토는 이러한 면은 아주 단적으로 드러내는 게임의 설정이다. 여포와 관우 및 장비의 결투, 관우와 안량 및 문추와의 결투, 장비와 마초의 결투 등 실제 삼국지에 그려진 유명한 결투를 게임 버전으로 재현할 수 있게 되어 있다. 또한 게임을 가상모드가 아닌 역사모드 형태로 진행시키면 관도대전, 적벽대전처럼 전투를 할 수 있고 소설처럼 그에 따른 내용들이 이벤트 형식으로 플레이어에게 보여지게 되어 일종의 전쟁문화콘텐츠로서 게임을 대할 수 있게 된다. 인간과 인간의 싸움 원형이 그려진 삼국지의 실제 내용을 게임으로 재현하여 플레이어가 직접 해 볼 수 있게 되어 있다는 것이다. 더욱이 게임의 배경인 삼국지 시대는 군웅할거(群雄割據)의 시대이므로 원래부터 적자생존의 법칙이 어느 정도 일반화되어 있었기도 했다. 게임은 189년, 194년, 201년, 208년, 221년, 235년에 시작하는 6개의 시나리오로 정렬되어 있으므로 전반 3부는 군웅할거의 묘미를 느낄 수 있게 되어 있으며, 후반 3부는 위·촉·오의 삼국이 정립되어 국가 간의 파워 게임을 할 수 있게 되어 있다. 인재 등용이나 외교 등 역시 간략하게나마 가능하게 고안되어 있다는 것 또한 이 측면에서 생각해 볼 수 있는 중요한 문제다.

살인과 대규모의 살상을 가능하게 만든 전쟁이라는 느낌은 ≪삼국지 III≫에서는 역사모드에서 보다 명확하게 인지할 수 있게 된다. 가상모드는 역사적인 흐름에 매어있지 않으므로, 전투에서 사로잡은 모든 장수들을 등용할 수 있다. 그러나 역사모드로 진행된 게임에서의 전투에서는 역사에 매어 있으므로 역사에서처럼 항복하지 않는 장수들이 나오므로 군주의 역할을 하는 플레이어가 장수를 참수해야 하는 상황이 생겨난다. 또한 예전과 마찬가지로 충성도가 100인 장수를 적국 도시에 매복시켜 전투가 벌어지면 적절한 시기에 자기편으로 돌아서게 만들 수도 있다. 물론 컴퓨터 게임 속에 들어있는 가상의 인물과 부대 유닛이기는 하나 플레이어가 키를 눌러서 참수를 해야 한다는 면, 배신을 시켜야 한다는 면 등에 대해 깊게 생각해 본다면, 인간과 인간의 갈등, 그리고 국가 간의 전쟁이란 무엇인가에 대해 다시 한 번 더 깊게 고민해 볼 수 있게 된다.

한편, 살상이라는 측면이 시각적으로 직접 드러난다는 면도 있다. 전투 시, 부대 간의 전투를 통해 군사가 줄어드는 것을 군사 수 현황 화면에서 볼 수 있으며, 더불어 그래픽으로 부대 유닛의 크기가 약간씩 작아지는 형태로 인지될 수 있게 구현되어 있다. 게임 화면 속의 전쟁을 통하여 인간의 정치적인 면, 심리적인 갈등 등이 간략하고 가상적으로 희화화 되어 있다는 점도 주요한 내용이다. 국가의 성장 및 군주들의 야망이 그대로 투영된 인간과 인간의 전쟁이라는 측면이 ≪삼국지 III≫의 전투 게임 장면에서 잘 드러난다고 조망해 볼 수 있게 되기도 한다. 국가들 간의 집단 전쟁이 결국은 1:1의 문제라는 점 또한 이러한 면모를 통해 또한 알 수 있다.

6. 끝나지 않은 삼국지

≪삼국지 III≫는 코에이 삼국지 시리즈의 세 번째 게임으로, 이후 삼국지의 전성시대를 열었던 원동력으로 작용했던 작품이다. 1990년대 삼국지라는 콘텐츠가 크게 주목받게 되자, 다른 게임 회사에서 다른 콘셉트로 게임을 만들어 출시하기도 했다. 그러나 코에이의 삼국지를 능가하지는 못했다. 삼국지 시리즈는 편 수가 올라가면서 내용이 계속 바뀌고 군주제 대신 장수제가 도입되는 등 달라지기도 했으나, ≪삼국지 III≫의 형식에서 아주 크게 벗어나지 않았다. —≪삼국지 IV≫부터는 파워업키트(PK)라는 시나리오 및 데이터 부록편이 추가로 발매되었기도 했다. 그 후 20년 이상 계속 발매되면서 게임 플레이어들에게 꾸준한 인기를 끌었으며, 2012년에 출시된 ≪삼국지 12≫가 가장 최근 버전이다. 다만 10편 이후부터는 인기가 크게 감소세에 들어섰으며, 11편 이후 6년만에 출시된 12편은 기존의 삼국지 틀 방식과는 너무나 다른 형태에서 시리즈 최악의 게임이라는 평을 듣기도 했다. 12편은 국내에서 출시조차 되지 않았다.

하지만 지금도 TBS에 대해 좀 아는 사람은 거의 누구나가 ≪삼

[그림 10] ≪삼국지 12≫의 전투 화면

국지 III≫를 TBS 최고의 고전 중 하나이며, 삼국지 시리즈의 최고 성공작 중 하나로 지목하고 있다. 코에이는 2001년에 윈도우즈 95용으로 만들어진 ≪삼국지 III≫ 리메이크 버전을 2001년에 출시하여 한번 더 세간의 많은 주목을 받았기도 했다. 2007년에 닌텐도 DS로 출시된 삼국지 DS 또한 ≪삼국지 III≫을 기반으로 하였다고 한다. 이처럼 ≪삼국지 III≫가 계속해서 주목을 받았던 이유는 기본적으로는 잘 짜여진 시나리오와 균형감 있는 발란스, 아기자기하지만 당시로서는 획기적인 전투 방식과 화려했던 그래픽 이미지 등으로 볼 수 있을 것이다.

그러나 그 내면에는 삼국지 콘텐츠 자체가 가지고 있는 힘과 더불어, ≪삼국지 III≫ 게임 내에 숨겨져 있었던 전쟁과 관련된 갈등과 경쟁의 인간의 심리, 문화원형인 '싸움'이라는 요소, 통치성(반-마키아벨리적 통치 개념)의 요소 등이 잘 조합되어 있었으며, 나아가 이들이 재미요소로 작용했다고 조망해 볼 수 있을 것도 같다. 이

[그림 11] ≪삼국지 III≫ 리메이크의 전투 화면

내막을 이미지가 인간에게 '말을 건네듯' 한다는 이미지텔링이라는 개념을 감안하여 다시 정리해 본다면, 삼국지 게임 자체에 내포된 비주얼 그래픽 이미지, 삼국지 이야기가 본래 지닌 역사 콘텐츠로서의 인상적 이미지와 역사 콘텐츠로서의 이미지, 전쟁에 내포되어 있는 갈등과 경쟁의 인간 심리라는 심상적 이미지, 문화원형 중의 하나라고 볼 수 있는 싸움이 외적으로 사람들 대다수에게 호소하고자 하는 인상과 심상의 이미지 등의 복합적 결합이 TBS 게임이라는 플랫폼을 통하여 하나의 유효적절한 '텔링'을 할 수 있었던 결과라고 할 수 있을 것이다.

이것이 수많은 전쟁게임콘텐츠 중에서도 ≪삼국지 III≫가 계속해서 빛을 발할 수 있었던 가장 큰 요인이라고 볼 수 있을 듯하다. 이 게임을 클리어하기 위해서는 일주일 이상 걸리는 경우가 보통이었다. —밤을 새서 하는 경우에는 이보다 훨씬 더 빠를 수 있을 것이다. 그 이유는 '삼국지 폐인'이라는 용어가 등장할 수 있었을 정도의 강력한 몰입력이다. 가상의 세계, 곧 사이버공간으로 인간의 정신을 옮겨가게 만드는 훌륭한 게임이 좋은 것이냐에 대한 논란 또한 이 같은 게임들로 인해 생겨났다. 물론 '삼국지 폐인'은 ≪삼국지 III≫가 그만큼 훌륭한 전략시뮬레이션 게임이었으며, 게임 회사를 위해서는 아주 좋았다는 점을 반증하는 사회적 용어이기는 하다. 그러나 그 현상이 예나 지금이나 플레이어 개인 혹은 사회를 위해 좋지만은 않다. 지금도 앱 게임이나 온라인게임 등으로 삼국지 콘텐츠 게임이 많이 나오고 있다. 쾌락적이고 오락적인 삼국지 게임 형식 보다는, 의미를 찾을 수 있으면서도 지나치게 시간을 할애하지 않아도 될 수 있을 만한 새로운 형태의 삼국지 게임 개발이 지속적인 과제일 것이다.

Chapter 9

트랜스미디어스토리텔링 콘텐츠 ≪매트릭스≫의 문화혼종 이미지

by 김성수

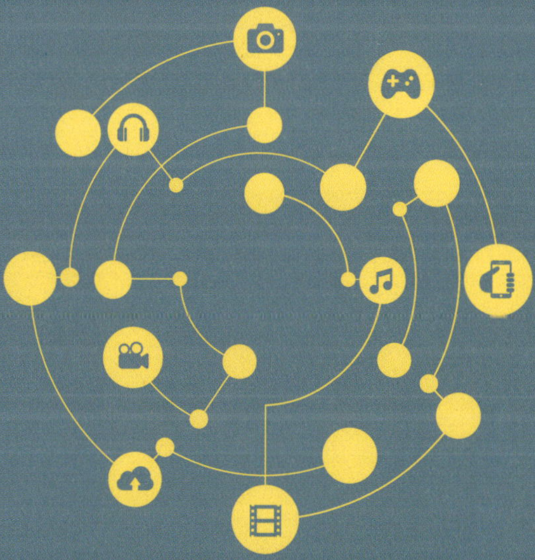

"≪매트릭스≫를 지배하는 주된 색깔은
검정, 회색, 갈색 등 황량한 분위기를 연출하는 것들이다.
그러나 스크린 전체가 다양한 색깔들로 뒤덮일 때
그들의 색조는 놀랄만큼 선명하다."
– C. 코스마이어, '보기, 만지기, 믿기 … 진실은 어디에',
『매트릭스로 철학하기』

1. OSMU인가, 아닌가?

20세기 말, 1999년 부활절에 개봉(미국 기준)된 SF 영화 한 편이 전 세계에 크게 센세이션을 불러일으킨 적이 있었다. '행렬', '규칙', '자궁' 등의 다의적 의미를 지니고 있는 영화 ≪매트릭스≫였다. 그러나 사실 이야기의 주제는 (특히 현재로서는) 다소 진부했다. "인간은 생태계의 질병이야. 우리가 그 치료제이지"라는 에이전트 기계인들의 대사는 원래 SF 영화에 자주 등장했던 콘셉트다. 인간을 대표하는 등장인물들이 가상 세계와 현실 세계를 오가면서 기계 군단과 전쟁하여 최종적으로는 휴전과 평화를 쟁취한다는 내용이었다.

하지만 당시에는 이 내용을 스타일리시한 비주얼, 철학적인 세계

[그림 1] ≪매트릭스≫ 포스터

관과 복잡한 설정과 메시지로 업그레이드 구현 시켜 많은 주목을 받았다. 주인공 키아누 리브스의 매력 등이 함께 작용되면서 영화는 큰 인기를 끌었다. 수많은 패러디 물이 나오기도 했다. 이후 관련 게임이 제작되고 애니메이션이 만들어졌으다. 2편과 3편이 제작되고 연속 개봉되어 대중문화산업계 및 전 세계 대중에게 엄청난 파급효과를 일으켰다.

외형만으로 보면 잘 만들어진 영화 하나가 각종의 프랜차이즈 상품들 및 속편 제작으로 연계되고, 사람들이 흔히 말하는 OSMU(원 소스 멀티 유즈) 방식으로 연달아 인기를 얻게 되어 성공하게 된 좋은 문화콘텐츠인 것 같다. 주지하듯 미국의 프랜차이즈 산업은 크기와 깊이 면에서 세계를 충분히 선도할 수 있을 정도로서, 슈퍼맨, 배트맨, 헐크 등과 같은 프랜차이즈 문화상품들이 이에 대한 좋은 사례다. 그러나 ≪매트릭스≫의 속 내막을 면면히 뜯어보면, 이 같은 기존의 예들과는 상당히 달랐다는 점을 알 수 있다. ≪매트릭스≫는 처음부터 3부작으로 기획되었으며 게임 등에 대한 계획도 있었다. —물론 1편이 많은 인기를 얻지 못했다면 백지화되었을 것이다.

헨리 젠킨스(H. Jenkins)의 분석처럼 이 ≪매트릭스≫ 시리즈는 각종의 미디어들을 넘나들며 총체적인 스토리텔링을 구현하여 크게 성공한 대중 작품의 대표 사례라 할 수 있다. 영화 3부작, 게임,

애니메이션, 만화 등이 서로 결합되면서 총체적으로 이야기를 구성하고 있다. 젠킨스는 이런 형태의 시리즈 이야기 전개를 두고 작품 속 세계의 부분들에 살을 붙이고 정보를 추가해서 전체 세계가 더 신빙성 있게 변하며, 문화의 파편 등을 참신한 방식으로 맞추는 것이라고 설명하였다. 이를 트랜스미디어스토리텔링의 기본 원리라고 규정할 수 있을 듯하다. 각종의 미디어들을 넘나들면서(trans) 특정의 이야기가 전개되고 확장되는 방식의 이야기를 트랜스미디어스토리텔링이라고 정의한다.

본고에서는 트랜스미디어스토리텔링 콘텐츠 ≪매트릭스≫가 어떻게 형식 및 내용적으로 문화혼종(cultural hybrid)[1]의 이미지를 설파하고 있느냐를 검토해 보았다. 형식적으로는 트랜스미디어스토리텔링에 내재된 상황을, 내용적으로는 이야기에 담겨있는 다양한 설정들과 주제들을 살펴보려 한다. 문화혼종의 이미지(영상, 심상, 인상 등을 모두 포함하는 맥락으로서의)가 트랜스미디어스토리텔링, 트랜스컬처, 혼종적 내용, 불렛 타임 기법 등의 개념으로 어떻게 다양하게 전개되는지를 이해하고자 한다.

2. 트랜스미디어스토리텔링 대표 사례로서의 ≪매트릭스≫

≪매트릭스≫ 1편은 훌륭하고 탁월했다는 평론가들과 관객들의 찬사를 동시에 받았다. 강력한 SF 비주얼 스타일의 힘이 의상에서

1) H. Jenkins, *Convergence Culture: Where Old and New Media Collide*, New York University Press, 2006, p.116.

부터 배경에 이르기까지 영화 전체에 걸쳐 넘쳐났고, 동양의 현란한 무술이 서양식의 액션 영화 기술과 결합하여 하이브리드된 장면들이 대량으로 만들어졌다. 이 영화의 스토리가 어떻게 끝날 것인가라는 기대와 더불어, 진짜 우리의 현실 세계는 가상의 세계에 불과한가, 현실이라고 간주되면서 인간들의 뇌에 입력되는 각종의 사실들은 정말 실재라고 믿을만한 것인가라는 온갖 철학적·사회학적 화두들이 스토리의 내면에 내재되어 있었다. 2시간여 분량의 런닝 타임 속에서 영화라는 미디어를 통해 인간과 기술과 사회, 과거와 현재와 미래와 관련된 각종의 심도 있는 질문들이 관객들에게 무한정하게 스펙터클한 비주얼들과 함께 부과되었다. 관객들은 영화 속으로, 엄밀히 말하면 매트릭스(matrix) 속의 가상공간으로 몰입되었다.

하지만 2003년과 2004년에 연이어 나온 ≪매트릭스 2≫와 ≪매트릭스 3≫에 대해서는 호불호가 갈렸다. 대다수 사람들이 이야기를 아주 완전히 이해하지는 못했는데, 영화의 내용이 어려워서라기보다는 예술영화처럼 몇몇 이어지는 장면 부분들과 상징들의 연결이 어딘가 모르게 매끄럽지 못했으며, 영화들의 완성도 또한 1편보다 덜했기 때문이었다. 이에 2편과 3편을 보고 무슨 이야기인지 대략은 이해를 했지만 그다지 크게 흥미를 못 느낀다는 진영과 ≪매트릭스≫ 시리즈 전체에 아주 크게 흥미가 생겨나서 마니아를 자칭하고자 하는 진영으로 극명하게 나뉘어 졌다. 한편, 평론가들 또한 나름대로 제각기 다른 말들을 하기도 하였다. 매트릭스 시리즈 전체를 총체적으로 이해하고자 노력하는 이들도 있었지만, 다른 명작 SF 영화들 및 기존의 1편과 2, 3편을 대체적으로 비교하면서 2편과

3편에 대해 혹평하는 이들이 더 많았다. "소문난 잔치에 먹을 것이 없다는 격언에 잘 맞는 영화", "무슨 이야기를 하고 싶어하는지 자기 자신도 잘 모르는 어깨에 잔뜩 폼만 들어간 액션", "쉬운 듯 보이면서도 어려운 내용을 담고 있기 때문에 현학적이며 엘리트 추구적인 작품", "일관성이 별로 없는 영화" 등의 평들이 있었다.

이들의 말은 맞기도, 한편으로는 아주 틀리기도 했다. 일단 ≪매트릭스≫ 시리즈에 감추어져 있는 여러 인문학적(철학, 신화학, 신학, 역사학, 문학 등) 설정들을 정리하면서 묵시록적 메시지를 담은 일류급 영화로 보는 사람들에게 이러한 혹평들은 영화를 잘 이해하지 못한 사람들의 푸념으로 받아들여질 뿐이다. 실제로 SF 액션 영화라는 외형을 쓰고 있는 ≪매트릭스≫ 시리즈에 난해한 인문학 이론들이 아주 쉽게 적용된다는 면이 있다. 많은 철학자들이 ≪매트릭스≫에 대해 주목했으며, 제작·감독자들 또한 영화 제작에 있어서 사회학·철학책을 참고했다고 ≪매트릭스≫ DVD 서플인 ≪매트릭스: 리비지티드≫에서 직접 강조하기도 하였다. 수많은 해석이 가능할 수 있도록 애초부터 고안되어 있었던 것이다. 그렇지만 ≪매트릭스≫는 할리우드 스타일의 팝콘 영화이기도 하다. 어려운 이론들을 이야기에 대입해서 반드시 이해하려 하지 않아도 전체 내용을 이해하는데 무방하며, 모르는 채로도 즐기기에 충분하다. 매트릭스의 멋진 장면들과 액션, 카메라워크, 음향들이 대중들을 영화 속으로 몰입시키고 있는 것이다. 물론 영화에서 이 정도는 어느 정도 사소한 것이라고 말할 수도 있다. 예술 영화나 컬트 영화처럼 대중 관객들로 하여금 불친절하게 내용을 알아서 이해하라고 강조하는 정도에 불과한 탓이다. 원래 문학이든 예술이든, 논리든 감성이든 모든 지적 텍스트(intellectual text)들은 관찰·감상자의 수준과 능력에 따라 다르게 이해되고 수용될 수 있다. ≪매트릭스≫ 시리즈가 아주 수준 높은 철학적 영화이든, 타임 킬링 보다는 좀 더 나은 할리우드 SF 액션 영화이든, 이 둘 모두를 제작·감독자들이 처음부터 의도했든 이는 전형적으로 정답이 없는 문제인 듯하다.[2)] ≪매트릭스≫ 시리즈는 처음부터 끝까지 시종 보는 사람이 알아서 보고 이해하라는 무책임한 주문을 대중문화의 향유자들에게 떠넘기고 있다. 굳이 이걸 규정하자면 일종의 오픈 텍스트(open text)라고 호칭할 수 있을 것이다.

그러나 문제는 ≪매트릭스≫ 시리즈를 이해하는데 있어서 반목이 가능한 상황은 내용에만 있는 것이 아니라 형식에도 있다는 점이다. 이 형식이 내용과 맞물려 보다 더 ≪매트릭스≫를 보다 다층적이고 복잡하게 만든 것 같기도 하다. 젠킨스의 말처럼 영화 시리즈에 내재되어 있는 '트랜스미디어스토리텔링' 개념을 인지하지 못했기 때문에, 그래서 연결되는 이야기의 내용을 전부 다 알지 못했기 때문에 혹평들이 나올 수 있을 정도로 이야기에 느슨한 부분들이 꽤 있었다고 볼 수 있다.[3)] ≪매트릭스≫ 매니아들이 역설하듯, ≪애니매트릭스≫라는 이름으로 발매된 DVD의 10개 애니메이션(외전 격인 내용들까지 포함되어 있는)과 ≪엔터 더 매트릭스≫라는 게

2) 워쇼스키 남매(당시 형제)가 ≪매트릭스≫ 제작에 필요했다고 역설한 책은 J. Baudrillard의 *Simulacra and Simulation*, K. Kelly의 *Out of Control: The New Biology of Machines, Social Sytstems, and the Economic World*, D. Evans, O. Zarate & R. Appignanesi의 *Introducing Evolutionary Psychology*이다.

3) 이야기들이 트랜스미디어스토리텔링을 통해 연결되고 있는 부분들에 대한 정리는 H. Jenkins, *op. cit.*, pp.156~159 참조.

[그림 2] ≪매트릭스≫와 다른 프랜차이즈 작품들과의 비교
(출처 : dominic 1978 transmedia experience)

임에는 1편과 2편, 2편과 3편 사이의 이야기를 이어주는 내용들, 모두를 다 숙지해야만 전체 이야기를 완전하게 이해할 수 있게 된다고 한다. 이후 ≪매트릭스: 네오의 길≫, ≪매트릭스 온라인≫ 등의 게임도 출시되었으며, 매트릭스 만화들도 있다. 즉 영화 3부작만이 이야기의 전부가 아닌 것이다.

젠킨스는 트랜스미디어스토리텔링을 말하면서 전체 이야기를 다 알지 못해도, 특정 미디어에서의 이야기만으로도 자족적이어야 한다고, 곧 영화를 보지 않고도 게임을 즐길 수 있어야한다고 관대하게 역설한다. 그렇지만 이는 반대급부적으로 대다수의 대중들(마니아 혹은 오타쿠임을 긍지로 생각하는 열혈 대중들)에게는 노력을 들여 애니메이션을 사서 보고 전체의 내용을 이해해야만 한다고, 또한 직접 게임을 해보면서 이야기의 일부라도 놓치지 말라고 강요하는 형국 역시 된다. 이는 상당히 중요한 문화현상으로 문화상품 제작과 소비의 견지에서 조망해볼 수 있는, '왜'라는 질문이 반드시 수반될 수밖에 없는 문제다. 영화를 통해 모든 내용과 설정 등을 공개하지 않고, 영화의 수준과 완성도를 제작진들이 자기들 스스로 떨어뜨려 가면서까지 일부러 애니메이션과 게임을 동원해야 했었던 가라는 아주 원초적인 질문이 제기될 수 있다는 것이다. ≪매트릭스≫에 '트랜스미디어스토리텔링' 개념이 내재될 수밖에 없었던 이유는 무엇일까?

3. 트랜스 시대의 ≪매트릭스≫

트랜스미디어스토리텔링에 대한 제작 기원이나 활용 예 등에 대해서는 의견이 분분하다. '왜 트랜스미디어스토리텔링인가'라는 질문에 대해서는 21세기형 재미와 돈 때문이라는 설명이 함께 편하게 붙어 다니기도 한다. 그러나 어쩌면 그 이유는 트랜스(trans)라는 단어가 흔하게 사용되는 시대이기 때문은 아닐까라는 질문을 던지고 이에 대한 해답을 제시해볼 수 있을 것 같다.[4)]

21세기는 트랜스의 시대로 가고 있다 해도 과언이 아닐 정도다. 세상 모든 것들이 트랜스, 곧 변형, 변이, 관통, 초월이라는 개념과 어느 정도는 관련되어 있는 듯하다. 성전환을 의미하는 트랜스젠더(trans gender), 액체 상태인 식물성 기름에 수소를 첨가하여 고체

4) 트랜스미디어스토리텔링과 관련되는 트랜스 개념에 대한 보다 자세한 해설과 정리는 신광철, 「트랜스미디어와 콘텐츠」, 『2011 세계한국어문학회 추계학술대회보』, 2011 참조.

상태로 만들 때 발생하는 지방으로 마가린, 피자, 도넛, 팝콘 등에 많이 함유되어 있는 트랜스 지방(trans fats), 여러 미디어들 사이에서 내용이 이전되는 것을 의미하는 트랜스미디어(trans media), 여러 인문학들의 경계들을 뛰어넘어 횡난하듯 서로 결합·혼성하자고 강조하는 트랜스 인문학(trans humanities) 등에서처럼 '트랜스'는 단어를 조어하는 접두사적 위치에서 널리 사용되고 있다. 최근 영화로 제작되기도 한 미국의 유명 애니메이션 변신 로봇 시리즈인 트랜스포머(transformer) 역시 넓게 보면 트랜스와 연결되는 예라 볼 수 있다. 영어판 위키피디아에는 트랜스를 접두어로 사용하는 단어가 300개 이상이라고 정리[5)]되어 있는데, 이 역시 현 인류 사회의 시대 상황을 반영하는 일면이라 할 수 있다.

일반적으로 널리 알려져 있는 '트랜스'라는 단어는 변압기(transformer)의 약자다. 220볼트에서 100볼트 기기를 쓰려면 기기가 고장 나지 않게 트랜스라는 기계 장치를 사용해야 한다. 현재는 자동 변압이 되는 프리볼트 기기들이 많고 어댑터가 있어서 트랜스가 예전만큼 중요하지 않게 되었다. '트랜스'는 화학에서도 쓰인다. 분자 이중 결합 구조에서 치환기(유기 화합물 속의 수소 원자를 다른 원자단으로 치환하여 유도체를 만들었을 경우, 수소 원자 대신에 도입된 원자단을 치환기라고 함)가 서로 다른 위치에 있는 경우를 트랜스(trans)라고 하는데, 정상적인 위치를 말하는 시스(cis)에 상대적인 개념이라고 한다. —트랜스 지방 개념에 해당되는 내용으로 변이보다는 트랜스 구조에 기인한다.[6)] 어원적으로 볼 때 트랜스가 라틴

5) https://en.wikipedia.org/wiki/Special:PrefixIndex/Trans
6) 자세한 내용은 식품의약품안전청의 '트랜스지방' 2010. 12 참조(http://

어 transīre[7)]에서 파생된 접두어가 'trans'라는 점을 감안한다면, across(횡단)나 through(통하여)의 뜻을 내포하고 있는 transact(취급거래하다), transcend(초월하다), transcribe(베끼다), transfer(이전·양도하다), transmit(전송하다) 등과 트랜스는 연결된다.

트랜스라는 단어는 과거를 넘어서는 또는 과거와는 다르게 변형된다거나 혹은 기존의 상황을 초월하여 새롭게 변화된 국면을 함축하려는 의미를 대체적으로 띠고 있다. 이전처럼 단순히 이분법적으로 분명하게 나누어지는 게 반드시 옳지는 않다는 것, 정상과 비정상의 구별, 초월 등에 대해 반성해 보아야 한다는 전을 역설하고 있는 말인 것 같기도 하다. 그러므로 이러한 측면은 최근의 새로운 문화현상으로 지칭되는 '트랜스컬쳐(trans-culture)'와도 잘 연결될 수 있을 것이다. 문화현상으로서의 트랜스컬쳐 개념을 역설하는 문화학자 미하일 엡슈테인(Mikhail N. Epshtejn)은 다음과 같이 말한다.[8)]

foodnara.go.kr/ foodnara/downManager?a=series&b=1309220662170&c=1&d=sub06)

7) 'trans'와는 분명하게 다르지만, 어원적 측면에서 보면, 최면, 명상, 중독, 몰입 등을 의미하는 심리학에서의 'trance'는 ≪매트릭스≫와 연결될 수 있다. 이 '트랜스'는 최면처럼 가사 상태 혹은 비정상적인 수면 상태에 있는, 곧 깨어 있는 상태와는 다른 상태를 일컫는다고 한다. 황홀이나 무아지경, 혼수상태를 종합적으로 지칭하는 말로도 쓰이며, 마약, 알콜, 인터넷 혹은 게임 중독 등으로 인해 정신적으로 금단적인 몽환 상태에 빠진 경우까지도 포함한다. 따라서 ≪매트릭스≫ 내용에서의 가상 속 사이버공간 매트릭스라는 개념 설정과 어느 정도 연결되는 맥락이 있다.

8) 조준래, 「테크네의 귀환, [인터뷰] 엡슈타인 미국 애모리대 교수」, 『교수신문』, 2008.08.25.http://www.kyosu.net/news/articleView.html?idxno=16683

> '트랜스-'(trans)라는 라틴어 접두사는 무엇을 넘어서거나 초월한다는 뜻이다. 따라서 '트랜스컬처'란 말은 민족, 젠더, 직업 등에 의해 다양하게 구획된 문화의 경계선을 가로질러 발전하는 새로운 형태의 문화를 말한다. 그것은 기존 문화에 대한 낯설게 하기와 외재성의 원칙, '자신의', '본래적인' 문화에서 벗어나기 등을 전제로 구성된다. 트랜스컬처는 한 문화 내의 의미적, 기호적 틈새, 실현되지 않은 가능성을 드러내며, 여러 문화의 교차점과 간극 속에서 새로운 상징적 환경을 창조한다. 트랜스컬처는 문화적 상대주의와 고립성을 전제하는 멀티컬처(multi-culture)와는 다른 개념이다. 자기를 초극해 자기 밖의 입장에서 자기를 바라보고 타자와 소통하는 트랜스컬처의 관점만이 이념, 종교, 민족 다원화의 시대에 궁극적인 평화와 안정을 가져올 수 있다.

글로벌라이제이션의 폐혜 증가, 글로컬 개념의 대두, 다문화주의의 세계적 확대, 미국과 중국의 국제적 대결, 디지털 기술에 기반한 대중문화산업의 세계적 활황, 세계 각국의 보수주의화 경향, 최근 중동에서의 IS 발호 등 세계적으로 온갖 복잡다단한 문화들이 다층적이고 복합적으로 만개하고 있는 상황에서 '트랜스'와 '트랜스컬처' 개념은 시사하는 바가 크다고 볼 수 있다. 세계 각국의 문화간, 서로 다른 분야의 문화들이 융합되고 혼종되고 교차되며 창발되는 현상이 지구촌 전체 규모의 차원에서 다양하게 전개되고 있다. 또한 종교에서부터 지식계에 이르기까지 교차되고 변형되고 몰입되며 정상과 비정상의 경계를 넘나드는 여러 형태의 다양한 문화들도 이제는 자연스럽다. 그에 따라서 이 상황을 적절하게 조절하고 조정할 수 있는 규정과 동의가 요청되고 있기도 하다. 엡슈타인의 트랜스컬쳐 개념에 내재되어 있는 스테레오에틱스(stereoethics) 개념 역시 좋은 설명 예일 수 있는데, 그는 "인간의 행위를 이루는 선한 가치 역시 상황에 따라 서로 충돌하고 서로 모순되는 측면을 가지고 있기 때문에 유일하게 올바른 도덕적 선택을 단정하는 것이 불가능하고, 시공간의 변화에 따른 다양한 도덕적 관점의 공존이 불가피함을 인정해야한다"[9]고 역설한다. 조준래는 이 트랜스컬쳐 개념이 기본적으로는 창조적 소통의 모델이며, 자연과 문화의 이중의 매듭에서 동시에 해방되어 있는 인간의 독특한 존재상황을 가리키는 의미라고 평가한다.[10]

이러한 맥락은 ≪매트릭스≫ 시리즈에 함축된 내용 및 요소들과 많은 부분에서 유사하다. 남매 감독 라나와 앤디 워쇼스키(영화의 개봉 당시 라나 워쇼스키는 트랜스젠더 여성이 되기 이전의 남성이어서 세간에서는 코엔 형제에 버금가는 워쇼스키 형제라는 평이 있었음)는 ≪매트릭스≫ 시리즈에 만화적이면서도 철학적인 상상력을 잘 구현해 놓았다. 컴퓨터 시뮬레이션 속의 세계인 사이버스페이스와 인간과 기계간의 전쟁 및 평화라는 콘셉트를 아주 잘 혼성한 SF 이야기인 것이다. 하지만 ≪매트릭스≫ 시리즈는 동·서양의 고대 신화 및 종교, 기독교의 성경 내용을 근저에 두고 장자(莊子)의 '나비의 꿈(胡蝶之夢)' 및 데카르트(R. Descartes)의 '전능한 악마'라는 철학적 우화[11]

---

9) *Ibid.*

10) 조준래, 「러시아 지성사의 전통과 트랜스컬쳐 문화이론」, 『글로벌문화콘텐츠』 제11호, 2013 참조.

11) 장자는 어느 화창한 여름날, 자신 스스로 나비가 되어 꽃들 사이를 날아다니는 환상적인 꿈을 꾼다. 그러나 잠에서 깨어난 장자는 꿈이었음을 아쉬워

를 모티브로 하여 《공각기동대》로 대표되는 일본 SF 애니메이션 스타일을 이용하여 사이버스페이스 개념에 잘 혼합한 이야기이기도 하다. 이는 진짜 세계가 어디인지를 묻는 포스트모던적 주제를 바탕에 두고 있는데, 매일 우리가 경험하는 이 세계가 모두 허상이라는 음모이론의 진면목을 보여주고 있다. 그러므로 《매트릭스》 시리즈에는 트랜스미디어스토리텔링이라는 형식 외에도 이야기 내용 속에서 이미 복합적이고 중층적인 트랜스 작용이 이미 있다고 해석할 수 있다. 물론 엡슈타인의 트랜스컬쳐 개념과도 상당부분 상통한다.

원래부터 워쇼스키 남매는 문화다원주의 및 문화혼종 혹은 초문화주의적인 성격을 띠고 있었다. 전작 영화인 《바운드》에서 레즈비언들이 주인공이었으며, 《매트릭스》 시리즈에서도 백인만큼이나 흑인 및 황인 등 다양한 인종들이 많이 등장했다. 애초부터 동·서양, 피부 색깔, 성의 구별 등은 그들에게 있어서 크게 의미가 없었던 것이다. 현실도피라는 문제점을 적극 제기할 수 있지만, 이상 속의 사이버스페이스 공존 개념이 이 영화 시리즈 전체에 걸쳐서 현현되어 있다고 볼 수도 있다. 동양의 무술 역시, 워쇼스키 남

하다가 문득 이런 생각에 이른다. "내가 나비 꿈을 꾸는 것일까 아니면 나비가 내 꿈을 꾸고 있는 것일까? 나비가 실제의 나 자신이고, 지금 깨어있는 현실은 혹시 나비인 내가 꿈을 꾸고 있는 것은 아닐까?" 원래 장자의 나비 꿈 이야기는 인간이 만물의 영장이라 주장하는 현실주의적 유가 입장에 반대해서 인간 역시 모든 우주 만물 속 하나의 객체에 불과하다는 도가적 입장을 함축한다. 그러나 장자의 말대로 현실 세계가 바로 나비의 꿈이라면 나비가 있는 세계가 바로 진짜 세계라는 논리가 자연스레 성립된다. 그렇다면 근세 철학자 데까르트가 말한 것처럼 전능한 악마들에 의해 상자 속에 갇혀있는 우리의 뇌들은 진짜 세계에 있는 듯한 착각을 지금 이 순간에도 강요받고 있는 것이 아닐까라는 생각도 해보게 된다.

매가 재패니메이션 못지않게 매우 좋아한 부분이었다고 한다. 할리우드 액션 영화를 만드는데 있어서 멋진 격투 도구가 필요했을 것이 분명하며, 감독들은 이를 자신들의 선호에 맞게 동양의 무술로 이를 구현한 듯하다. 본래 동양의 무술은 문화 다원주의의 첨병으로 나아가 심지어는 오리엔탈리즘으로 수용될 수 있을 만큼 서양인들에게도 잘 알려져 있는 동양의 문화다. 물론 많은 액션 영화에서 훌륭한 비주얼 효과를 쉽게 만들기 위해 흔히 사용하는 장치라는 점 역시 적시할 필요가 있다.

매트릭스의 세계는 가상과 현실, 인간과 기계가 동등한 위치에서 공존하며, 이들이 각종의 방식으로 융합되고 교차되며 몰입되는 초월적인 공간이다. 더욱이 이야기의 궁극적 결말은 인류와 기계의 '공존' 성취다. 기계와 인류의 공존, 보다 세밀하게 보자면 기술과 인간의 관계에 대한 논의는 과학기술이 비약적으로 발달하기 시작한 근세 산업혁명 이후부터 본격적으로 시작되었다. 중세 이후, 자연과학이 발전하면서 세계관의 변화를 가져왔고, 르네상스를 지나면서 인쇄 기술이 인간의 정신을 바꾸었다. 산업혁명 이후 과학 기술의 비약적 발전은 대량 생산과 소비, 자본주의와 사회주의와 같은 정치 이데올로기, 의약 산업의 발달 등으로 이어졌다. 그러면서 과학 기술이 인간을 잠식하는 것에 대한 걱정과 우려도 본격적으로 나타나기 시작하면서 기술철학이나 사회학 등으로 연결되었다. 과학기술 사회 속 인간의 지위에 대한 논란 또한 점차 생겨나고 확대되면서 『걸리버 여행기』, 『해저 2만리』, 『프랑켄슈타인』과 같은 SF 문학 장르 또한 생겨나 각광받기 시작하였다. ≪매트릭스≫ 시리즈 역시 과학기술 속 인간의 지위와 고통이라는 맥락에

[그림 3] 매트릭스에서 깨어난 주인공 네오

서 이러한 문화 발전상 및 전형적인 SF 전통과 궤를 같이하고 있다.[12)]

'트랜스'가 과연 좋기만 한 것인가에 대한 정답을 제시하기는 어렵다. 다만 분명한 것은 '트랜스'라는 용어가 문화 차원에서 ≪매트릭스≫ 시리즈 및 트랜스미디어스토리텔링 개념과 많은 부분에서 접합점들이 있다는 점이다. 사이버펑크 장르의 문학이나 SF 문화의 기본 성격을 고려한다면, ≪매트릭스≫ 시리즈는 아주 자연스럽게 트랜스 개념과 더불어 함께 생각될 수 있는 주제라고 볼 수 있다. 한편 이 견지에서 ≪매트릭스≫ 속 세계는 인공 두뇌를 가진

12) 과학기술에 대한 고민을 어떻게 해소할 수 있을까라는 논의는 트랜스 휴머니즘(trans humanism)이라는 개념으로 이어졌다. 영국 옥스퍼드 대학교의 닉 보스트롬(N. Bostrom)은 1998년에 세계 트랜스휴머니스트 협회(World Transhumanist Association)를 창설하고, 2002년에 트랜스휴머니스트 선언을 채택하였다. 이 선언에는 인류가 과학기술로 노화와 장애 등을 극복해야 하고 지구 밖의 우주로 활동 영역을 확장해야 한다고 명시되어있다. 한편 프랜시스 후쿠야마(F. Fukuyama)은 인간의 정신과 영혼, 육체, 거주 영역 등을 한계 없이 인간의 편의대로 함부로 조작하게 되면 장기적으로는 인류 전체에 악영향을 크게 미칠 것이라 역설하였다.

컴퓨터(AI)와 그 하수 기계들에 지배되고 있으며, 인간들은 태어나자마자 인공 자궁 속에 갇혀 기계들의 생명연장 배터리로 사용되지만, 정신은 컴퓨터로 조작당하여 실제와 같은 현실 속, 온갖 트랜스컬쳐 산물이 넘쳐나는 세상에서 사는 듯한 경험(experience)을 하고 있다는 설정 또한 깊게 숙고할 필요가 있다. 트랜스 개념에 있어서, 트랜스에 대한 '인간 경험'의 중요성이 필연적으로 대두된다는 점이 바로 이 부분에서 나오게 되는 것 같다. 트랜스미디어스토리텔링 역시 '트랜스'라는 용어 사용의 한 예이므로 여기서 크게 벗어날 수 없을 듯하며, 이것이 트랜스미디어스토리텔링을 가능하게 만든 현대 인간 사회의 주요 특징이라 할 수 있을 것이다.

4. 대중문화 소비자 주체와 미디어들간 결합으로서의 트랜스미디어스토리텔링

일반적으로 트랜스미디어스토리텔링에서는 문화 소비자 주체의 경험과 능력이 매우 중요하다고 한다. 이야기를 이해하기 위해서는 미디어들을 넘나들고 그 내용들을 종합하여 이해할 수 있는 관객 개인의 능력이 요청되기 때문이다. 물론 각 미디어에 탑재된 각각의 스토리텔링은 그 스스로 일단 완결적인 면모를 보이고 있다. 특정 미디어의 특정 이야기만 보고 즐겨도 충분히 문제가 되지 않는다는 뜻이다. 그러나 이는 엄밀히 말하면 트랜스미디어스토리텔링 개념과 사실 크게 관계는 없다. 트랜스미디어스토리텔링은 이미 대중문화 소비자 주체들이 하나의 미디어 속 이야기에만 관심을 갖지 않고 미디어들을 넘나들고 스스로 혼종시켜야 한다는 점을 개념적으로 함축한다. 트랜스미디어스토리텔링이 구현된 콘텐츠를 일반 미디어의 콘텐츠 정도로만 수용하려 한다면 트랜스미디어스토리텔링 개념에 대한 논의는 불필요하다.

그러므로 트랜스미디어스토리텔링에서는 미디어 컨버전스(media convergence)가 근본적으로 수반된다고 볼 수밖에 없다. 젠킨스는 ≪매트릭스≫ 시리즈를 미디어 컨버전스 시대와 집단지성 시대의 엔터테인먼트라 단언하였다. 그는 미디어 컨버전스를 다양한 미디어 기능들이 하나의 장치에 융합되는 기술적 프로세스라기보다는 "여러 다양한 미디어 플랫폼에 걸쳐져 있는 콘텐츠의 흐름, 여러 미디어 산업 간의 협력, 그리고 자신이 원하는 엔터테인먼트를 경험하기 위해서 어디라도 기꺼이 찾아가고자 하는 미디어 수용자들의 이주성 행동"[13]이라 정의하며 소비자들이 새로운 정보를 찾아낼 수 있게 하고 서로 흩어진 미디어콘텐츠 간의 연결을 만들어 내도록 촉진하는 문화적 변화라고 보았다. 곧 '나'라는 대중문화의 소비자 주체가 각개의 미디어들을 오가면서 이야기들을 이해하고 접점들을 찾아내어 그 내용들을 머리 속에서 결합하면서 즐기는 것이 바로 트랜스미디어스토리텔링의 귀결점인 것이다. 단순히 관객들이 미디어에서 보고 이해한 내용들을 수동적으로 보고 즐기고 난 다음에 휘발적으로 잊어버리라고 하는 것이 아니라, 관객들 개인의 두뇌 속에서 내용들을 정교화하고 기억하며, 또한 다른 이들과의 사회적 상호작용을 통해서 특정의 이야기에 대해 심화하여 생각하고 수용하라고 여러 미디어들을 통해 계속해서

13) H. Jenkins, *op. cit.*, pp.7~8.

[그림 4] 트랜스미디어스토리텔링
(출처 : athinklab.com)

강조하는 게 트랜스미디어스토리텔링의 원리이다.

이 같은 최근 상황은 현대인들이 정보와 지식의 홍수 속에서 살고 있지 않다면, 트랜스미디어스토리텔링이 내 보이고자 하는 이야기에 대해 크게 관심을 갖지 않을 수도 있다는 점을 반증하는 것이기도 하다. 기본적으로 21세기 현대인들은 자신을 둘러싸고 있는 각종의 미디어들이 자신에게 역설하는 여러 내용들을 자기만의 방식으로 끼어 맞추고 이해하고 주변 사람들과 상의하면서 자신만의 독특한 환경을 만들어 내고 자기 자신만의 삶과 일상생활을 향유하는 사람들이다. 유한한 생명을 지니고 있는 인간이라는 한에서, 개인과 사회, 부와 명예와 인격과 자기 존중감 등 아무리 시간이 많이 지나도 계속되는 인간의 기본적 조건을 지니고 있다는 한에서, 또한 현대 미디어의 대량 소비적 차원을 감안했을 때 대중들은 특정의 유명 미디어 콘텐츠에 아주 쉽게 중독될 수 있다는 점에서 인간은 모두 비슷한 보편적인 인간이라 할 수 있다. 그렇지만 다른 한편으로 현대의 각 개인 주체들은 모두 다 각자 자기 자신의 과거와 성격, 현실 상황 및 개인이 처한 위치 등에 따라 자신만의 고유한 일상생활을 만들어 가며 사는 아주 개별적인 인간들이기도 하다. 보편적인 동시에 개별적인 인간이고, 개별적이어서 다시 보편적인 인간이기도 한 것이다. 그러면서 각자 자신들을 다른 이들과 혹은 각각의 환경 속에서 다양한 방식으로 드러내어 보이고 맞추어 나가면서 살아가고 있다. 각개의 현실 및 미디어들을 통해 각자의 성(城)을 쌓아가면서도 서로 동시에 함께 집단적으로 교류하는 중이라는 말로 환원하여 달리 표현할 수 있을 듯도 하다.

21세기의 문화는 이제 인간 보편의 것인 동시에 개인의 것이라고 말할 수 있을 정도다. 디지털과 아날로그, 소문과 SNS, 핸드폰과 전화, PC와 태블릿을 비롯한 스마트 기기 등의 이분법으로 미디어 및 사회를 이해하고자 접근하는 것은 크게 의미가 없다 해도 과언이 아니다. 소문은 SNS를 통해 퍼져가고 있으며, 집에서 쓰는 전화조차 스마트폰 형태로 변화했으며, 태블릿 형태의 노트북 PC 개발 등으로 진화하고 있다. 트랜스미디어 시대의 온갖 정보와 이야기들은 각종의 다양한 미디어들을 통해 동시 다발적으로, 또한 무차별적이고 혼종적으로 현대 개인 주체에게 호소하고 있다. 그리고 개인 주체는 이를 선별해서 수용하고 있다. 스마트폰이나 태블린 PC 같은 뉴미디어에 의해 이러한 경향은 계속해서 점차적으로 심화되어 가고 있다. 트랜스미디어스토리텔링은 이런 현대 미디어 환경에 적극적으로 노출되어 있는 능동적인 사용자, 각종의 이야기와 기술적인 융합, 콘텐츠 소비자와 생산자 양자 간의 지속적인 소통, 자본 및 시장과 연결되어 계속해서 진일보하는 각종의 스마트 기술들을 전제로 한다. 트랜스미디어스토리텔링이 세대 간의 디지털 격차를 많이 발생시키는 이유이며, 올드 세대보다는 젊은 세대를 겨냥하고 있는 이유이다.

이런 대중문화 소비자 주체에 대한 맥락은 이미 ≪매트릭스≫ 시리즈의 (이야기 속) 내적 요인과 외적 (문화)현상 모두에 깊게 내재되어 있는 듯하다. 영화 이야기 중, 주인공 네오를 가상 속의 세계에서

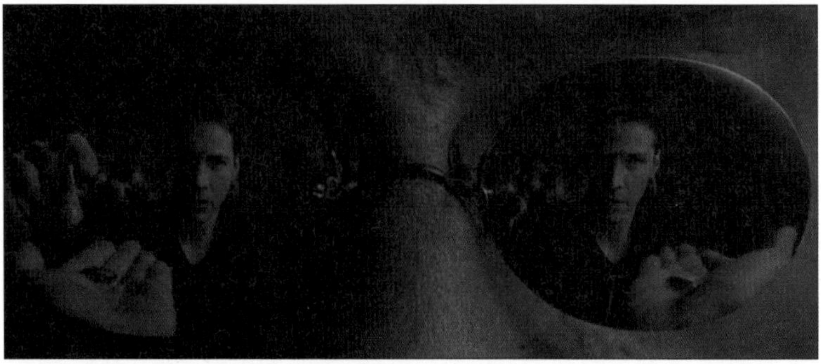

[그림 5] 빨간 약과 파란 알약의 선택 장면

현실 세계로 끌어내고자 하는 모피어스의 대사는 바로 이런 주체의 능력을 아주 단적으로 상징하고 있다. "네가 파란 알약을 선택하면, 이야기는 끝나고, 너는 네 침대에서 일어나서 네가 믿고 싶어하는 것들을 믿게 된다. 하지만 네가 빨간 알약을 선택하면, 너는 '이상한 세계'에 남게 되며, 나는 토끼의 굴이 얼마나 깊은지 보여줄 것이다." 『이상한 나라의 앨리스』를 차용하고 패러디해서 말하는 이 대사는 행위자 주체의 능력과 선택이 얼마나 중요한가를 강력하게 역설하는 내용이다. 진실과 직면하기 위해 빨간 알약을 선택한 네오는 배터리와 같은 역할을 하는 통 속에서 깨어나 실제의 현실과 맞닥뜨리게 되고 이내 매트릭스 속에서의 가상과 현실을 오가는 것이 아니라 가상인 매트릭스와 실제의 현실 사이를 오갈 수 있는 인간으로 다시 태어나게 된다. 그러면서 그는 가상과 현실을 전화와 머리 뒤의 연결선을 통해 자신의 의지대로 오가면서 이야기보다 훨씬 더 이야기 같은 실제의 현실을 살게 되면서 자신의 사명이 인류를 구하는 것임을 인지하게 된다. 이 사명 또한 아키텍트와 오라클이 설정해 놓은 인간 사회를 새롭게 부팅시키고자 하는 계획된 설정과 진행이라는 것이 2편에 확실하게 명시되어 있다.

그러므로 영화 시리즈 속의 이러한 이야기 내용 자체에 이미 다층적이고 문화혼종적인 일종의 트랜스미디어스토리텔링 기법이 내재되어 있으며, 이를 관객들이 잘 선별하고 이해해야만이 전체 내용을 알 수 있게 된다는 면이 있다. 매트릭스 속 인간들의 이야기들, 매트릭스에 깨어난 인간들이 기계들과 전쟁하는 이야기, 이런 이야기들 자체가 모두 다 기계들의 설정으로 만들어졌다는 이야기(네오는 여섯 번째 구원자에 불과) 등이 영화 시리즈 본편에서 보다 명확하게 설명(트랜스미디어스토리텔링이라기 보다는 연작시리즈영화스토리텔링으로 생각될 수 있기는 하지만)되어 있다. 즉 이야기의 층위가 설정되면서 하나의 이야기로 통합되어 설명되면서 총체적이고 통일적인 세계관이 구축될 수 있게 하였다는 점에서 트랜스미디어스토리텔링의 기본 성격과 원리적으로 상당히 유사한 면모를 띤다고 해석할 수 있을 것 같다.

≪매트릭스≫ 시리즈가 촉발한 외적 현상에서도 이러한 모습들이 드러난다. 기본적으로 ≪매트릭스≫ 시리즈의 성공은 일본식 오타쿠 스타일의 마니아들을 전 세계적으로 대량 생산하였는데, 이는 인터넷이라는 미디어와 맞물리면서 세계 전체에 걸쳐 폭발적으로 '매트릭스 문화'를 확산시켰다. 또한 ≪매트릭스≫ 시리즈의 이야기 모두가 지나칠 정도로 오픈 텍스트 형태인 탓에, 영화 속의 온갖 설정들과 상징들[14]에 대해 이야기하고, 의미를 파악하

14) ≪매트릭스≫ 시리즈에는 과학과 신화 및 종교와 철학과 문학의 상징들이 SF적으로 혼재되어 있다는 것이 일반적인 견해다. 등장인물들과 함선들의 이름에서도 이러한 내용이 잘 드러나 있으며, 각종의 설정 및 장면들에도 나타나 있다. 이들이 ≪매트릭스≫ 이야기와 맞물리면서 많은 해석들과 풀이

고, 앞뒤로 끼어 맞추어 보고 하는 것 등이 《매트릭스》 시리즈의 원래 이야기 보다 더 재미있는 놀이가 되었다. 기본적으로 트랜스미디어는 주체들의 말과 평가에 의해 크게 영향을 받는다는 면이 있는데, 당시 《매트릭스》가 만들어낸 사회 문화가 이를 검증한 듯도 하다. 현재는 페이스 북이나 트위터, 카카오톡과 같은 SNS가 보편적이지만, 2000년대 초반에는 인터넷 통신 공간을 통해 《매트릭스》 시리즈와 관련된 다양한 내용들이 대량으로 유포되었다. 인터넷의 대중화와 《매트릭스》의 문화가 시리즈의 이야기 안에서 뿐만 아니라 문화현상으로도 서로 맞물렸던 것이다. 많은 마니아들이 인터넷 공간을 통해 《매트릭스》의 각종 설정과 메시지들을 만들어 내었으며, 영화 속의 스미스 요원처럼 계속해서 복제되었다. 심지어 일부 열혈 마니아들은 일종의 매트릭스 퍼포먼스로서의 매트릭스 플래시 몹(특히 복제된 스미스 요원을 묘사하는)을 자발적으로 구성해서 즐기기도 해서, 영화의 장면들이 실제 현실 속에 구현된 듯한 착각을 불러일으키게 하는 현실 광경들도 생겨났다. 싸이의 《강남스타일》과 같은 패러디 현상—젠킨스의 용어로는 풀뿌리(grass root) 컨버전스—이 코미디, 드라마, 시트콤 등 각종 TV 프로그램을 통해 나타났으며, 심지어는 애니매트릭스의 '꼬마이야기' 편에서 아이가 자살을 통해 매트릭스에서 깨어나는 것(영화에서 네오는 "너 자신은 네 스스로 구한거야"라고 말했다)을 보고 실제로 그처럼 하기 위한 자살이 있기도 했다.

결국 《매트릭스》 시리즈의 대유행 당시인 2000년대 초반에는 마치 《매트릭스》 시리즈를 좋아하는 사람들과 좋아하지 사람

들을 가능하게 만든 원인을 제공하였다.

들, 혹은 ≪매트릭스≫ 시리즈에 의미를 부여하는 사람들과 부여하지 않는 사람들로 세상이 나누어진 것처럼 보이기까지 했다. 미디어뿐만 아니라 실제 우리의 현실에까지 지대하게 영향을 미치는 글로벌라이제이션 시대 세계적 공통 분모로서의 문화현상이 되었던 것이다. ≪매트릭스≫ 시리즈에 몰입된 매트릭스 마니아들은 모두가 다 적극적인 문화 소비자 주체가 되어 ≪매트릭스≫의 트랜스미디어스토리텔링을 향유하는 이들로 다시 거듭난 듯하였다. ≪매트릭스≫ 시리즈는 문화 소비자 주체들의 상당수를 가상과 현실, 인터넷 온라인, 영화, 애니메이션, 비디오 게임, 실제 오프라인의 현실 사회를 자유롭게 넘나들 수 있도록 만들어 주었다. 미디어들에 각기 탑재된 콘텐츠들의 결합, 각개 미디어 산업들 간의 밀접한 협력, 문화 소비자 주체들이 자신의 즐거움을 보다 확장해서 경험하기 위해 다른 미디어들에 탑재된 콘텐츠들을 자발적으로 수고를 들여 찾고자 하는 대중문화 소비자들의 유목민(nomad)적 성향 등이 ≪매트릭스≫ 시리즈를 계기로 하여 컨버전스라는 개념으로 종합되어 아주 명확하게 드러났다고 할 수 있다.

한편 이야기라는 입장에서 ≪매트릭스≫ 시리즈에 대해 숙고해 보자면, 관객에게 이야기 내용을 전달하기 위해 각종의 미디어들을 결합시켜 하나의 거대한 이야기를 만들어 낸 것이라 정리할 수 있다. 트랜스미디어스토리텔링은 새로운 놀이 체험과 관객의 경험을 유도하는 개념인 것이다. 그러기 위해서는 관객들 모두가 이야기 속으로 빠져 들어가게 할 수 있는 재미있는 이야기가 무엇보다 매우 중요하다. 2000년대 초반 당시의 ≪매트릭스≫ 시리즈는 이 요건들을 모두 갖추었으며, 시대적 배경까지 이를 충족시킨 상황이었다고 할 수 있다. 20세기에서 21세기로 넘어가는 상황에 즈음하여 우리가 살고 있는 세상에 대한 불안 심리, 인터넷과 핸드폰을 통해 쌍방향 통신이 대량 생산-소비화 되어지는 상황 등이 함께 결합되면서 문화 소비자 주체들은 ≪매트릭스≫ 시리즈의 제작자들로부터 다양한 미디어 경험 및 이야기 이해 경험을 할 수 있도록 장(場)과 콘텐츠를 부여받았다고 볼 수 있는 것이다. 특히 당시에는 트랜스미디어나 트랜스미디어스토리텔링 개념 등이 분명하지 않았으므로, 오히려 대중문화 소비자 주체들은 더욱 더 편안한 마음으로 ≪매트릭스≫ 시리즈라는 이야기를 매개로 하여 트랜스미디어 관련 행동을 하고 트랜스미디어스토리텔링에 빠져 들어가지 않았나 하는 진단도 할 수 있게 된다.

그러므로 신동희의 정리처럼 "트랜스 미디어 경험은 사실상 연결성(connectivity), 확장성(scalability), 이동성(mobility) 등 기술적 트랜스 미디어 환경으로부터 비롯한 것이지만, 기업 입장에서 보면 이것은 판매할 수 있는 기기의 규모 자체를 늘릴 기회"[15)]임이 분명했다. 비록 당시 ≪매트릭스≫ 시리즈의 워쇼스키 남매는 관련된 특정 기기를 제작해서 판매하지 않았으며 현재와 같은 스마트 세상도 아니었지만, 콘텐츠에 대한 이러한 기본 콘셉트가 확고하게 서 있었던 까닭에 자신들의 재능과 기회와 시대 배경을 놓치지 않고 이야기를 크게 히트시킬 수 있었다고 볼 수 있다. 제작자의 입장에서는 소비자 주체가 자신의 주변 문화를 그저 향유하는 정도가 아니라 적극적으로 찾아 나서 경험을 해야 하는 일종의 개인의 (문

15) 신동희, 「1막 1장 트랜스 미디어, 사용자 경험이 핵심이다」, 『디지털매거진』, http://www.worldweb.co.kr/articles/articles_view.html?idno=17385

화적) 행위를 강조하고 싶었던 것이었으며, 소비자 주체의 입장에서는 자신을 둘러싸고 있는 각종 미디어들 및 그 탑재된 내용들이 자연스럽게 각자 개인 삶의 문화가 되어 계속해서 자신에게 경험을 부과할 수 있게 조절하면서 살고자 한다는 것이 강조되었다.

결과적으로 트랜스미디어 개념은 소비자 주체들을 해체시키고 재결합시킨 듯하다. 푸코(M. Foucault)가 역설하였듯 이전 시대의 전통적인 인간중심주의적 주체는 거의 해체된 것 같다. 대신 뉴미디어의 세례를 받아 새롭게 만들어지고 결합된 대중문화 소비자들은 콘텐츠와 쌍방향으로 통신할 수 있는 주체가 되었다. 이들은 미디어 생태계라는 환경을 스스로 조성하였으며 이 환경 속에서 자발적으로 살려한다. 스토리텔링은 이러한 상황을 이야기라는 측면에서 보다 더 적극적으로 연계시켜 주고 있다. 영화로 보았던 내용이 비디오 게임에도 있으며, 만화에도 있고, 애니메이션에도 있어서 서로가 내용들이 연결이 되고 SNS로 다른 이들과 소통하면서 보다 더 전체 내용을 심화해서 알 수 있도록 하는 환경이 만들어진 것이다. 소비자 주체들이 서로 결합되고 미디어들과 결합되며, 이것이 다시 환경이 되는 상황으로 진행되는 중인 것이다. 이는 단순히 하드웨어들이나 소프트웨어들의 결합이라기보다는 궁극적으로는 인간과 인간, 기술과 인간이 결합되는 양상으로의 전개라 할 수 있다. 특히 스마트 미디어의 발달은 계속해서 끊임없이 기기의 사용자로 하여금 새로운 정보를 찾아내고, 그 각각의 내용들을 연결시켜 이해하라고 강요하듯 강조하고 있다. 이에 따라 소비자들의 상호 작용이 오히려 제작자들을 자극하는 상황으로 계속해서 발전하고 있기도 하다. 제작자들이 소비자들의 상호작용 상황이나 성향과 행태 등에 보다 더 깊게 관심을 가지게 된 이유이다. 문화 소비자들로 하여금 창조적인 제작자들의 성향을 따르게만 하기 보다는 문화 제작자들이 창조적인 소비자들의 성향에 맞추어야만 하는 시대가 된 것이다.

5. 문화로서의 ≪매트릭스≫와 트랜스미디어스토리텔링: 트랜스와 혼종의 이미지

영화와 현실, 비디오 게임과 애니메이션 등을 자유롭게 넘나들 수 있었던 ≪매트릭스≫ 마니아들 중 일부는 이 작품이 인류 사회에 대한 철학적이고 묵시론적인 경종이었다고, 위정자들의 문제점들을 날카롭게 짚어내고 과학만능주의에 대한 심각한 고민을 넣은 이야기라고 평가하기도 하였다. '영화 이상의 영화'라는 찬사가 있었던 것이다. ≪매트릭스≫에 대해 일류 학자들이 집필한 철학적(사회학적) 분석서들이 출판되어 있다. ≪매트릭스≫ 시리즈는 한두개의 특정 이론만을 바탕으로 해서 제작된 것이 아니다. 각종 인터뷰와 DVD 서플에서 워쇼스키 형제는 자신들이 관심있는 많은 이론들을 섞었다고 직접 진술한 바 있다. 분명 이 영화에는 이런 문화혼종적 요소들이 복합적으로 들어있으므로 찬사가 전혀 틀린 말이 아닌 것이다.

하지만 ≪매트릭스≫ 시리즈는 심오한 철학 서적도, 종교 경전도, 순수 SF 문학 작품도 아닌, 영화 중에서도 대중 관객들에게 최면을 걸기로 유명한 할리우드의 블록버스터 영화였음 또한 분명하게 인지할 필요가 있다. ≪매트릭스≫ 3부작 역시 할리우드 영화가 모두 그렇듯 기본적으로 쇼비지니스 엔터테인먼트 사업으로서의 영화인 것이다. ≪매트릭스≫ 3부작의 영화 프로듀서를 담당한 조엘 실버는 이 작품 시리즈가 워쇼스키 남매 감독의 작가주의적 면이 깊게 반영되어 있으면서도 돈이 될 수 있는 영화였다고 술회하기도 하였다. 기본적으로 ≪매트릭스≫ 3부작은 할리우드 영화 제작 문법에 비추어 봤을 때 꽤 좋은 영화라고 평가할 수 있다는 것이다. 워쇼스키 남매는 종교와 철학과 과학기술비판의 주제로 SF 영화를 만들고, 각종의 현란한 영상 언어를 이용하여 이야기에 쉽게 몰입할 수 있게 구성하였다. 더욱이 이 작품 시리즈는 기존의 프랜차이즈 개념을 넘는 트랜스미디어스토리텔링으로서의 애니메이션 및 비디오 게임 제작과 2편과 3편의 동시 제작 및 3편의 전 세계 동시개봉 등으로 인해 영화 마케팅의 신기원을 이룩하기도 하였다. 워쇼스키 남매를 비롯한 제작진들이 트랜스미디어스토리텔링적 차원에서 얼마나 깊은 고심을 했는지가 이러한 면에도 아주 잘 드러난다고 첨언할 수 있을 듯하다.

그 외 촬영 기법에서도 잘 드러난다. ≪매트릭스≫에서는 기본적으로 디지털 기술과 특수 효과들이 놀라울 정도인데, 수많은 장면들이 합성되고 사실감 있는 장면을 촬영하기 위해 촬영 전에 수많은 실험을 했었다고 한다. 블록버스터 영화에서는 영상에 대한 관객의 흥미 유발 역시 중요한 탓이다. 더욱이 워쇼스키 남매는 디지털 기술에 고전적 촬영기법을 적절히 배합해서 박진감 넘치는 영상들을 만들어 냈다. 불렛타임(bullet time)과 슬로우 모션의 배합이 그 대표적 예이다. 특히 워쇼스키 남매가 정지한 인물의 순간영상

[그림 6] 불렛타임 촬영 기법(출처 : 맥스무비)

을 다양한 각도에서 한 순간에 보여주는 이른바 플로우-모션(Flow-Motion)이라는 카메라 기법을 도입한 것은 기념비적이다. 불렛 타임이라고도 불리는 이 카메라 기법은 1초에 12,000프레임이나 찍어내는 동시에 일반 무비카메라와 스틸카메라의 접목으로 이루어진다. 관객은 두 카메라의 동시 촬영에 의해 인간의 시각으로는 도저히 볼 수 없는 순간자세, 예를 들면 공중에 떠 있는 사람의 다양한 각도의 순간자세를 연속적으로 빙 돌아가는 형태로 볼 수 있게 되었다. 즉 먼저 피사체 하나에 대해 한 대의 무비카메라와 수십대의 스틸카메라를 배치한 다음, 무비카메라로 피사체의 움직임을 찍고 스틸카메라로는 순간의 여러 각도에서의 피사체를 촬영한다. 그 후 이것을 절묘하게 이어 붙이면 공중에 떠오르는 피사체(무비카메라 촬영)에서 허공에 정지된 피사체의 다양한 각도에서의 모습(스틸카메라 촬영)에 이르기까지 피사체를 360도 돌려 바라보는 효과의 환상적인 영상을 얻게 되는 것이다. 이 기법은 《매트릭스》

의 영웅들을 부각시키면서 장면들을 적절하게 혼합할 수 있도록 작용했다는 견해가 다수다.

종합해 볼 때, 《매트릭스》 시리즈는 사회 비판과 통찰, 인간에 대한 시대적 성찰(이것이 대다수 SF 작품들의 역할)에 대한 이야기를 시대 분위기에 잘 맞게 각색하고 고안하였으며, 트랜스미디어스토리텔링이라는 방식으로 전개하여 소비자 주체들을 몰입시킬 수 있도록 세련되게 설정한 대중문화상품, 문화콘텐츠였다고 보는 것이 보다 중립적인 평가일 듯하다. 이제 《매트릭스》 이야기를 미래의 성경이나 불경 또는 인류 미래에 대한 심각한 메시지로 해석하고 신봉하고자 했던 2000년대 초반의 마니아들은 별로 남아있지 않은 것 같다. 한창 유행 당시에는 《매트릭스》 이야기가 인류 전체에게 고매하고 숭고한 메시지를 제공하고 철학과 세계관을 새로 만들어 내었다고 평가하면서, 자기 자신도 모르게 《매트릭스》 시리즈 이야기의 매트릭스에 빠져 '매트릭스적으로 기만'당하고 있었던 문화 소비자들이 상당하기도 했다. 예전처럼 《매트릭스》 시리즈 이야기에 지나치게 전도되어 현실 감각을 잃고 《매트릭스》 이야기 속의 매트릭스 또는 매트릭스의 언어들에 빠져들어갈 만한 소비자 주체들도 거의 없을 듯하다. 가상과 현실, 신화와 종교, 과학기술에 대한 반성, 다양한 문화들의 혼성 등은 현재 할리우드 영화들에서 쉽게 찾아볼 수 있는 주제다.

《매트릭스》 이야기는 일상적 현실관을 뒤집는 모든 가설들과 이론들에 흥미를 가지고 있었던 영화감독들인 워쇼스키 남매가 신화와 철학, 컴퓨터와 사이버스페이스, 과학기술 반성 등과 관련된 이론들을 넘나들며 재구성한, 곧 철저하게 '혼성되고 융합된'

이야기의 집대성이자 감독들 개인의 인생철학이 반영된 작품인 듯하다. 영화적으로는 ≪공각기동대≫, ≪블레이드 러너≫, ≪초인로크≫, ≪트론≫, ≪다크 시티≫, ≪슈퍼맨≫, ≪드래곤 볼≫, ≪터미네이터≫, ≪바이센티니얼맨≫, ≪영웅본색≫이나 ≪첩혈쌍웅≫ 같은 홍콩 느와르 영화 등 기존에 나온 SF 액션 영화와 만화의 총체적인 혼성이다. 또한 이야기 형식으로서의 전개인 트랜스미디어스토리텔링 역시 하나의 이야기라는 차원에서 본다면 미디어의 혼성이라고 간주되는 것이 아주 당연하다. ―컨버전스의 본래적 의미와도 잘 연결된다. ≪매트릭스≫ 시리즈는 모든 면에서 횡단과 교차와 혼성과 융합의 결정체였으며, 트랜스미디어스토리텔링 역시 이러한 국면에서의 한 부분이었다고 이해될 수 있다. 문화혼종의 이미지텔링이 모든 면에서 드러났다고 볼 수 있는 것이다.

6. 문화현상으로서의 ≪매트릭스≫

워쇼스키 남매가 우리 시대의 대단한 이야기꾼들이라는 것은 결코 간과할 수 없는 사실이다. 영화 ≪매트릭스≫ 시리즈의 각종 기법과 제작 방식들은 모방되고, 변형되어 이후 제작된 영화들에 음으로 양으로 많은 영향을 미쳤다. ≪매트릭스≫ 시리즈 이후, 트랜스미디어스토리텔링에 대한 관심이 대중화 되었으며, 각종의 대중문화 영상물에서 문화혼종적인 이미지들이 드러나는 것이 매우 자연스럽게 되었다.

영화사 및 대중문화사에서 ≪매트릭스≫ 시리즈가 한 획을 그은 걸출한 작품이었다는 점에는 재론의 여지가 없다. 움베르트 에코(U. Eco)는 작가의 손에 의해 만들어져 나온 걸출한 작품은 작가의 손을 떠나 자체적인 생명력을 갖고 자신의 세포들을 재생산하게 된다고 강조한 바 있다. ≪매트릭스≫ 시리즈는 졸작과 명작이라는 이분법을 넘어서 현실 세계 속의 한 축을 구성한 채 자신의 세포들을 재생해낸 일종의 문화현상이었다고 이해할 수 있을 것이다. 21세기 현재 대중문화 상당수는 ≪매트릭스≫ 시리즈로부터 직접·간접적인 영향을 받았다고 보는 게 옳을 듯하다. 그렇지만 이런 찬사 또한 역사 속에서는 잠깐일 뿐이다. 휘발성 강한 대중문화의 속

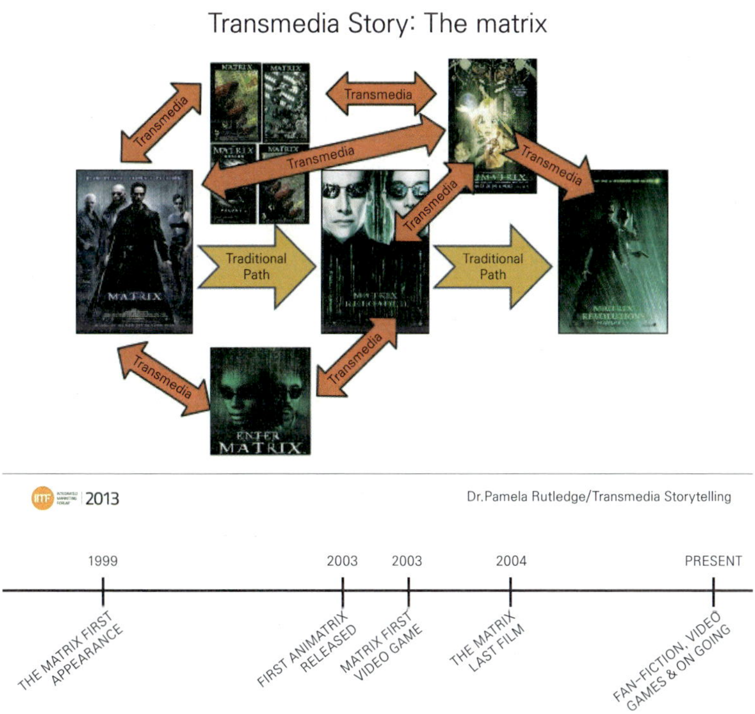

[그림 7] ≪매트릭스≫의 트랜스미디어스토리텔링 상황
(출처 : www.slideshare.net convergenceishare.weebly.com)

성을 감안해 봤을 때, 이 영화 시리즈 역시 수십년 뒤에는 영화사 및 대중문화사의 한 장면 속 박제된 표본에 불과하게 될 것임이 명약관화하다.

1980년대 윌리엄 깁슨(W. Gibson)의 『뉴 로맨서』라는 작품에서 비롯된 사이버 펑크 장르는 1990년대 중반 이후 컴퓨터 통신과 비디오 게임, 이후 온라인 게임의 대중화라는 혁명적인 사이버문화 현상과 맞물리면서 발전하고자 했다. 2000년대 초반 인터넷 사이버문화 현상이 전 세계적으로 폭발적이게 확대되면서 많은 사용자들은 인터넷 공간에 대해 매료되었으며, 대안 공간으로까지 간주하고자 하는 분위기가 만연하였다. 바로 이러한 시대에 부합하는 대중적 이야기(사이버공간이 배경이며 그 문화의 성격이 잘 드러난 영화)를 갈망하고 있었던 대중문화의 소비자들에게 이 ≪매트릭스≫ 시리즈는 그야말로 신선한 갈증해소음료였던 것이다. 주지하듯 사이버문화(cyber culture)는 잡탕과 혼성의 문화이다. 사이버공간이라고 불리는 인터넷에는 지금도 각종의 지식과 온갖 정보들로 게시되고 혼성되고 있다. ≪매트릭스≫는 바로 이런 초창기 사이버문화 시대의 소비자들의 심리와 기호에 아주 잘 어필한 작품이었다. 쉽게 말해 인터넷 사용자들과 코드가 같았던 것이다. 바로 이것이 그 당시 젊은이들이, 지식인들이 특히 사이버문화에 탐닉하던 사용자들이 ≪매트릭스≫ 시리즈에 흥분하고 스스로 마니아임을 자인할 수밖에 없었던 지에 대한 하나의 설명일 것이다.[16)]

분명 사이버공간이라 불리는 이 세계는 더 이상 가상이 아닌 또

16) 김성수, 「≪매트릭스≫ - SF와 신화」, 『월간 DVD 사랑』 8월호, 2002와 「≪매트릭스≫, 잡탕 섞어찌개의 미학」, 『오마이뉴스』, 2003.11.18 참조.

다른 현실이다. 가상의 온라인과 실제의 오프라인은 구별되기는 하지만, 온라인 역시 또 다른 실제 현실인 것이다. 이런 방식으로 구현된 디지털 전자공간은 월드와이드웹(World Wide Web) 인터넷 기술을 통해 공고하게 굳어지면서 가상이 아닌 우리 현실 세계의 일부로 자리 잡아 심지어 '사이버'라는 호칭 자체가 무색할 정도가 되었다. 이제 이런 사이버공간은 비주얼적인 가상현실(virtual reality)과는 달리 더 이상 인간의 감각을 혼동시켜 실제 세계와 착각시키는 가짜의 세계가 아니라, 뉴미디어라는 규정 하에 하나의 현실 세계로 받아들여지는 일상의 미디어 공간이다. 그리고 우리 현대인들은 PC와 스마트기기, 광통신 등을 통해 이 현실 공간 세계들을 왕래하고 있다. 이것이 ≪매트릭스≫ 이후 트랜스미디어스토리텔링과 문화혼종의 시대가 본격화 될 수밖에 없게 된 이유인 듯하다.

Chapter 10
글로컬 디지털 이미지 변형론: 문화콘텐츠학과 디지털 이미지

by 김성수

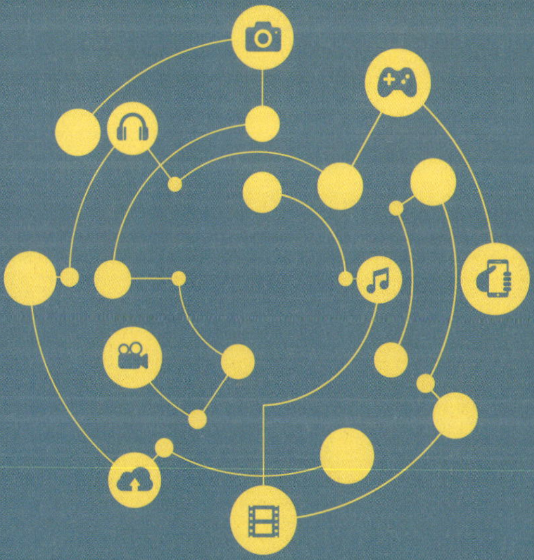

"디지털 영상 문화는 불연속적인 문화 공간이다.
이 문화에는 자체적인 특성과 주도적인 미학이 있으며,
이 문화가 소비되는 장소들 사이에는 엄밀한
동일성이 존재한다고 가정할 수는 없다."

– A. 달리, 『디지털 시대의 영상 문화』

1. 디지털 기술과 비주얼문화콘텐츠

21세기 현대는 디지털 기술이 모든 분야에서 창궐하는 시대다. 미디어는 물론, 대중예술을 비롯한 문화 전체, 사회 전방위에서 디지털 기술을 적극 도입하여 활용하고 있다. 과학기술의 측면뿐만 아니라 의식주 문화를 만들어내는 여러 장치들과 개념들조차도 컴퓨터 및 디지털 기술에 의존하고 있다. 20세기 이후, 컴퓨터 기술의 비약적이고 계속적인 발전에 따라 디지털 기술 역시 함께 급속도로 발전하였다. 디지털 기술은 마치 공기처럼 현대인에게 필수적인 것이 되어 버렸다. 음악, 영상, 예술, 일상의 문화에 이르기까지 인간의 삶과 디지털은 분리가 불가능하게 되었다.

본래 디지털(digital) 개념은 대략 19~20세기에 인간이 만들어낸 새로운 형태의 관념적, 과학적 문화산물이다. 0과 1을 사용하는 수학적인 이진법, 곧 바이너리(binary)로 사물을 보고자 하는 고전적인 원리(일종의 해석적)에 바탕을 두고 있으며, 인간의 주요 정신 활동 중 하나였던 연산 작용을 통한 구성과 계산을 근간으로 한다. 따라서 아날로그와 디지털은 분명한 차이가 있다. 일례로 숫자와 같은 특정 정보를 표시하는데 있어서 아날로그 기술이 톱니바퀴나 태엽 같은 기계 등을 이용해 육안으로 식별 가능한 방식으로 표현하는 것이라면, 디지털 기술은 모든 정보를 0과 1이라는 수치의 구성으로 환원한 다음에, 이를 다시 인간에게 인지 가능한 숫자나 이미지의 형태로 재변환하여 표현하는 것이다.

이 디지털 기술은 디지털 (비주얼) 이미지와 직결된다. 현대인들에게 디지털은 이미지를 통해 보다 구체적으로 인식되는 경향이 있다. 디지털 기기 속에 그림처럼 구현된 가상의 디지털 이미지에 친숙해져 있는 것이다. 단순한 점·선·면으로 구성되었던 초창기 디지털 이미지는 시대가 지나면서 계속 복잡한 컬러기술과 정교한 이미지 기술로 발전하였다. 최근에는 실제 보다 더욱 실제 같은 이미지들이 넘쳐나고 있으며, 반면 비현실적인 이미지들도 생겨났다. 모니터 속이든 밖이든 사회 전체가 디지털 이미지들로 덮여있다고 해도 과언이 아닐 정도다. 그러다 보니 자신들이 사용하는 디지털 이미지에 '디지털'이라는 접두어가 있음조차도 거의 잊어버릴 정도다.

PC, 스마트폰 등은 모두 디지털 이미지를 활용하는 현대 (비주얼) 문화콘텐츠의 총아다. 각 지역 문화와 연결되는 비주얼콘텐츠—디지털 기술을 바탕으로 한 영화, 애니메이션, 전시 디스플레이 등—들의 제작과 소비 역시 자연스럽게 일상화되어 있다. 디지털 및 컨버전스 기술로 인해 이들이 전 세계에서 동시다발적으로 소비되고 있으며, 지역(로컬)과 세계(글로벌)의 상호관계성 또한 각종 디지털 비주얼문화콘텐츠에 영향을 미치고 있다. 디지털 기술 관련 산물들 및 이에 대한 담론들로 인해 현대 대중문화사회가 구성·유지되고 있으며, 디지털 이미지는 세계 및 지역적인 특성들과 소통하고 그 위상을 스스로 만들어 가면서 진화해 가고 있다.

아래에서 우리는 이를 집중 분석하면서 현대 디지털 대중문화 시대를 조망해 보려한다. 특히 글로컬 맥락에서의 문화혼종과 디지털 이미지와의 관계를 고찰하고자 한다. —글로컬(glocal)은 글로벌과 로컬의 조어로, 글로벌라이제이션이 세계적으로 활성화된 현 상황에서 선진국의 문화로 보편·획일화 되는 국면에서 벗어나 지역의 중요성을 강조할 수 있게 해주는 단어로 알려져 있다. 이미 세상의 모든 이미지에 세계를 만드는 방식—문화혼종 측면까지 포함된—이 내재되어 있는데, 디지털 이미지는 이를 가속화하고 풍부하게 만들고 있다는 점이 특기할 만한 부분이다. 디지털 이미지의 중첩적 수정 및 변형 용이성이 글로컬 개념과 맞물리면 무한 변형 가능 이미지라는 맥락으로 확대되어 이해될 수 있다. 합성 작업 등을 통해 동일한 이미지가 수많은 지역 이미지 및 다양한 배경과 어울리는 상황이 조성되는 것이다. 문화의 전파, 전이, 변형과도 연결된다. 세계와 지역이 상호 소통하는 글로컬 디지털 이미지란 무엇이고 어떤 시사점을 주는지에 대해 검토하고자 한다.

2. 이미지에서 디지털 이미지로

이미지는 시각 및 뇌의 작용으로 만들어지는 까닭에 인간의 시점(view point)과 직결된다. 이미지를 둘러싼 화가와 사회, 군주와 귀족, 일반인 등 사회 내 여러 계급들 간에 수많은 형태의 투쟁과 연합과 반목과 옹호 등이 역사적으로 벌어졌기도 하다. 이미지는 단순히 화가의 작품이 아니라, 시대 사회의 지배적이고 패권적인 관념들이 경합을 벌인 결과이며 역사와 사회가 만들어낸 산물이라는 점에서 사회적 관점과 연결된다. 이미지는 이미지가 내적으로 함축하는 것 외에도 수많은 외적인 함축을 가지고 있다. 글로벌 시대의 현대 이미지 역시 어떤 것이든 간에 단순하게 작자의 개인 작품이라기보다는 지역들과 지역들, 지역과 세계 사이, 각종 관념들과 경험들과 시대 배경 등 온갖 이데올로기의 경합과 투쟁으로부터 영향을 받은 복합적인 산물이라고 볼 수 있다.

W. J. T. 미첼(William J. T. Mitchell)은 "이미지는 살아있는 유기체와 같다. 살아있는 유기체에 대한 가장 좋은 설명은, 그것이 욕망(예를 들어 욕망, 욕구, 요구, 충동)을 가지고 있다는 설명이다", "이미지는 마치 그것을 바라보는 사람이 열쇠구멍을 엿보는 사람이라도 되는 듯이, 어떤 욕망의 기호를 드러내지 않고 보여지고 있다는 자각을 드러내지 않으면서도 보는 사람의 욕망을 일깨워야 하는 무엇으로 다루어진다"[1] 등으로 설명한다. 곧 최초 특정의 화가 혹은 제작자에 의해 만들어진 비주얼 이미지이지만, 이 이미지는 단순히 움직이지 않고 고정되어 있는 피조된 사물이 아니라 이미지를 보는 사

1) W. J. T. 미첼, 『그림은 무엇을 원하는가』, 김전유경 옮김, 그린비, 2010, 73쪽.

람의 선호와 성향과 관념에 따라 반응하는 일종의 유기체라는 것이다. ―물론 이 내용은 모든 종류의 해석 가능한 대상물들에 대해 공통적으로 적용될 수 있으며, 더욱이 이미지는 명확하게 말로 완벽하게 100% 설명되지 않으므로 복잡하고 난해한 이미지일수록 수많은 해석들이 산출되는 것이 당연하다.

한편 이미지는 미(beauty) 개념과도 밀접하다. 진화생물학(혹은 사회생물학)적 견지에서 보면, 동물들이 이성 간에 성적 매력을 느끼는 것 혹은 특정의 먹이 등에 대해 흥분을 느끼는 것 등이 모두 다 비주얼과 많은 관련이 있다고 한다. 이 입장은 비주얼적 본능을 인간의 보편적인 생물학적 본성으로 보는 것이 옳다는 전제를 함축한다. 그렇지만 미를 생물학적으로만 볼 수만은 없다. 종교적, 인류학적 측면에서 이미지를 제례적으로 이해하려는 관점도 중요하다. 기본적으로 미는 지역적 특성이나 코드와 연결되고 있음을 유념해야 할 필요가 있다. 지역과 시대에 따라 미에 대한 생각이 다르게 드러나는 경우가 많은데, 곧 미의 기준은 역사적으로 수정되고 변천해 온 인간의 사회적 산물이기도 한 탓이다. 미는 인간의 감성 및 흥분과 연결되는 보편적인 개념이지만, 그와 동시에 지역적·개인적 차원에서 개별적이기도 하다.

'디지털 이미지'는 이러한 '이미지'와 '디지털'이라는 기술의 결합이다. ―이미지라는 콘텐츠 내용과 디지털이라는 뉴 테크놀로지의 결합인 동시에, 이미지라는 전래의 기술과 디지털이라는 뉴 테크놀로지 기술 콘텐츠의 결합일 수도 있다. 디지털 이미지 역시 아날로그 이미지들과는 여러 면에서 다른 양상을 보이고 있지만, 이미지라는 차원에서는 여전히 욕망과 미와 직결된다. 디지털 이미지에는 우리 현대인들의 다양한 욕망들이 가득하며, 디지털 이미지의 미 역시 어느 정도는 보편적이면서도 상대적이다. 현재 디지털 이미지는 다양한 방식으로 드러나고 있는데, 디지털시계에서의 숫자 디스플레이에서부터 인터넷, 비디오 게임, 디지털 카메라, 차량용 네비게이터, HMD 가상현실, 증강현실 등에 이르기까지 수많은 디지털 이미지들이 제작, 소비되고 있다. 스마트폰 등 각종의 스마트 기기에도 디지털 이미지를 언제 어디서나 쉽게 생산하고 전송할 수 있는 카메라, 통신 장치들이 붙어있다. 건축물의 디지털 설계도로, 컴퓨터 스크린 속의 밑그림 이미지 등으로 변화하여 역할을 하고 있기도 하다. 수많은 디지털 예술가들이 생겨났으며, 영화와 애니메이션 등에서도 디지털 이미지 기술은 이제 아주 흔하다. 인터넷 가상공간 및 컴퓨터 프로그램들 모두가 다 애초부터 디지털 이미지로 구현된 결과다.

각종의 디지털 기기 사용이 전 세계적으로 보편화되면서 디지털 이미지는 인간 모두에게 친숙해졌다. 직접 손으로 그린 그림이나 회화 작품의 일부를 제외하고는 아날로그 이미지와 디지털 이미지를 쉽게 구별하지 못하는 경우도 생겨났다. 실제의 현실 공간에 달력이나 그림 등으로 디스플레이 되고 있는 상당수 그림들조차도 디지털 이미지로 제작되고, 인쇄·유통되는 과정을 거치고 있다. 실제 종이책, 신문, 잡지, 광고에 게재되는 글, 그림, 사진들조차도 대부분 모두 디지털 편집과정을 거치므로 디지털 기술과 밀접하다. 아날로그 이미지들 역시 스캔 과정을 거쳐 디지털화된 콘텐츠(digitized contents)가 되고 있는데, 거의 모든 중요 아날로그 이미지가 무차별적으로 디지털 이미지가 되고 있다. 이로 인해 보다 적극적으로 디지털 이미지를 하나의 문화콘텐츠로 이해할 수 있게 되었으며, 각종의 디지털 문화콘텐츠의 자료 및 기초 디자인 레이아웃으로 간주할 수도 있게 되었다. 디지털 이미지는 그 자체로서 하나의 작품이 되는 동시에 수정·변형의 원료가 되고 있다. 나아가 무한하게 각종의 디지털 문화콘텐츠 생산에 직접·간접적으로 연결될 수 있는 원료(multi-source)로 규정될 수도 있다.

문화콘텐츠의 입장에서 이 국면에 대해 숙고해 보면, 디지털 이미지에 새로운 위상이 부여된다. 원리적 구현 측면에 있어서, 아날로그 이미지가 일회적(혹은 기계적인 반복) 성격이 강하다면, 디지털 이미지는 무한한 반복과 복제, 자유로운 변형이 가능하다는 특징을 가지고 있다. 아날로그의 폐쇄성을 넘어서는 개방성과 유동성이라는 속성을 가지고 있다는 한에서, 디지털 이미지는 무한하게 각종의 콘텐츠를 생산해낼 수 있는 기술이자 원동력으로 작용할 수 있는 장치가 되고 있다.[2] 현대 디지털 이미지는 인간의 사회 문화 전반 및 정신세계에 영향을 미치고 있다. 디지털 기술의 도입에 따라 이미지 자체의 위상, 존재론적 위치, 사회적 미적 취향에 대한 전개 등 모두가 이전 아날로그 시대와는 다른 양상이다. 이 상황은 디지털 이미지 문화가 고도로 발전하고 보다 더 확산되는 것이 대중문화사회의 고도 발전 및 확산과 직결된다는 맥락으로 수용될 수 있게 한다. 디지털 이미지의 욕망과 미 확산의 결과다.

디지털과 이미지의 결합, 그리고 정교한 수정과 무한 변형 가능성은 인간으로 하여금 물리적 현상의 공간뿐만 아니라 디지털 공

2) 이와 관련된 자세한 내용은 A. Darley, *Visual Digital Culture: Surface Play and Spectacle in New Media Genres,* Routledge, 2000, pp.11~36 참조.

간에서도 실제로 거주하는 듯한 느낌을 실감할 수 있게 해 주었다. 디지털은 사이버스페이스 개념 및 각종 컴퓨터 프로그램 소프트웨어들과 함께 발달하면서 기존의 아날로그적 시공간 대한 개념, 물리성 등을 바꾸어 놓았기도 하다. 디지털 이미지 자체가 단순히 이미지가 아니라 인간과 인간, 세상과 인간, 세상과 세상을 다방면에 걸쳐 다면적으로 연결하는 복합 매체적 역할을 하고 있는 것 같다. 이는 보다 나은 환경과 모습, 즐거움과 재미를 희구해온 인간의 존재 특성이라는 견지에서 인간의 원초적인 환상과 욕망을 동시에 일견 드러내고 있다.

3. 디지털 이미지의 특성: 중첩적인 수정과 변형과 복제

20세기 무렵부터 그 중요성이 인지되기 시작한 디지털은 인간이 발명해 낸 새로운 형태의 문화산물이다. 컴퓨터의 계산 처리가 없다면 디지털은 의미가 부여될 수 없었으며, 디지털이 없었다면 디지털 이미지는 애초부터 구현될 수 없는 인공적 산물이다. 디지털 이미지는 규격화된 저작 도구 개념으로 이해하자면 픽셀과 색감과 위치의 조합이며, 컴퓨터의 내부 프로그래밍 언어로 보자면 프로그램화 된 기계어의 변형이다. 보통 컴퓨터 프로그램 파일로 만들어져 있으나 해당 프로그램 혹은 어플리케이션을 통해 파일을 열어보게 되면 그림 이미지로 바꾸어져서 인지할 수 있게 되어 있다. 파일의 실제 내부는 0과 1로 이루어져 있으나 관련 프로그램 혹은 어플리케이션의 디코딩 과정을 거쳐서 디지털 그림 이미지로 보는 원리다. 즉 실제 사물에 대한 이미지를 수용하여 이진법의 수열로 변환한 다음에 다시 이를 이미지의 형태로 재변환하여 동일하게 재현한 디지털 이미지는 알고리즘으로 된 숫자들을 컴퓨터의 프로세스를 통해 모니터 안에서 픽셀(pixel) 이미지로 표현한 일종의 프로그램 데이터다. 모니터에 표현되고 있는 디지털 이미지들은 이미지 픽셀이 변하여 인간에게 인식 가능한 이미지로 다시 구현되어 보여지는 것들이라 할 수 있다.

[그림 1] 1950년대에 스캔된 최초의 디지털 이미지 (출처 : W. J. Mitchell, 「디지털 이미지론」, 4쪽)

최초의 디지털 이미지는 현재와 같은 정교한 이미지가 아니라 점으로 이어진 선들로 구성되어 이미지로 겨우 식별 혹은 간주할 수 있을 정도의 모습이었다. 일종의 추상적 상징물과도 외관적으로는 유사하여, 보다 구체적인 특정의 의도 하에서 수용자에게 호소하고자 하는 이미지가 아닌가라는 추측을 가능하게도 만들었다. 기술적인 문제로 현재와 같은 정교한 사진이나 그림으로 구현되지 않았을 뿐, 복잡하게 특정의 함축 의미가 염두에 두어진 것은 아니다. 더욱이 최초에는 컴퓨터 모니터에 직접 그리지 못하고 스캔 장치를 통해 실제의 아날로그 그림내지 사진을 디지털 방식으로 입력하는 형태였다. 하지만 컴퓨터 그래픽으로 선을 그리는 기술이 곧 개발되었으며 산업적인 용도로 발전하였다.

디지털 이미지는 1950년대의 컴퓨터 그래픽 개념(선들의 디스플레이)에 연원을 두고 있는데, 1960년 미국 보잉사(社)의 연구원인

윌리엄 페터(W. Fetter)가 CG(computer graphics)라는 용어를 최초로 사용하면서 발전하기 시작했다. 그는 인간공학적 조종실을 그려 설명하고자 하였으며 컴퓨터 디스플레이에 선으로 이를 묘사하였다. 1963년에는 미국의 이반 서덜랜드(I. E. Sutherland)가 '스케치패드(sketch pad)' 프로그램을 만들어 인간과 컴퓨터 및 입력도구를 통한 상호작용에 의한 디지털 영상 제작이 가능해졌으며, 향후 CAD(computer aided design)로 발전하였다.[3] 1960년대에는 디지털 이미지를 이용하는 설계·투시도 작성이 활성화 되었으며, 이미지 묘사의 정교함과 세밀함을 위해 소프트웨어와 하드웨어가 계속 발전했다.

한편 70년대 비디오 아티스트들은 디지털 이미지들을 예술적으로 다루려 하기도 하였으며, 1980년대 PC의 대중보급에 따라 디지털 이미지는 대중 개인에게도 매우 친숙해졌다. 이후, PC의 비약적 발전과 더불어 디지털 이미지를 구현할 수 있게 해주는 그래픽카드(graphic card) 역시 초고속으로 발전하였다. 90년대의 디지털 카메라 시대를 거치면서 현재에 이르고 있다. 최근에는 고해상도의 UHD(Ultra High Definition) 기술 등이 발전하여 실사에 가까운 디지털 이미지, 가상의 디지털 이미지가 아니라 실제로 보는 듯한 느낌을 수용자들에게 전달해 주는 상태로 발전하였다. 색의 표현을 높이면서 해상도는 계속 높아지고 있으며, 페인트 브러쉬(paintbrush)나 포토샵(photoshop)과 같은 각종 컴퓨터 그림 프로그램들이 계속 개발되어 디지털 이미지를 자유롭게 그리고 편집할 수 있게 되었다. 디지털 기술은 원리적으로는 0과 1의 배열 변형을

3) 이인재, 『컴퓨터그래픽스 역사』, 커뮤니케이션북스, 2014, 18~33쪽 참조.

바꾸는 것이어서 원자적이라 할 수 있으므로 이 같은 저작도구 프로그램을 이용해 용이하게 변형시킬 수 있다.

컴퓨터 모니터 속의 이미지는 그림이든, 사진이든, 글이든 간에 전부 디지털 이미지이며, 구도, 색감, 디자인, 가상공간 등을 만들어 내는 컴퓨터 그래픽(computer graphic)[4]으로 구성되므로, 그 주요 특성을 비물질성, 영상신호 처리성 등으로 규정할 수 있다. 디지털 이미지들은 컴퓨터 그래픽 기술이므로 당연히 비물질적이며, 가상 세계를 만들어 낼 수 있으며, 장면을 시뮬레이션 하고 현실 세계와 가상의 세계를 합성할 수 있다. 기술적으로 다양한 형태, 색, 자유로운 이동, 시각 등의 조작이 얼마든지 중첩적으로 가능하다. 수정의 수정, 변형과 변형이 계속적으로 겹쳐지면서 가능하다는 것이다. 또한 렌더링(rendering)이라는 방법으로 3차원 물체를 가공적으로 만들어 내며, 2차원의 사진을 3차원화 하여 수정하는 것도 크게 어렵지 않다. 이미지가 실제 사회의 현실로 존재하지 않는다는 것, 가상으로 구현된 모니터 속에 들어있지만, 가상적으로 실재한다는 것이 디지털 이미지를 규정하는 가장 중요한 면일 듯하다. 가상현실(virtual reality), 멀티미디어(multimedia) 등의 기술과도 연계될 것이다.

이 측면에서 아이러니하게도 디지털 이미지는 계속해서 고해상도를 추구하면서 극도로 사실적이고자 하는 동시에, 이미지의 중

4) 데이비드 노먼 로드윅, 『디지털 영화 미학』, 정헌 옮김, 커뮤니케이션북스, 2012, 212~214쪽 참조. 디지털 이미지는 넓게 보면 컴퓨터 그래픽 이미지와 상통하는 말이지만, 좁게 보면 스캔된 디지털 이미지는 컴퓨터 그래픽 이미지가 아니라고 볼 수도 있다. 컴퓨터 프로그램으로 수정을 가하면 스캔된 이미지도 컴퓨터 그래픽 이미지로 생각될 수 있을 것이다.

첩적인 수정과 변화의 용이성을 통하여 때로는 아주 적극적으로 비사실적이고자 한다는 양상으로 발전해 왔다.[5)] 이러한 디지털 이미지는 종이나 인화지 등에 인쇄된 사진이나 그림을 보는 것과는 달리 모니터 속에서 만들어진(구성되거나 스캔된) 사진과 그림을 보는 것이므로, 이미 현실이 모사된 가상 세계의 이미지를 다시 한번 더 이중적으로 가상화 하는 것이라고 이해할 수 있게 해주고 있다. 물론 이는 가상세계의 이미지를 보다 더 가상스럽게 만들 수 있게 하기 위한 하드웨어, 소프트웨어 등 여러 장치의 덕택이다. 이처럼 '사실 같은 이미지'와 '수정·변형을 위한 이미지'라는 두 상대적 개념은 디지털 이미지 개념 하에서 조화 가능하다. 현대인들은 이러한 가상공간, 곧 컴퓨터 스크린 속의 이미지들을 현실의 이미지만큼 쉽게 접하고 있으며, 그에 따라 이미지와 인간의 눈 사이에 모니터 화면이라는 매개체(media)가 설정된 것에 대해 많이 무감각해졌다. 이 내용은 볼터와 그루신(J. D. Bolter · R. Grusin)이 역설하는 '비매개(immediacy)', 곧 컴퓨터 스크린이 없이 실제의 현실을 보는 듯한 경험을 한다는 개념과 연결되며, 뉴미디어를 이용하여 다양하게 재구현을 한다는 측면에서 보면 '재매개(re-mediation)'로 간주될 수 있다.[6)]

디지털 이미지는 보다 다양하게 여러 내용들을 중첩적으로 시뮬

5) 진중권은 이를 기괴함을 의미하는 언캐니(uncanny)로 정의하였다. 진중권, 『이미지 인문학 2』, 천년의 상상, 2014 참조. 또한 몰핑이미지기법으로 발달하기도 하였다. 문재철, 「디지털 테크놀로지의 마술성 연구 - 몰핑이미지를 중심으로」, 『영상예술연구』 제5호, 2004 참조.

6) J. D. Bolter & R. Grusin, *Remediation: Understanding New Media,* MIT Press, 2000, pp.53~62 참조.

레이션 하는 상황을 장려하고 있으며, W. J. 미첼(Mitchell)은 이러한 디지털 이미지의 기본 속성을 사진적인 시각의 경직성을 해체하고 회화적인 묘사방법과 정확한 사진의 기록의 경계 너머로 시각을 확장시키고자 하는 의지라고 설명하였다. 비주얼 이미지의 유연성이 곧 디지털 이미지의 가장 중요한 특징이라는 것이다. 또한 더 나아가 그는 디지털 이미지가 "확립되어 있는 사회적, 문화적 수행에 체계적인 저항의 가능성을 열어줄 것이며, 반대로 그 저항의 냉소적인 전복도 가능하게 할 수 있다"[7]라고도 강조한다. 디지털 이미지는 기존의 아날로그 이미지가 가지고 있던 위계 질서(원본-복사본)를 해체하고자 한다. ―물론 원본이 지니고 있는 고유성이나 아우라는 비록 이전과는 다르다 하더라도 계속해서 강조되는 면도 있다. 이러한 저항은 기존에 고착되어 결정된 사회적 구조나 결과물들을 디지털적 시각으로 새롭게 이해하여 보다 적극적으로 변화시키는 것이 옳다는 판단으로 나아가게 하고 있다.

결과적으로 디지털 이미지의 위치에서 보자면 원본 이미지는 수많은 복사본 및 변형본 등을 만들어 내는 원료 정도로 간주할 수 있으므로, 이러한 면은 벤야민(W. Benjamin)의 복제 강조와 동일하게 기존의 질서체제를 극복하고자 하는 사회적 의도를 띤다고 볼 수 있다. 디지털 이미지의 중첩적인 수정과 변형은 단순히 디지털 이미지의 수정과 변형만을 의미하지 않는다. 이 수정과 변형은 곧 사회와 문화 체제의 무한한 수정과 변형의 가능성을 내포하고 있으며, 지역과 세계간의 계속적이고 무한한 소통까지 함축하고 있다. 이 중첩적인 수정과 변형 작업은 사회적 무의식(social

7) W. J. 미첼, 『디지털 이미지론』, 김은조 옮김, 아이비스 출판부, 2005, 서문.

unconsciousness)이 되어 정치, 경제의 영역에까지도 파급될 수 있기도 하다. 디지털 이미지의 문제는 단순히 비주얼 이미지에만 해당되는 것이 아니라 문화 전반의 이미지에로 연계되는 것이다.

이 맥락에서 디지털 이미지 개념은 벤야민이 예견했던 '이미지의 아우라(aura)' 몰락 담론의 확대 재생산이라고 해석될 수 있다. 1900년대 초반, 벤야민은 현대의 복제(copy) 기술에 의해 이미지 자체 내에 내재되어 있던 제례적 기능—고유성, 신성성 등을 포함하는—들이 사라질 것임을 예견했으며, 이미지의 기술 복제가 이미지를 통한 대중사회를 도래시킬 것이라고 보았다.[8] 그의 예견은 현실화 되었으나, 많은 이들이 지적했듯 그의 견해는 현대 디지털 이미지 세계를 위한 전초전이었을 따름이다. 벤야민의 강조대로 중세 및 근세 초기와 같은 이미지에 대한 아우라로서의 권위는 사라졌다 하더라도, 복제된 (아날로그적) 사진에 대한 존중감이 어느 정도는 있었다. 그러나 디지털 이미지는 이보다 한 단계 더 나아간다. 벤야민이 '원본의 복제'를 강조하였다면, 디지털 이미지는 '원본의 복제'의 '복제'를 강조하는 상황, 곧 반복적이고 중첩적인 복제 상황을 조성하고 있는 것이다. 디지털 이미지의 이러한 특성은 기존의 비주얼 이미지 역사 및 관점을 감안해 본다면 매우 혁명적이다. 모든 형태의 디지털 이미지가 일반 대중 개인에게 보다 실질적으로 가까이 있는 듯하게 작용하는 이유도 이 때문이다.

21세기 현대는 디지털 이미지 복제가 무한정 배가될 수 있는 시대이므로 벤야민이 강조한 복제 자체에만 의의가 크게 부여될 필

---

8) 발터 벤야민, 『기술복제시대의 예술작품』, 최성만 옮김, 도서출판 길, 2009, 45~55쪽 참조.

요가 없게 되고 있다. 이미지의 대중화에 대한 역기능을 오히려 고민해야하는 것이 실제 현실 상황이 되었기도 하다. —벤 애거(B. Agger) 등의 지적대로 벤야민은 예술의 정치화, 민주화 전개 양상에 대해 약간은 순박하게 생각한 면이 있는데, 당시 벤야민의 시대는 이미지가 대중에게 많이 보여지는 것 자체가 중요했던 탓이다.[9)]디지털 이미지의 무한 복제와 변형에 의해 세상은 이미지들의 과잉 국면을 띠고 있으며, 현대인들은 이미지에 중독이 되어 있다고 할 수 있을 정도다. 최근에는 디지털 이미지의 자유로운 복제와 수정과 변형을 통해 아우라만이 사라지는 것이 아니라 디지털 문화의 시각에서 보면 보드리야르(J. Baudrillard)가 역설하듯 원본 자체가 사라지는 국면으로 진전되고 있다.[10)] 물론 최초의 저자가 어떤 특정의 이미지를 제작하는 상황, 원본의 존재는 여전히 중요하다. 그러나 이러한 상황만이 중요하다거나 그 작품의 특성내지 존재 가치에만 중요성이 부여되어서는 안 되는 여건 또한 함께 조성되고 있는 것이다.

더욱이 컴퓨터를 이용하여 이 디지털 이미지들을 파일(file)로 저장하여 원본과 복사본을 구별할 수 없게 하는 복제를 수 없이 많이 할 수도 있다. 그 탓에 디지털 이미지는 완성된 작품이 없다는

---

9) 벤 애거, 『비판이론으로서의 문화연구』, 김해식 옮김, 옥토, 1996, 18, 19, 57쪽 참조.

10) 디지털 세계에서는 보드리야르의 말처럼 더 이상 이미지의 원본이나 유사(resemblance) 개념이 필요없이 모사가 모사를 낳고 복제가 복제를 낳는 상사(similarity)의 시뮬라크르(simulacre) 세계가 이미지를 통해 실제로 가상공간 속에서 전개되는 중이라고 할 수 있다. 시뮬라시옹과 시뮬라크르 개념에 대해서는 장 보드리야르, 『시뮬라시옹』, 하태완 옮김, 민음사, 2001, 9~28쪽 참조.

말 또한 생겨났다. 원본 이미지를 변화시켜서 자신의 구미에 맞게 교체 및 변형하는 것이 일상화되어 있으며, 사용자에 따라 의도와 관점을 다르게 바꿀 수도 있다. 현실에서만이 아니라 디지털의 측면에서도 시간이 지나면서 중첩적으로 복제되고 수정되고 변화함에 따라 수많은 하이브리드, 혼성물들이 만들어져 유포되는 것을 적극적으로 수용하고 긍정할 수 있다는 점이 미덕이 된 시대다.

구분	특징	속성	장점	단점
아날로그 이미지	원본과 복사본의 구별	일회적이고 고착정인 성격	원본 복제 및 유포에 대한 긍정	원본에 종속되는 경향
디지털 이미지	원본과 복사본 구별의 의미가 없음	자유로운 복제, 중첩적인 수정 가능	완결된 작품이 없다는 유동성	지나친 변형 및 이미지의 과잉

4. 글로컬 디지털 미학

현실의 그림보다 더욱 현실적이게 된 디지털 이미지는 가상의 층위와 중첩을 단적으로 보여주고 있다. 디지털 이미지 도구가 이미 디지털 이미지로 이루어져 있다는 점, 곧 그래픽 저작도구 자체가 디지털 이미지라는 점 또한 이 측면에서 숙고할 필요가 있다. '가상이 가상을 만드는 상황'이 기술적으로도 중첩적으로 전개되고 있는 것이다. 이는 비단 그래픽 저작 도구에만 해당되지 않고, 워드 프로세서, 리눅스, 윈도우즈와 같은 GUI 개념의 OS 등에도 해당되는 문제다. 심지어는 과거 문자로 된 DOS조차도 디지털 이미지로 구현된 글자 시스템이므로 이와 관계된다고 할 수 있다. 그 결과로 인해 디지털 이미지는 현실 공간 속에 디지털로 사실적인 사진(혹은 동영상)으로 구현된 가상공간 또는 수정 및 변형에 의해 왜곡되어진 가상공간을 종합적으로 상징할 수 있게 되었다. 이에 따라 얼마나 어떻게 멋있고 아름다운 작품 혹은 인터페이스(interface)가 되어 일반 대중에게 호소하느냐라는 면까지 대두되었으며 디지털 미학(digital aesthetics)[11]이라는 용어까지 생겨나서 활용되고 있다. 디지털 도구 프로그램을 통한 인간의 욕망에 근거한 조정, 혹은 지역적 특성이나 코드와도 연결되는 내용 조정을 바탕으로 한 디지털 이미지가 계속 탄생·소멸되고 있다.

최근 대중문화와 연결되는 대다수의 디지털 이미지들은 이러한 견지에서 모두가 다 강하게 미적이면서도 지역적인 특성을 드러내 보이고 있다. 그리고 이것이 다시 인터넷이라는 플랫폼을 통해 세계적으로 유행되면서 세계적-보편적 특성으로 전환되고 있다. 글로벌라이제이션 시대가 도래하고 여러 교통·통신 기술들이 발전하면서, 전 세계 모든 지역들은 자기 지역만이 아닌 세계와 소통하고 교류해야만 하는 국면을 자의반 타의반으로 강요받고 있다. 디지털 이미지는 이러한 국면을 최선두해서 견인하는 문화적인 장치로 활용되며, 디지털 이미지에는 세계성과 지역성이 동시에 자연스럽게 개입되고 있다. 원천소스 혹은 원본에 지역적인 색채와 스타일과 의미가 가미된 디지털 합성 또한 빈번하다. 이 모두는 각 지역의 현대 문화 형성에도 매우 깊게 영향을 미치고 있으며, 세계 전체에서 제작, 소비되는 비주얼 문화콘텐츠들과 다시 연결되고 있다. 각종의 디지털 이미지들이 매우 용이하게 제작되고 중첩적으로 수정

11) S. Cubitt, *Digital Aesthetics,* SAGE Publications Ltd,, 1998, pp.1~28 참조.

및 변형되어 디지털 통신 체계인 인터넷 등을 통해 다시 전 세계로 무한 유포되는 상황이 일상화되어 있다.

이 맥락을 글로컬 개념과 연계지어 생각해 본다면, '글로컬 디지털 이미지의 미학'이라는 용어 사용이 그렇게 생경하지 않을 듯하다. —'글로컬 디지털 이미지(glocal digital image)'라는 용어 역시 가능할 것이다. 이미 디지털 이미지는 현대 대중문화에서의 글로컬 상황과 함께 깊게 고민 가능해야만 하는 개념이다. 글로컬 개념에는 '국제적 회사의 상품이나 전략이 지역에 맞도록 어떻게 변모하고 적응하느냐'라는 면과 '지역적인 것이 세계성을 갖도록 어떻게 변모되고 맞추어 지느냐'라는 면, 두 가지 모두가 용해되어 있다. 글로벌과 로컬의 조어로 구성된 이 '글로컬'은 세계적인 동시에 지역적이며, 세계성은 지역성에 의해 수정되고 변경[12]되는 것을 의미한다. 글로컬 개념은 세계 사회를 감안하여 개별적인 동시에 보편적(그래서 융합적이 될 수 있는)일 수 있는 다양성으로 열려져 있으며, 변화와 적응의 속성을 지닌 것으로 정의된다. 글로컬은 지역과 세계를 소통시키면서 또 시대에 맞추어 적극적이게 창의적으로 변화하고자 하는 의도와 방향을 의미한다. 문화에 있어서 단순히 기존 문법을 고집하기 보다는, 세계와 지역, 전체와 부분, 보편과 개별 등의 이분법을 넘어서려는 문화혼종적 논리이므로, 여기서는 문화상품의 콜라보레이션(collaboration) 상황과 연결될 수 있을 것이다.[13]

---

12) R. Cohen & P. Kennedy, *Global Sociology* (2nd ed.), New York University Press, 2007, p.62.

13) 글로컬 개념에 대해서는 김성수, 『한류의 지속발전을 위한 글로컬문화콘텐츠 전략』, 한국외국어대학교출판부, 2012와 「문화혼종과 글로컬문화콘텐츠: 문화코드간 콜라보레이션의 중요성에 대한 이해」, 『글로벌문화콘텐츠』

[그림 2] 글로컬 디지털 이미지 및 미학이라는 면에서 좋은 사례로 생각될 수 있는 미국의 ≪토이스토리≫ 애니메이션(캐릭터 및 애니메이션 내용은 미국의 문화코드가 고스란히 담겨 있는 세계적인 산물)

쉽게 말해 맥도날드의 불고기 버거 같은 글로벌-로컬의 문화혼종 현상이 이미지의 차원에서도 매우 용이하게 발생할 수 있다는 의미다. 더욱이 반드시 회사가 만들어내는 전문적이고 상업적 이미지일 필요도 없을 듯하다. 문화혼종적 이미지는 콘텐츠 회사가 만들어 내어 배포하기도 하지만, 일반 개인이 포토샵 등 각종의 응용프로그램을 이용하여 아주 쉽게 만들어 낼 수도 있다. 이는 당연히 젠킨스(H. Jenkins)가 컨버전스 컬처(convergence culture) 개념으로 강조하는 기업(media industries) 컨버전스와 풀뿌리(grassroots) 컨버전스 개념과도 연결된다.[14)]

글로컬 디지털 이미지 미학이라는 개념(세계적 보편성과 지역적 개

제16호, 2014를 참조.

14) H. Jenkins, *Convergence Culture: Where Old and New Media Collide*, New York University Press, 2006, p.109 참조.

별성의 교류 및 상호 연결, 지역 문화코드와 국제적 표준성의 소통적 결합 등을 감안하는)으로 디지털 이미지의 미적 속성을 판단할 수 있어야 한다는 것이다. 실사에서 스캔을 통해 디지타이즈되고, 컴퓨터 그래픽으로 만들어진 디지털 이미지가 다시 어떻게 중첩적으로 수정, 변형되어 대중에게 흥미를 느끼게 하고 감동을 주는 디지털 이미지가 될 수 있느냐의 문제다. 지역과 세계의 상호관계성이 디지털 문화와 이미지라는 통로를 통해 복합적으로 형성되고 있음을 증명한다고 볼 수 있을 것이기도 하다. 이제 디지털 이미지는 컴퓨터 그래픽 기술 개념과 더불어, 영화, 애니메이션, 광고 등에서 어떻게 지역적이면서도 멋지고 아름답게 되어 세계인들 모두에게 호소할 수 있는 글로컬 디지털 이미지가 되느냐라는 문제에 직면해 있다. 이미지나 움직이는 영상 등을 어떤 콘셉트로 어떻게 컴퓨터로 제작해서 스크린을 통해 표현되느냐가 글로컬 디지털 이미지의 실질적인 관건인 것이다.

현대인들은 가상공간 이미지, 즉 인간의 눈 앞에 있는 모니터 화면의 이미지를 현실 속의 이미지만큼 자연스럽게 대하고 있다. 디지털 기술이 활용된 이미지에 더욱 편안하고 편리함을 점차 느끼고 있는 듯하다. 이것이 디지털 사진의 활성화를 가져온 이유일 것이다. 욕망, 미, 감성, 흥분 등과 연결될 수 있는 이미지들 자체가 디지털 개념과 맞물리면서 보다 더 충동적이고 변화무쌍하게 수정된다는 면 또한 있음을 유의해야 한다. 지역 특색을 바탕으로 개인적으로 자유롭게 수정되고 변형되어 세계에 유포되는 대중문화로서의 글로컬 디지털 이미지는 지역과 세계와 개인의 욕망과 시대와 장소 및 각종의 사회 이데올로기 등이 모두 맞물리게 되는 글로컬적 융합과 투쟁의 장이다. 인간의 이미지 제작-소비 관념은 이제 글로컬 디지털 이미지 개념과 불가분하게 되었다고 생각하는 것이 적절할 듯하다.

따라서 글로컬 디지털 이미지는 비록 일상화 되었다 하더라도, 그냥 단순히 일상적인 비주얼 이미지가 아니다. 거의 대부분의 글로컬 디지털 이미지들은 이미 글로벌라이제이션, 로컬라이제이션, 세계적 소통, 시대성, 사회 질서, 이데올로기 등을 모두 다 밀도있게 내포하는 사회적 복합 산물로서의 함축적 이미지일 것이다. 그렇기 때문에, 더 나아가 특정의 세계적 디지털 이미지가 지역을 바탕으로 중첩적으로 수정된다거나, 특정의 지역적 디지털 이미지가 세계성을 띠면서 계속해서 변형된다는 것은 이미지의 차원이 아닌 세계적 관점에서의 사회문화적 변형이며, 따라서 디지털 개념이 내재하고 있는 변형적 의미에서 아주 중요한 사회문화적 의의를 갖는다고 볼 수 있게 된다. 디지털 이미지가 과학적 측면의 최

[그림 3] ≪토이스토리 3≫에 등장한 미국 픽사의 ≪토이스토리≫와 일본 지브리의 ≪토토로≫ 콜라보레이션 장면 —문화혼종이 제작 측면에서 활성화 되어 영향력을 크게 행사하고 있음을 보여주는 장면으로 글로컬 디지털 이미지의 좋은 상업적 예로 볼 수 있음

첨단 산물이라면, 글로컬 디지털 이미지 개념은 현대 문화적 측면에서의 최첨단 산물로 세계적인 디지털 이미지 혁명을 견인하는 좋은 예다.

이는 애초부터 디지털 이미지가 지니고 있는 중첩적인 수정과 변형과 복제의 가능성이 글로컬 개념과 부합되는 부분이 많다는데 있다. 인터넷을 통해 통상 유포되는 디지털 이미지 개념 자체에 이미 그러한 변혁의 성격이 있으며, 글로컬이라는 개념을 통해 지역들의 개별성과 세계의 보편성 사이의 소통이 보다 자유롭게 되고 활성화 된다. 이 국면은 이미 세계성과 지역성이 동시에 조화된다는 견지로서의 문화혼종이다. 디지털 이미지에서의 중첩적이고 계속적인 수정과 합성 가능성 개념이 문화혼종성을 상당 부분 장려하고 지향한다는 점에서, 글로컬 디지털 이미지는 디지털 이미지의 특성을 보다 가속화시키고 확장시켜 더욱 다양한 문화콘텐츠가 창궐할 수 있게 해 주는 밑그림 역할을 해 주고 있다. 디지털 이미지를 둘러싼 이 같은 상황은 아날로그 시대보다 훨씬 더 치열해졌으며, 그 결과로 인해 생산-소비-폐기가 계속해서 무한히 반복되고 있다. 글로컬 디지털 이미지들은 전 세계적 차원에서 지금 현재도 무한하게 생산, 복제, 변형되고 있으며, 인터넷에 의해 세계 각지로 전달되고 있다. 이제는 이 상황을 글로컬 디지털 미학의 개념을 이용해서 보다 적극적으로 고민해야 할 듯하다.

5. 글로컬 디지털 이미지 사례: ≪최후의 만찬≫의 경우

디지털 이미지의 특성을 감안하여 영화, 애니메이션, 비디오게임 등의 영상물에서 어떤 원리로 글로컬 디지털 이미지 개념이 실제로 활용되고 소비자들에게 수용되느냐를 생각해 볼 필요가 있다. 어떤 디지털 이미지가 특정의 문화코드와 어떤 방식으로 연결되어 글로컬 디지털 이미지로 구체화 되느냐를 살펴보아야 한다는 것이다. 예를 들어 레오나르도 다 빈치의 ≪최후의 만찬≫은 많은 시사점을 지닌다. 이태리 밀라노의 산타마리아 델라 그라치에 성당에 있는 ≪최후의 만찬≫은 예수가 십자가형을 받기 몇일 전의 성스러운 저녁 만찬 광경을 담고 있다. 성화(聖畫)인 이 그림에서는 예수를 중심으로 12제자들의 얼굴과 행동에서 여러 특징을 찾아 볼 수 있으며, 음식을 나누고 이야기 하는 모습에서 성경에 기록된 면모를 볼 수 있기도 하다.

그러나 이 그림이 스캔되어 디지털 이미지가 되고 나아가 복원되면 그림의 위상이 상당히 달라진다. 일단 세월이 뿜어내는 옛날 그

[그림 4] ≪최후의 만찬≫ 원본

[그림 5] 디지털로 복원된 ≪최후의 만찬≫

림과 다빈치가 직접 붓으로 그린 원본이라는 느낌이 사라질 수 있다. 디지털 이미지화 된 ≪최후의 만찬≫에서는 기존의 아우라를 거의 찾기가 어렵다. 다빈치의 ≪최후의 만찬≫은 실제 보다 더 실제 같게, 나아가 가상적으로 훨씬 더 현실적이게 진해지고 고해상도의 이미지로 업스케일된다. 이미지의 수용자 입장에서는 컴퓨터 디지털 이미지로서의 그림이 오히려 현실의 그림보다 훨씬 더 실제적이고 현실적인 그림일 수 있는데, 보다 선명하고 명확한 이미지인 탓이다. 이 측면에서 보자면 디지털 이미지는 단순히 이전의 아우라를 파괴한 것이 아니라, 아우라를 파괴하는 동시에 새롭게 강조하는 것이라고 볼 수 있을 듯하다. 그림의 아우라가 완전히 사라진 것이 아니라, 그림 자체가 가지고 있는 권위는 여전히 사람들의 주목을 받게 된다는 것이다. 디지털 이미지 기술을 통한 이미지의 남발에 따라 오리지날 원본에 대한 경외심과 존중 정신이 반대급부적으로 오히려 이전보다 강해질 수 있다. 결국 아우라는 '오리지날 원작'이라는 개념에 부수되는 양상으로 어느 정도 부활하여 지속되고 있는 중이라 볼 수 있다. 지금도 세계의 많은 관광객들이 ≪최후의 만찬≫ 원본을 보기 위해 밀라노의 산타마리아 델라 그라치에 성당으로 가고 있는 이유다.

디지털 이미지 ≪최후의 만찬≫은 밀라노 성당에 있는 원본 ≪최후의 만찬≫과는 그림의 성격도 달라지는 듯하다. ≪최후의 만찬≫ 원본이 예배당을 장식하고 보는 이들에게 종교적인 성스러움을 불러일으키고자 하는 의도였다면, 디지털 이미지 ≪최후의 만찬≫은 이 보다는 ≪최후의 만찬≫ 그림 자체에 대한 소비자들의 친숙성 및 중첩적인 수정 및 변형 가능성이라는 면이 더 강조된다. ≪최후의 만찬≫은 개인의 컴퓨터 속에 저장되고 인터넷과 웹사이트를 통해 수시로 전달될 수 있는 문화적 재생산물이 되는 것이다. 달력이나 복사본 등으로 통상 벽에 걸려있는 원본을 닮은 ≪최후의 만찬≫이 벤야민의 강조처럼 아우라의 몰락에 해당된다면, 디지털 이미지 ≪최후의 만찬≫은 아우라의 몰락 단계에서 보다 나아가, 아우라의 대중화, 곧 그 아우라를 사용자가 상시 소유하고 자신 마음대로 자유롭게 수정과 변형을 통해 가공할 수 있는 보다 진전된 단계라고 조망할 수 있을 듯하다. 디지털 이미지 ≪최후의 만찬≫은 현대의 이미지 소비자들 모두에게 제각기 자신이 가지고 있는 수정과 합성의 능력과 의도에 따라 다빈치의 후계자들이 될 수 있음을 역설하고 있다.

실제로 디지털 이미지 작업에 의해 ≪최후의 만찬≫과 같은 유명한 그림들은 수많은 형태와 다양한 스타일로 변환되고 있다. 소비자들은 포토샵과 같은 프로그램을 사용하여, 자신의 편의대로, 생각한대로, 능력에 따라 마음대로 수정과 변형을 가하고 있다. 컴퓨터의 배경화면에 맞게 색감을 조정하며, 자신과 친구들 얼굴을 합성해 넣는 패러디물들을 만들어 내는 것이 가능하다. 그림 크기도 조절하고 자신이 원하는 인물만을 강조해서 스스로의 취향에 맞게 바꿀 수도 있으며, 콘셉트를 바꾸어서 자신이 강조하는 내용을 넣을 수도 있다. 컴퓨터 모니터 속에서 도구들과 디지털 이미지 원본들과 변형된 수정본들이 다양하게 난무하고 있다는 현실을 감안한다면, 디지털 이미지는 가상의 층위와 중첩이라는 복합적인 국면으로 전개된다고 해석될 수 있다. 원본의 복제를 복제한다는 것은 결국 복제의 연속과 중첩이라는 측면에서 보면 중첩된 가상환경을 의미하는 것이다. 디지털 이미지가 고유하게 지니고 있는 '가상의 가상'이라는 특징이 분명하게 드러난다.

이 맥락에서 디지털 이미지가 각종 비주얼콘텐츠에서 응용되는 예를 생각해 볼 수 있다. 일반적으로 영상 제작에서의 디지털 개념은 두 가지 이상의 비주얼 이미지들을 합성하는 것이다. 이미지들을 계속 겹치면서 CG 기법으로 아예 실재하지 않는 세계를 창조하는데 사용되기도 한다. 따라서 이 같은 형태의 컴퓨터를 이용한 수정과 변형, 합성의 상황 모두는 가상의 가상이라는 면과 직접적으로 연결된다. 그러므로 이 과정에서 세계성과 지역성이 동시에 개입하는 것은 21세기 현 글로벌라이제이션 시대 상황에서는 아주 당연하다. '가상의 가상', '수정과 변형' 역시 시대와 세계상황을 적극 반영하고 있다. 예를 들면 글로벌 문화로서의 ≪최후의 만찬≫은 현재도 여전히 예술로서의 보편적인 감동과 성스러운 느낌을 제공하는 이탈리아의 전통지역 문화산물이다. 그런 탓에 ≪최후의 만찬≫은 다양한 디지털 이미지 작업 기술에 의해 조

[그림 6] 글로컬 디지털 이미지의 좋은 사례로 생각될 수 있는 일명 ≪최후의 KFC 만찬≫
(출처 : www.pinterest.com)

각 퍼즐, 머그컵, 책갈피, 달력 등 여러 형태로 변환되어 제작·소비되고 있다. 이를 문화콘텐츠의 시각에서 보자면, ≪최후의 만찬≫ 원본은 새로운 형태의 문화 산물을 계속해서 만들어 낼 수 있게 해 주는 원천소스이며, ≪최후의 만찬≫의 내용 자체는 다양한 문화상품들을 만들어 내어 소비하게 조장하는 문화콘텐츠라고 정리할 수 있다. 미국을 비롯한 세계 많은 나라에서 이 그림과 관련된 문화적 산물에도 큰 관심을 갖고 있는 이유다.

지역성이 가미된 디지털 이미지 합성 및 조작 등으로 ≪최후의 만찬≫에 대하여 중첩적이고 계속적인 수정과 변형이 다양하게 시도되는 것은 아주 자연스러운 현상이다. ≪최후의 만찬≫은 디지털 기술을 통해 광고, 포스터는 물론, 개인 사용자의 장난으로도

[그림 7] 미국 맥도날드의 마스코트였던 로날드가 들어있는 ≪최후의 만찬≫
(출처 : blogs.worldwatch.org)

흔히 사용된다. ≪최후의 만찬≫이 고유하게 지니고 있는 성스러움에 편승하면서도 비트는 방식으로 지역성이 가미된 각종의 패러디물이 디지털 이미지 작업 기술에 의해 쉽게 만들어지고 있다. 정교한 디지털 이미지 수정, 합성 기술 등은 글로컬 국면이 가미된 각종의 패러디물 상황을 보다 자유롭게 만들고 있다. 기독교 문화를 대중문화로 가볍게 만드는 상황이라 볼 수 있겠지만, 이를 통해 오히려 기독교 문화의 우월성이 강조된다고 해석될 수도 있다.[15)]

디지털 이미지의 수정과 합성 개념이 문화혼종을 상당 부분 장려하고 지향한다는 점에서, 글로컬 디지털 이미지는 더욱 다양한 문화혼종 콘텐츠들이 세계적으로 창궐하게 하는 자극제 내지 설계도 역할을 하게 되는 듯하다. 특히 글로컬 디지털 이미지의 자유성

15) ≪최후의 만찬≫이 영화의 장면으로 사용되어 유명해진 루이 브뉘엘의 ≪비리디아나≫(1961) 때부터 논란이 된 문제다. ≪최후의 만찬≫과 관련된 여러 사항은 'Last Supper', *The Private Life of a Masterpiece, BBC Documentary,* 2006. 참조.

과 변화성은 영화나 애니메이션과 같은 영상물에서는 동·서양, 과거·미래 문화의 적극적 혼종, 세계-지역성의 혼종을 넘어 때로는 표현주의, 상징주의, 초현실주의적인 모습으로 드러나고 있다. 상상력이 많이 요청되는 환타지, SF 장르 등에서 글로컬 디지털 이미지 활용현상이 많이 나타나는 경향도 있다. 사실 ≪최후의 만찬≫ 경우는 디지털 기술의 발전 이전부터 각종 대중문화 버전으로 컨버전되어왔으며, 디지털 기술 발전에 의해 보다 더 정교하게(실제보다 더욱 실제처럼) 구성될 수 있게 되었다. 결국 이러한 합성 기술의 발전과 유행은 지역과 세계가 명확하게 나누어지지 않는 지구촌 세상을 보다 가속화 시키고 있으며, 사회의 변화와 수정의 촉진을 역설하고 있다. 이것이 바로 글로컬 디지털 이미지 미학의 또 다른 의미라고 규정될 수 있을 것이다.

[그림 8] 미국 TV 드라마 ≪배틀스타 갤럭티카≫의 홍보 이미지 —제작·배포 과정 모두에서 디지털 이미지 작업 기술이 사용되었음은 주지의 사실

21세기는 모든 면에서 지역들과 세계 사이에서의 무한 경합과 투쟁과 협동과 결합이 지속적이고 무규정적으로 발생하는 시대다. 디지털 이미지에서도 이 유사한 상황이 일어나고 있다. 중첩적이고 무한한 변형과 조합과 배제와 결합 가능성이 디지털 이미지 합성의 기본적 특성이다. 문화콘텐츠의 시각에서 보자면, 지역적인 색채를 가미하여 세계인에게 보편적인 재미와 감동을 어떻게 제공할 수 있느냐가 중요 과제 중 하나인데 디지털 이미지에도 이 내용이

동일하게 적용되고 있는 것이다. 세계인들의 관심과 흥미를 유발해 내는 글로컬 디지털 이미지를 어떻게 창안하느냐, 나아가 세상을 어떻게 변화시킬 수 있느냐에 대해 깊게 고민해야 하는 시기다. 개인 소비자들에게 와 닿을 수 있는 감성적 거리를 가진 ≪최후의 만찬≫은 반드시 밀라노에 있는 세계적인 원본이 아니라 자신이 마음대로 조작하고 휴대할 수 있는 지역에서의 수정된 디지털 이미지일 수도 있다. 지역성과 세계성이 혼합되며 더 이상 지역-세계 자체가 이전의 구도로 명확하게 나누어지지 않는 글로컬의 상황, 기본적으로 사회 변혁이 글로컬 디지털 이미지로 인해 보다 가속화 될 수 있게 된 것이다.

6. 이미지텔링으로서의 글로컬 디지털 미학

기존의 그림 및 이미지 대한 개념을 넘어서고, 벤야민의 복제 개념에 수정을 가하게 된 디지털 이미지는 21세기 현대 대중문화, 문화콘텐츠를 명확하게 실제화 시키고 구현하는 배경이라고 규정될 수 있을 듯하다. 무엇보다 먼저 디지털 이미지는 아날로그 이미지에서 벗어나는 문화의 변천 사항 및 이와 관련된 각종의 사회·문화적 문제들을 현시하고 있음을 명심할 필요가 있다. 그리고 이 견지에서 디지털 이미지는 단순히 아름다운 환상이라기보다는 사회 변혁적인 메시지를 내재하고 있다는 측면을 이해해야 할 것이다.

물론 디지털 이미지에 좋은 측면만이 있는 것은 아니다. 디지털 이미지의 중첩적인 수정과 변형 가능성은 감각적인 영상을 쉽게 합성하여 만들어 낼 수 있게 하는 지나친 자본주의적인 갈망, 정신적인 쾌락 등과도 연결된다. 디지털 이미지는 사회 환경과 비주얼 이미지들을 보는 사람들의 욕망에 맞게 반응하고 더 강한 욕망을 끌어내려는 현대의 유기체[16]이므로 고착적인 아날로그 이미지와는 달리 위험성을 내포하고 있다. 디지털 이미지의 과도한 사용이 영화 등의 각종 비주얼 콘텐츠에 있어서 과연 좋기만 한가라는 논란이 생겨나는 것과 무관하지 않을 듯하다. 디지털 이미지는 현대인들로 하여금 보다 더 강렬하고 자극적인 대중문화를 무차별적으로 수용할 수 있게 하는 기술적이면서도 이데올로기적인 일종의 폿대 역할을 하고 있기도 하다.

이러한 시대에서 글로컬 디지털 이미지 및 미학 개념은 우리가 디지털 이미지를 어떻게 이해해야 하고 접근해야 하며, 나아가 활용하는 것이 좋은가를 고민해 보는 한 방편인 듯하다. 각양각색의 지역색이 다양하게 발현되는 글로컬 문화 개념이 현 글로벌라이제이션 시대에 대두되고 있으므로 디지털 이미지 또한 자연스럽게 그에 부합하는 방향으로 나아갈 수밖에 없다. 글로컬 디지털 이미지 개념을 통해 글로컬 개념의 핵심 요소인 문화혼종 문제와 디지털 이미지가 21세기 현대 문화에서 각기 차지하고 있는 위치, 그리고 더 나아가 디지털 기술로 만들어지는 글로컬비주얼콘텐츠의 특징들이 무엇인가가 보다 분명해진 것 같다. —디지털 콘텐츠는 디지털 방식으로 제작, 처리, 유통하는 문자, 음성, 음향, 이미지, 영상 외 자료 및 정보를 모두 총칭하며, 심지어는 방대한 양의 역사적 데이터를 저장하고 가공하는 것 역시 디지털 기술과 디지털 이미지

16) C. Gere, *Digital Culture* (2nd ed.), Reaktion Books, 2002, pp.79~115 참조.

[그림 9] 미국 할리우드의 판타지 영화 ≪이상한 나라의 앨리스≫의 디지털 장면 이미지 —영국의 아동 문학 작품이 미국의 영화로 만들어졌으며, 이탈리아의 ≪최후의 만찬≫을 모티브로 하고 있는 이 장면은 오늘날 세계 대중들에게 어떤 의미와 느낌을 주고 있는가를 생각해 볼 수 있게 만들어 주고 있다.

가 없다면 불가능하다는 것을 주지해야 한다.

실제 보다 더욱 실제 같은 이미지를 만들어 내는, 또한 수정과 변형을 중첩적이고 무한정으로 자유롭게 만드는 디지털 기술이 글로컬 문화 개념과 조우한다면, 특정의 작품 혹은 문화콘텐츠학에 있어서 어떤 의미를 함축하게 될 수 있을지를 깊게 고민해야 한다. 중첩적으로 수정과 변형된 이미지에 대한 대중들의 호불호 혹은 윤리 문제 등 또한 생겨나서 다시 연합과 갈등의 장이 생겨나고 사회에 파장을 일으킬 수도 있다. 글로컬 디지털 이미지는 세계의 수정과 변형을 무한히 도출하는 원동력이 될 수 있으므로 이를 어떻게 활용하느냐가 중요하다는 점을 깊게 인식하고 고민해야 할 것이다.

이는 또한 '이미지가 문화 소비자들에게 말을 걸듯이 이야기를 한다'는 의미로서의 이미지텔링 개념에 있어서 디지털 이미지가 차지하고 있는 지위에 대해 생각해 보게 해주고 있다. 즉 글로컬 디지털 이미지가 각 지역 및 세계의 소비자들에게 어떻게 호소하고 이해되고자 하느냐라는 관점으로 바꾸어 생각해 본다면, 글로컬 디지털 미학은 이미 이미지가 글로컬과 디지털이라는 개념을 통로로 하여 이미지를 통해 현대인들에게 말을 걸어오고 이야기를 하려는 일종의 이미지텔링이었다고 간주될 수도 있을 것 같다.

참고문헌
찾아보기

Chapter 1. 이미지의 이중성과 복합성: 이미지텔링, 그 이론적 토대 마련을 위한 시론

김우정 외, 『위대한 선택 - 컬처텔링』, 바람, 2009.

김희경, 「문화콘텐츠에서 상징적 이미지의 역할」, 『인문학연구』 제34권 3호, 충남대학교 인문과학연구소, 2007.

노에, A. 『뇌과학의 함정』, 김미선 옮김, 갤리온, 2009.

니체, F., 『비극의 탄생』, 이진우 옮김, 책세상, 2005.

뒤랑, G., 『상징적 상상력』, 진형준 옮김, 문학과 지성사, 1983.

드보르, G., 『스펙터클의 사회』, 이경숙 옮김, 현실과 문화연구, 1996.

매크래켄, G., 『문화와 소비』, 이상률 옮김, 문예출판사, 1996.

모기 겐이치로, 『뇌와 가상』, 손성애 옮김, 양문, 2007.

미르조에프, N., 『비주얼 컬쳐의 모든 것』, 임산 옮김, 홍시, 2009.

박인철, 『파리 학파의 기호학』, 민음사, 2003.

박치완·김평수 외, 『문화콘텐츠와 문화코드』, 한국외국어대학교 출판부, 2011.

박치완, 「질베르 뒤랑의 제3의 논리와 시니피에의 인식론」, 『철학연구』 제39집, 고려대학교 철학연구소, 2010.

______, 「들뢰즈의 플라톤 비판과 시뮬라크르의 반란 또는 복수 - <플라톤과 시뮬라크르>를 중심으로」, 『철학연구』 제31집, 고려대학교 철학연구소, 2006.

______, 「스펙터클의 지배와 인간의 (자기) 소외: G. 드보르의 <스펙터클의 사회>를 중심으로」,『철학연구』 제33집, 고려대학교 철학연구소, 2007.

______, 「플라톤의 실재관 - 실재(to on), 이데아의 부산물인가 시뮬라르크의 원인인가?」, 『철학과 문화』 제12집, 한국외국어대학교 철학연구소, 2006.

백승국, 『문화기호학과 문화콘텐츠』, 다홀미디어, 2004.

벤틀리, P., 『디지털 생물학』, 김한영 옮김, 김영사, 2003.

변민주, 「문화원형을 기반으로 한 캐릭터의 이미지텔링에 관한 연구」, 『기초조형학연구』 제9권 2호, 2008.

_____, 「콘텐츠 제작을 위한 스토리텔링과 이미지텔링의 창작방법론」, 『디지털디자인학연구』 제9권 4호, 2009.

보드리야르, J., 『소비의 사회』, 이상률 옮김, 문예출판사, 2002.

쇼펜하우어, A., 『의지와 표상으로서의 세계』, 곽복록 옮김, 을유문화사, 1995.

아리스토텔레스, 『형이상학』, 김진성 옮김, 이제이북스, 2007.

에코, U., 『기호, 개념과 역사』, 김광현 옮김, 열린책들, 2002.

정창권, 『문화콘텐츠 스토리테링』, 북코리아, 2008.

정철화, 『삼성 & 도요타 창조 경영』, 무한, 2007.

정형철, 「디지털 스토리텔링과 내러티브 이미지」, 『한국문학이론과 비평』 제36집, 한국문학이론과 비평학회, 2007.

차봉희 편저, 『디지로그 스토리텔링』, 문매미, 2005.

칸트, I., 『순수이성비판』, 최재희 옮김, 전영사, 2002.

포스터, H., 『실재의 귀환』, 이영욱 외 옮김, 경성대학교출판부, 2010.

플루서, V., 『피상성 예찬』, 김성재 옮김, 커뮤니케이션북스, 2004.

Bachelard, G., *L'air et les songes*, José Corti, 1943.

Bergson, H., *Œuvres I*, PUF, 1970.

Berkeley, G., *Œuvres I*, éd. G. Brykman, PUF, 1985.

Carroll, N., *A Philosophy of Mass Art*, Oxford University Press, 1998.

Deleuze, G., *Kant's Critical Philosophy*, tr. Hugh Tomlinson & Barbara Habberjam, University of Minnesota Press, 1985.

__________, *Différence et répétition*, PUF, 1968.

__________, *Mille plateux; capitalisme et schizophrénie*, Minuit, 1980.

Durand, G., *Les structures anthropologiques de l'imaginaire*, Bordas, 1984.

Durand, G., *L'imaginaire. Essai sur les sciences et la philosophie de l'image*, Hatier, 1994.

Foucault, M., *Les mots et les choses*, Gallimard, 1966.

Hume, D., *A Treatise of Human Nature*, ed. L. A. Selby-Bigge, Oxford, 1978.

Kearney, R., *The Wake of Imagination*, Routledge, 1988.

Lavaud, L., *L'image*, Flammarion, 1999.

Margolin, J., *Bachelard*, Seuil, 1983.

Merleau-Ponty, M., *Phénoménologie de la perception*, Gallimard, 1945.

Schrödinger, E., *What is Life?*, Canto, 1967.

Spinoza, B., *Ethics*, tr. E. Curley, Penguin Books, 1996.

Wunenburger, J.-J., *Philosophie des images*, PUF, coll. ≪Thémis-Philosophie≫, 1997.

Chapter 2. 코드화된 문화적 주체들의 타자와의 공감 문제: 가네시로 카즈키의 『Go』

가네시로 카즈키, 『GO』, 김난주 옮김, 북폴리오, 2000.

김광수·박정이, 「가네시로 카즈키(金城一紀)의 『GO』의 'GO'의 방향과 그 주체」, 『韓日語文論集』 제14집, 2010.

김낭예, 「재일 3세대의 탈중심적 글쓰기 - 유미리와 가네시로 카즈키의 작품을 중심으로」, 『高凰論集』 제46집, 경희대학교 대학원, 2010.

金東明, 「在日朝鮮人の '第三の道'」, 『朝鮮人』 제17호, 1979.

리프킨, J., 『공감의 시대』, 이경남 옮김, 민음사, 2010.

모랭, E., 『복잡성 사고 입문』, 신지은 옮김, 에코리브르, 2012.

박성희, 『공감학: 어제와 오늘』, 학지사, 2004.

박숙자, 「근대국가의 파토스, '공감'의 (불)가능성」, 『서강인문논총』 제32집, 2011.

신경일, 「공감 개념의 탐색: 다학문적 접근」, 『硏究報』 제28집 1호, 1993.

이득재·이규환(편저), 『오토포이에시스와 통섭』, 써네스트, 2010.

이선영, 「다문화 시민성의 구성요소로서 공감의 확장성」, 『글로벌교육연구』 제5집 2호, 2013.

이승진, 「가네시로 카즈키의 『GO』론 - 경계의 해체인가 재구성인가」, 『日本語文學』 제56집, 2013.

이영미, 「가네시로 카즈키의 ≪고(GO)≫에 나타난 국적(國籍)의 역사적 의미」, 『현대소설연구』 제37집, 2008.

이영재, 「데이비드 흄의 '공감'개념에 관한 연구」, 『한국정치학회보』 제48집, 2014.

이종형, 「호프만의 공감에 기초를 둔 정의에 관한 연구」, 『윤리교육연구』 제9집, 2006.

정순희, 「재일 젊은 세대의 아이덴티티 - 『GO』에 표출된 탈민족적 관점에 주의하여」, 『한국문화연구』 제8집, 2005.

카를로, M., 『상호문화 이해하기』, 장한업 옮김, 한울, 2011.

쿳시, J., 『야만인을 기다리며』, 왕은철 옮김, 들녘, 2003.

황봉모, 「소수집단 문학으로서의 재일 한국인 문학 - 가네시로 카즈키의 『GO』를 중심으로」, 『H語H 文學硏究』, 2004.

Agacinski, S., *Critique de l'égocentrisme. L'événement de l'autre*, Galilée, coll. ≪La philosophie en effet≫, 1996.

Badiou, A., *L'éthique, essai sur la conscience du mal*, éd. Hatier, 1993.

Derrida, J., *The Gift of Death*, trans. David Wills, University of Chicago Press, 1995.

Farr, J., "Hume, Hermeneutics, and History: A *Sympathetic* Account", *History and Theory* 17(3), 1978.

Geertz, C., *The Interpretation of Cultures*, Basic Books, 1973.

Laupies, F., *Leçon philosophique sur autrui*, PUF, 1999.

Rapaille, C., *Culture Codes*, Jean-Claude Lattès, 2008.

Chapter 3. 하위주체의 관점에서 재구성한 ≪아웃 오브 아프리카≫

바커, C., 『문화연구사전』, 이경숙·정영희 옮김, 커뮤니케이션북스, 2009.

송병선, 「라틴아메리카 증언문학의 시학과 하위 주체의 문제」, 『라틴아메리카연구』 제17권 4호, 2004.

스피박, G. C., 『경계선 넘기 – 새로운 문학연구의 모색』, 문화연구이론회 옮김, 인간사랑, 2008.

양종근, 「스피박의 현대이론에 대한 해체적 개입: 초기 저서를 중심으로」, 『영미어문학』 제82호, 2007.

월러스틴, I. 『사회과학으로부터의 탈피』, 성백용 옮김, 창작과 비평사, 1994.

유효순, 「영상예술에서의 패션이미지: 영화 'Out of Africa'를 중심으로」, 『해전대학논문집』 제22집, 2004.

이길구, 「헤밍웨이가 아프리카에서 만난 진실」, 『영어영문학연구』 제34권 3호, 2008.

조종환, 「상징으로 읽는 <아웃 오브 아프리카>」, 『인문학연구』 제40권, 계명대학교 인문과학연구소, 2007.

크리언, K., 『그람시·문화·인류학』, 김우영 옮김, 도서출판 길, 2002.

토포르, A. D., 『아프리카: 열일곱 개의 편견』, 이규현·심재중 옮김, 한울아카데미, 2010.

Audier, S., "Hegel et l'Afrique. Thèses, critiques et dépassement de Benoît Okolo Okonda: Philosopher en Afrique, avec et contre Hegel", *Le Monde des Livres*, 1 juillet 2010.

Austin, J. L., *How to Do Things With Words*, Oxford University Press, 1962.

Bilé, S., *Quand les Noirs avaient des esclaves blancs*, Pascal Galodé Editions, 2008.

Blixen, K., *La ferme africaine[Den afrikanske farm]*, Trad. du danois par Alain Gnaedig, Gallimard, coll. ≪Folio≫, 1942.

Bombongan, JR. D., "Cultural Globalization: Beyond the Homogenization Thesis", *Asia-Pacific Social Science Review*, vol. 6, n° 1, 2006.

Geertz, C., *Local Knowledge: Further Essays in Interpretive Anthropology*, Basic Books, 1983.

Gondola, D., *Africanisme: la crise d'une illusion*, L'Harmattan, 2007.

Jullien, F., *De l'universel, de l'uniforme, du commun et du dialogue entre les cultures*, Fayard, 2008.

Liaut, J.-N., *Karen Blixen: une odyssée africaine*, coll. ≪Petite Bibliothèque≫, Payot, 2005.

Meyer, M., *Petite métaphysique de la différence*, Librairie Générale

Française, coll. ≪Le Livre de Poche≫, 2000.

Montpetit, C., "L'entrevue - Peuples noirs et esclaves blancs. L'auteur Serge Biléveut tordre le cou aux préjugés", *Le Devoir*, 11 février 2008.

Nora, P., *Les Lieux de Mémoire*, 3 tomes, Gallimard, 1984-1992.

Said, E., *L'Orientalisme: L'Orient crée par l'Occident*, trad. de Catherine Malamoud, Seuil, coll. ≪La couleur des idées≫, 2005.

Spivak, G. C., "Can the Subaltern Speak?", Cary Nelson and Larry Grossberg(eds.), *Marxism and the interpretation of Culture*, University of Illinois Press, 1988.

Tamba, S., "Propos sur le cinéma colonial en tant que genre populaire", *L'Homme et la société*, n° 154, 2004/4.

Chapter 4. ≪세 얼간이≫와 사회적 정상성의 희화 또는 극복

간석갑, 「다국적 기업들, 중국보다 인도 선호」, KOTRA, 『Global Window』, 2004. 6. 15.

김신영, 「애국가 작사자, 이제라도 찾아내야죠」, 『조선일보』 2011. 8. 15.

김윤희·박치완, 「인도의 문화코드와 글로컬문화콘텐츠」, 『국제지역연구』 제14권 4호, 2010.

니혼게이자이신문사, 『인구가 세계를 바꾼다』, 강신규 옮김, 가나북스, 2008.

라파타, D., 『빼앗긴 얼굴』, 최은희 옮김, 이레, 2002.

바갓, Ch., 『세 얼간이』, 정승원 옮김, 북스퀘어, 2011.

박치완, 「소비사회와 예술(작품)에 대한 두 견해 - 장 보드리야르와 한나

아렌트의 가상 대화」, 『정치와 평론』 제6집, 2010.

______, 「영화 <세 얼간이>와 다문화사회 인도 엿보기」, 『철학과 문화』 제23집, 2011.

박홍윤, 『멈추어 인도를 바라보다』, 한국학술정보(주), 2009.

변광배, 「사르트르 - 폭력 또는 글쓰기」, 『외국문학연구』 제5호, 1999.

보드리야르, J., 『소비의 사회』, 이상률 옮김, 문예출판사, 2002.

세넷, R., 『뉴캐피털리즘』, 유병선 옮김, 위즈덤하우스, 2009.

아탈리, J., 『호모 노마드: 유목하는 인간』, 이효숙 옮김, 웅진지식하우스, 2005.

월러스틴, I., 『미국 패권의 몰락』, 한기욱 외 옮김, 창비, 2004.

______, 『유럽적 보편주의: 권력의 레토릭』, 김재오 옮김, 창비, 2008.

이기상, 「지구지역화와 문화콘텐츠 - 지구촌 시대가 기대하는 한국 문화의 르네상스」, 『인문콘텐츠』 제8호, 2006.

인태정, 「인도 정부의 해외 인도인에 대한 정책변화」, 『국제지역연구』 제11권 2호, 2007.

쟈세름, P., 『광기 없는 사회가 존재하는가?』, 박치완 옮김, 동화문학사, 1992.

톰린슨, J., 『문화 제국주의』, 강대인 옮김, 나남, 1994.

______, 『세계화와 문화』, 김승현·정영희 공역, 나남출판, 2004.

푸코, M., 『감시와 처벌』, 오생근 옮김, 나남, 2011.

Barthes, R., (dir.), *Introduction à l'analyse structural du récit*, Seuil, 1981.

Canguilhem, G., *Le Normal et le Pathologique*, PUF/Quadrige, 2005.

Eoyang, E. C., *Two-Way Mirrors. Cross-Culture Studies in Glocalization*, Lexington Books, 2007.

Ferguson, M., "The Mythology about Globalization", *European Journal of Communication*, 7, 1992.

Friedman, J., "Being in the World: Globalization and Localization", *Global Culture*, Featherstone, F. (ed.), Sage, 1990.

Mlinar, Z., *Globalization and Territorial Identites*, Avebury, 1992.

Rapaille, C, L., *The Culture Code*, Broadway Books, 2007.

Walter, S., *Think Global, Act Local*, Luath Press Ltd., 2004.

Chapter 5. 미국 할리우드 SF 영화의 알레고리: ≪블레이드 러너≫와 ≪마이너리티 리포트≫

김성곤, 「시스템의 통제와 억압, 「마이너리티 리포트」」, 『영화로 보는 미국 - 헐리우드 영화의 문화적 의미』, 살림출판사, 2003. http://terms.naver.com/entry.nhn?docId=1394402&cid=42615&categoryId=42615

김우정 외, 『위대한 선택 - 컬처 텔링』, 바람, 2009.

롤랜즈, M., 『우주의 끝에서 철학하기』, 신상규·석기용 옮김, 책세상, 2009.

리파, C., 『이코놀로지아』, 김은영 옮김, 루비박스, 2007.

문재철, 「현대 영화에서의 내러티브와 스펙터클의 관계」, 피종호 외, 『디지털미디어와 예술의 확장』, 아카넷, 2006.

미첼, W. J. T., 『아이코놀로지: 이미지, 텍스트, 이데올로기』, 임산 옮김, 시지학, 2005.

백선기, 『대중문화, 그 기호학적 해석의 즐거움』, 커뮤니케이션북스, 2004.

블록, B., 『비주얼스토리』, 민경원 옮김, 커뮤니케이션북스, 2010.

송종인·박치완, 「이미지의 이중성과 복합성 - 이미지텔링, 그 이론적 토대 마련을 위한 시론」, 『글로벌문화콘텐츠』 제8호, 2012.

워커, J. A.·채플린, S., 『비주얼 컬처』, 임산 옮김, 루비 박스, 2004.

파노프스키, E., 『도상해석학 연구』, 이한순 옮김, 시공아트, 2011.

피스크, J., 『커뮤니케이션학이란 무엇인가』, 강태완·김선남 옮김, 커뮤니케이션북스, 2001.

Barker, C., *Cultural Studies*, Sage Publications, 2000.

Bordwell, D. & Thompson, K., *Film Art* (7th ed.), McGraw-Hill, 2003.

Bould, M. et al., (eds.), *The Routledge Companion to Science Fiction*, Routledge, 2011.

Hall, S., "Encoding, Decoding", During, S., (ed.), *The Cultural Studies Reader* (3rd ed.), Routledge, 2007.

Heywood, I. & Sandywell, B. (eds.), *Interpreting Visual Culture*, Routledge, 2001.

Howells, R., *Visual Culture*, Polity Press, 2008.

Kuhn, A. (ed.), *Alien Zone - Cultural Theory and Contemporary Science Fiction Cinema*, Verso, 1990.

Lacey, N., *Image and Representation* (2nd ed.) Palgrave Macmillan, 2009.

Mirzoeff, N., *An Introduction to Visual Culture* (2nd ed.), Routledge, 2009.

Sturken, S. & Cartwright, L., *Practice of Looking* (2nd ed.), Oxford, 2009.

Telotte, J. P., *Science Fiction Film*, Cambridge University Press, 2001.

Chapter 6. ≪겨울왕국≫의 대중적 호소 메커니즘: 주제 설정과 비주얼스토리텔링

김영아·신승윤·김재호, 「비주얼스토리텔링의 몰입을 위한 동일시 패턴: 디즈니 애니메이션을 중심으로」, 『한국콘텐츠학회논문지』 12(7), 2012.

노시훈, 「디즈니 애니메이션 스토리의 기본원칙과 성공전략: 극장용 장편 애니메이션을 중심으로」, 『만화애니메이션연구』 제7권, 2003.

리치, M., 『영화로 철학하기』, 이종인 옮김, 시공사, 2004.

메르카도, G., 『필름메이커의 눈』, 김성호 역 비즈앤비즈, 2011.

박기수, 「디즈니 3D 애니메이션 스토리텔링 전략 연구」, 『한국언어문화』 제50권, 2013.

박치완·김평수 외, 『문화콘텐츠와 문화코드』, 한국외국어대학교출판부, 2011.

블록, B., 『비주얼스토리』, 민경원 옮김, 커뮤니케이션북스, 2010.

스무딘, E., 『할리우드 만화영화』, 노광우 옮김, 열화당, 1998.

아놀드, B. & 에디, B., 『비주얼스토리텔링』, 이윤진 옮김, 커뮤니케이션북스, 2009.

안성혜·허영, 「비주얼 스토리텔링의 재미요소 설계」, 『한국콘텐츠학회논문지』 제9권 12호, 2009.

엘리어트, M., 『월트 디즈니 - 할리우드의 디즈니 신화』, 원재길 옮김, 우리문학사, 1993.

월터, Y. & 지오글리오, J., 『비주얼 스토리텔링의 힘』, 박준형 옮김, 시그마북스, 2015.

지루, H., 『디즈니, 순수함과 거짓말』, 성기완 옮김, 아침이슬, 2001.

카푸토, T. C. 외, 『비쥬얼스토리텔링』, 이남국 외 편역, 예은, 2005.

펠만, S. M., 『디즈니와 놀이문화의 혁명』, 박석희 편역, 일신사, 1994.

피스크, J., 『커뮤니케이션학이란 무엇인가』, 강태완·김선남 옮김, 커뮤니케이션북스, 2001.

할라스, J. & 맨벨, R., 『애니메이션의 이론과 실제』, 이일범 옮김, 신아사, 2003.

Bell, E. etc., *From Mouse to Mermaid: The Politics of Film, Gender, and Culture*, Indiana University Press, 2008.

Manghani, S. et al. (eds.), *Images: A Reader*, Sage Publications, 2011.

Rose, G., *Visual Methodologies*, Sage Publications, 2001.

Schickel, R., T*he Disney Version: The Life, Times, Art and Commerce of Walt Disney*, Ivan R. Dee, 1997.

Solomon, C. *The Art of Frozen*, Chronicle Books; Mti edition, 2013.

Thomas, F. & Johnston, O., *Disney animation: The Illusion of Life*, Hyperion, 1981.

Wells, P., *Animation and America*, Rutgers University Press, 2002.

________, *Understanding Animation*, Routledge, 1998.

Whitley, D., *The Idea of Nature in Disney Animation: From Snow White to Wall-e*, Ashgate Pub Co., 2012.

Chapter 7. 창의적 상상력과 이미지텔링의 관점에서 본 마그리트의 ≪폭포≫

들뢰즈, G., 『대담』, 김종호 옮김, 솔, 1993.

메를로-뽕띠, M., 『의미와 무의미』, 권혁면 옮김, 서광사, 1990.

바르트, R., 『중립』, 김웅권 옮김, 동문선, 2004.

박치완, 「동일성의 폭력과 차이의 허구」, 『철학과 현상학 연구』 제23집,

2004.
______, 「가스통 바슐라르와 무욕의 상상력」, 『프랑스학연구』 제48집, 2009.
보이아, L., 『상상력의 세계사』, 김웅권 옮김, 동문선, 2000.
송종인·박치완, 「이미지의 이중성과 복합성: 이미지텔링, 그 이론적 토대 마련을 위한 시론」, 『글로벌문화콘텐츠』 제8호, 2012.
호네트, A., 『정의의 타자』, 문성훈·이현재·장은주·하주영 옮김, 나남, 2009.
Ardenne, P., *Extrême esthétiques de la limite dépassée*, Flammarion, 2006.
Bachelard, G., *La terre et les rêveries de la volonté*, J. Corti, 1947.
__________, *La flamme d'une chandelle*, PUF, 1961.
__________, *La poétique de l'espace*, PUF, 1972.
Bacon, F., *Entretiens avec Michel Archimbaud*, Gallimard, coll. ≪folio/essais≫, 1996.
Bazin, L., "Le Principe d''orientation: Surréalisme et idéographie", *RiLUnE*, n° 8, 2008.
Breton, A., *Le Surréalisme et la peinture*, Gallimard, 1965.
Deleuze, G., "A quoi reconnaît-on le structuralisme", François Châtelet (dir.), *Histoire de la philosophie VIII. Le XXe siècle*, Hachette, 1973.
Foucault, M., *Ceci n'est pas une pipe: Sur Magritte*, Fata Morgana, 1973(『이것은 파이프가 아니다』, 김현 옮김, 민음사, 1998).
Ginestier, P., *La pensée de Bachelard*, Bordas, 1968.
Guattari, F., *Chaosmose*, Galilée, 1992.
Hammacher, A. M., *RenéMagritte*, Harry N. Abrams, 1995.
Korff-Sausse, S., "<Le merveilleux prend corps>. Représenter

l'impensable", *Champ psychosomatique*, n° 42, 2006.
Magritte, R., *Les Mots et les Images*, Espace Nord, 2012.
Merleau-Ponty, M., *L'Oeil et l'Esprit*, Gallimard, coll. ≪folio/essais≫, 1964.
Paquet, M., *RenéMagritte. La pensée visible*, Taschen, 2000.
Py, F., "L'oeil sauvage. A. Breton critique d'art", *Europe*, n° 743, mars 1991.
Saporta, M., "Surré/art/lisme", *André Breton ou le surréalisme même*, Lausanne: l'Age de'Homme, 1988.

Chapter 8. 전쟁문화콘텐츠 및 통치성의 시각으로 본 게임 ≪삼국지 III≫의 재미요소: 미셸 푸코의 관점을 첨언하여

강성률, 『2500년간의 고독과 자유』, 푸른솔, 1996.
김운태, 『정치학 원론』, 박영사, 1991.
렘케, T., 「푸코, 통치성, 비판」, 심성보 옮김, http://greenbee.co.kr/blog/1683.
박치완 외, 『글로컬문화콘텐츠, 어떻게 그리고 왜?』, 한국외국어대학교 출판부, 2009.
볼린, J. S., 『우리 속에 있는 남신들』, 유승희 옮김, 또 하나의 문화, 1989.
사이토 준이치, 『민주적 공공성』, 윤대석 외 옮김, 이음, 2009.
손자, 『손자병법』, 노태준 옮김, 홍신문화사, 1983.
송원찬 외, 『문화콘텐츠 그 경쾌한 상상력』, 북코리아, 2010.
이극찬, 『정치학』, 법문사, 1991.
이기상, 『콘텐츠와 문화철학』, 북코리아, 2009.

최유찬, 『문학과 게임의 상상력』, 서정시학, 2008.

클라우제비츠, C. V., 『전쟁론』, 이종학 옮김, 일조각 1980.

토비아스, R. B., 『인간의 마음을 사로잡는 스무가지 플롯』, 김석만 옮김, 풀빛, 2007.

푸코, M., 『안전, 영토, 인구』, 심세광 외 옮김, 난장, 2011.

프롬, E., 『인간의 마음』, 황문수 옮김, 문예출판사, 1977.

Darley, A, *Visual Digital Culture: Surface Play and Spectacle in New Media Genres*, Routledge, 2000.

Foucault, M., "Govermentality", Faubion, D., (ed.), *Power: Essential Works of Foucault 1954~1984 Vol 3.*, Hurley, R., etc., (trans.), Penguin Books, 1994.

__________, *Power/Knowledge*, Penguin Books, 1980.

__________, *The History of Sexuality: the Will to Knowledge*, Penguin Books, 1994.

Heim, M., *The Metaphysics of Virtual Reality*, Oxford University Press, 1994.

Lacey, N., *Image and Representation - Key Concepts in Media Studies* (2nd ed.), Palgrave Macmillan, 2009.

Schell, J., *The Art of Game Design - A Book of Lenses*, Morgan Kaufmann Publishers, 2008.

Sturken, C. & Cartwright, L., *Practices of Looking* (2nd ed.), Oxford University Press, 2009.

Chapter 9. 트랜스미디어스토리텔링 콘텐츠 ≪매트릭스≫의 문화혼종 이미지

김성수, 「≪매트릭스≫ - SF와 신화」, 『월간 DVD 사랑』 8월호, 2002.

______, 「≪매트릭스≫, 잡탕 섞어찌개의 미학」, 『오마이뉴스』, 2003.11.18.

______, 「문화혼종과 글로컬문화콘텐츠: 문화코드간 콜라보레이션의 중요성에 대한 이해」, 『글로벌문화콘텐츠』 제16호, 2014.

______, 「문화의 탈경계 현상과 연결되는 다섯 용어에 대한 검토 문화이론: 통섭, 퓨전, 컨버전스, 복합공간, 절합」, 『철학과 문화』 제26집, 2013.

류철균·한혜원 외, 『트랜스미디어스토리텔링의 이해』, 이화여대출판부, 2015.

신광철, 「트랜스미디어와 콘텐츠」, 『2011 세계한국어문학회 추계학술대회보』, 2011.

신동희, 「礒막 1장 트랜스 미디어, 사용자 경험이 핵심이다」, 『디지털매거진』. http://www.worldweb.co.kr/articles/articles_view.html?idno=17385

신동희·김희경, 「트랜스미디어 콘텐츠 연구: 스토리텔링과 개념화」, 『한국콘텐츠학회』 제10호, 2010.

박치완, 「디지털시대에서 예술작품과 그 위상: 창조와 제작의 딜레마」, 『세계문학비교연구』 제32집, 2010.

조윤경, 「접두어 'trans-'의 인문학적 함의 - 탈경계 인문학Trans-Humanities 연구를 위한개념 고찰을 중심으로」, 『탈경계 인문학』 제3권 3호, 2010.

조준래, 「러시아 지성사의 전통과 트랜스컬쳐 문화이론」, 『글로벌문화콘텐츠』 제11호, 2013.

______, 「테크네의 귀환, [인터뷰] 엡슈타인 미국 애모리대 교수」, 『교수

신문』, 2008.08.25.
http://www.kyosu.net/news/articleView.html?idxno=16683

허정아, 『트랜스 컬처를 향하여』, 연세대출판부, 2013.

Dowd, T., etc., *Storytelling Across Worlds: Transmedia for Creatives and Producers*, Focal Press, 2013.

Giovagnoli, M., *Transmedia Storytelling: Imagery, Shapes And Techniques*, lulu.com, 2011.

Jenkins, H., *Convergence Culture: Where Old and New Media Collide*, New York University Press, 2006.

Phillips, A., *A Creator's Guide to Transmedia Storytelling: How to Captivate and Engage Audiences Across Multiple Platforms*, McGraw-Hill Education, 2012.

Pratten, R., *Getting Started with Transmedia Storytelling*, Amazon Digital Services, Inc., 2011.

https://en.wikipedia.org/wiki/Special:PrefixIndex/Trans

http://www.tstoryteller.com/transmedia-storytelling

Chapter 10. 글로컬 디지털 이미지 변형론: 문화콘텐츠학과 디지털 이미지

권상희, 『디지털 문화론』, 성균관대학교출판부, 2008.

김성수, 「문화혼종과 글로컬문화콘텐츠: 문화코드간 콜라보레이션의 중요성에 대한 이해」, 『글로벌문화콘텐츠』 제16호, 2014.

______, 『한류의 지속발전을 위한 글로컬문화콘텐츠 전략』, 한국외국어대학교출판부, 2012.

로도윅, D. N., 『디지털 영화 미학』, 정헌 옮김, 커뮤니케이션북스, 2012.

문재철, 「디지털 테크놀로지의 마술성 연구 - 몰핑이미지를 중심으로」, 『영상예술연구』 제5호, 2004.

미첼, W. J. T., 『그림은 무엇을 원하는가』, 김전유경 옮김, 그린비, 2010.

미첼, W. J., 『디지털 이미지론』, 김은조 옮김, 아이비스 출판부, 2005.

박치완·김평수 외, 『문화콘텐츠와 문화코드』, 한국외국어대학교출판부, 2010.

벤야민, W., 『기술복제시대의 예술작품』, 최성만 옮김, 도서출판 길, 2009.

보드리야르, J., 『시뮬라시옹』, 하태완 옮김, 민음사, 2001.

애거, B., 『비판이론으로서의 문화연구』, 김해식 옮김, 옥토, 1996.

이인재, 『컴퓨터그래픽스 역사』, 커뮤니케이션북스, 2014.

진중권, 『이미지 인문학 2』, 천년의 상상, 2014.

홍명희, 『상상력과 가스통 바슐라르』, 살림, 2005.

Bentkowska-Kafe, A. et al. (eds.), *Digital Visual Culture: Theory and Practice*, Intellect Ltd., 2009.

Bolter, J. D. & Grusin, R., *Remediation: Understanding New Media*, The MIT Press, 2000.

Cohen, R. & Kennedy, P., *Global Sociology* (2nd ed.), New York University Press, 2007.

Cubitt, S., *Digital Aesthetics*, SAGE Publications Ltd,, 1998.

Darley, A, *Visual Digital Culture: Surface Play and Spectacle in New Media Genres*, Routledge, 2000.

Fuery, P. & Fuery, K., *Visual Cultures and Critical Theory*, Arnold Publisher, 2003.

Gere, C., *Digital Culture* (2nd ed.), Reaktion Books, 2002.

Hayles, M. K., *How We Think: Digital Media and Contemporary Technogenesis*, University Of Chicago Press, 2012.

Howells, R., *Visual Culture*, Polity Press, 2008.

Jenkins, H., *Convergence Culture: Where Old and New Media Collide*, NYU Press, 2008.

Lacey, N., *Image and Representation - Key Concepts in Media Studies* (2nd ed.), Palgrave Macmillan, 2009.

McLuhan, M., *Understanding Media*, Routledge and Kegan Paul, 1964.

Mirzoeff, N., *An Introduction to Visual Culture* (2nd ed.), Routledge, 2009.

Sturken, C. & Cartwright, L., *Practices of Looking* (2nd ed.), Oxford University Press, 2009.

찾아보기

ㄴ

ㄷ

ㄹ

ㅁ

ㅂ

ㅅ

ㅇ

ㅈ

ㅎ

C

O

R

S

T

U

W

비주얼 컬쳐 시대의 이해

아날로그/디지털 이미지의 역할과 기능

초판 인쇄 2015년 12월 24일
초판 발행 2015년 12월 31일

지은이 박치완 · 김성수
발행인 김인철
기 획 권원순 Director, University Press
편집장 신선호 Executive Knowledge Contents Creator
도서편집 김민정 Contents Creator
도서·전자책편집 최인우 e-Contents Creator
마케팅 곽용창 Chief Marketing Creator
재무관리 권미경 Chief Managing Creator
발행처 한국외국어대학교 지식출판원
02450 서울특별시 동대문구 이문로 107
전화 02)2173-2493~7
팩스 02)2173-3363
홈페이지 http://press.hufs.ac.kr
전자우편 press@hufs.ac.kr
출판등록 제6-6호(1969. 4. 30)
디자인 · 편집 디자인퍼브 02)2254-4308
인쇄 · 제본 네오프린텍 02)718-3111

ISBN 979-11-5901-044-6 93680 정가 19,000원

*잘못된 책은 교환하여 드립니다.

불법복사는 지적재산을 훔치는 범죄행위입니다.
저작권법 제136조(권리의 침해죄)에 따라 위반자는 5년 이하의 징역 또는 5천만 원 이하의 벌금에 처하거나 이를 병과할 수 있습니다.

HUiNE 은 한국외국어대학교 지식출판원의 어학도서, 사회과학도서, 지역학 도서 Sub Brand이다. 한국외대의 영문명인 HUFS, 현명한 국제전문가 양성(International +Intelligent)의 의미를 담고 있으며, 휴인(携引)의 뜻인 '이끌다, 끌고 나가다'라는 의미처럼 출판계를 이끄는 리더로서, 혁신의 이미지를 담고 있다.

이 도서는 서울문화재단의 〈2014년 예술연구서적 발간지원 사업〉의 최종 결과물로, 제1장~제5장은 각각 『글로벌문화콘텐츠』(제8호, 2013), 『해석학연구』(제36집, 2015), 『세계문학비교연구』(제52집, 2015), 『철학연구』(제45집, 2012), 『글로벌문화콘텐츠』(제19호, 2015)에 게재된 글이며, 제7장은 『글로벌문화콘텐츠』(제12호, 2013)에 그리고 제10장은 『영상예술연구』(제27호)에 게재된 것으로 일부 내용을 수정/보완한 것임을 밝힌다.

'2014년 예술연구서적발간지원사업' 선정

서울문화재단의 지원을 받아 발간하는 Color Book 시리즈 – 예술연구 / Silver Book

후원 : 서울특별시 서울문화재단